经以济世
继往开来
贺教育部
重大攻关项目
成果出版

季羡林
时年九十有八

教育部哲学社會科学研究重大課題攻關項目

“十三五”国家重点出版物出版规划项目

我国土地出让制度改革及收益共享机制研究

RESEARCH ON CHINA'S LAND TRANSFER SYSTEM REFORM AND REVENUE SHARING MECHANISM

石晓平
等著

中国财经出版传媒集团

经济科学出版社
Economic Science Press

图书在版编目（CIP）数据

我国土地出让制度改革及收益共享机制研究/石晓平等著．
—北京：经济科学出版社，2019.4
教育部哲学社会科学研究重大课题攻关项目“十三五”
国家重点出版物出版规划项目
ISBN 978-7-5218-0467-6

Ⅰ．①我…　Ⅱ．①石…　Ⅲ．①土地转让-研究-中国
②土地经营-收入分配-研究-中国　Ⅳ．①F321.1

中国版本图书馆CIP数据核字（2019）第073686号

责任编辑：何　宁
责任校对：隗立娜　杨晓莹
责任印制：李　鹏

我国土地出让制度改革及收益共享机制研究
石晓平　等著
经济科学出版社出版、发行　新华书店经销
社址：北京市海淀区阜成路甲28号　邮编：100142
总编部电话：010-88191217　发行部电话：010-88191522
网址：www.esp.com.cn
电子邮件：esp@esp.com.cn
天猫网店：经济科学出版社旗舰店
网址：http://jjkxcbs.tmall.com
北京季蜂印刷有限公司印装
787×1092　16开　25.5印张　490000字
2019年4月第1版　2019年4月第1次印刷
ISBN 978-7-5218-0467-6　定价：89.00元

课题组主要成员

首 席 专 家　石晓平

项目组成员　刘向南　李永乐　诸培新　唐　焱

姜　海　冯淑怡　谭　荣　龙开胜

编审委员会成员

总　序

哲学社会科学是人们认识世界、改造世界的重要工具，是推动历史发展和社会进步的重要力量，其发展水平反映了一个民族的思维能力、精神品格、文明素质，体现了一个国家的综合国力和国际竞争力。一个国家的发展水平，既取决于自然科学发展水平，也取决于哲学社会科学发展水平。

党和国家高度重视哲学社会科学。党的十八大提出要建设哲学社会科学创新体系，推进马克思主义中国化、时代化、大众化，坚持不懈用中国特色社会主义理论体系武装全党、教育人民。2016 年 5 月 17 日，习近平总书记亲自主持召开哲学社会科学工作座谈会并发表重要讲话。讲话从坚持和发展中国特色社会主义事业全局的高度，深刻阐释了哲学社会科学的战略地位，全面分析了哲学社会科学面临的新形势，明确了加快构建中国特色哲学社会科学的新目标，对哲学社会科学工作者提出了新期待，体现了我们党对哲学社会科学发展规律的认识达到了一个新高度，是一篇新形势下繁荣发展我国哲学社会科学事业的纲领性文献，为哲学社会科学事业提供了强大精神动力，指明了前进方向。

高校是我国哲学社会科学事业的主力军。贯彻落实习近平总书记哲学社会科学座谈会重要讲话精神，加快构建中国特色哲学社会科学，高校应发挥重要作用：要坚持和巩固马克思主义的指导地位，用中国化的马克思主义指导哲学社会科学；要实施以育人育才为中心的哲学社会科学整体发展战略，构筑学生、学术、学科一体的综合发展体系；要以人为本，从人抓起，积极实施人才工程，构建种类齐全、梯队衔接的高校哲学社会科学人才体系；要深化科研管理体制改革，发挥高校人才、智力和学科优势，提升学术原创能力，激发创新创造活力，建设中国特色新型高校智库；要加强组织领导、做好统筹规划、营造良好学术生态，形成统筹推进高校哲学社会科学发展新格局。

哲学社会科学研究重大课题攻关项目计划是教育部贯彻落实党中央决策部署的一项重大举措，是实施“高校哲学社会科学繁荣计划”的重要内容。重大攻关项目采取招投标的组织方式，按照“公平竞争，择优立项，严格管理，铸造精品”的要求进行，每年评审立项约40个项目。项目研究实行首席专家负责制，鼓励跨学科、跨学校、跨地区的联合研究，协同创新。重大攻关项目以解决国家现代化建设过程中重大理论和实际问题为主攻方向，以提升为党和政府咨询决策服务能力和推动哲学社会科学发展为战略目标，集合优秀研究团队和顶尖人才联合攻关。自2003年以来，项目开展取得了丰硕成果，形成了特色品牌。一大批标志性成果纷纷涌现，一大批科研名家脱颖而出，高校哲学社会科学整体实力和社会影响力快速提升。国务院副总理刘延东同志做出重要批示，指出重大攻关项目有效调动各方面的积极性，产生了一批重要成果，影响广泛，成效显著；要总结经验，再接再厉，紧密服务国家需求，更好地优化资源，突出重点，多出精品，多出人才，为经济社会发展做出新的贡献。

作为教育部社科研究项目中的拳头产品，我们始终秉持以管理创新服务学术创新的理念，坚持科学管理、民主管理、依法管理，切实增强服务意识，不断创新管理模式，健全管理制度，加强对重大攻关项目的选题遴选、评审立项、组织开题、中期检查到最终成果鉴定的全过程管理，逐渐探索并形成一套成熟有效、符合学术研究规律的管理办法，努力将重大攻关项目打造成学术精品工程。我们将项目最终成果汇编成“教育部哲学社会科学研究重大课题攻关项目成果文库”统一组织出版。经济科学出版社倾全社之力，精心组织编辑力量，努力铸造出版精品。国学大师季羡林先生为本文库题词：“经时济世　继往开来——贺教育部重大攻关项目成果出版”；欧阳中石先生题写了“教育部哲学社会科学研究重大课题攻关项目”的书名，充分体现了他们对繁荣发展高校哲学社会科学的深切勉励和由衷期望。

伟大的时代呼唤伟大的理论，伟大的理论推动伟大的实践。高校哲学社会科学将不忘初心，继续前进。深入贯彻落实习近平总书记系列重要讲话精神，坚持道路自信、理论自信、制度自信、文化自信，立足中国、借鉴国外，挖掘历史、把握当代，关怀人类、面向未来，立时代之潮头、发思想之先声，为加快构建中国特色哲学社会科学，实现中华民族伟大复兴的中国梦做出新的更大贡献！

教育部社会科学司

摘　要

我国的经济体制改革发端于土地要素市场的改革，城乡土地市场化改革的不断深入在经济社会发展中扮演了至关重要的角色；由于制度环境的变化和制度设计的缺陷，土地市场也成为目前经济社会矛盾最为集中的方面之一。土地出让作为城乡建设用地入市交易的关键环节，土地出让的制度设计，特别是出让过程中的收益分配对土地资源的配置效率和出让过程中的社会公平有着直接的影响，如何通过土地出让制度改革，建立出让收益合理共享机制，合理发挥政府和市场的作用，促进土地资源配置中的效率优化和公平改善，已经成为深化改革的迫切要求。

本书按照“研究背景—问题剖析和制度分析—经验比较—解决途径”的研究主线展开。研究首先系统总结了现行土地出让制度及收益分配机制存在的主要问题，即保护资源与保障发展的矛盾日益突出、工业用地扩张迅速且用地效率不高、以经营土地为依托的地方发展模式导致了财政和金融风险的累积、征地过程中土地增值收益分配引发利益冲突和社会风险、土地出让的政府财政收益支出结构“重硬轻软”五大方面，进而从制度变迁的内在机制和利益主体间的竞争博弈关系两方面对问题的实质及其制度根源进行了深入的理论剖析。

研究认为我国土地出让制度变迁的内在逻辑是一个土地资源配置市场化程度不断加强的过程，并在奠定市场经济体制、提高资源配置效率、保障基础设施建设等方面发挥了重要功能，但由于土地产权制度、土地征收制度等基本制度的局限，土地市场的发育不足成为土地出让中存在一系列问题的根本原因，土地出让过程中冲突的核心是不同主体间收益分配关系的变化，改革的重点在于现行制度安排中城乡土地市场发育明显滞后的领域，改革的长期方向仍然以效率为基本导向，改革的关键是利益格局的重构。

在现行制度安排下，地方政府间的“左右”竞争、中央和地方政府间的“上下”竞争、不同届政府间的“前后”竞争进一步放大了制度缺陷，扭曲了土地出让和收益分配机制；城乡分割的土地市场尽管存在促进乡村经济发展、弥补各级地方政府财政收入的正效应，但其对农民土地权益的侵蚀和潜在的效率损失等负效应则要求建立城乡统一的建设用地市场，市场融合应以增加正效应、减少负效应为原则；农村土地出让需着眼于不同区域农民获得感的差异，在不同区域试行差别化的农村土地出让方式。

通过对上述问题进行经济解释和制度分析，研究将改革的重点方向归结到通过完善税制结构和财政分配体制优化分税制改革，从产权、规划等方面培育农村集体建设用地出让市场，建立动态、多层次的收益共享机制，完善土地出让方式和出让过程管理等方面。在此基础上，研究从宏观和微观层次探讨了土地增值收益的形成机理和影响因素，结合对既有土地收益共享理论的比较和评价，研究构建了土地供求双方以市场谈判形成土地收益初次分配格局，政府税费征收形成土地收益二次分配格局，政府建立生态补偿基金、代际补偿基金与土地发展基金实现代际代内共享的土地收益共享的实现路径。

在通过上述理论研究把握改革总体方向和重点领域的基础上，研究首先围绕我国出让土地的不同来源，从增量建设用地和存量建设用地两个角度出发，选取不同地区出现的改革典型案例或模式进行了经验比较和总结。其次针对增量建设用地，研究从外部利润产生、交易费用降低和利益博弈均衡三个方面解释了留地安置、农用地直接入市、农地使用权合作使用、农地股份合作等模式创新的动力机制和路径，以留地安置模式为例从权利公平、机会均等、规则公平和结果公平四个维度构建收益共享的评价指标体系进行实证评价。最后从提升农民土地征收补偿谈判能力、推广留地安置模式、完善土地税制、加大公共财政支农力度几方面提出了增量建设用地出让和收益共享的改革思路。

研究根据权属差异将存量建设用地划分为国有和集体两类，梳理总结了存量建设用地供给方式及收益分配的现状和特征；基于宏观统计资料和微观调查数据，剖析了城市棚户区改造土地增值收益的形成及分配机制，构建21项间接绩效指标比较了4种工业用地退出模式的效率、公平和适应性，分析了广东“三旧”改造和成渝地区“地票”交易的形成机制，采用案例分析的方法总结比较了广东“三旧”改造和成渝地区“地票”交易实践中的不同模式及其收益分配，并利用计量分析方法系统评价了广东“三旧”改造和成渝地区“地票”交易资源节约和经济促进两个方面的绩效。基于此，研究分别从规划引导、市场完善、收益共享、政府与市场关系协调等方面对国有和集体存量建设用地供给及收益分配提出了改革思路。

基于中国大陆地区改革经验的比较和总结，研究进一步选择公共土地利用与收益管理制度体系相对完善的德国、美国和中国台湾地区，将土地收益共享的内涵拓展为土地的市场和非市场收益共享、土地直接和间接利益相关者的收益共享，以及土地代际之间的收益共享，尝试从制度设计、治理结构选择等多个维度重点剖析存量土地再开发、土地税收和土地生态补偿三项制度，总结其在增量和存量土地利用以及土地收益的初次分配、再分配和代际间分配方面的经验，并提出了创新我国大陆地区公共土地利用与土地收益管理的政策启示。

在理论分析和经验比较的基础上，研究最后从资源特性、法律制度和交易合约三个层次构建了土地出让制度效率与公平价值权衡的整体框架，从土地出让收益最大化和出让收益全民共享两个方面明确界定了出让效率和分配公平的目标与边界；提出了以合约自由的市场交易提高建设用地配置效率，实现土地出让收益最大化，以及通过土地出让的政府管制，增进收益分配公平程度，最终实现土地出让收益全民共享的改革思路以及具体建议，并从土地产权、土地征收、土地财税体系、建设用地开发利用方式和技术保障措施等方面，提出这一改革在基本制度和配套措施方面的保障方案。

Abstract

China's economic system reform began in the reform of the land factor market. The continuous deepening of urban and rural land market reform played a vital role in economic and social development. However, due to changes in the institutional environment and flaws of institutional design, the land market has also become one of the most concentrated aspects of economic and social contradictions. Land transfer is a key link in the urban-rural construction land market transaction. The system design of land transfer, especially the distribution of revenue during the transfer process has a direct impact on the allocation efficiency of land resources after transfer and social equity in the process of transfer. How to reform the land transfer system, establish a reasonable revenue sharing mechanism, rationally exert the role of the government and the market, and promote efficiency optimization and fair improvement in the allocation of land resources have become urgent requirements for deepening reform.

This book is based on the research line of "Research Background – Problem Analysis and Institutional Analysis – Empirical Comparison – Resolution Approach". Firstly, the research systematically summarizes the main problems existing in the current land transfer system and revenue distribution mechanism, that is, the contradiction between protecting resources and ensuring development is increasingly prominent, the industrial land is expanding rapidly and the land use efficiency is not high, and the development model based on the management of land leads to the accumulation of fiscal and financial risks, the distribution of land value-added revenue during the process of land acquisition triggers the conflicts of interest and social risks, and the expenditure structure of government fiscal revenues of land transfer is "valuing hardware and despising software", and then from the internal mechanism of institutional change and competitive game relationship between stakeholders, the study have carried out in-depth theoretical analysis of the essence of the problem and its institutional roots.

The research believes that the internal logic of the change of land transfer system in China is a process of increasing the marketization of land resource allocation, and plays an important role in laying the market economic system, improving the efficiency of resource allocation, and ensuring the construction of infrastructure. But due to the limitations of the land property rights system and the land expropriation system, the lack of development of the land market has become the root cause of a series of problems in land transfer. The core of the conflict in the process of land transfer is the change of the revenue distribution relationship among different subjects. The focus of the reform is the field where the development of the urban and rural land market is obviously lagging behind in the current institutional arrangements. The long-term direction of reform is still based on efficiency, and the reconstruction of the interest pattern is the key to reform.

Under the current institutional arrangements, the "left and right" competition among local governments, the "up and down" competition between central and local governments, and the "before and after" competition between different sessions' governments have further magnified institutional defects and distorted the land transfer and revenue distribution mechanism; although the land market divided by urban and rural areas has a positive effect of promoting rural economic development and making up for the fiscal income of local governments at all levels, its negative effects on the erosion of farmers' land rights and potential efficiency losses require the establishment of a unified urban and rural construction land market. The integration should be based on the principle of increasing positive effects and reducing negative effects; rural land transfer needs to focus on the differences in farmers' perceptions in different regions, and try different ways of rural land transfer in different regions.

On the basis of economic interpretation and institutional analysis of the problem, the research focuses on the key direction of the reform to optimize the tax-sharing system reform through the improvement of the tax system structure and the fiscal distribution system, the cultivation of the rural collective construction land transfer market from the aspects of property rights and planning, the establishment of a dynamic and multi-level revenue sharing mechanism, and the improvement of land transfer mode and management process. On this basis, the research explores the formation mechanism and influencing factors of land value-added revenue from the macro and micro levels, and combines the comparison and evaluation of the existing land revenue sharing theory. The land supply and demand sides construct the initial distribution pattern of land revenue on market negotiation. The government tax and fee collection forms the second distribution pattern of land revenue, and the government establishes an ecological compensation fund, intergenerational compensation fund and land development fund to realize the sharing path of land revenue within the intergeneration and intrageneration.

On the basis of grasping the general direction and key areas of reform through the above theoretical research, this research studies the different sources of land transfer in China, and compares and summaries by selecting typical cases or models of reforms in different regions from the perspectives of incremental construction land and stock construction land. For the incremental construction land, the research explains the dynamic mechanism and path of innovation mode such as land resettlement, agricultural land direct access to the market, cooperation of agricultural land use rights and farmland shareholding cooperation from three aspects: external profit generation, transaction cost reduction and interest game equilibrium. And the research takes the land resettlement model as an example, constructing the evaluation index system of revenue sharing from the four dimensions: right fairness, equal opportunity, rule fairness and result fairness. And finally we propose the reform ideas of incremental construction land transfer and revenue sharing from improving farmers' ability to negotiate for land acquisition compensation, promoting land resettlement model, perfecting the land tax system and increasing public finance support.

According to the difference of ownership, the research divides the construction land into two categories: state-owned and collective land. The research summarizes the current situation and characteristics of the supply mode and revenue distribution of the stock construction land. Based on the macro-statistical data and micro-survey data, it analyzes the formation and distribution mechanism of added value of urban shantytown renovation, and builds 21 indirect performance indicators to compare the efficiency, fairness and adaptability of the four industrial land withdrawal models. The research also analyses the formation mechanism of the "three old" transformation in Guangdong and the "land ticket" transaction in Chengdu – Chongqing area. And through case analysis method, it summarizes and compares the different models and revenue distribution between "three old" transformation and the "land ticket" transaction practice. And by the quantitative analysis method, it systematically evaluates the achievements in resource conservation and economic promotion of two models. Based on this, the research proposes reform ideas for the supply of state-owned and collective stocks and the distribution of revenue from the aspects of planning guidance, market improvement, revenue sharing, and coordination of government and market relations.

On the basis of comparative summary of the reform experience in Mainland China, the research further selects some counties and regions which public land use and revenue management system is relatively perfect such as Germany, the United States and Taiwan in China. And it expands the connotation of land revenue sharing into land market and non-market revenue sharing, direct and indirect stakeholders revenue sharing and the sharing of benefits between land intergenerational generations. It tries to analyze the three systems of stock land redevelopment, land taxation and land ecological compensation from the perspectives of system design and governance structure selection. It summarizes its experience in incremental and stock land use, initial distribution, redistribution and intergenerational distribution of land revenues, and proposes policy implications for innovative public land use and land revenue management in Mainland China.

On the basis of theoretical analysis and empirical comparison, the research finally constructs the overall framework of the efficiency and fair value trade-off of the land transfer system from the three levels: resource characteristics, legal system and trading contract. From the maximization of land transfer revenue and sharing by the public, the research clearly defines the goals and boundaries of the transfer efficiency and the fairness of distribution; proposes some reform ideas and specific suggestions about improving the allocation efficiency of the construction land and maximizing the land transfer revenue by the market freedom contract, and improving the fairness of revenue distribution through government regulation of land transfer. And it also proposes some supporting measures under the basic system from the aspects of land property rights, land acquisition, land taxation system, construction land use and technical support measures.

目录

Contents

Contents

第一章

绪　论①

我国的经济体制改革发端于要素市场的改革；20 世纪 70 年代末，农村家庭联产承包责任制拉开了改革的帷幕，之后城乡土地市场化改革的不断深入在经济社会发展中扮演了至关重要的角色；同时，由于制度环境和制度设计仍在不断探索当中，土地市场成为经济社会矛盾最为集中的方面之一，相关土地制度的改革目前也仍然是深化改革首要的任务之一。

土地出让是城镇国有土地入市交易的关键环节，也是农村土地进入建设用地市场的主要途径。土地出让的制度设计对出让后土地资源的配置效率和出让过程中的社会公平有着直接的影响，特别是出让过程中的收益分配——这一土地价格机制的反映，是土地出让制度所产生的经济社会影响机制的关键。当前城乡土地资源的配置效率，以及由此而衍生的产业结构和经济增长质量问题，城乡土地冲突和城乡居民土地权益的保障，都和土地出让制度及其直接相关的经济体制之间存在着紧密的关联。党的十八大以来，国家明确提出要“围绕使市场在资源配置中起决定性作用和更好发挥政府作用深化经济体制改革”，“建立公共资源出让收益合理共享机制”；对出让制度而言，出让前集体土地的征收和国有土地的收回，出让方式、出让价格、出让条件和出让后的管理，特别是出让过程中的收益分配——如何合理发挥政府和市场的作用，促进土地资源配置中的效率优化和公平改善，已经成为深化改革的迫切要求。

---

① 本章部分内容来自课题支撑培养的研究生唐鹏的博士学位论文《土地财政收入形成及与地方财政支出偏好的关系研究》（2014）。

第一节　研究背景和研究意义

一、研究背景

改革开放以来，城市土地使用实现了由无偿无限期向有偿有限期的转变，之后借鉴香港土地批租制，通过相关法律法规确立了城市土地的出让、收益分配和管理等基本制度，并在随后的改革实践中不断完善，包括逐步在工业用地有偿使用中引入招拍挂机制、城市土地储备制度等。与城市土地出让制度相伴随的征地、收购储备、市场化交易等制度体系，逐渐成为地方政府实现集中供地、全方位经营城市的重要依靠。但由于这一改革是一个从无到有的探索过程，制度设计本身存在不少缺陷，基础的制度环境如产权制度、财税体制、社会保障、规划管制等各方面也在探索发展当中，因此，从土地征收到土地供应（包括土地出让）以及土地增值收益分配等各个环节中不可避免地出现并且累积了越来越多的问题。

近年来，围绕着土地出让制度以及与之相伴随的土地征收、集体土地市场化流转等制度，以及在这些制度实施过程中的收益分配问题的改革呼声不断高涨，这些改革诉求不仅是社会公众、研究者对上述制度引发的大量利益冲突、群体性事件和社会风险的高度关注的表现，同时上述领域的改革也成为实现中国经济社会发展成功转型的关键，是实现城乡统筹发展和包容性增长、构建和谐社会的现实需要。

针对土地出让制度及其收益分配过程中存在的问题，全国各地先后展开了一系列的改革探索，如苏州市、嘉兴市等地开展了对土地流转补偿模式的创新；成都市、重庆市在统筹城乡综合配套改革试验区下进行的土地流转、地票交易等改革尝试；广东省、江苏省等地开展的农村集体建设用地和宅基地流转试点工作；广东省深圳市、江苏省等一批发达地区城市陆续开展的围绕“城中村和村中城”、旧城区更新、城市中心区工业用地退出、储备、工业置换等存量建设用地再配置等内容的改革试点。上述改革试点和实践探索不仅针对目前从农地转为建设用地的增量土地出让过程，而且还涉及大量城市和农村存量建设用地的盘活、市场化出让、收益再分配等过程，为改革土地出让制度以及与之相伴随的制度体系和收益分配问题提供了丰富鲜活的案例与经验，也为确定未来土地出让制度改革方向和构建收益共享机制进行了有益的探索。

在政策层面上，国家不仅提出要“大幅提高农民在集体土地增值收益中的分配比例”，在2012年政府工作报告中更是首次提出“建立公共资源出让收益的全民共享机制”。党的十八大报告指出“让广大农民平等参与现代化进程、共同分享现代化成果”；在2013年发展改革委、财政部、人力资源社会保障部《关于深化收入分配制度改革的若干意见》中，要求完善公开公平公正的国有土地出让机制，建立健全公共资源出让收益全民共享机制。2016年财政部、国土资源部制定并印发《农村集体经营性建设用地土地增值收益调节金征收使用管理暂行办法》，其中明确提出：调节金原则上由农村集体经营性建设用地的出让方、出租方、作价出资（入股）方及再转让方缴纳。调节金分别按入市或再转让农村集体经营性建设用地土地增值收益的20%～50%征收。可见，有关土地出让制度和收益共享机制的改革已经上升为国家层面的战略决策。深入研究我国土地出让制度及收益分配机制存在的问题，剖析问题形成的机理，促进土地出让制度改革、构建土地出让收益共享机制已经成为国家重大的决策需求。

二、问题的提出

（一）现行土地出让制度及收益分配机制存在的主要问题

简要总结现行土地出让制度及收益分配出现的主要问题，有助于深入理解改革的迫切性和总体方向。这些问题主要表现在以下几个方面：

1. 保护资源与保障发展的矛盾日益突出

在现行以增量扩张为主的土地出让制度模式下，农地征收的规模不断扩大，导致我国耕地资源数量大幅减少。2013～2015年间，我国平均每年建设占用耕地的面积达29.1万公顷。与此同时，全国征收土地的面积也由2004年的19.6万公顷增加至2015年的37.3万公顷，10年间增长了将近1倍[①]。目前，我国人均耕地面积仅约0.1公顷，且耕地总体质量不高，缺水和水土流失比较严重，要保护有限的耕地资源，有效落实耕地占补平衡政策，就必须严格控制新增建设用地规模。但建设用地效率的提升需要用地方式和产业结构的转变，短期之内也很难改变。要改变相关经济主体的用地行为，引导产业结构优化，土地出让和收益分配方式的转变就成为重要的改革内容。

2. 工业用地扩张迅速，用地效率不高

城市新增建设用地中，工业用地占比最高；尽管工业用地有偿使用已被纳入

① 中华人民共和国国土资源部：《中国国土资源统计年鉴2016》，地质出版社2017年版。

招拍挂出让过程，但一直以来工业用地价格涨幅不大，实际出让过程中主要还是以基准地价为主，而且地方政府以事后返还等手段变相补贴工业用地价格，直接导致工业园区和开发区规模增长迅速、工业用地利用效率低下。我国城市建成区面积从2000年的224万公顷增加至2015年的409万公顷，增长1.8倍多[①]。但工业园区与工业开发区的用地效率则非常低下，即使在很多沿海经济发达地区，工业项目用地容积率也只有0.3～0.6，土地平均产出率非常低（陶然、汪晖，2013）。

3. 以经营土地为依托的地方发展模式导致了财政和金融风险的累积

近年来房价和地价快速上涨为地方政府创造了巨额土地财政收入，同时地方政府通过土地储备，获取抵押贷款融资，加大投资力度谋求地方经济发展。但此种发展模式不仅导致城市房价高企、居民生活成本上升、经济竞争力下降，而且使得地方经济发展过程中累积了巨大的财政和金融风险，也导致经济发展结构出现畸形。地方政府为谋求巨额的土地财政，直接或间接支持房地产市场的发展。大量资本流入房地产业，不仅加剧了房地产市场的畸形发展，还影响了地区的实体经济发展，更加不利于整个产业的转型升级与宏观经济的稳定发展。杨继东等（2018）的研究表明，地方政府通过土地抵押，获得银行贷款或者债务融资；土地价值上涨，土地抵押品显著升值，土地抵押所撬动的地方政府债务也越大。因此，土地价值波动会带来巨大的地方债务风险。

4. 征地过程中土地增值收益分配引发利益冲突和社会风险

现行的土地出让制度以及土地收益分配格局中，地方政府在征地、出让过程中获取了大部分的土地增值收益，而被征地农民获得的收益显得微乎其微，由此引发了一系列利益冲突和社会风险。研究表明：农地征收转用的收益分配格局中，政府大约得到土地收益的60%～70%（安体富和窦欣，2011；王小映等，2006；马贤磊和曲福田，2006；高珊和徐元明，2004；国土资源部，2003）。尽管近年政府不断提高征地补偿标准，但随着土地出让价格的快速上涨，在江苏省部分城市的调研表明地方政府获取的收益份额仍然占据75%（诸培新和唐鹏，2013）。与政府获取大部分土地收益形成鲜明对比的是，农民仅获得了收益的5%～10%，这直接引发了征地拆迁过程中大量的社会冲突。现有的群体性上访事件中60%与土地有关，而且土地纠纷已经成为税费改革后农民上访的头号焦点，占社会上访总量的40%，其中每年因为征地拆迁引发的纠纷在400万件左右，补偿纠纷占土地纠纷的84.7%（刘守英，2013）。

5. 土地出让的政府财政收益支出结构“重硬轻软”

大部分的土地出让收益主要被地方政府用于城市土地开发以及基础设施建设

---

① 国家统计局城市社会经济调查司：《中国城市统计年鉴2016》，中国统计出版社2016年版。

上，严重忽略了对农村地区、弱势群体的资金支持，而且地方政府公共财政支出存在明显的“重硬轻软”偏向。据 2008 年中华人民共和国审计署对土地出让金使用情况的审计结果显示，2004～2006 年北京等 11 个城市共实现土地出让净收益 2 618.7 亿元，其中用于城市基础设施建设 2 108.2 亿元，提取农业土地开发资金 56.9 亿元，用于被征地农民社会保障 28.5 亿元，城市基础设施建设支出约占土地出让净收益的 80.5%，而支农支出仅为 3.3%，土地出让金用于支农、保障性住房等支出严重不足（安体富和窦欣，2011）。而刘守英和蒋省三（2005）对东部地区的调查也发现地方政府基础设施建设投资的资金来源中，土地出让金占 30% 左右，土地融资大约占 60%。研究表明，目前土地出让收益主要支撑了城市基础设施建设的投资，而较少投入科教文卫、社会保障等方面（唐鹏和石晓平，2012；傅勇和张晏，2007；汤玉刚等，2015）。

（二）对问题的剖析：根源与实质

上述这些问题的存在，根源首先在于我国有关土地的基本制度设计存在的缺陷，如土地产权制度、土地征收制度等。其次，在经济发展过程中，由于地方政府之间基于政绩考核和升迁机制的竞争（周黎安，2007；杨其静和郑楠，2013），进一步放大了这些制度的缺陷。最后，产生上述问题同样是由于地方政府还没有实现向公共服务型政府的转变，对财政收入、GDP 总量和增速的过度追求，导致发展中政府往往忽视其应尽的公共职责；如地方政府既是土地所有者又是土地管理者，其双重身份决定了其在土地出让环节的垄断地位，而对经济发展的追求则导致地方政府过度依赖土地财政，突出了其作为所有者的经济地位，管理职能也更多是服务于经济需求，而弱化甚至忽视了管理者的公共服务和调控职能。

土地基本制度的缺陷和政府公共职能的缺失，使得围绕土地出让制度以及在此过程中形成的土地增值收益共享机制等研究愈发重要且有意义。因此，首先应该明确在与土地增值收益有关的初次分配中，土地增值收益的形成机理及影响因素，特别是与土地产权制度、土地出让制度等的内在关系。并根据土地增值收益形成的机理逻辑，阐明增值收益共享的理论依据，从而进一步厘清土地出让制度的改革方向和步骤。兼顾效率和公平，完善地方政府、集体以及农民等利益主体间关于土地收益共享的长效机制。

同时，在政府有关土地出让收益的二次分配中，围绕政府的公共职能，着力于探讨如何将土地出让收益更多用于公共服务支出，并集中更多的公共财力服务于保障和改善民生，如加大对教育、就业、社会保障、医疗卫生、公共住房（包括保障性住房）以及扶贫开发等方面的支出。最终针对城乡一体化发展和实现包容性增长的现实要求，明确我国土地出让制度改革的重点领域，明晰实现收益共享的具体目标、原则、路径和配套措施等问题，最终构建土地出让收益的合理共享机制，并为促进土地出让制度的成功改革、保障土地出让收益的全民共享提供系列的政策设计和对策建议。

三、研究的理论意义和实践价值

本研究针对我国土地出让制度及其收益分配中存在的问题，选取改革的代表性区域和典型地区进行分析和比较，剖析代表性区域的实践状况和各类改革创新模式产生的社会经济条件，通过对比不同模式的主要做法和实践效果，总结不同模式的优缺点，将为进一步明确土地出让制度和收益共享机制的改革方向和思路提供理论依据。

同时，本研究从城乡一体化与收益分配机制的改革要求出发，构建土地出让收益共享的理论框架，不仅注重土地出让收益的初次分配共享问题，也探讨了土地出让收益的二次分配和代际分配问题，扩充了土地收益共享的内涵，阐明了土地收益共享的理论依据、形成机理以及实现机制等内容，明确了土地出让制度改革的重点领域与主要内容，丰富和完善了现有土地收益共享机制的理论体系，有助于从理论上深入认识土地出让制度改革的方向，厘清构建收益共享机制的理论根源。

在实践层面，本研究将为我国土地出让制度的进一步改革提供直接的政策建议。通过分析各地探索存量和增量建设用地进入市场的实践、模式以及相应的政策支持体系，为实现公平、高效、有序的土地出让制度体系提供政策支撑。同时，结合对不同地区收益分配机制创新的分析，提出土地出让收益共享机制的具体政策框架，并在土地产权制度、征地制度、土地市场制度、土地储备制度、土地财税体系以及社会保障制度等方面提供配套措施。对于缩小城乡差距、促进城乡一体化发展、实现基本公共服务均等化、建设和谐社会等宏观政策目标也具有重要的现实意义。

第二节　研究进展及其评述

本部分重点针对我国土地出让制度与土地收益共享之间的关系、土地出让制度改革以及各地的改革探索案例，特别是围绕着新增建设用地（农地转用）和存量土地（城市和农村存量建设用地）的出让制度改革探索，以及在此类改革探索中的土地收益分配问题等几个方面梳理和评述当前的研究进展，为进一步的研究和政策设计提供参考与借鉴。

一、土地出让制度及其与收益共享的关系研究

我国现行的城镇国有土地使用权出让制度是在对计划经济时期实行的以无偿、无限期、无流动为特征的土地行政划拨制度进行改革的基础上建立的一项新制度（陈玉光和邓子部，2012），该项制度的核心就是赋予地方政府土地出让权。而土地使用权出让是指国家以土地所有者的身份按照土地利用总体规划、城市规划和年度建设用地计划将国有土地使用权在一定年限内让与土地使用者，并由土地使用者向国家支付土地使用权出让金的行为（靳相木和丁静，2010；郑东心，2011）。

目前研究认为土地出让制度不仅造成地方政府垄断土地一级市场的土地供给，推高房价（李松等，2010；邵新建等，2012），而且还导致地方政府依赖土地出让收入，诱发地方政府短期行为，带来一系列的社会风险（白宇飞，2011；朱丽娜和石晓平，2010）。进一步的研究表明，土地出让收益由于缺乏有效的监督管理，导致地方政府将土地出让收益主要用于城市基础设施建设、忽略了科教文卫和社会保障等民生支出，也忽视了对农村的支出，造成城乡差距被人为拉大（王小映等，2006；马贤磊和曲福田，2006；安体富和窦欣，2011；唐鹏和石晓平，2012）。

不仅如此，研究者还认为现行的土地出让制度也损害了以后各届政府收益共享的权利，造成了官员任职期间分配不均衡（王美涵，2005；秦勇，2013）。由此可见，目前实行的城市土地出让制度是影响土地出让收益分配结果的重要因素。如何在兼顾效率和公平以及可持续性的前提条件下改革现有的城市土地出让制度，构建科学合理的出让收益共享机制，协调中央、地方、集体、农民以及企业等不同主体之间的利益关系，缩小城乡收入差距，实现公共服务均等化已经成为当前亟待解决的问题。

按照目前对中央政策的解读，构建全民参与的土地出让收益共享机制，其核心就是要以公共利益为目标和以社会公平为原则，实现土地出让收益的均衡配置，促使土地配置和财政分配回归公共利益，将土地出让收益主要用于社会保障、医疗卫生等公共服务，提高政府保障水平，扩大保障对象，进而改善民生，控制和缩小不合理收入差距。对照下一步改革设定的宏伟目标，尽管学者都注意到了来自土地增值的巨大收益、地方政府因此增长的财政收入以及地方政府的财政支出行为，但现有研究对如何改革土地出让制度，构建此过程中的收益共享机

制，以及对两者之间联系的分析仍然非常缺乏。

二、增量土地出让制度与收益共享研究

增量土地，是指原用途为农用地，后用途转变为建设用地的土地，按照产权属性包括国有和集体增量建设用地。本部分主要从增量土地出让制度与收益共享的现状和存在的问题，以及增量土地出让制度及收益共享改革两方面进行相关研究的回顾。

（一）增量土地出让制度与收益共享现状研究

我国的农地转用主要通过农地征收实现，依靠土地征收权，政府在支付征地补偿费或者由用地者先行垫付征地补偿费后，强制性地取得集体农地并将之转为国有土地，然后再按照建设用地规划许可的土地用途予以统一供应（王小映等，2006）。阿尔奇安（Alchian，1965）认为，所有定价问题都是产权问题，而产权的稳定可以激励农户保护土地资源，更有效的利用土地（Ma et al.，2010）。但是，晋洪涛和史清华等（2010）利用“讨价还价博弈模型”对此进行分析发现：作为农村土地主人的农民在征地谈判中的地位具有“天然性”，而这种“天然”的不利地位主要来自现行征地程序安排；相关法规既赋予了政府“先发优势”，又确立了政府的“后动优势”；法律还给予政府强行征地的权力，进一步巩固了其优势地位。而且，在土地征收中，从决定土地征收，到如何确定补偿费以及安置劳动力等，都是政府和用地单位说了算，土地征收制度为地方政府滥用征地权提供了便利，进而引发了征地冲突（曲福田等，2004；谭术魁和齐睿，2011；侯江华，2015）。

土地出让收益在各利益主体之间的分配也极为不平等，被征地农民得到的征地补偿款相对于政府的土地出让价格而言过低、土地增值收益的大部分被地方政府和开发商所占有，造成农民集体或农民的利益受损（马贤磊和曲福田，2006；王书明等，2012；侯江华，2015）。来自浙江省的一项调查表明，如果征地成本价是100%，那么被征土地收益分配格局大致是：地方政府占20%～30%、企业（开发商）占40%～50%、村级组织占25%～30%，而农民仅占5%～10%（国土资源部，2003）。最近的研究也得出了类似的结果：诸培新和唐鹏（2013）通过对江苏省苏南、苏中、苏北地区样本县市土地出让增值收益分配格局的分析，发现农民的土地收益占土地出让收益的比例偏低，大约在3%～16%之间，而地方政府的收益份额在75%以上。这些研究都表明农民群体所获得的土地收益比例偏低。

（二）国有增量土地出让制度及收益共享改革研究

对征收制度的改革，目前研究主要集中在规范征地目的性、完善补偿方式和标准以及程序等方面。如美国农村发展研究所 RDI（2004）提出，被征地农民在征地过程中享有的知情权、参与权和上诉权是限制国家权力和保障土地持有者利益的关键内容。张鹏和张安录（2008）提出，土地征收补偿必须考虑和尊重土地增值预期的合理性并给予对等补偿，补偿的形式可以多样，但本质都是让农民参与增值分配，获取持续稳定收入来源。但从根本上，刘向南和曲福田等（2006）研究认为，切实保障农民的基本权益，强化市场机制对土地资源配置的主导作用，是解决我国土地征收问题的关键。陈小君（2012）则认为应当在“抑公扬私”立法理念的指导下，在坚持协调发展原则和集体成员参与原则的基础上，系统考量公共利益、补偿标准、征收程序等立法内容，雷国平等（2006）也表达了类似的观点。

土地出让制度赋予地方政府的土地出让权具有行政权和经营权双重性质，阻扰了土地市场的发育，导致土地价格发生扭曲（曲福田等，2004），应将这两种权利进行分离，建立以土地使用权交易为内容的中介机构并规范其行为（高谊，1994）。此外，土地出让制度中的招拍挂制度也被视为推高房价、影响房地产市场健康发展的因素之一，需要进一步完善“价高者得”的制度。可考虑相继实行区段价招评标办法，在最高限价的前提下实施土地出让的招拍挂（靳相木和丁静，2010），也可以考虑“限地价竞房价”和“限房价竞地价”的招拍挂土地出让方式（贾康和刘薇，2012）。也有学者认为土地出让金的一次性收取不仅提高用地者的建设成本，而且还有税费重复征收的嫌疑，应该将土地出让金改为年租制，或者以房地产税（物业税）代替土地出让金（康宇雄和黄国平，2005）。当然，也有学者对“年租制”持否定态度，白彦锋（2007）认为，年租制会导致用地者不享有充分、稳定的产权保障；且在实践中，管理成本巨大，欠缴、拖缴、拒缴现象频频发生。

对农用地转用的收益分配机制改革的研究集中在提高农民收益分配比例、保障农民长远生计、加强土地出让金的管理以及优化土地出让金支出结构上。周其仁（2004）认为单纯的以行政手段确定农用地征收补偿的标准难以保护失地农民的权益，应完善政府征地程序，确立征地按市价向承包农户补偿的原则；并充分发挥市场机制的作用，提高农民在土地出让收益分配的比例（鲍海君，2009；王书明等，2012；胡家勇，2012）。同时，有针对性的实施失地农民培训项目，以解决失地农民再就业的问题，保障失地农民权益（黄祖辉和俞宁，2007；翟年祥和项光勤，2012），并且应从制度上确立土地为农民真正的财产，把土地还给农民（于建嵘，2008）。归公的土地增值收益在使用上存在结构上的不合理，大部分投向城市以及经济建设，只有少部分投向农村以及社会事业。因此，应规范土地有偿出让收益的使用和管理，建立和完善土地收益基金专项管理制度，实行“收支两条线管理”（王小映等，2006）。并且应减少行政管理层级，探索实行中央、省、县三级财政管理制度（贾康和刘薇，2012），并强化地方政府预算外和预算资金收入的约束和规制，提高土地出让收益流转效率，避免无效损失（罗必良，2010）。朱道林（2002）则认为应探索建立土地基金，基金的资金来源于土地收益，基金使用的方向为土地开发整理和公共基础设施建设，并建立土地基金制度体系，加强土地基金的使用和管理。

（三）集体增量建设用地直接入市和收益共享的探索

现行征地制度的不完善以及市场化改革的大方向直接催生了大量集体增量建设用地直接入市的探索，学者们对此进行了及时的跟踪和分析。如周天勇和张弥（2011）认为应允许不同所有制土地、允许法人和自然人使用的土地平等地进入市场，改变目前政府一家卖地的高度寡头垄断市场，形成土地供应的多个主体。蒋省三和刘守英（2003）在解读广东省佛山市“南海模式”时发现，地方政府认可集体经济组织在不改变土地所有权的性质前提下，将集体土地进行统一规划，然后统一将土地或厂房出租给企业使用，集体经济组织和农民以土地股份制的方式分享农地非农化过程中土地的级差收益。孙云奋和齐春宇（2009）探索了山东省临沂市可能的土地征收的收益分配机制，得出的结论为农民在获得足够的货币补偿下会进行土地交易，因此收益分配可以采用土地梯次分配和土地增值收益梯次分配，以达到收益共享的目的。在推进城乡统筹发展的大背景下，李元珍和杜园园（2013）于2012年对四川省成都市大英村进行了调研，该村将集体土地集中整理，成立股份合作社，村集体的农民每人都拥有股份，合作社通过商业运作获取收益，分配给农民，实现收益共享。但类似的探索大多都受到国家或地方政府一定程度的支持作为改革试点展开，在目前的制度环境下往往只是一种局部性、阶段性的变通，在我国土地出让制度改革和收益共享机制建立的一般性制度探索中，如何评价此类试点的借鉴价值，如何看待和应对在改革探索中出现的新问题、新机制仍然需要持续的跟踪和深入的研究。另外，由于一些正式试点的示范作用，对相当一部分自下而上式的自发探索，地方政府的应对显得含混不清，这也隐含着可能的局部失控风险，并增加今后改革的社会成本。

三、存量土地出让制度与收益共享研究

在本研究中，存量土地是指国有存量建设用地或农村集体存量建设用地。本

部分将重点关注对国有建设用地出让以及农村集体存量建设用地流转现状及问题的研究，并对典型地区的案例研究进行比较和分析，总结其主要的措施。

（一）存量土地出让制度与收益共享现状分析

国有存量建设用地的出让目前通常都是一个使用权收回再开发的过程，在这一过程中也集中面临着很多困难，例如，拆迁征收成本高昂，收储过程中因利益分配不均衡、保障措施不足等原因导致交易成本和社会风险难以控制等（蒋省三等，2007）。造成以上困难的根本原因是由于我国存量建设用地二级市场的运行受到诸多限制，事实上往往只能通过国家收储再公开出让的道路流转，“一条腿走路”的现状使政府获得了存量建设用地再开发产生的大部分增值收益。

农村集体存量建设用地流转也是学者们关注的热点。王小映（2005）认为为了加强市场监管，保障建设用地有序供应，有必要将集体土地出让和国有土地出让统一纳入土地有形市场，并且一个县、市最好只设立一个土地有形市场。国家为了保护农民权利、保障农村社会稳定，对宅基地使用制度改革一直采取审慎的态度，《中华人民共和国物权法》坚持了农村宅基地限制交易的原则（陈柏峰，2007）。但是宅基地的自发流转在中国各地尤其在大中城市的城乡接合部是一个普遍现象，其发展势不可挡（章波，2006）。这种矛盾的现象引起了学者们的关注。有学者认为宅基地流转能够提高农村土地集约利用水平，改善农村居住环境，增加社会福利（韩世远，2005；钱忠好，2007；何玉婷，2007；杨一介，2007；孙宇，2007；关江华等，2014；钱龙等，2016）；但也有相当部分学者提出了宅基地流转的隐忧，如认为宅基地流转将破坏农村稳定、加剧村庄内部不平等，从而认为应限制宅基地的自由交易（孟勤国，2005）。

（二）存量土地出让制度与收益共享改革的发展动向及其评价

针对存量土地出让制度与收益共享改革，近年来也出现了多样化的探索。广东省“三旧改造”的探索是对现有存量建设用地出让制度的突破，土地权利人可以自行开发或与人合作开发，打破了政府垄断土地供给的格局，对旧城镇改造范围内符合规划的“三旧”土地，允许其使用权人自行改造，所涉及的划拨土地使用权，可以采取协议方式补办出让手续；破除了以往改造的土地增值收益主要成为政府的出让收入和开发商的利润、土地使用权人却无缘分享改造产生的土地增值收益的利益分配局面，形成了改造利益多方共享的格局。当然，这与政府权力意识、市场条件、经济基础等是密不可分的（叶红玲，2012）。

在农村集体存量建设用地流转方面，学者们对各地不同的模式进行了广泛的比较研究。如张梦琳（2008）认为苏州模式、芜湖模式和南海模式流转实践具有相同之处，如在保留农村集体建设用地所有权性质不变的情况下允许其流转，集体建设用地流转形式多样，以租赁为主。这样做的好处是土地可供自己长期使用，并不断获得收益。苏州市、芜湖市是试点较早的地区，发展到现在也暴露出了一些问题。许恒周和曲福田等（2008）基于状态—结构—绩效（SSP）范式对苏州、芜湖两市的集体建设用地流转模式进行了绩效分析，认为流转前的制度状态是基础，集体土地产权结构是关键。高圣平和刘守英（2007）在对各地代表性模式比较的基础上提出要从根本上改变土地制度的二元性，实现农民集体土地与城市国有土地的“同地、同价、同权”；尽快修改《中华人民共和国土地管理法》，制定规范集体建设用地进入市场的条文；充分保障农民获得集体建设用地流转的土地级差收益的权利；确保农民成为土地流转收益的主要获得者。蒋省三和刘守英等（2007）还从规范征地、划拨和土地储备的角度提出重构土地一级市场，从规范出让金管理、启动土地财产税改革等方面解决政府的财政问题，并从积极推广地方创新、尝试工业用地直接入市、加强法律完善等角度明确了集体建设用地流转的制度环境建设。

对于重庆市的地票交易制度，张鹏和刘春鑫（2010）以及谭明智（2014）概括了重庆市地票交易的程序和环节。“地票”的出现，使农村建设用地和城镇建设用地有了“挂钩”之处，而“地票”交易市场的建立，更为“携地入市”提供了现实可能性（郭振杰，2009）。在“地票”落地后，其交易的大部分收入将返还农村，成为农村城镇化发展的融资渠道（罗敏，2010；谭明智，2014）。严金明和王晨（2011）通过对成都市统筹城乡综合配套改革试验区的调研总结了成都市统筹城乡发展中土地管理制度的改革创新模式。

从各地已有的案例来看，这些土地出让方式新的探索已经在让利于民方面有所作为，为推进当前国有存量建设用地出让制度改革提供了参考。总的来说，国有存量建设用地出让已经不能完全走现行招拍挂公开出让制度的老路，在总结和借鉴地方试点经验的过程中，更需要深入分析试点地区制度环境对存量建设用地改革的影响，在未来的国有存量建设用地出让制度改革过程中才能找到一条可持续、高效率的路径。

四、土地出让收益的再分配问题研究

目前对土地出让收益共享问题的研究，不仅表现在供需双方的初次分配上，还表现在出让收益所形成的公共财政部分的再分配问题上。除此之外，我国当下的土地出让制度及其收益共享机制还可能存在代际失衡问题。在此集中针对现阶段我国土地出让收益再分配的现状、问题，以及土地出让收益再分配改革思路的相关研究进行梳理。

（一）土地出让收益再分配的现状和问题

第一，我国土地出让收益在城乡之间分配不合理，农民工等城市低收入群体对公共收益的分享程度较低。由于我国现行的财政政策和金融政策过于向工业和城市倾斜，使得公共资源的分配也偏向城市，投入农村的比例过低，造成了农村基础设施建设严重滞后，占全国人口总数70%的农民享受不到1/3的初级医疗卫生服务（叶兴庆，2004；郭建军，2007；李钢，2009；唐鹏和石晓平，2012）。另外，游离在农村和城市之间的农民工，被排除在现行的城乡社会医疗保障之外；他们不能有效享受农村新型合作医疗，同时与城镇职工享有的养老、医疗、失业、工伤、生育保险以及最低生活保障相比，农民工享有的社会保障严重不足（李放和张兰，2004；李迎生和袁小平，2013；李红勋，2016）。产生这种城乡分配不公的原因，主要是因为农村集体土地产权的缺失，继而无法限制政府征地的强制介入，使得集体（农民）在与政府的博弈中处于弱势地位，两者产权关系的不对等造成经济关系的不对等（林瑞瑞等，2013）。

第二，透支未来收益，产生代际公平问题。按照现行法规中的规定，土地出让金一次性收取了40~70年的土地使用费，这部分收入被当地政府作为当年财政收入并进行财政支出，这不仅预支了未来40~70年的土地收益，也影响了以后各届政府收益共享的权利（黄然等，2006；朱丽春，2006），而且在财政压力大的地区，土地财政收入规模会扩大，导致这些地区更加依赖土地财政（王克强等，2012）。如果一届政府过度出让和开发，土地收益共享的代际公平不仅会无法实现（秦勇，2013），甚至导致后届政府无地可卖、失去一笔重要的建设资金来源，间接造成其收益的减少，同时还会导致低水平重复建设、楼市泡沫、经济结构失衡等社会经济问题，给后届政府留下更多需要解决的问题。由于缺少土地出让收入，会造成下届政府无力开发利用城市存量建设用地、提高土地利用效率、改善城市环境的局面（张鸣明和朱道林，2005）。

（二）土地出让收益再分配改革的思路

就土地出让收益再分配的改革，已有研究总体上形成了以下四个方面的思路：

第一，提高农业支出，实现城乡间各群体间收益共享。黄然等（2006）认为要将土地出让金主要用于农业和新农村建设，应该把地方农业发展作为政府官员政绩考核指标。农民数量占了我国总人口的一半，土地出让增值收益应该属于农民，绝大部分土地出让收益应该用于解决“三农”问题（高珊和徐元明，2004；李钢，2009；张勇和包婷婷，2013；杨红朝，2015）。特别需要提高农民的征地补偿标准、加强对失地农民的公共服务和社会保障投入（张向强等，2014）。郭建军（2007）认为应将一部分出让金用于农业土地开发的管理和监督，要将小型农田水利设施建设作为重要内容，建设标准农田、整修乡村道路、支持农村科教文卫事业、推广农业技术。英尼斯（Innes，1997）以模型化的分析指出，征地补偿的设计和支付对于社会福利相当重要，政府必须考虑自身行为是否损害了土地原使用者的利益。在现实的土地出让过程中，会使一些失地农民获得意外所得甚至是暴利，而使另外一些失地农民蒙受意外损失（Epstein，1985；Kooten，1993）。史清华等（2011）也表达了类似的观点。

第二，兼顾非失地农民，促进地区间收益平衡。现实情况显示，经济发达地区保护的耕地比例较小，而经济欠发达地区耕地保护比例较大，如果不能从耕地保护中获取适当收益，会损害农民进行耕地保护的积极性。因此应将土地出让金一部分用于耕地保护（韩俊，2009），推动建立中央、省、市三级耕地保护补偿基金，“基金”主要来自新增建设用地有偿使用费、耕地占用税、土地出让收益等（陈辞和马永坤，2011）。同时应考虑向贫困地区倾斜，给予一定的经济补助，有助于在促进耕地保护的同时更好地解决地区间差异问题，体现出让收益共享的地区间公平。

第三，兼顾城市低收入群体，解决其住房及子女教育等问题。土地出让产生的增值收益，主要与国家经济发展和政策管制相关，从而产生的收益所得应由全国人民共享（龚春霞，2013）。而对于城市低收入群体，政府应当适当加大保障性住房建设的支出比例，解决中低收入家庭的住房问题（安体富和窦欣，2011）。对于农民工子女的教育问题，雷万鹏（2013）认为可以考虑将土地出让金的一定比例划拨为农民工子女教育发展经费。项继权（2004）则认为对于随父母进城务工的子女，应取消其借读费，使其有学上、上得起；对于留守儿童，应在县城及农村城镇建立寄宿制学校，满足他们进城上学的愿望，让他们也分享到土地出让带来的收益。

第四，兼顾后代人利益，实现代际间收益共享。要保证土地出让收益使用的可持续性，可以将土地出让金纳入基金管理后分期使用，投入基础设施建设。因为基础设施能在较长时期内持续带来服务收益流，可以使后代人也能享受到土地出让带来的收益（卢新海和卢斌，2013）；以未来的收益支付未来居民所受益的公共产品和服务的成本，符合成本和收益相对等的原则，有利于保证代际公平（胡朝晖，2011）。另外，还可以采取土地使用权年租制来保证各届政府间的收益共享。土地使用者按期支付租金，对国家来说土地收益没有发生变化，但对于一届政府来说，只能收取任期内的那笔收入，在经济上大大抑制了他们多出让土地的冲动，也符合资源利用代际公平的原则（张鸣明和朱道林，2005），实现代际间收益共享。

五、总体性评述

现有的文献针对土地出让制度以及收益分配或收益共享开展了较为广泛的研究，探讨了现行土地出让制度以及收益分配存在的问题，其内在的作用机制，总结了各类地方性探索的经验和启示，并不同程度讨论了可能的改革路径。但总体来看，从国家宏观政策的走向及其发展需求角度，现有研究仍然存在以下几个需要继续深入和完善的方向：

（1）现有研究对土地出让制度及土地收益共享之间的逻辑关系和内在机理关注不够，尚未就土地出让制度的演变和收益分配之间的内在关联从理论和实证上作出有效的解释，也就很难从理论上为二者的关联改革提供有效的政策支持。

（2）已有的研究普遍关注了土地出让收益的初次分配问题，但对在我国土地公有制条件下土地出让收益合理共享机制的研究才刚刚开始。针对土地出让收益合理共享的内涵，收益共享的主体及其内在关系，收益共享机制的构建，收益共享程度的评价等当前重大的政策需求尚不能在理论和政策实践中提供系统的支持。

（3）对于土地出让收益再分配系统、深入的研究相对还比较少，大多仍处于定性描述的阶段，对再分配的现状、机制设计研究很少。同时，土地出让过程中涉及的代际公平问题是科学发展的重要内涵，但在研究中对这一主题基本没有深入的探讨。

（4）对土地出让制度的改革尚缺乏总体性、系统性的研究。现有研究多从征地、储备、出让、集体建设用地流转等具体环节展开，研究相对较为零散；对各类改革试点和发展动向的深入研究不足，缺乏系统的理论支撑和政策解释。

事实上土地出让制度改革及收益共享机制的构建是一个系统性的工程，需要在深入进行理论揭示的基础上，合理评价和认识各类改革探索的价值，进而进行整体性、分阶段的制度保障和政策设计研究，这也是在当前这样一个战略机遇期、矛盾突显期进行社会转型和改革攻坚需要重点解决的重大理论和现实问题。

第三节　研究框架与研究设计

一、研究的总体框架

我国正处于转变经济发展方式、产业结构转型升级的重要时期，缩小收入分配差距、关注弱势群体、让广大农民平等参与现代化进程、共同分享现代化成果是城乡一体化发展和包容性增长的基本内涵。地方政府对土地出让环节的垄断以及土地收益分配不公引发的利益冲突和社会风险迫使地方政府必须改革传统的低成本土地扩张方式，在土地征收、出让等环节中注重保护农民的土地财产权利，让农民合理分享土地增值收益。基于这样的背景，改革现有土地出让以及与之相关的一系列制度，在土地增值收益的初次分配、二次分配以及代际分配等不同层次，构建全民参与的土地增值收益的合理共享机制，就成为促进城乡一体化发展、建设和谐社会的必然战略选择。

按照“研究背景—问题剖析和制度分析—经验比较—解决途径”的研究主线，图 1－1 给出了本书的总体框架和基本的研究思路。

第一，结合我国土地出让制度及其收益分配机制的改革背景，研究系统提出这一制度引发的主要社会经济问题；通过系统分析土地出让和收益分配制度的发展演进及其内在机制，深入揭示问题的实质和制度根源，从制度变迁的基本规律把握改革的内在要求和总体方向；进而围绕城乡一体化发展和包容性增长的客观需求，结合现行制度运行过程中主要的利益主体从政府间、政府与农民、农民间的内在关系，从理论上解释土地出让制度及收益共享机制改革中的利益冲突和协调路径。

第二，阐释土地出让制度与土地收益共享之间的联系，明确土地出让收益的形成机理、影响因素，比较和总结土地收益共享的主要理论依据。然后，从土地出让收益的初次分配、二次分配和代际分配三个层次出发，围绕土地出让收益共享的原则、依据、主体和路径，构建土地出让收益共享的实现机制。

第三，在上述分析形成的理论框架基础上，根据我国出让土地的来源，本书从增量建设用地和存量建设用地两个角度出发，选取不同地区出现的土地出让制度改革与收益分配改革的典型案例或模式进行实证研究。通过详尽的实地调研走访，对比分析这些案例或模式在社会经济背景、制度改革方案、收益共享等方面存在的差异，并基于效率、公平和适应性等不同目标导向，运用计量经济学、综合评价法、博弈分析法等分析方法来评价不同案例或者改革模式的政策实施绩效，进一步总结不同模式的优缺点，为提出土地出让制度改革方案和收益共享机制的构建提供具体的思路和方向，并最终形成针对各类用地的改革方案和政策建议。

第四，总结上述理论分析和实证分析的研究结论，结合对典型国家和地区在土地利用和收益管理方面的主要做法和经验教训的对比总结，从资源特性、法律制度和交易合约三个层次构建土地出让效率与公平价值关系的权衡框架，通过比较既有主要改革方案总结增进效率和公平的权衡要求，进而从市场机制、政府管制机制、基础制度和配套措施三个方面提出土地出让及收益共享改革的总体性建议。

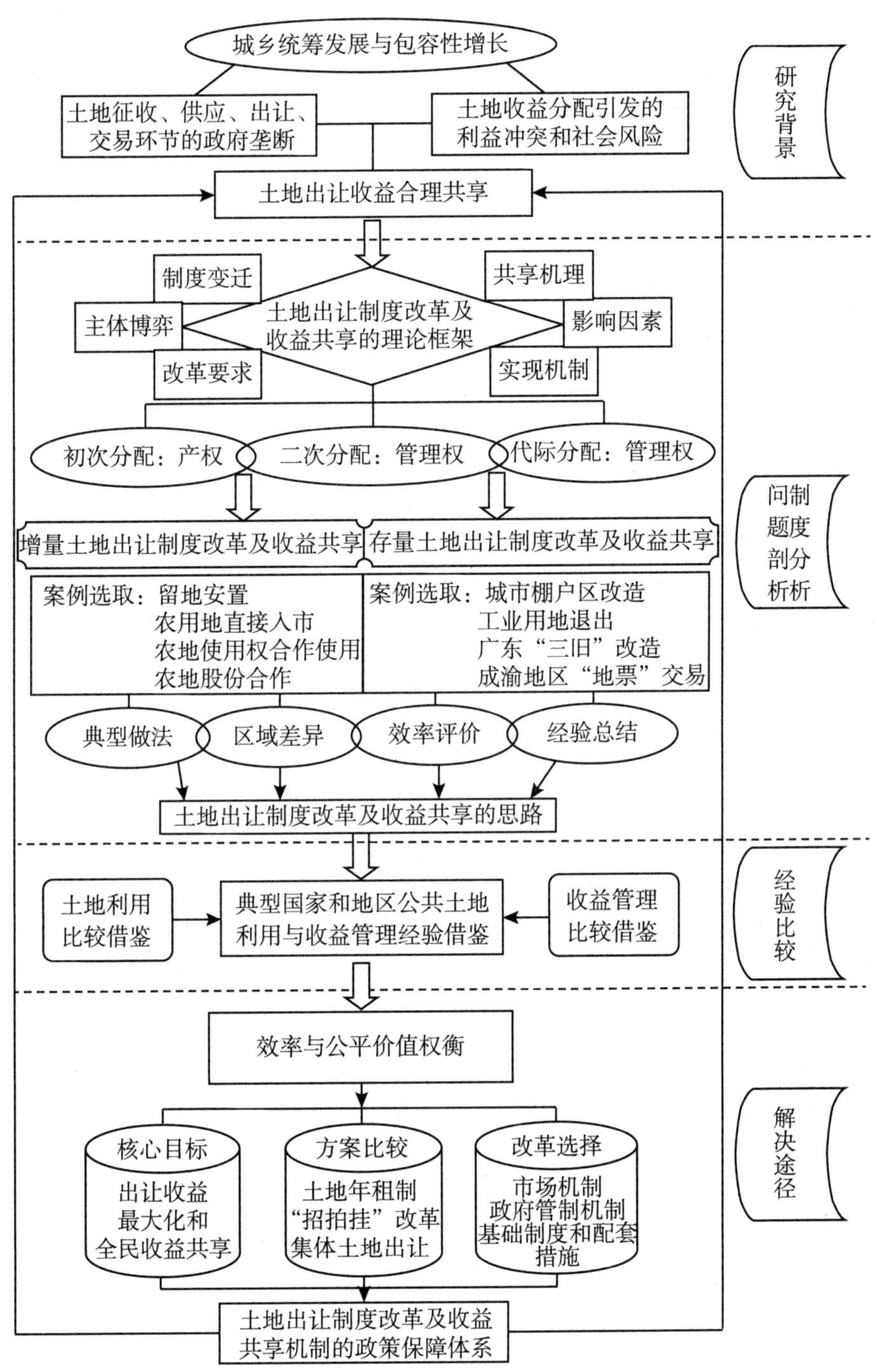
城乡统筹发展与包容性增长
土地征收、供应、出让、交易环节的政府垄断
土地收益分配引发的利益冲突和社会风险
土地出让收益合理共享
研究背景
制度变迁
共享机理
主体博弈
土地出让制度改革及收益共享的理论框架
影响因素
改革要求
实现机制
初次分配：产权
二次分配：管理权
代际分配：管理权
增量土地出让制度改革及收益共享
存量土地出让制度改革及收益共享
案例选取：留地安置
农用地直接入市
农地使用权合作使用
农地股份合作
案例选取：城市棚户区改造
工业用地退出
广东“三旧”改造
成渝地区“地票”交易
问题剖析
制度分析
典型做法
区域差异
效率评价
经验总结
土地出让制度改革及收益共享的思路
土地利用比较借鉴
典型国家和地区公共土地利用与收益管理经验借鉴
收益管理比较借鉴
经验比较
效率与公平价值权衡
核心目标
出让收益最大化和全民收益共享
方案比较
土地年租制
“招拍挂”改革
集体土地出让
改革选择
市场机制
政府管制机制
基础制度和配套措施
解决途径
土地出让制度改革及收益共享机制的政策保障体系

图 1－1　总体框架

二、研究目标

（一）总体目标

立足于城乡统筹发展与包容性增长的现实需要，以及土地出让制度与收益分配引发的利益冲突化解和社会风险控制要求，本研究首先通过构建土地出让制度改革与收益共享的理论分析框架，为当前土地出让与收益共享问题的实质和制度根源提供理论解释，深入理解改革过程中相关主体间的利益冲突和协调路径，从土地增值收益的初次分配、二次分配和代际分配三个层次明确土地收益共享的实现机制。其次，从增量建设用地和存量建设用地两个角度出发，选取典型地区土地出让制度及收益分配格局的改革探索案例，揭示不同案例的运行机制及内在差异，运用多种方法综合评价不同案例的政策绩效，从而提出针对各类用地的改革方案。最后，基于典型国家和地区的经验借鉴，从效率和公平价值关系综合权衡角度提出土地出让及收益共享的总体改革建议。

（二）具体目标

（1）构建土地出让制度改革及收益共享的理论分析框架，分析土地出让制度及收益分配机制的历史演变和现状特征，解释改革过程中主要主体间的利益冲突机制和协调路径，探讨土地出让制度改革的重点领域，阐明土地收益的形成机理与影响因素，明晰土地收益共享的理论依据与实现机制。

（2）选取增量建设用地和存量建设用地两种形式下的不同地区土地出让与收益共享的典型案例，分析其现状特征、主要做法、政策绩效以及经验教训；比较、借鉴典型国家和地区公共土地利用及其土地收益管理两方面的经验；提出土地出让制度和收益共享机制的改革思路。

（3）提出土地出让制度改革及收益共享机制设计的总体方案，明确改革的本质要求，以及在不同层次实现效率和公平综合权衡的改革的基本维度，基于对已有主要改革方案的比较和总结，从市场机制、政府管制机制、基础制度和配套措施等方面提出具有整体性的改革方案和具体建议。

三、研究内容

本研究按照上述总体框架思路，分别设置了余下七个章节，各章节的主要研究内容如下：

（一）土地出让制度及收益分配政策的演进历程与阶段特征

本部分主要分析土地出让制度及收益分配政策的演进历程及其变迁机制，总结土地出让制度及收益分配政策的阶段特征，分析制度变迁背后的理论逻辑，并应用相关数据进行分析印证，从而试图理解我国土地出让与土地收益分配问题的实质和制度根源，并通过探讨现行制度的潜在风险，为进一步的改革提供总体性的方向。

（二）城乡土地出让与利益主体博弈关系研究

基于上一部分制度变迁研究对改革总体方向的把握，本部分重点围绕现行土地出让制度及其收益分配机制，深入分析制度运行过程中政府间、政府和农民间以及不同农民间的利益博弈关系，以此理解不同主体间利益冲突的内在机制，并探讨这一冲突对土地出让和收益分配机制的扭曲，以及对现行制度缺陷的放大效应，进而从利益冲突的内在逻辑引申出政府间、城乡间和农民间利益协调的理论路径。

（三）土地出让制度改革与收益共享机制理论研究

结合对土地出让和收益分配问题的制度根源以及主体间利益协调的理论路径的把握，本部分在分析土地出让制度改革与土地收益共享之间内在联系的基础上，重点探讨土地收益共享的理论内涵和实现机制。研究在分析现行土地出让增值收益分配格局的基础上，从理论层面探讨了土地增值收益的形成机理及影响因素，并基于现有理论的梳理系统提出了土地增值收益共享的原则、依据、主体和路径，建立了土地出让增值收益共享的基本理论体系。

（四）增量建设用地出让制度改革及收益共享研究

按照我国出让土地的来源分类，本部分着重对增量建设用地出让及收益共享改革的典型模式进行了比较研究。研究重点选择了农村集体自发探索产权多样化处置下的留地安置、农用地直接入市、农地使用权合作使用和农地股份合作等各类典型创新模式，剖析了各种创新模式的主要内涵及形成的内在动因；构建了增量建设用地供给与收益共享模式创新的理论分析框架，并以杭州、北京、上海、广东等地的模式为例进行了实证研究。最后，提出了我国增量建设用地出让制度改革和收益共享机制建立的政策路径。

（五）存量建设用地供给方式及收益分配改革研究

本部分继续从我国出让土地的另一重要来源，即存量建设用地（包括国有存量建设用地和农村集体存量建设用地）的出让和收益共享改革出发，总结了这两类存量建设用地供给方式及收益分配的演变和现状；根据这两种供给方式的主要特征，兼顾典型性和一般性，选取城市棚户区改造、工业用地退出、广东省“三旧”改造和成渝地区“地票”交易等不同地区的典型案例，对比分析不同模式的产生原因、主要做法、收益分配机制，并运用计量经济学方法从公平、效率和适应性角度，评价不同模式的运行绩效，总结不同模式的优缺点，进而提出我国存量建设用地出让制度改革和收益共享机制建立的思路和方向。

（六）典型国家和地区公共土地利用与土地收益管理的经验借鉴

根据我国大陆地区土地出让制度改革和收益共享机制创新的现实需求，本部分有针对性地选择了与中国大陆地区的自然环境或人文社会条件相接近，并且已经形成较为完善的相关制度体系的典型国家和地区（德国、美国和中国台湾地区），围绕其公共土地利用及土地收益管理的基本制度安排状况，重点剖析了存量土地再开发、土地税收和土地生态补偿三项制度，总结上述国家和地区在增量、存量土地利用以及土地收益的初次分配、再分配和代际分配方面的经验，并提出了创新中国大陆地区公共土地利用与土地收益管理的政策启示。

（七）我国土地出让及收益共享的制度保障与政策设计

在系统总结前文章节的研究结论的基础上，本部分通过剖析我国土地出让制度及收益共享机制改革的本质要求，构建土地出让制度效率与公平价值权衡的整体框架，在此基础上提出以出让收益最大化为目标的土地出让市场机制，以及以出让收益全民共享为目标的政府管制机制作为主体的土地出让制度及收益共享机制的改革方案，并且从土地产权、土地征收、土地财税体系、建设用地开发利用方式和技术保障措施等方面，提出这一改革在基本制度和配套措施方面的保障方案。

第二章

土地出让制度及收益分配政策的演进历程与阶段特征

本章研究的主要内容是梳理和分析土地出让及其相关收益分配制度的现状与变迁，探讨制度变迁背后的理论逻辑及数据检验，并对现行土地出让制度形成的问题与影响进行深入分析，以从总体上把握土地出让制度改革的缘由和方向。

第一节　土地出让制度的变迁及阶段特征①

一、土地出让制度改革的缘由

（一）改革的理论逻辑

在新制度经济学的视野中，产权和交易成本是解释制度变迁的两个相互交织的关键概念。对制度变迁的经济理论逻辑可以简要总结为：由于信息的不完全以

① 本节部分内容作为课题研究阶段性成果发表在以下论文中：刘向南、单嘉铭：《我国土地出让制度变迁：一个制度经济学解释》，载于《湖南科技大学学报》（社会科学版）2017 年第 2 期。

及人类处理信息的有限能力，决定了现实世界运行中的交易成本，制度形成和改变的本质，就是通过明晰和改进产权的界定和实施，以降低人与人在资源利用和分配中的交易成本，帮助人们形成对未来的合理预期，从而促进人们当前对资源的合理利用，改善资源的配置效率和社会的总体福利水平（诺斯，2002；Demsetz，1967；Brunner，1985）。从这一意义上，我国土地出让制度的形成和改革本身缘于原有土地使用制度的低效率，产权模糊、交易成本高昂、生产力水平低下是传统城市土地利用体制的基本特征。通过重构收益格局，明晰权利与责任，降低交易成本，促进土地资源配置效率的优化和生产力的提升是改革的基本动力。对土地出让制度改革与变迁的这一逻辑可以进一步总结为以下几个方面：

第一，土地资源配置效率的改善是促使这一制度长期发展与变迁的根本驱动，效率改善的核心是土地产权权利体系与权能内涵的重构。制度变迁的长期趋势有助于社会整体福利的改善，在这一过程中不同主体在既有制度下的压力和改革后的获益决定了其在改革过程中扮演的角色，同时各主体在改革过程中面临的主要制约因素决定了改革的主要阻力所在。

第二，土地出让制度变迁的参与主体主要包括中央政府、地方政府、土地使用者和农民集体。当出让土地为城镇存量土地时，参与主体主要是前三者，其中土地使用者包括了原土地使用者和新进入的土地使用者；当出让土地为城镇增量土地时，由于涉及农村集体土地的征收，参与主体中加入了农村集体及其中的农户，土地使用者此时主要是指土地的受让方。

第三，土地出让制度变迁的制度环境主要包括意识形态环境、财政体制和经济体制。意识形态环境决定了中央政府对改革方向的选择，以及由此带来的改革的顶层设计和对基层探索的态度。财政体制通过建构中央与地方政府间的关系，影响着双方在政策与法律制定、执行与改革中的动机和行为。经济体制的关键是对市场地位与作用如何定位，以及由此如何处理政府与市场间的关系，这直接决定了土地价值显化的程度以及土地收益分配的内在机制，从根本上影响着制度变迁的主要驱动力及改革的关键。

（二）传统城市土地使用制度：高交易成本下的低效运行

新中国成立后，我国很快确立了社会主义的计划经济体制，对城市土地资源，在基于全民所有制的基础上实行了“按需计划分配，无偿、无限期、无流动”的利用管理。计划分配主要采用行政划拨方式，对需要使用土地的组织或单位，按照一定的建设用地审批程序，由政府建设主管部门无偿拨给；而与之对应的是，当国家出于经济、文化、国防或社会公共事业等各类建设需要使用有关土地使用者正在使用的土地时，国家也是直接以行政命令的方式调用。土地使用者获得土地不需要支付地价，取得土地以后也无须向所有者缴纳地租或土地使用费。土地的使用除非国家有新的建设需要，否则没有使用的时间限制。而使用的过程中，也禁止一切买卖、出租、抵押、赠与、交换等市场化的行为，即使土地使用者无须使用土地也只有将其无偿交还国家有关主管部门。

传统的城市土地使用制度下，生产者在“生产什么、为谁生产”的既定计划框架下，只有有限的“如何生产”的自由，但由于在计划经济体制下对生产者的考察主要取决于其执行计划的能力，在高昂的监督成本制约下，政府难以准确获知生产者实际的生产能力，导致生产者通过低报其真实生产能力以保证上级下达的计划得以完成（平乔维奇，1999）。反映在土地利用当中，生产者往往倾向于获取超过其生产需要的土地。而从主管土地分配的政府部门看，土地如何分配、如何保证土地的高效利用都需要付出高昂的信息获取、处理、传达和反馈的成本，这使得土地的分配与土地的需求很难实现有效率的平衡，土地的利用也无法与其他要素之间进行配置的优化。这种行政组织方式下的土地资源配置，不但无法产生效率优化的内在动机，恰恰相反，它刺激了对低效率的资源配置的维持。就这一制度下的交易费用而言，很难通过会计账上的费用或货币支出反映，更重要的是其隐含的生产中的代价和损耗；研究发现行政组织方式的管理会使刺激动力减弱，也很容易受到内部政治因素的影响，导致经济目标的扭曲（威廉姆森，O.，2001）。与此同时，由于政府无法从国有土地上获取任何收益，城市建设资金严重缺乏，财政支出困难，基础设施和房地产建设迟缓，也进一步限制了土地资源的有效利用。

传统城市土地使用制度造成的直接结果是，到改革开放初期，随着经济发展的恢复，一方面城市建设征地困难，征地费用成为地方政府沉重的负担；另一方面大量土地闲置、浪费，用地单位对多征少用、征而不用的土地，宁肯闲置也不愿交由土地管理部门统一使用。尽管名义上土地不得出租、买卖、转让，但由于缺乏有效的监督和管理机制，实际上用地单位的此类行为普遍存在，城市土地管理混乱（周诚、毕宝德、周义根等，1987）；也从另一侧面反映了这一制度在土地配置中低效的现实。

二、土地出让制度改革的探索

土地出让制度的改革是一个土地资源配置效率如何优化的探索过程。改革的核心，是通过土地产权的重新界定和分配，激活土地的资产和商品属性，以市场机制降低土地分配和使用的交易成本，实现生产者自发优化土地利用效率的内在动机。其中，中央政府、地方政府和土地使用者之间的利益冲突与协调是改革探索的关键。根据土地出让制度变迁的一些关键的时间节点，本书将其划分为四个阶段，并参照诺斯（1994）的制度变迁框架理解其中的变化特征。

（一）土地出让制度的探索和初步建立阶段（1979～1993年）及其主要特征

1. 外资进入和经济理论发展为改革探索提供了初始动力

20世纪70年代末，为使濒临崩溃的国民经济得以恢复并激发增长的活力，我国中央政府开始自上而下施行经济体制改革和对外开放。在经济领域，改革开放的一个重要举措是引进外资；国外资本的进入使原有的公有制经济下土地的行政划拨体制不再完全适用，解决"三资企业"的用地问题成为现实和迫切的制度需求。中央政府率先在制度上进行了顶层改革设计，1979年7月第五届全国人民代表大会二次会议审议通过和颁布施行的《中华人民共和国中外合资经营企业法》规定，可以出租批租土地给外商使用。同时，这一时期随着农村家庭承包经营体制的推行，在农村形成了集体土地所有权和承包分散经营"两权分离"的状况；城市土地在实际当中，国家所有权和用地单位使用权始终存在着"两权分离"的状况，经济体制改革和对外开放以及各用 地单位间的利益关系客观上要求明确用地单位的土地使用权，在这一过程中国家土地所有权也要求在经济上实现，理论界逐渐形成了社会主义地租仍然存在，并应该成为调节人地关系重要手段的认识（刘书楷，1996）。1982年出台的《国家建设征用土地条例》第五条规定"征用的土地，所有权属于国家，用地单位只有使用权"，明确了所有权和使用权的分离，进一步为土地有偿使用制度改革打下了基础。在这一过程中，土地的有偿使用范围逐渐扩大，并成为经济体制改革中一个关键的内容。

2. 地方试验和中央政策、法律的相互作用促进了改革探索的发展

（1）征收土地使用费的地方探索。改革的探索首先从深圳经济特区开始，通过引进外资进行房地产项目的开发，深圳市积累了国有土地出租和收取土地使用费的经验。1979年，深圳市签订了第一个吸引外资合作兴建和经营住宅楼的项目合同，由于合作经营很成功，外商进而申请独资开发经营，深圳市提供所谓"地皮使用权"并收取"土地使用费"。1980年《国务院关于中外合营企业建设用地的暂行规定》规定："中外合营企业用地，不论新征用土地，还是利用原有企业的场地，都应计收场地使用费。"经过几年成效显著的探索，《深圳经济特区土地管理暂行规定》得以出台并自1982年1月1日起施行，规定了不同用途土地各自使用的最长年期和不同用途、不同区位土地使用费的标准。在这一规定中，土地使用费的收取范围被扩大到"在特区兴办企业、事业的所有单位"。

1984年开始，辽宁省抚顺市、广东省广州市、浙江省苍南县等地自发进行了不同范围土地有偿使用费征收的探索。其中辽宁省抚顺市于 1984 年 3 月颁发了《抚顺市人民政府关于征收城市土地使用费暂行办法》（以下简称《暂行办法》），决定在抚顺市城市规划区内全面开征土地使用费，实行城市国有土地的有偿使用制度；并于 1985 年被财政部确定为征收土地使用费的试点城市，经过对原《暂行办法》的修改，又颁发了《抚顺市征收城市土地使用费实施办法》。抚顺征收土地使用费的对象是城市规划区范围内使用国有土地的所有单位和个人，但公共事业用地、宗教寺庙用地、没有营业收入的事业单位用地、采煤废弃土地等免缴土地使用费；对各类困难户经主管部门批准可以减免或缓征土地使用费。土地使用费采用划分土地等级的方式差额征收。征收土地使用费后，大量闲置土地被退回，并有效缓解了城市建设和维护的财政资金需求。

广东省广州市自 1984 年下半年起开征经济技术开发区、新建项目、“三资”项目的土地使用费，对缓解城市建设资金起到了明显作用。1984 年下半年，浙江省苍南县龙港镇政府则重点针对农民进城居住和从事非农经济活动的情况，为其有偿提供土地，进行了不同的探索。

征收土地使用费的探索过程中，各地的土地仍以行政划拨方式供应，但由于土地持有具有了实实在在的经济成本，用地单位和个人节约土地的动机明显增强，土地利用效率得以改善；国家土地所有权在经济上也找到了实现的方式，不但增加了国家财政收入，激励了地方政府的改革动机，也为进一步的土地使用制度改革奠定了基础。

（2）土地使用权有偿出让和转让的顶层设计与地方试点。土地使用费的征收解决了土地有偿使用的问题，但由于土地仍以划拨方式取得，并不能自由流转。随着改革的深入，国家对社会主义经济体制在意识形态上发生了重大变化，并促进了地方土地有偿使用制度向深入发展。

1984 年 10 月，党的十二届三中全会通过了《中共中央关于经济体制改革的决定》，明确提出计划经济是公有制基础上的有计划的商品经济，必须自觉运用价值规律；同时指明国有企业的所有权和经营权相分离的改革思路，强调企业自主经营、自负盈亏；并将价格体系的改革作为整个经济体制改革成败的关键。这次会议为整个经济体制改革的市场化方向奠定了基调，但囿于意识形态的局限，本次会议中强调土地不是商品，并将其作为社会主义区别于资本主义的基本特征之一。1986 年出台的《中华人民共和国土地管理法》明确我国实行国有土地有偿使用制度，但同时规定“任何单位和个人不得侵占、买卖、出租或者以其他形式非法转让土地”。土地作为最基本的生产要素之一，是价格形成和反映企业经营效率的重要因素，如果不能商品化，前述的企业、价格等微观改革领域事实上很难深入下去。

1987年，土地使用权有偿出让和转让的改革内容开始在中央政策文件中出现，这既受到地方改革的启发，也促进了地方试点的探索。1987年，深圳特区率先以协议和拍卖方式先后有偿出让了两宗土地的使用权。1988年《中华人民共和国宪法》修正案删去了原第十条中土地不得出租的规定，改为“土地的使用权可以依照法律的规定转让”，这为土地使用制度的改革在国家顶层制度设计上扫清了道路。随后，对《中华人民共和国土地管理法》进行了相应的修改。

顶层改革为基层探索明确了方向，也激励了地方试点的积极性。1988年福州、海口、广州、厦门、上海、天津等多个城市进行了土地有偿出让和转让的试点。在此基础上，一些地方性政策文件或法规先后出台。例如，1987年《上海市土地使用权有偿转让办法》《深圳特区土地管理条例》，1988年《海南土地管理办法》《海口市土地使用权有偿出让和转让的规定》《厦门市国有土地使用权有偿出让、转让办法》《天津经济技术开发区土地使用权有偿出让转让管理规定》等。广泛的地方试点为国家最终出台全局性的国有土地使用权有偿出让转让的法律打下了坚实的基础。

另外，1988年国务院发布《中华人民共和国城镇土地使用税暂行条例》，实施后各地的土地使用费办法停止执行。但这一改革应该不是以税替费的含义。因为土地使用费是土地使用者因使用国有土地而向土地所有者所做的经济补偿，就其经济实质来说就是地租（周诚、毕宝德、周义根等，1987），这一改革实际上将国家作为所有者的经济功能和作为管理者的政治功能区别开来，也是为最终以土地出让制度替代土地使用费制度规范了法律制度的框架。

3. 全国性土地使用权出让和转让制度的建立

随着《中华人民共和国宪法》《中华人民共和国土地管理法》等上位法律确立土地使用权可以依法转让，以及地方的广泛试点积累了丰富的经验，土地使用权有偿出让和转让逐渐受到社会广泛的认可和接受，成为社会主义商品经济中土地要素配置的基本范畴，制定全国性土地使用权出让和转让制度的条件逐渐成熟。1990年，国务院发布了《中华人民共和国城镇国有土地使用权出让和转让暂行条例》，对国有土地使用权出让、转让、出租、抵押、终止以及划拨等问题作出了明确的规定，这标志着我国土地出让制度的正式建立。之后，1994年《中华人民共和国城市房地产管理法》出台，在进一步补充完善城市国有土地使用权出让转让相关规定的基础上，将其上升到了一般法律的高度，成为我国土地管理领域的基本制度之一。

在这一制度初步建立时期，由于城镇住房制度改革仍处于试点探索阶段，土地的市场价值尚未完全显现，土地市场仍处于培育阶段。同时，由于国有经济仍占据主导地位，大量国有企业用地仍以划拨方式取得，导致土地出让规模相对很小，如 1992 年，全国划拨用地共 8.07 万公顷，占土地供应总面积的比重高达 97.2%（王永红，2008）。而从出让市场看，由于国家土地所有权的行使缺乏明确的制度框架，导致土地使用权的出让权与行政权力过度重叠，灰色交易与权力“寻租”普遍存在；反映在出让方式中，灵活度最大的协议出让一度占据了最主要的出让方式，而市场化程度相对较高、竞争更充分的招标、拍卖方式在出让中一度只占到极小的比例；以土地出让制度最早建立的深圳市为例，1987～1999 年，以拍卖和招标两种方式共出让 80 多宗地，每宗面积基本都在 1 万平方米左右，而每年协议出让面积则高达 100 多万平方米（王永红，2008）。由于土地出让价格不能准确反映市场竞争的状况和土地资源的相对稀缺性，也直接影响了土地资源与其他要素间的配置，极大限制了市场作用的发挥，这成为土地出让制度建立之初最突出的问题。

4. 土地出让制度探索和初步建立阶段制度变迁的内在逻辑

总结前述土地出让制度探索及初步建立阶段制度的演变，其改革的逻辑可以总结如图 2－1 所示。

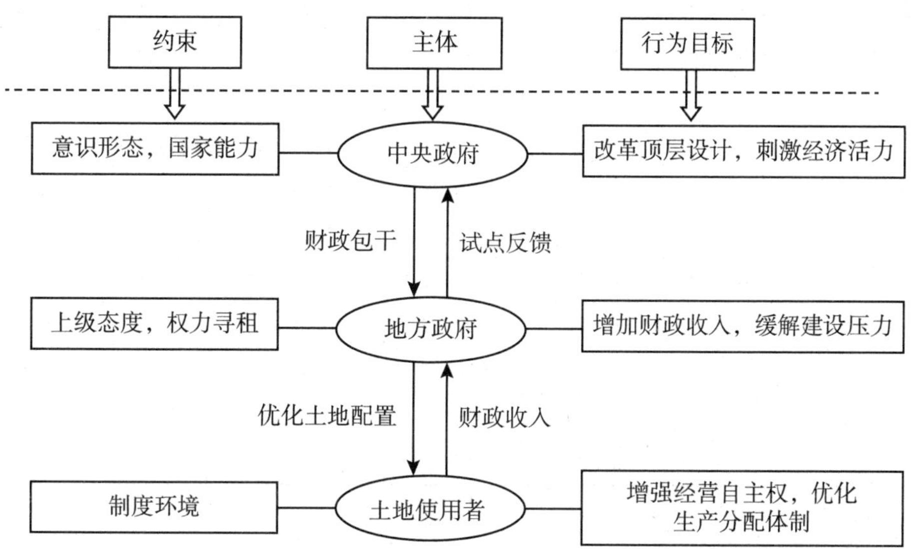

图 2－1　土地出让制度探索和初步建立阶段制度变迁的内在逻辑

中央政府在制度变迁中扮演着第一行动集团的角色，其主要的行为目标包括通过法律、政策上的顶层设计改革，意图刺激经济的活力。国家对整个经济社会加以调控、有效贯彻其政治决策的国家能力的变化（Mann，M.，1984），以及意识形态上的变化约束着其行为的实施。具体而言，由于宏观经济体制的限制，导致的经济衰退和人民生活水平低下削弱了国家能力，国家通过意识形态上“两权分离”“有计划的商品经济”等变化意图刺激经济活力，同时，原有的土地使用体制事实上制约了国家目标的实现，从而使中央政府“自上而下”推动土地使用体制改革。并通过财政上的“分权让利”“财政包干”，部分下放经济管理权，刺激地方政府参与改革的动力，1985 年以后中央和地方财政收入增长的相对变化状况一定程度上印证了中央政府推动这一改革的努力，如表 2 - 1 所示。

表 2 - 1　　1979 ~ 1993 年我国财政收入变化情况

年份	一般公共预算收入					
	全国（亿元）	增长率（%）	中央（亿元）	增长率（%）	地方（亿元）	增长率（%）
1979	1 146.38	1.25	231.34	31.62	915.04	-4.33
1980	1 159.93	1.18	284.45	22.96	875.48	-4.32
1981	1 175.79	1.37	311.07	9.36	864.72	-1.23
1982	1 212.33	3.11	346.84	11.50	865.49	0.09
1983	1 366.95	12.75	490.01	41.28	876.94	1.32
1984	1 642.86	20.18	665.47	35.81	977.39	11.45
1985	2 004.82	22.03	769.63	15.65	1 235.19	26.38
1986	2 122.01	5.85	778.42	1.14	1 343.59	8.78
1987	2 199.35	3.64	736.29	-5.41	1 463.06	8.89
1988	2 357.24	7.18	774.76	5.22	1 582.48	8.16
1989	2 664.90	13.05	822.52	6.16	1 842.38	16.42
1990	2 937.10	10.21	992.42	20.66	1 944.68	5.55
1991	3 149.48	7.23	938.25	-5.46	2 211.23	13.71
1992	3 483.37	10.60	979.51	4.40	2 503.86	13.23
1993	4 348.95	24.85	957.51	-2.25	3 391.44	35.45

资料来源：《中国统计年鉴 2015》。

地方政府是制度变迁中的第二行动集团，其参与改革的主要目标是增加财政收入，缓解地方沉重的建设压力；财政上自主权的增加进一步激励了其改革的主动性。地方政府在改革中处在和用地单位特别是各类企业接触的第一线，改革的施行主要是通过优化土地资源的配置激励企业的主动性，其试点往往也会超过中央政府现行政策或法律限制的范围，因此上级政府的态度对地方试点的发展有着重要影响。而在改革过程中，土地使用权的商品化使其成为有价值的商品，直接影响着企业经营的效益；但在不完善的管理体制下，国家土地所有权天然的产权模糊性很难避免行政权力的寻租，从而使这一市场机制发生了扭曲，直接限制了土地资源配置效率并影响到最终的经济产出和社会分配，增加了这一体制运行的交易成本。这也成为今后改革的重点。

土地使用者在这一阶段处在改革的底层，但其行为及结果为改革提供了最直接和有效的参考。企业在土地使用制度改革中扮演了关键角色，企业从经营角度参与改革的主要目标是增强经营的自主权，并优化生产效率和分配体制。外资企业希望在明晰的产权框架下更好地控制和实现利润的目标，国有企业也希望提高企业生产效率并将分配和生产有机结合起来，土地这一基本生产要素产权的相对明晰化是与企业的经营目标直接相关的，企业在不同的制度环境下通过上缴的财政收入的变化验证改革的成效并进而影响政府的改革措施和步伐；表 2-1 中从 1978~1993 年我国财政收入的增长变化状况与这一改革在时间上也表现出了较强的关联性，例如，从 1984 年各地开始广泛施行土地有偿使用的探索以后，地方土地财政收入开始有比较明显的增长，而 1990 年土地出让制度正式建立显然再一次刺激了阶段性的经济快速增长。

（二）现行土地出让制度的形成阶段（1994~1998 年）及其主要特征

1. 财政分税制改革与土地出让制度功能的演化

（1）土地出让制度功能演化的原因：财政分税制改革。1994 年《中华人民共和国城市房地产管理法》出台标志着以有偿出让和转让土地使用权为基本方式的城市土地使用制度成为国家经济体制改革领域的一项基本制度。在这一改革的过程中，主要的推动者是中央和地方各级政府。中央和地方政府之间的关系及其变化直接影响着改革内在动机的变化和它可能呈现出的举措。中央和地方关系的中心内容之一是中央政府与地方政府的财政分配关系，即财权和事权的划分（周飞舟，2006），上一阶段改革得以有效推行的一个重要因素就是地方财政自主权的扩大使其有积极性配合中央推行的与其利益一致的土地使用制度改革举措。

但在这一过程中，随着中央和地方关系的进一步变化，1994 年中央政府断然调整了二者之间的财政分配关系，原有的改革逻辑发生了新的变化，土地出让制度在地方经济发展中的角色和功能也悄然变化并延续至今①。这也是我们将 1994~1998 年划分为现行土地出让制度形成阶段的主要理由，之所以与 1998 年

① 这种动机反映在通过单纯土地出让以追求财政收入并以之支撑地方建设和发展方面，即通常所说的“土地财政”。

以后区别开来，在于1998年城镇住房制度商品化改革全面推行以后地方政府的行为动机被进一步强化并呈现出一些新的特征，但其行为动机本身与这一阶段并未发生质的改变。

20世纪80年代初，俗称“分灶吃饭”的财政包干制正式实施，其间虽有变化，但总的趋势是分权程度越来越高（周飞舟，2006）。至90年代初，中央财政的吃紧状况日益突出，财政收入在国内生产总值中的比重从1979年的28.4%下降至1993年的12.6%；中央财政收入在财政总收入中的比重由1979年的46.8%下降为1993年的31.6%，中央财政不但要靠地方财政的收入上解才能维持平衡，而且还在20世纪80年代两次向地方政府“借钱”（周飞舟，2006）。财政“分权让利”政策的结果是中央政府的经济调控和行政管理能力大大下降，从而导致“国家能力”被严重削弱（王绍光，1997）。而地方政府在这一体制下也出现了行为的偏差，主要反映在隐匿税收、地方保护主义和重复建设等方面（蒋震，2014），这在客观上也影响了地方经济增长的效率。到20世纪90年代初，财政包干这一制度的激励效应发挥殆尽，代之以中央与地方无休止的谈判、地方主义导致的大量损耗等日益高昂的交易成本。

在这一背景下，1993年，党的十四届三中全会确定了分税制改革的方向，1994年初分税制正式推行。分税制将税种划分为中央税、中央与地方共享税和地方税三大类（如表2-2所示）。作为市场经济主体的企业的主体税种（主要是增值税、消费税和企业所得税）都要纳入分税制的划分办法进行分配。2002年开始的所得税分享改革进一步将企业所得税和个人所得税由地方税变为中央—地方共享税种。

表2-2　　分税制体制下主要税种构成

税种	构成
中央税	消费税、关税、车辆购置税、海关代征的增值税和消费税等
中央与地方共享税	增值税、企业所得税、个人所得税、资源税、证券交易印花税等（其中，增值税中央占75%、地方占25%；所得税中央占60%、地方占40%）
地方税	营业税、土地增值税、印花税、城市建设维护税、城镇土地使用税、房产税、城市房地产税、车船税、契税、耕地占用税等

（2）土地出让制度功能的演化：从辅助到关键。1994年财政体制分税制改革从根本上影响了地方政府的土地出让行为，土地出让制度在经济发展中的功能也发生了重大变化。分税制改革之前，土地有偿使用无疑增加了地方财政收入，

缓解了建设的资金压力，但无论是中央政府还是地方政府，其主要的着眼点还是以此促进要素配置效率的优化和企业经营能力的提升，土地收入在财政收入中所占比重有限。1987～1993年，全国土地出让金收入总计约1 300亿元（黄小虎，2010），年均不到200亿元，占每年GDP总量不足1%。客观上这一时期，由于城镇住房制度改革尚在探索之中，土地市场的发展刚刚起步，土地出让方式又不尽规范，也影响了土地真实市场价值的实现。

分税制改革重构了中央和地方的关系，中央的财政收入得到极大的充实，并通过税收返还和转移支付发挥中央对地方建设的支持作用，加强中央对地方的调控能力。而地方在明确的分税制框架下，权利和责任关系更加清晰，发展的内在驱动力显著得到增强；由于企业的主体税种都纳入共享税管理，地方税主要成为与地方建设直接相关的税种，而地方政府的支出责任（事权）则相应大大增加，要解决政府吃饭与地方发展的双重问题，地方政府的选择包括：

第一，扩大税基，增加实际可分享的财政收入；第二，加强建设，以增加相关的地方税收；第三，扩大收入来源，由于地方没有税收立法权而更倾向于获取预算外、制度外收入。对后两类选择，土地出让制度在其中扮演了关键的角色，既可以带来直接的预算外收入（此时直接的出让收入还较为有限），同时通过出让促进建设，以获取相关的税收，并实现就业等其他社会目标。对第一类选择，扩大税基依赖于企业发展壮大和产值增加，但依赖于地方原有企业自身的发展已经难以满足地方的财政需求，招商、引进外部资本发展成为地方政府最有效、直接的选择，在引进资本的过程中，土地作为地方政府掌握的主要资源要素，在其中发挥了重要作用，所谓“零地价”“低地价”发展工业化的原因即来自于此。对地方政府而言，土地出让制度在地方经济系统中的作用，逐渐由重要的辅助演变成为发展的关键。

2. 现行土地出让制度形成阶段制度变迁的逻辑

在这一阶段，土地出让制度在形式上并未发生任何改变，改变的是这一制度的运行环境以及其运行的内在机制，如图2-2所示。

中央政府在这一过程中没有直接参与到土地出让制度的运行当中，它所扮演的角色是改变土地出让制度运行的环境。分税制改革的目的是通过重构央地关系，明确各级政府的权力与责任，强化国家对经济的调控及行政管理能力，显著降低前一时期“财政包干”体制的交易成本，优化经济增长的整体效率。

地方政府发展经济的动力在于其财权的进一步明确，以及相应而来的事权责任和配套的政绩考核体制，地方政府对中央政府从之前财政上的支持与博弈，转变为从中央争取税收返还、转移支付和建设项目，这从经济上强化了中央对地方的控制能力。

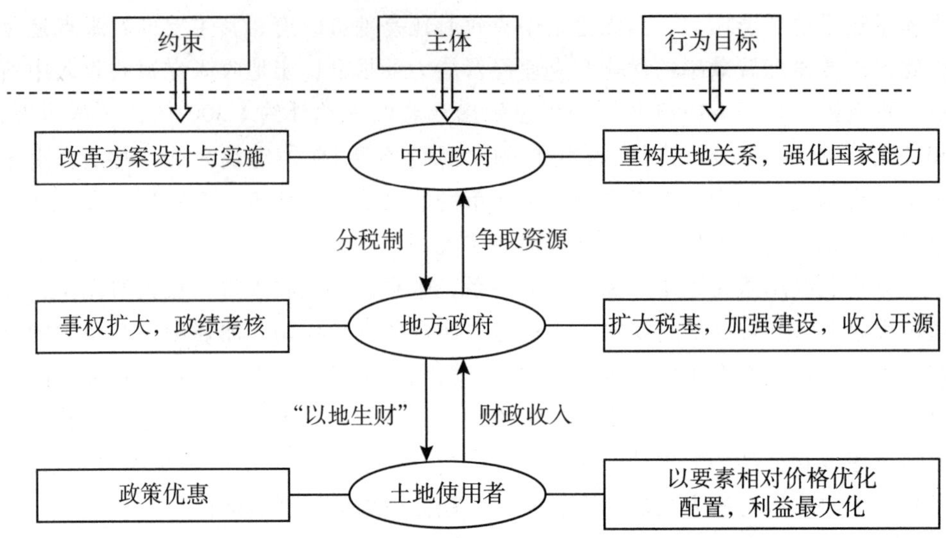

图 2-2　现行土地出让制度形成阶段制度变迁的逻辑

为保障政府吃饭和地方发展，地方政府通过掌握的土地资源，以土地出让为媒介实现“以地生财”，而用地企业以上缴财政收入和提供就业等为条件，争取地方政策优惠，在此基础上优化企业内部的要素配置，以实现利润最大化。由于土地相对价格偏低，现实中导致了土地替代资本的理性选择，客观上导致了土地的粗放、低效利用。

（三）现行土地出让制度的强化阶段（1998～2007 年）及其主要特征

1. 城镇住房制度改革促进和强化了“土地财政”

在城市土地使用制度改革的过程中，城镇住房制度改革因为相似的原因也在同步探索当中。传统的中国城镇住房制度，以国家统包、无偿分配、低租金、无限期为其基本的特征，这导致国家住房建设与维护背负着沉重的负担，住房供需难以有效调节，城镇居民住房水平长期无法改善。城镇住房制度的改革从 1978 年就提上了议事日程，并在 20 世纪 80 年代初就明确了住房商品化的改革方向。经过长期的地方试点和积累经验，1998 年，《国务院关于进一步深化城镇住房制度改革加快住房建设的通知》发布，全国城镇住房停止实物分配，全面实行住房分配货币化。经过短暂的公房改革和政策消化，巨大的潜在需求使城镇住房市场很快步入了快速增长的轨道，房价、地价快速增长，特别是住宅商业用地市场价格的快速走高，使土地财政不断强化并进一步改变了地方政府基于土地出让制度的发展模式。

由于房地产市场的快速发展，分税制下地方政府财政增收的三大选择得到了不同程度的强化：

首先，来自土地出让的收入快速增加，成为地方政府预算外增收的主要渠道，国家对地方各类行政事业性收费等预算外资金的收支管理进一步突出了出让金收入的重要性。在经济发达地区，土地出让金往往占地方政府预算外收入的60%以上（刘守英、蒋省三，2005）；利用财政部公开数据测算，2016年全国地方政府土地出让收入占预算外收入的78.73%[①]，占地方政府一般公共财政收入也高达24.30%[②]。

其次，城市房地产市场的快速发展，使由土地开发带来的房地产业和建筑业发展成为地方财政预算内的支柱性收入（营业税、所得税、耕地占用税等）；房地产税和建筑业税差不多占地方税收的50%，土地税收差不多占地方税收的10%，两者相加达约60%（刘守英，2005）。

最后，土地出让收入成为政府推动工业化的重要杠杆。地方政府以土地出让收入为启动资金和偿还保证，通过地方融资平台举债，强力推动城市基础设施建设，并通过工业用地配套基础设施建设等方式补贴工业资本，优化工业投资环境，吸引外部工业资本进入和工业规模扩大，进而在工业化、城镇化之间形成了内部强化的机制（蒋震，2014），其具体模式如图2-3所示。

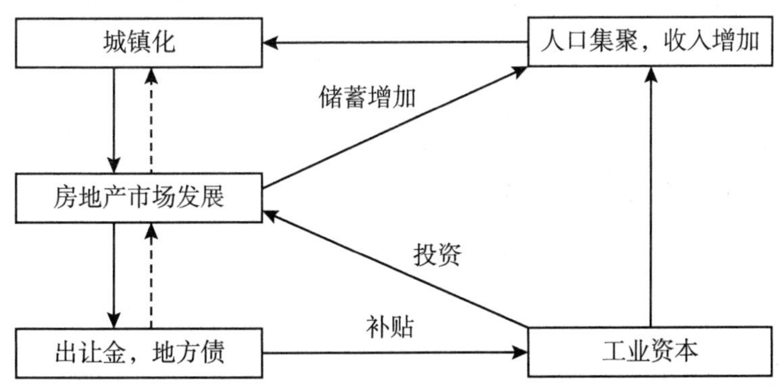

图2-3　土地出让制度支撑下的地方工业化、城镇化相互影响发展模式

地方政府以商住用地的土地出让金和融资收入为依托，补贴工业用地开发，吸引工业资本进入，进而带来人口集聚、收入增加，促进城镇化的发展，为房地产市场发展提供需求的驱动，工业资本对房地产市场的投入、居民为满足住房需

① 政府预算外收入这里主要包括地方政府性基金收入和地方国有资本经营收入，土地出让金收入被计入地方政府性基金收入当中。

② 地方政府一般公共财政收入包括地方本级一般公共财政收入，中央税收返还和转移支付两部分内容。

求的高储蓄率则进一步强化了房地产市场发展的需求和资金保障，进一步促进了出让和融资规模的扩大，从而在工业化、城镇化和出让市场发展之间形成正反馈过程的关键特征，这也是过去10多年中国经济社会发展的核心模式，具有资本积累阶段的典型特征，并以地方政府为主导，客观上对集中经济资源促进工业化发展发挥了重要作用。

2. 土地出让的市场化程度得到加强

随着土地出让收入在地方经济社会发展中发挥的功能日益重要，如何有效增加土地出让收入成为地方政府的客观需求。同时，以行政权力主导的土地出让方式下，权力"寻租"导致资源配置方式的扭曲，激励了土地的粗放利用，导致农地过度非农化（谭荣、曲福田，2006），粮食安全与耕地保护压力下，中央政府也开始关注通过土地出让市场化程度的提升促进土地资源的节约和集约利用。

一些地方政府率先开始了土地出让方式的改革探索，1999年浙江在全省范围内对经营性用地一律实行招标拍卖制度，2000年全国土地招标拍卖收益为350亿元，而浙江一个省就达195亿元。2001年《国务院关于加强国有土地资产管理的通知》文件中提出，从严控制建设用地供应总量，严格实行国有土地有偿使用制度，大力推行招标拍卖，加强土地使用权转让管理，加强地价管理和规范土地审批行为。2002年国土资源部发布的《招标拍卖挂牌出让国有土地使用权规定》则对经营性土地协议出让"叫停"，明确"商业、旅游、娱乐和商品住宅"四类经营性用地使用权出让必须采用招拍挂方式。这两个文件对土地市场建设的推进作用显而易见：2000年全国招标拍卖出让土地的收益为350亿元，2001年为492亿元，增长率为40%。2002年，全国国有土地使用权招标拍卖挂牌出让的宗数、面积、价款分别是上年的108.55%、273.8%和197%。

一些地方为招商引资，工业用地出让中长期存在着低地价乃至"零地价"行为，严重干扰了土地市场秩序，为一些地方搞低水平重复建设和扩大固定资产投资提供了条件，其获取土地的方式必须加以改革。2001年《国务院关于加强国有土地资产管理的通知》已经提出：除按现行规定必须实行招拍挂的土地外，工业用地也要创造条件逐步实行招拍挂出让。这个规定是工业用地进入招拍挂市场的一个信号。2004年出台的《国务院关于深化改革严格土地管理的决定》，有针对性地指出："必须严禁非法压低地价招商"，同时要求要加快探索和实践，加快工业用地进入市场化配置。2006年出台的《国务院关于加强土地调控有关问题的通知》，则完全把工业用地纳入了市场竞争的范围，要求"工业用地必须采用招标拍卖挂牌方式出让，其出让价格不得低于公布的最低价标准"。

2006 年 12 月 27 日，国土资源部发布《全国工业用地出让最低价标准》，并从 2007 年 1 月 1 日起正式实施。此举标志着，我国工业用地必须采用招标拍卖挂牌方式出让，其出让底价和成交价格均不得低于所在地土地等别相对应的最低价标准。

工业和经营性用地招拍挂出让，由国家政策此后进一步上升为国家法律。2007 年 3 月 16 日颁布的《中华人民共和国物权法》明确规定："工业、商业、旅游、娱乐和商品住宅等经营性用地以及同一土地有两个以上意向用地者的，应当采取招标、拍卖等公开竞价的方式出让。"竞争机制的引入，使我国土地资源市场化配置程度显著提高。2007 年，我国全面推行工业用地招拍挂出让和工业用地最低价标准，全国共出让土地 23.4961 万公顷，其中招拍挂出让土地 11.7298 万公顷，占出让总面积的 49.92%，比上年提高了 19.39 个百分点。2008 年我国招拍挂出让土地 13.9225 万公顷，占出让总量的 83.94%，同比提高 34.02 个百分点（如表 2－3 所示）。1987～1993 年，全国土地出让金总计约 1 300 亿元（黄小虎，2010）。随着改革的深入，政府的土地收益大幅度增加，2001 年土地出让金就达 1 296 亿元，2007 年的土地出让金一举突破了万亿大关，高达 1.22 万亿元。在出让总价款中，招拍挂出让土地的价款占比从 2001 年的 37.96%一路上升至 2008 年的 92.88%，如图 2－4 所示。

表 2－3　　2001～2008 年全国土地出让总量及构成情况

年份	出让总面积（公顷）	招拍挂出让面积（公顷）	出让总价款（亿元）	招拍挂出让价款（亿元）
2001	90 394	6 609	1 296	492
2002	124 230	18 100	2 416	969
2003	193 604	54 100	5 421	3 072
2004	181 510	52 427	6 412	3 549
2005	165 586	57 218	5 884	4 196
2006	233 018	71 147	8 078	5 795
2007	234 961	117 298	12 217	10 075
2008	165 860	139 225	10 260	9 529

资料来源：历年中国国土资源统计年鉴。

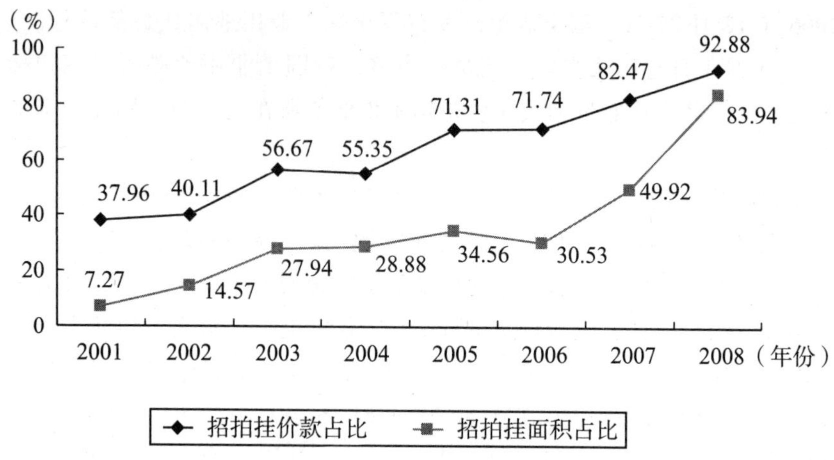

图 2-4　2001～2008 年土地招拍挂出让占出让总量比重情况

资料来源：历年中国国土资源统计年鉴。

3. 现行土地出让制度强化阶段制度变迁的逻辑

随着城市住房商品化改革的全面施行，城市土地的市场价值进一步显化，现行土地出让制度下的利益格局发生了深刻的变化，在分税制的财政体制下，地方政府“以地生财谋发展”的动机被大大强化，从而使这一时期土地出让制度的发展呈现出一些新的特征，如图 2-5 所示。

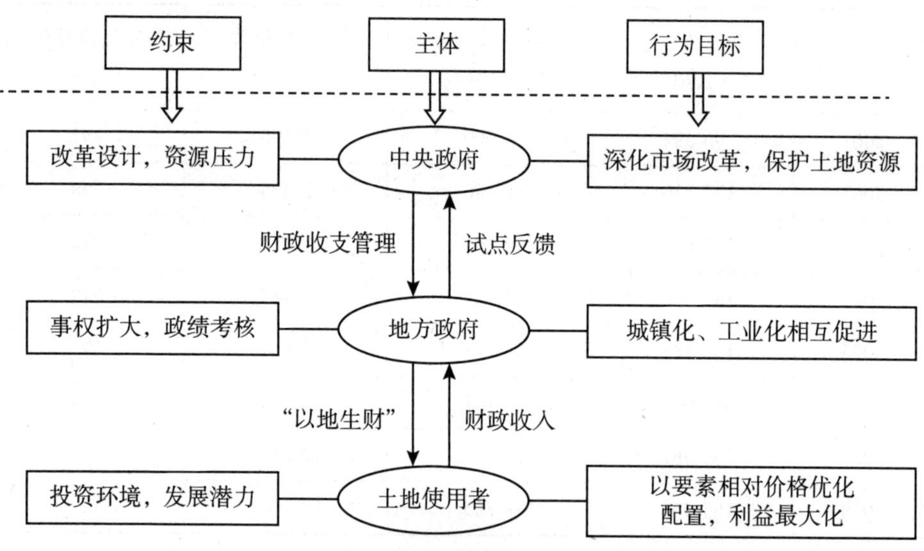

图 2-5　现行土地出让制度强化阶段制度变迁的逻辑

地方政府在这一时期一跃成为推动土地出让制度发展变迁的第一行动集团。

快速增长的土地出让收入及其相关的税收贡献，极大地增强了地方政府对土地市场的依赖程度。依托快速增长的商业房地产市场，以其高溢价的土地出让收入及由此撬动的融资（地方债），投资基础设施建设和补贴工业用地开发，以相对充裕的地方税为新进企业提供税收优惠，进而在工业化、城镇化之间形成相互促进的内部强化机制，从而有效解决了政绩考核和事权扩大的经济需求。这一时期，地方政府的发展进入了一个相对的黄金时期。但由于商业房地产市场的持续发展事实上是以金融的强力支持为条件的，其中的结构性矛盾（需求结构和地域结构等）也在日益积累，同时地方政府的发展动机与城乡土地使用者的矛盾在房屋土地征收领域也不断激化。

中央政府出于资源保护和深化改革、促进经济社会可持续发展的目标，充当了第二行动集团，事实上主要起到了对土地出让制度加以修正、提供顶层政策和法律保障的角色。出于土地资源特别是耕地资源保护的目标，中央以土地规划和计划管理的手段控制着地方建设和土地开发的规模，并通过强制性的行政干预、利率等手段对阶段性的发展进行调控。具体在出让制度变迁领域，中央政府以加强出让方式市场化改革的政策法律进一步促进和保障了土地出让制度发展，但通过观察也可以发现，如果地方政府缺乏相应的改革动机，仅从中央政府的目标推动的改革很难被有效实施。另外，在这一时期，中央政府出于规范行政管理、缓和城乡矛盾等目的加强了预算外资金的收支管理，取消了农业税，这实际上进一步放大了土地出让相关收入在地方政府财政预算中的比重，进而强化了地方政府的土地出让动机。

从土地使用者的角度，土地产权的市场化发展使其基本的行为动机与前一阶段相同，同样是在对要素相对价格权衡的基础上进行资源的优化配置以实现利益的最大化，但地方政府间激烈的发展竞争使其在投资环境、发展潜力的选择上有了更大的主动性。土地市场的发展也使土地利用效率有了明显的改善，单位 GDP 的新增建设用地消耗从 1999 年的 25. 27 公顷/亿元，下降至 2006 年的 7. 77 公顷/亿元[①]。

（四）现行土地出让制度深化改革的探索阶段（2008 年至今）及其主要特征

1. 改革探索的动力与进展

（1）改革探索的动力。在分税制的制度环境下，现行土地出让制度在地方经

① 中华人民共和国国土资源部：《中国国土资源年鉴 1999》，中国国土资源年鉴编辑部 2000 年版；中华人民共和国国土资源部：《中国国土资源统计年鉴 2007》，地质出版社 2007 年版。

济社会发展中发挥了重要的作用，成为地方政府驱动经济发展最有力的手段之一。但这一增量扩张型的财政手段自身存在的问题决定了其很难成为一项可持续的制度安排。

改革探索的外部压力主要来自这一制度下的城乡冲突和资源环境的约束。首先，城市土地出让过程中增量土地的供应主要依托于现行的征地制度，但征地过程中城乡土地权利存在明显的不平等，相比较城市土地市场的快速发展，集体建设用地的资本化和市场化进程被人为地严重抑制。征地是集体建设用地得以合法入市流转的几乎唯一途径，而征地过程中集体土地的市场价值则被严重低估，失地农民的补偿安置问题逐渐成为一个重要的社会问题，城乡差距一度持续拉大，并导致了大量的城乡社会冲突。如图 2 – 6 所示，我国城乡居民收入比①自 20 世纪 80 年代起一度拉大至 2007 年的 3.33；2008 年城乡居民收入绝对差距则首次突破 1 万元。近几年来，尽管农村居民收入增速超过城市居民，城乡居民收入比逐年缩小，但由于较大的基数差异，绝对差距仍在持续扩大。从近几年农民的收入结构看，家庭财产性收入在其总收入中只占 2% ~3%，且没有明显变化（如图 2 – 7 所示）。农村土地市场发展的严重滞后已经成为制约农民收入增长的重要因素（周其仁，2009；蒋省三、刘守英等，2007）。

其次，现行土地出让制度的成功运转主要依托于增量土地的供应，但随着城乡建设用地总体规模的持续扩大，耕地资源不断减少，生态环境也受到了较大的破坏。我国东部一些经济相对发达的地区，建设开发强度②已超过了许多发达国家高度城市化区域，如上海市、江苏省的建设开发强度分别达 45%、21%，深圳市已超过 50%，相对来看，日本、韩国的土地开发强度都在 10% 以下，即使是国土面积较小的荷兰也只有 13%（侯大伟、杨玉华，2010）；而人口产业高度集中的日本三大都市圈土地开发强度仅为 15.6%，德国斯图加特市为 20%，法国巴黎地区为 21%（中国社科院，2010）。随着国家永久性基本农田划定等日益严格的耕地保护制度，以及生态保护红线规划的编制和施行，增量扩张型的用地模式势必难以为继，以此为支撑的土地财政也就很难持续下去，如何可持续地保障地方政府公共财政支出的问题也对现行土地出让制度提出了改革的要求。

从地方发展的内在需求看，对现行土地出让制度同样存在改革的要求。一方面，城乡收入差距拉大，导致占总人口一半以上的农村人口消费能力不足；近 3 亿长期在城镇非农就业的农村劳动力，受制于城市高昂的生活成本特别是住房成本，难以真正实现市民化，也就不能形成支撑城市房地产市场长期发展的有效需求。

---

① 城乡居民收入比是指城镇居民家庭人均可支配收入与农村居民家庭人均纯收入之比。

② 建设开发强度在这里是指区域建设用地面积与区域总面积的比值。

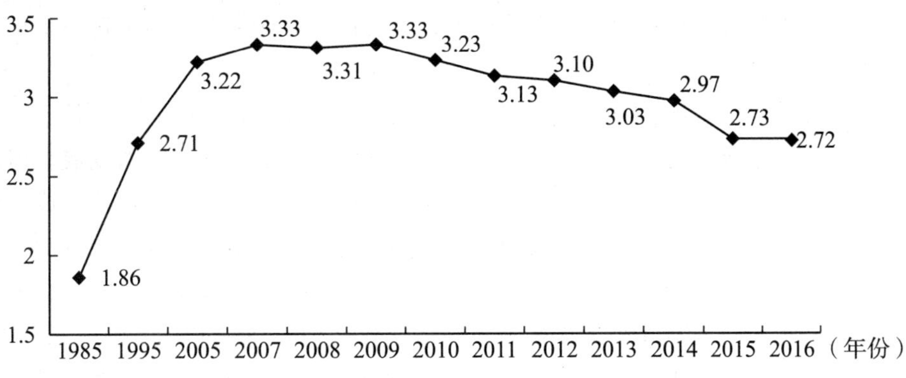

图 2-6　我国城乡居民收入比的变化情况

资料来源：历年中国统计年鉴。

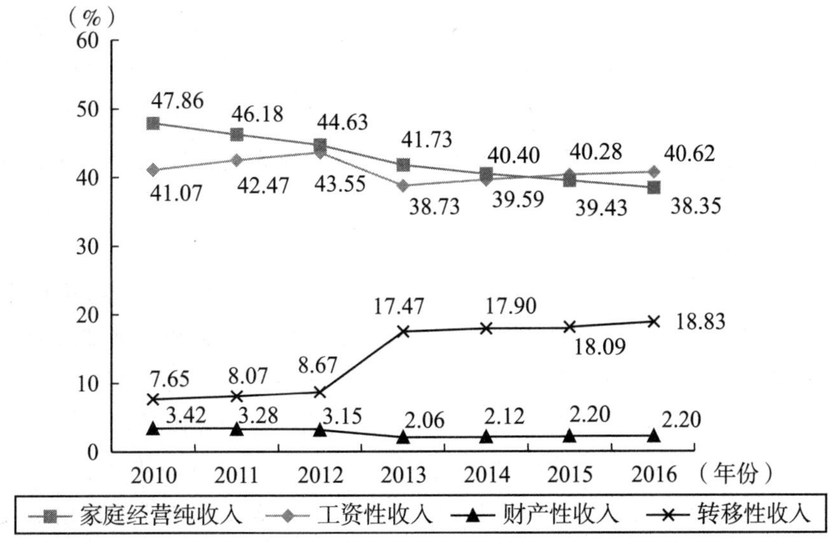

图 2-7　农村居民家庭人均纯收入构成

资料来源：历年中国统计年鉴。

而城市住房价格的快速上涨迫使城镇居民预防性储蓄的增加，也限制了城市消费市场的发展。统计数据显示，2017 年，我国最终消费占 GDP 的比重达 53.6%，而在发展中国家，这个数字平均为 62%，在美国，这个数字超过 90%。此外，我国居民消费占 GDP 的比重长期处于下降通道之中，由 1978 年的 48.8% 降至 2013 年的 36.2%①。如何使城乡居民合理分享经济增长的收益，并进而通过消费支撑经济的长期增

① 资料来源：《未来我国居民消费率将至少增长 10%》，中研网，http://www.chinairn.com/news/20141104/173358332.shtml。

长，需要改变现行房地产市场的发展模式，这也在一定程度上推动了近年来城市土地出让制度的改革。

另一方面，土地出让及其收益分配对实现地方经济社会发展而言，是一个重要的手段，而不是目的，根本上地方的发展仍然依赖于工业制造业的发展。但现行土地出让制度的发展正在导致这一发展机制的扭曲。我国加工制造业的成本优势是其核心竞争力所在，但土地市场的发展带来的地价上涨，以及一次性50年的出让方式客观上都抬升了工业用地的取得成本，加之劳动力成本上升等其他因素，我国制造业的成本优势正在逐渐消失；尽管这是多种因素综合作用的结果，但如何通过工业用地出让方式的改革降低企业的成本负担仍然是一个重要的问题。此外，由于固定资本投资在不同企业生产中的重要性不同，也需要更加具有差别性的工业用地出让方式。另外，由于商业房地产市场的快速发展，对其投资性需求快速增加，这里既有在短期内脱离有效需求所产生的经济泡沫的潜在风险问题，短期投资收益率的差异也导致有限的金融资本更多流入房地产领域而非工业制造业领域，这同样不利于地方经济的长期持续发展，特别是在当前经济增速下滑的新常态条件下，商业房地产市场发展和工业制造业发展的矛盾性更值得引起足够的重视，如何通过土地出让制度的改革协调两个市场的发展也是经济持续发展的内在要求。

（2）改革探索的进展。自2008年以来，深化土地出让制度的改革探索开始受到了普遍的重视。这一阶段的改革重点在于统筹城乡发展和抑制城市的低效外延扩张模式，在这一改革过程中，农村集体建设用地的市场化成为重要的改革探索内容。这一改革的推行可能将极大改变现行土地出让制度内的收益分配格局并进而改变以之为支撑的“土地财政”主导下的发展模式，从而使土地出让的制度内涵及其对经济社会发展的影响机制随之改变，主要表现为新增建设用地收益进一步向农村集体和农民倾斜，政府和市场的相互关系进一步明确，土地出让的主体逐步转变为城乡土地所有者，增量扩张型“土地财政”支撑下的发展模式将难以为继，集体土地出让中的收益分配、政府公共服务支出的财政可持续保障以及以土地参与宏观调控的模式和内涵将成为新的重要问题。

2008年党的十七届三中全会首次就这一改革作出了全新的原则性表述，其主要内容包括两个方面：一是改革征地制度，严格界定公益性和经营性建设用地，逐步缩小征地范围，完善征地补偿机制。在征收农村集体土地过程中，按照同地同价原则及时足额给农村集体组织和农民合理补偿，同时要解决好被征地农民就业、住房、社会保障等问题。二是发展农村集体建设用地市场，提出在土地利用规划确定的城镇建设用地范围外，经批准占用农村集体土地建设非公益性项目，允许农民依法通过多种方式参与开发经营并保障农民合法权益。逐步建立城乡统一的建设用地市场，对依法取得的农村集体经营性建设用地，必须通过统一有形的土地市场、以公开规范的方式转让土地使用权，在符合规划的前提下与国有土地享有平等权益。为此此次会议也提出要抓紧完善相关法律法规和配套政策，规范推进农村土地管理制度改革。

2013 年党的十八届三中全会进一步在理论上实现了重大突破，这次会议形成的决定报告中明确了政府和市场的定位与作用关系，提出经济体制改革是全面深化改革的重点，核心问题是处理好政府和市场的关系，使市场在资源配置中起决定性作用和更好发挥政府作用。会议明确市场决定资源配置是市场经济的一般规律，健全社会主义市场经济体制必须遵循这条规律，着力解决市场体系不完善、政府干预过多和监管不到位问题。进而延续 2008 年的改革思路提出建立城乡统一的建设用地市场，在符合规划和用途管制前提下，允许农村集体经营性建设用地出让、租赁、入股，实行与国有土地同等入市、同权同价。缩小征地范围，规范征地程序，完善对被征地农民合理、规范、多元保障机制。就国有土地出让制度，提出扩大国有土地有偿使用范围，减少非公益性用地划拨。建立兼顾国家、集体、个人的土地增值收益分配机制，合理提高个人收益。完善土地租赁、转让、抵押二级市场。

围绕上述改革的思路，2006 年国家发展改革委批准设立的重庆市、成都市全国统筹城乡综合配套改革试验区在农村集体土地市场的培育和发展方面开展了积极的探索；2011 年上海、重庆两市开始房产税征收改革试点，以探索完善可持续的地方财政体系，减少地方财政对土地出让及相关税收的过度依赖；2015 年国土资源部围绕征地制度改革、集体经营性建设用地流转和宅基地使用制度改革在全国开展了深化改革试点探索，同时进一步完善了改革试点的顶层设计，明确在改革试点地区暂停执行相关法律条款，为改革试点进一步扫清了政策和法律障碍。

2. 现行土地出让制度深化改革探索阶段制度变迁的内在逻辑

在现行土地出让制度的深化改革探索阶段，改革的动力与上一阶段相比发生了明显的改变。由于农村集体及农户无法通过农村土地的资本化、市场化分享工业化、城镇化发展的收益，导致的城乡冲突增加了现行制度运行的社会成本；同时，扩张型土地财政下商业房地产的过度投资造成了经济增长方式的扭曲，既不利于加工制造业的发展，也抑制了消费需求对经济增长的支撑。资源配置效率改善的内在需求围绕着产权变迁和收益分配机制的重构呈现出新的特征，如图 2－8 所示。

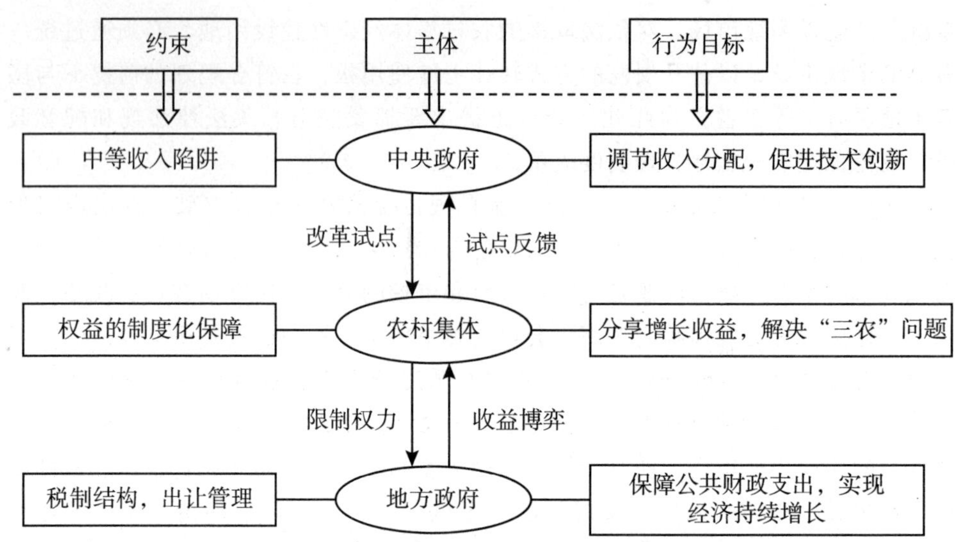

图2-8　现行土地出让制度深化改革探索阶段制度变迁的内在逻辑

农村集体在改革探索中成了第一行动集团。以集体土地资产为依托，合理分享经济增长的收益，进而解决农民增收、农业和农村发展是其主要的行为目标和动机所在，中央的改革试点为其提供了部分制度化的行动保障，而地方政府现有发展模式与集体发展目标间的冲突和博弈决定了其改革探索的深度和广度。能否形成不同主体之间通过良性博弈促进改革演进的主要约束条件则是对农民和集体土地权益的制度化保障的改革进展。

中央政府出于保持经济持续增长、避免落入“中等收入陷阱”的考虑，积极探索转变增长方式，通过改革促进收入分配调整，加强技术创新，以形成支撑经济长期增长的源泉。在这一过程中，中央扮演着制度变迁第二行动集团的角色，通过创新发展思路，推进“供给侧改革”等方式以转变发展的宏观政策环境，并通过鼓励地方试点的方式积累改革的经验，为“自上而下”的最终制度变革提供参考；而地方特别是农村集体试点地位的获得也为其突破现有的法律和制度框架提供了可能。

地方政府由于现行的税制结构和出让管理模式，要保障公共财政支出和支撑地方经济增长，在上层制度设计尚未根本性变革的条件下，必然表现出强烈的路径依赖特征，在经济增长放缓背景下全国部分城市房地产价格的快速上涨也部分印证了这一判断。集体土地制度改革的推进势必限制地方政府原有的权力，围绕土地增值收益在地方政府和农村集体之间的博弈会持续，这一博弈一方面影响着农村改革的推进，另一方面，也可能促使城市土地出让方式改革以及对存量土地的盘活。博弈最终的结果需要形成协调各方利益的税制结构，进而从内涵和外延重构原有的土地出让制度。

土地使用者在这一过程中以“用脚投票”的方式响应并间接影响制度的变迁。在集体建设用地流转比较活跃的地区，企业根据其自身的生产和投资特征自由选择国有或集体土地，促进了两个市场的共同发展，实践中形成的收益分配模式也为其他地区的改革提供了借鉴。在以现行土地出让制度为主的地区，土地使用者则通过进入或退出的选择间接影响地方政府土地出让的方式及其中的收益分配。近几年加工制造企业吸纳就业、创造利税能力的下降也是土地出让制度改革的内在驱动力之一。

三、我国土地出让制度变迁的简要总结与启示

（一）对我国土地出让制度的总体评价

毫无疑问，我国的土地出让制度在经济体制改革过程中发挥了不可替代的关键作用。土地作为最基本、最重要的生产要素之一，土地资源的市场化配置是市场经济体制改革的关键组成部分，土地出让作为城乡建设用地入市的主要环节，土地出让制度的重要性毋庸置疑。总体上看，我国土地出让制度的建立和变迁在经济社会发展过程中主要发挥了三个方面的重要功能：第一，土地出让制度通过对土地产权权利体系和权能内涵的重构和演进，逐渐激活了土地的资产和商品属性，培育了城市国有土地市场从弱到强的发展，并以之带动了我国宏观市场经济体制的发展，奠定了社会主义市场经济体制的重要基础。第二，土地出让制度极大地提高了土地资源的配置效率，激励了企业等市场主体优化效率、增加利润的内在动机，加快了工业化建设的资本积累进程，是我国经济长期快速增长重要的内在驱动因素之一。第三，土地出让制度显化了国有土地资产的市场价值，为加快国家基础设施建设、改善社会公共服务、促进工业化和城镇化的发展提供了重要的财政保障。

与此同时，由于我国土地出让制度的建设基于城乡分割的二元土地市场这一天然的缺陷，也注定了其作用的阶段性和局限性。城乡土地在物质实体上无法分割，人为将城乡土地市场割裂开来违背了这一改革基本的理论逻辑；以现行财政体制为主的制度环境下工业化、城镇化和土地出让市场之间的正反馈过程则进一步放大了制度的缺陷，扭曲了土地出让和收益分配的内在机制，不可避免地导致了发展中的一系列经济社会问题。而要深化土地出让制度的改革，建立更加合理的收益共享机制，则需要在总结土地出让制度变迁内在规律的基础上把握改革的关键领域。

（二）我国土地出让制度变迁的规律与启示

基于上述对我国土地出让制度变迁的历史回顾和内在经济机制的解释，可以得到以下几点可能的规律与启示。

第一，土地出让制度的变迁是一个土地资源配置市场化程度不断加强的过程，在这一过程中，资源配置效率不断改善，成为宏观经济持续增长的关键因素之一。基于这一变迁的基本逻辑，土地出让制度进一步改革的方向同样在于深化市场化的进程，而就其现状而言，重点在于现行制度安排中市场发育明显滞后的农村集体土地市场的培育和发展。同时，城镇国有土地出让市场发展的一些长期性的问题，诸如出让期限和到期后的续期问题、工业用地出让方式问题、出让收益分配机制的完善问题等也需要进一步在制度上不断发展和完善。

第二，土地出让过程中相关收益的分配机制及其变化是决定土地出让制度变迁的核心机制，土地出让制度发展演进的脉络是由不同主体间收益的分配关系所刻画的。市场的作用在于显化了其中的土地收益和相关主体之间的利益关系，从而改变着各主体在制度变迁中的动机和行为的选择。而改革的直接动力则来自现行收益分配机制的不合理及其导致的效率损失，相关主体通过制度的改革谋求更大的利益与既得利益者之间的博弈是改革的主要内涵。

第三，如同前述对这一制度变迁理论逻辑的描述，继续改革的长期方向仍然是以效率为导向的，制度变迁本身可以理解为是对经济体系效率优化内在需求的一个适应的过程，正如哈耶克（2000）的描述“我们的价值和制度不单是由既往的原因所决定，而且也是一种结构或模式不自觉地进行自我组织的过程之一部分”，这在很大程度上不是人类特意计划或追求的结果，而是在无人能预知其后果的情况下，在漫长的岁月中自发进化而形成的。在这一过程中相关主体利益诉求的协调是重构利益格局、促进市场化进程持续深入的关键，土地产权体系的完善仍然是改革的基础。

第二节　土地出让收益分配制度的形成和演变

在土地出让制度变迁的过程中，收益的创造和分配是关键，并决定了不同主体在这一过程中所扮演的角色。本部分内容主要试图对土地出让收益分配制度的形成及演变过程进行相应的梳理，探讨其主要表现出的问题和改革的可能方向。

一、土地出让收益分配管理的制度沿革

土地出让收益分配制度的发展演变与土地出让制度的历史变迁具有较高的一致性，土地出让制度在不同阶段的发展演变中土地出让收益的分配都是基本的内容。土地出让收益分配管理制度的发展具有显著的财政动因和财政路径依赖特征（匡家在，2009），是中央、地方政府、土地使用者及农民集体等不同主体之间的利益博弈过程。

围绕土地出让制度的演变和财政体制发展，对土地出让收益特别是土地出让金制度的变迁也有不同的总结。柳臻（2008）从土地出让制度的发展本身及出让方式变革角度将我国土地出让金管理制度分为土地出让金制度的酝酿与形成（1978～1990年）、我国土地出让金制度的初步发展（1991～2001年）和土地出让金制度的调整和深入发展（2002年至今）三个阶段。更多学者则将土地出让金管理背后的财政体制因素引入对这一制度发展的评价中来。如严金书（2011）将土地出让金制度的变革分为四个阶段：（1）创征阶段，以1979年从“三资企业”开始收取场地使用费为标志；（2）成型阶段，以1988年国务院制定了土地出让金的标准为标志；（3）改革阶段，以1994年推行的分税制改革为标志；（4）立法阶段，以1995年国务院出台规范性文件为标志。冷宏志、朱道林（2008）则完全从财政体制改革的视角将土地出让金管理制度的历史变迁划分为：中央与地方财政分享阶段（1988～1993年）；全部属于地方财政收入阶段（1994～1998年）；区分新增和原有建设用地对土地收入实行不同管理阶段（1999～2006年）；实行“收支两条线”管理阶段（2007年至今）。

以上的阶段划分基于不同的视角，针对不同的问题导向各有其适宜性。为保持逻辑的一致性，本书仍按前述土地出让制度的变迁阶段划分方式对土地出让收益分配管理的制度沿革进行一个简要的梳理，但部分文件出台的时间可能在时间节点上有所偏差。

（一）土地出让制度的探索和初步建立阶段（1979～1993年）

这一阶段的早期，主要在部分城市收取城镇土地有偿使用费，其主要用途是弥补城市公共建设的资金不足。随着1987年、1988年深圳、上海等地土地有偿出让和转让试点的成功，国家在《中华人民共和国宪法》《中华人民共和国土地管理法》中明确了土地有偿使用的方向，1989年5月国务院出台了《国务院关于加强国有土地使用权有偿出让收入管理的通知》，通知中要求国有土地使用权出让收入必须上缴财政，其中中央财政和地方财政按40%和60%分配，收入主

要用于城市建设和土地开发；但实际上随后财政部公布的《国有土地使用权有偿出让收入管理暂行实施办法》中，规定土地使用权出让收入先由取得收入的城市财政部门留下20%作为城市土地开发建设费用，其余部分中央和地方再按40%和60%的比例分成，中央提取的收入比例实际调整至32%。1990年土地出让制度正式建立，《中华人民共和国城镇国有土地使用权出让和转让暂行条例》中明确“依照本条例收取的土地使用权出让金列入财政预算，作为专项基金管理，主要用于城市建设和土地开发。具体使用管理办法，由财政部另行制定”。1992年财政部出台《关于国有土地使用权有偿使用收入征收管理的暂行办法》，将上缴中央财政部分的比例下调至5%。

这一时期，为鼓励地方积极性，中央在传统的统收统支的背景下，逐渐推进对地方财政实行基数包干法，“基数”主要是税收收入，而且不对各税种的比例进行规定；在以流转税为主的税收体制下，极大激励了地方政府发展企业、扩大税基的积极性；由于土地出让收入很大比重留归地方，客观上也促进了地方进行土地有偿使用制度改革的动力。但这一体制同时也不可避免带来了重复建设、地区封锁、市场分割以及“两个比重”（财政收入占国内生产总值的比重和中央财政收入占财政总收入的比重）的下降等问题（周飞舟，2010）。20世纪90年代初，中央政府的调控能力明显弱化，国家财力分散，也影响到统一市场的形成和产业结构优化，在这一背景下，财政体制改革已经刻不容缓。

（二）现行土地出让制度的形成阶段（1994～1998年）

为解决财政包干体制下出现的种种问题，1993年12月国务院下发《国务院关于实行分税制财政管理体制的决定》，将各类税收划分为中央税、地方税以及中央和地方共享税三类，彻底重构了中央和地方之间的财政分配及事权关系，并于1994年开始正式实施。在这一文件当中，国有土地使用权有偿出让收入不再由中央财政和地方财政分享，明确列入地方固定收入，中央不再参与土地出让的收益分成。对土地出让收入的使用，基本上延续了上一时期的思路，1994年出台的《中华人民共和国城市房地产管理法》第十八条规定，土地使用权出让金应当全部上缴财政，列入预算，用于城市基础设施建设和土地开发。土地使用权出让金上缴和使用的具体办法由国务院规定。1997年3月，国务院下发《国务院关于在若干城市试行国有企业兼并破产和职工再就业有关问题的补充通知》，明确可以从破产企业依法取得的土地使用权转让所得中拨付破产企业职工的安置费用，将土地出让金的使用范围扩大到了社会民生方面。

这一时期，随着中央与地方“财权”“事权”体制的重构，土地出让收入对地方财政的潜在意义发生了很大的改变。在分税制下，面广量大、稳定可靠的税收大多上缴中央，地方政府兴办企业由于收益减少而风险增大导致动力不足，而大量乡镇企业在这一时期的转制也使地方政府失去了规模不小的“企业上缴利润”收入（周飞舟，2010）；地方税种构成中房地产建设开发相关的税种又占据了很大比重。在这种情况下，地方政府一方面开始谋求增加预算外和非预算资金，另一方面则希望通过扩大建设开发增加预算内税收收入。土地出让收入作为非预算收入的重要组成部分，对其收支地方政府具有很大的掌控度，同时，土地出让的规模事实上和建筑业的发展及预算内收入的增加又存在紧密的关联，这自然使地方政府日益重视起土地出让收入。

与此同时，随着市场经济的发展，征地过程中在传统计划经济体制下失地农民可以获得的就业等潜在福利消失，而补偿标准并未相应增加；逐渐发展的城市土地市场所显化的土地价值进一步增加了农民对土地出让收入分配的不满。

（三）现行土地出让制度的强化阶段（1998～2007年）

在这一时期，随着城市房地产市场化进程的快速推进，城市建设规模迅速扩张，大量农地转为非农建设用地，土地出让收入的使用不再局限于城市建设开发以及相关的破产安置费用，开始更多向农业领域倾斜，并通过安排土地储备费用以加强对土地市场的调控，针对日益激烈的征地补偿分配矛盾，土地出让收入使用向保障农民生活水平方面也有所倾斜。

1997年4月《中共中央、国务院关于进一步加强土地管理切实保护耕地的通知》发布，冻结非农业建设项目占用耕地一年，并规定今后“原有建设用地的土地收益全部留给地方，专款用于城市基础设施建设和土地开发、中低产田改造；农地转为非农建设用地的土地收益全部上缴中央，原则用于耕地开发，具体办法国务院另行规定”。1998年修订后的《中华人民共和国土地管理法》第五十五条明确规定：“自本法施行之日起，新增建设用地的土地有偿使用费，百分之三十上缴中央财政，百分之七十留给有关地方人民政府，都专项用于耕地开发”。1999年8月，财政部、国土资源部印发《新增建设用地土地有偿使用费收缴使用管理办法》，明确新增建设用地土地有偿使用费30%上缴中央财政，70%上缴地方财政；土地有偿使用费的缴纳标准由国土资源部按照全国城镇土地分等定级结果、基准地价水平、各地区耕地总量和人均耕地状况、社会经济发展水平等情况制定，并定期调整公布。其中，上缴中央的部分作为中央财政基金预算收入，上缴地方财政的部分作为地方财政预算收入，均专项用于耕地开发和土地整理，并要求不得用于平衡财政预算，结余结转使用。2004年3月，国务院下发《国务院关于将部分土地出让金用于农业土地开发有关问题的通知》，要求自2004年起，将不低于土地出让平均纯收益的15%专项用于土地整理复垦、宜农未利用地开发、基本农田建设以及改善农业生产条件的土地开发。2004年6月、7月，财政部、国土资源部联合印发了《用于农业土地开发的土地出让金收入管理办法》，明确要按照规定比例从土地出让金中划缴用于农业土地开发的资金，实行专账管理，专项用于土地整理和复垦、宜农未利用地的开发、基本农田建设以及改善农业生产条件的土地开发。

在用于土地市场调控和征地补偿方面，2001年4月，国务院下发《国务院关于加强国有土地资产管理的通知》，明确有条件的地方政府对建设用地试行收购储备制度，以增强政府对土地市场的调控能力，市、县人民政府可划出部分土地收益用于收购土地。2004年10月，国务院下发《国务院关于深化改革严格土地管理的决定》，明确土地补偿费和安置补助费达到法定上限，尚不足以使被征地农民保持原有生活水平的，当地人民政府可以用国有土地有偿使用收入予以补贴。这一文件同时要求规范新增建设用地土地有偿使用费收缴和使用管理，同时，为避免片面追求土地收益加大出让规模的短期行为，这一文件中首次提出要探索建立国有土地收益基金，以对土地开发和使用进行长远规划。

这一时期城镇住房商品化改革全面展开，打开了地价快速上涨的阀门。与此同时，财政管理体制的持续改革不断强化着地方对以土地出让和建设开发为核心的“土地财政”的依赖。在分税制改革以后，地方政府预算外资金的主体是行政事业单位收费，而非预算资金的主体是农业上的提留统筹与土地开发相关的土地转让收入。对行政事业单位收费，中央多次通过收支两条线、国库统一收支等方式加以规范管理；非预算资金内的农业提留统筹，则从2001年开始逐渐调整改革取消①。2002年，所得税分享改革将企业所得税和个人所得税由地方税变为中央—地方共享税种。多种因素共同作用下，土地出让的相关收入在地方财政中的地位越发重要，土地出让金成为地方具有较大支出自主权的重要的非预算收入，在地方财政收入中的比重随着土地市场的发展不断提高，特别在东部发达地区几乎是一枝独秀；而预算内来自房地产和建筑业的营业税也迅速成为地方税中的支柱性收入，房地产、建筑业和土地税收在地方税收中的比重普遍达50%以上（刘守英，2005）。这样的财政收入结构下，地方政府偏重于土地出让收入、扩大土地出让规模、极力扶持房地产市场发展的动机也就不难理解。

① 其主要内容可以概括为：“三取消、两调整、一改革”。“三取消”是指取消乡统筹和农村教育集资等专门向农民征收的行政事业性收费和政府性基金、集资；取消屠宰税；取消统一规定的劳动积累工和义务工。“两调整”是指调整现行农业税政策和调整农业特产税政策。“一改革”是指改革现行村提留征收使用办法。

（四）现行土地出让制度深化改革的探索阶段（2008 年至今）

事实上，从 2006 年以来，中央就开始加强对国有土地出让收入的管理规范，力图将其收支全额纳入预算管理，土地出让收入的范围也逐渐向更大的公共范围扩展。2006 年 8 月，国务院下发《国务院关于加强土地调控有关问题的通知》，通知中明确提出“国有土地使用权出让总价款全额纳入地方预算，缴入地方国库，实行‘收支两条线’管理”。对土地出让总价款的使用，通知中明确了基本的用途和程序，即首先用于征地拆迁补偿和协助被征地农民社会保障资金的不足，其次用于农业土地开发和农村基础设施建设并逐步提高这一部分的比重，最后用于廉租住房建设和完善国有土地使用功能的配套设施建设。同时，通知中提出调整建设用地有关税费政策，具体包括提高新增建设用地土地有偿使用费缴纳标准，其用途仍然是专项用于基本农田建设和保护、土地整理、耕地开发；提高城镇土地使用税和耕地占用税征收标准，以及建立工业用地出让最低价标准统一公布制度。2006 年 12 月，为落实通知对土地出让收入规范管理的要求，国务院办公厅进一步发布了《国务院办公厅关于规范国有土地使用权出让收支管理的通知》，具体明确了土地出让收入收支管理 6 个方面的问题：（1）明确国有土地使用权出让收入范围，加强国有土地使用权出让收入征收管理；（2）将土地出让收支全额纳入预算，实行“收支两条线”管理；（3）规范土地出让收入使用范围，重点向新农村建设倾斜；（4）切实保障被征地农民和被拆迁居民利益，建立被征地农民生活保障的长效机制；（5）加强部门间协作与配合，建立土地出让收支信息共享制度；（6）强化土地出让收支监督管理，防止国有土地资产收益流失。随后，财政部、国土资源部和中国人民银行联合制定《国有土地使用权出让收支管理办法》，进一步对这一通知中的内容做了具体的规定，明确自 2007 年 1 月 1 日起正式施行，并在地方国库中设立专账，专门核算土地出让收入和支出情况。这一办法也是目前为止我国有关国有土地使用权出让收益分配的一个专门性的法规。

这一时期，房地产市场对我国宏观经济的影响日益增大，现行的财政体制及土地出让制度是其背后重要的因素之一。这一制度在短期内对工业化、城镇化的发展发挥了极大的促进作用，同时其中的收益分配问题也日益激化并影响到社会经济整体发展的可持续性。具体表现在一方面土地出让收入大部分作为非预算收入收支管理较为混乱，地方政府的自由度较大，导致了比较普遍的国有资产流失及其他政府管理问题；另一方面在收益分配中，被征地拆迁群体的利益往往受到损害，引发社会的不满，增加了发展的社会成本。由于土地出让一次性收取了几十年的租金收入，同时又以之形成了数量更大的融资债务，也引发了代际的发展公平问题。这些问题成为这一时期深化改革的重点内容。

二、当前土地出让收益分配管理现状与问题分析

（一）现行土地出让收益分配的制度安排

目前，土地出让的收益主要包括作为地方政府性基金收入的新增建设用地土地有偿使用费①和国有土地使用权出让金等直接收入，以及作为地方政府一般公共财政收入的建设开发企业营业税、土地增值税、城镇土地使用税、房产税、城市房地产税、房地产交易契税、耕地占用税等由土地出让衍生的相关税收收入。各类税收国家都有相关的法律条例专项规定，明确其征收和使用办法，目前主要存在的问题事实上与其他税收类似，是能否足额征收和依法进行征后管理，特别是是否能够保证指定用途的使用问题。新增建设用地土地有偿使用费国家也有比较明确的分配和使用管理办法，在其管理中关键的问题是这部分收益是否被充分用于规定的耕地开发和土地整理。而目前土地出让收入分配管理的主要问题还是集中在直接收入，即土地使用权出让金方面。

根据目前的《国有土地使用权出让收支管理办法》，国有土地使用权出让收入（简称“土地出让收入”）主要被限定为“政府以出让等方式配置国有土地使用权取得的全部土地价款。具体包括：以招标、拍卖、挂牌和协议方式出让国有土地使用权所取得的总成交价款（不含代收代缴的税费）；转让划拨国有土地使用权或依法利用原划拨土地进行经营性建设应当补缴的土地价款；处置抵押划拨国有土地使用权应当补缴的土地价款；转让房改房、经济适用住房按照规定应当补缴的土地价款；改变出让国有土地使用权土地用途、容积率等土地使用条件应当补缴的土地价款，以及其他和国有土地使用权出让或变更有关的收入等”。此外，国土资源管理部门依法出租国有土地向承租者收取的土地租金收入；出租划拨土地上的房屋应当上缴的土地收益；土地使用者以划拨方式取得国有土地使用权，依法向市、县人民政府缴纳的土地补偿费、安置补助费、地上附着物和青苗补偿费、拆迁补偿费等费用（不含征地管理费），也一并纳入土地出让收入管理。

土地出让收入由财政部门负责征收管理，由国土资源管理部门负责具体征

① 新增建设用地土地有偿使用费实际上是土地使用权出让金收入中的一部分，土地使用权出让金留归地方政府财政使用，而新增建设用地土地有偿使用费是在农转用或征地过程中，由市、县人民政府向批准农转用或征地的国务院或省级人民政府缴纳的平均土地纯收益。

收。国土资源管理部门和财政部门承担督促土地使用者严格履行土地出让合同，确保将应缴的土地出让收入及时足额缴入地方国库的职责。土地出让金支出的范围主要包括：征地和拆迁补偿支出、土地开发支出、支农支出、城市建设支出以及其他支出。其中，支农支出主要包括保持被征地农民原有生活水平补贴支出、补助被征地农民社会保障支出、用于农业土地开发支出和农村基础设施建设支出。其他支出包括土地出让业务费、缴纳新增建设用地有偿使用费、国有土地收益基金支出、城镇廉租住房保障支出以及支付破产或改制国有企业职工安置费用等。

其中新增建设用地土地有偿使用费30%上缴中央财政、70%上缴省级地方财政。上缴中央财政的土地有偿使用费由中央财政专项安排用于中央确定的耕地开发整理重点项目、经中央批准的耕地开发整理示范项目、对地方耕地开发整理项目的补助、耕地信息与监督系统建设。上缴省级财政的土地有偿使用费也必须用于耕地开发和土地整理，不得挪作他用，具体使用管理办法由省级人民政府财政部门和土地行政主管部门依法制定，并报财政部和自然资源部。

（二）土地出让金与地方财政的关系

土地出让收入的主要内容是土地出让金，要认清土地出让金与地方财政的关系，以理解前述制度变迁的内在动机，需要先对地方财政收入本身有一个清楚的界定。地方财政收入有广义和狭义之分；狭义的地方财政收入是通常所说的地方一般公共预算收入，包括地方一般公共预算本级收入、中央政府的税收返还和转移支付；广义的地方财政收入除地方一般公共预算收入之外，还包括地方政府性基金预算收入、地方国有资本经营预算收入（刘尚希，2015）。其中，土地出让金被计入政府性基金收入当中。

表2－4中的数据清楚地反映了土地出让收入在地方财政中的重要性。近年来，地方财政收入稳步增长，土地出让金则在约3万亿～4万亿元的水平上波动。土地出让金在地方整个财政收入中的占比平均在20%左右；若比较土地出让金与狭义地方财政收入，即地方一般公共财政收入的关系（如图2－9所示），从2001年有统计数据以来，最高达38.65%（2010年），2016年这一比重仍有24.30%。很显然，土地出让金在科目繁多的地方财政收入中占据了非常显著的位置；同时，如前所述，土地出让不仅意味着土地出让金的收入，相关的房地产业、建筑业和土地税费也是地方一般公共预算收入的重要组成部分。

表 2-4　2010～2016 年土地出让金收入在地方财政中的占比状况

年份	地方一般公共财政收入（亿元）	地方政府性基金收入（亿元）	地方国有资本经营收入（亿元）	国有土地使用权出让金收入（亿元）	土地出让金占地方财政收入比重（%）	土地出让金占地方政府性基金和国有资本经营收入总额的比重（%）
2010	72 954.13	34 341.97	—	28 197.70	26.28	82.11
2011	92 468.32	39 178.93	—	31 140.42	23.65	79.48
2012	106 439.97	35 396.20	525.22	26 652.40	18.72	74.20
2013	117 031.08	49 450.49	654.93	39 072.99	23.38	77.98
2014	127 467.62	51 361.19	596.68	40 385.86	22.51	77.73
2015	138 099.55	39 558.88	1 065.13	30 783.80	17.22	75.78
2016	146 640.05	43 575.31	1 692.31	35 639.69	18.57	78.73

注：其中地方一般公共财政收入包括地方本级一般公共财政收入、中央税收返还和转移支付。地方财政收入包括地方一般公共财政收入、地方政府性基金收入和地方国有资本经营收入。2010 年、2011 年地方国有资本经营收入无决算数据。可能被并入其他收入科目，因为总量很小对占比影响不大，不影响比重数据的可参考性。

资料来源：数据来自财政部历年公布的全国财政决算数据。

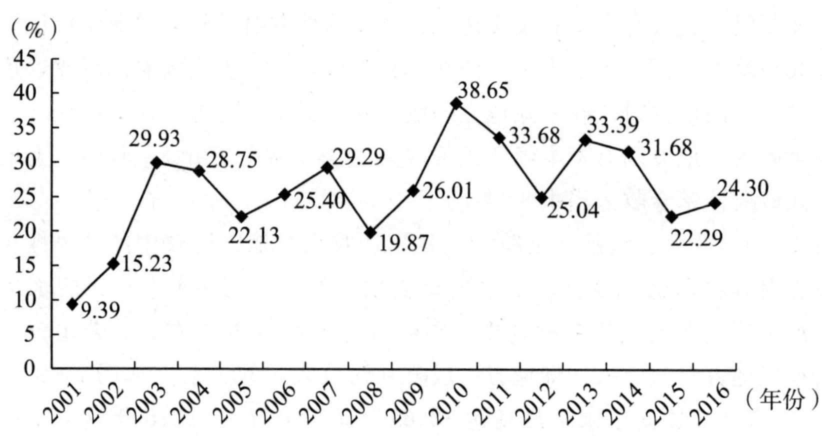

图 2-9　土地出让金占地方一般公共财政收入比

注：由于统计方式和口径差异，财政部数据与自然资源部数据有小的差异，但不影响对整体趋势的判断。地方一般公共财政收入包括地方本级一般公共财政收入、中央税收返还和转移支付。

资料来源：2009 年及之前土地出让金数据来自历年《中国国土资源年鉴》，2010 年及以后土地出让金数据为财政部发布的年度地方财政决算数据。

从另一个角度看，地方政府性基金收入和地方国有资本经营收入是地方一般公共财政收入（以税收为主）之外具有较强自主性的收入。地方一般公共财政收入中平均约40%都来自中央税收返还和转移支付（如图2－10所示），这一收入具体到各地而言并不稳定，与中央政策和产业项目有直接的关系，这更使地方政府有充分的动机重视掌握在自己手里的这部分收入。而在地方政府性基金收入和国有资本经营收入中，土地出让金收入的占比则平均在78%左右（如表2－4所示），2016年这一比重达78.73%。从这一角度，可以进一步发现土地出让收入对地方财政的意义。

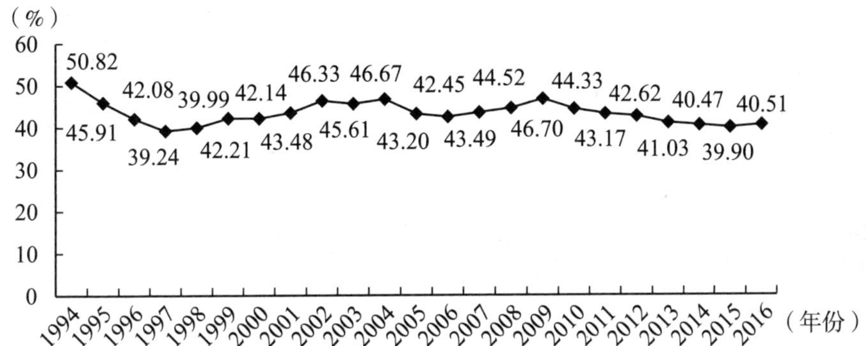

图2－10　中央税收返还和转移支付在地方一般公共财政收入中的占比变化

资料来源：数据来自财政部历年公布的全国财政决算数据。

综合这几个方面，可以更深入地理解所谓“土地财政”的内在含义。土地出让收入对地方财政收入举足轻重，对地方大规模的城市开发和基础设施建设来说，除了直接的建设开发投入，还要充当进一步融资的一个担保，这对地方发展的关键性作用就更加昭然若揭了。

（三）土地出让金的使用情况

根据《国有土地使用权出让收支管理办法》，土地出让金的使用有比较明确的方向，但对于具体的使用情况历来存在着较多的批评与误解，如将土地出让金的总收益和纯收益混淆，认为土地出让金完全由地方政府自由支配等。事实上，土地出让金的使用中，征地拆迁补偿、土地开发等均属于成本性支出，其剩余收入还要用于农村基础设施和农田水利建设、城市保障性安居工程建设、教育资金安排的支出等多个方面，真正被进一步用于城市建设的只是其中有限的一小部分。另外，尽管将土地出让金全额纳入预算，实行“收支两条线”管理的要求已近10年之久，但事实上这项工作的落实并不尽完善，特别是在各项土地出让金支出的大类下面，具体的使用方向、分配依据、分配比例等仍然缺乏明确、严格的规定。

表2－5对近几年来财政部公布的全国土地出让的收支总额及支出构成进行了一个汇总，从中可以清晰地看出土地出让金当前基本的使用情况。土地出让金的收支总额基本平衡。在各类支出当中，成本性支出占据了很大比重，2013年最高达78.71%，2015年占72.55%；在成本性支出当中，征地、拆迁的补偿支出和对被征地农民的补助占出让金总支出的50%左右，土地开发的支出占比大部分在20%左右。扣除成本性支出，土地出让的纯收益约占土地出让金总额的20%～30%，这部分收益主要被用于城市建设、支农和保障性安居工程等用途。其中，城市建设支出在土地出让金总额中的比重平均约在10%左右，支农支出（包括农村基础设施建设、农田水利建设和农村教育资金安排的支出等）平均占3%左右，保障性安居工程支出（包括廉租房建设、棚户区改造、公共租赁住房建设等）平均占2%左右。

表2－5　2010～2015年土地出让金收入与支出构成情况

年份	土地出让金收入（亿元）	土地出让金支出（亿元）	成本性支出			城市建设支出占比（%）	支农支出占比（%）	保障性安居工程支出占比（%）
			总占比（%）	征地拆迁补偿支出占比（%）	土地开发支出占比（%）			
2010	28 197.70	26 622.12	49.37	40.06	9.31	28.63	4.04	1.59
2011	31 140.42	31 052.26	65.61	48.46	17.15	17.92	2.45	1.67
2012	26 652.40	26 663.87	73.00	53.82	19.19	11.44	3.78	2.23
2013	39 072.99	38 265.60	78.71	56.89	21.82	9.87	1.35	1.02
2014	40 385.86	41 210.98	73.82	51.48	22.34	9.86	3.13	1.84
2015	30 783.80	33 727.78	72.55	53.18	19.37	10.47	7.50	2.44

资料来源：财政部历年公布的全国土地出让收支数据。因为这些数据各年统计科目和呈现方式不同，本书对其进行了重新梳理和归纳。2016年后财政支出决算数据中不再公布支出明细。

由于近几年土地出让金的支出结构总体上相对稳定，可以形成这样几点结论：

（1）土地出让金大部分被用于成本性支出，单纯以土地出让收入并不足以支持地方基础设施建设巨大的资金需求。

（2）土地财政问题的分析应该深入关注土地出让、开发背后的融资及其风险问题。

（3）土地出让的支出中，如何合理控制不同用途的比例，更好地体现公共财政支出的公益性还需要形成更加严格规范的管理制度，如支农支出、保障性安居工程的支出与城市建设支出之间的比例关系是否合理需要有更明确的制度规范。

（4）尽管征地、拆迁的补偿支出和对被征地农民的补助在出让金当中占据了较高的比例，但作为原农民集体享有产权的集体土地，征收后的收益分配比例是否合理、地方政府分享纯收益的依据是什么这些问题仍然需要有更进一步的理论和实践研究。

（5）在大的支出用途之下，资金的使用监管仍需要加强，例如，50%以上的收入用于征地拆迁补偿支出，但在分配过程中是否存在层层截流？被征地农民实际得到的收益如何？这些问题在现有的土地出让金收支统计中仍然无法得到很好的体现。

（四）土地出让金收支管理中主要存在的问题

在前述分析中已经不同程度提到土地出让收益管理中的各类问题，在此将其进一步总结如下：

1. 土地出让金征收的不可持续性

土地出让金目前按照土地用途的不同，采用一次40～70年不同的收取方式，相应的各类建筑、房地产业及土地税收也集中在土地的流转阶段，之后数十年的土地使用权存续期内，除针对经营性房屋征收的房产税等少量税种外，政府无法获取长期的土地增值收益，这在现实中导致了政府土地出让行为的短期性，带来了代际的公平失衡问题。王晓阳（2007）认为土地出让金作为一定期限内地租的现值收入，根据公共财政理论关于代际公平的界限划分，这部分收入只有用于社会生产性质或者收入再分配性质的支出项目，才有可能避免产生代际不公问题。而在缺乏有效监督的情况下，单届政府“寅吃卯粮”、提前透支后届政府财政收入的做法事实上很难避免。雷朝国（2009）等也认为土地出让金带来的丰厚财政收入容易诱发地方政府的短期行为，土地出让金一次性收取的收缴方式漏掉了在整个出让期内地价增值部分。同时，实践当中我们也可以发现，工业用地一次50年的出让方式也并不具有普遍的适用性，对一些生命周期相对较短、固定资产投入比重较小的企业来说，这种出让方式增加了其成本负担，也不利于用地的管控。而其他商业房地产用地使用权到期后如何续期也是目前土地出让金收支管理制度当中一个明显缺失的部分。

2. 土地出让金的收支管理尚待继续规范，土地收益流失仍然比较严重

在土地出让金的征收方面，一方面，土地违法案件的发生仍比较普遍，现实中大多数违法用地都未缴纳土地出让收入，客观上造成了国家土地资产的流失；另一方面，对土地出让金的预算管理在很多地方都未能真正落实，有相当多的地方政府通过各种方式将土地出让金列入预算外收入或未设立专门的土地出让收入专户管理，极易脱离监管，如将土地出让收入直接用于"减、免、缓"，违规核算土地出让金，应收未收和坐收坐支等（陈玉光、邓子部，2012）。也有一些地方政府违法违规出让土地，应当有偿出让的违规行政划拨、应该招标拍卖的违规协议出让，擅自减免地价，不依法追缴国有土地出让金等不规范的土地交易行为引发土地收益大量流失（董礼洁，2009）。在土地出让金的支出方面，一方面，不同用途支出的比例缺乏严格的依据和规范的管理；另一方面，对支出后实际的使用状况也缺乏有效的管理，如征地、拆迁补偿资金是否落实到位、支农资金是否真正做到专款专用等也需要进一步的规范，实际当中由于此类管理制度仍待完善也导致了土地出让收益的流失。为此财政部也强调应进一步落实土地出让收支管理政策，盘活土地出让收支存量资金，提高资金使用效益，加大对土地供应及收支管理的审计监督力度，建立健全土地供应及收支信息公开制度，自觉接受社会监督。

3. 土地出让金分配不合理

土地出让金的支出科目很多，但其分配大的可以从两个层次去看：一是对原土地产权人的征地、拆迁补偿支出与其他科目支出之间的分配关系，这里面除了土地开发支出是相对客观的成本性支出外，其他类别的支出如何控制和补偿支出之间的比例关系是个大问题；二是在这两大类支出内部的分配关系，如征地、拆迁补偿支出中基层政府、农村集体和农民之间的分配，政府支农支出、保障性安居工程支出、城市建设支出和其他支出之间的分配关系。目前来看，矛盾特别集中在分配的第一个层次。如王晓阳（2007）认为以现值收入对农民进行一次性补偿就意味着被征地农民及其后代的长远利益被政府无偿剥夺并据为己有。安体富、窦欣（2011）认为从理论上讲农民土地使用权出让价应用于对被征地农民的补偿，从而实现土地出让金收入的公平分配，但在实际的土地收益分配中，被征地农民获得的补偿比例较低。严金书（2011）则提出土地出让金的分配程序仍然处于不健全、不完善和不公开的"三不"状态。而不合理的土地出让金分配也被认为是造成城乡差距拉大的重要原因。如戴双兴（2009）认为土地出让金城乡支出不合理，人为拉大了城乡收入差距。安体富、窦欣（2011）也认为土地出让收益支出使用存在着严重的城乡歧视，导致农村基础设施建设严重滞后，城乡发展水平被进一步拉大，同时在实际的土地出让金支出使用中用于保障性住房建设的资金比例也较低。

4. 土地出让的市场化配置比例有待进一步提高

土地供应大的方式有出让、划拨两类，出让方式又分为协议、招标、拍卖、挂牌等几类。土地供应的方式不同，不但影响土地收益的多少，又会进一步经由价格杠杆影响土地的使用方式和配置效率。我国经过近 20 年土地有偿使用制度的改革，土地出让的市场化配置水平得到了很大的提高，但仍然有待进一步的完善。首先，在土地出让制度的顶层设计上，如前所述，集体建设用地的市场化已是改革方向大势所趋，今后在征收范围严格受限的条件下集体建设用地直接以市场化方式出让将是土地出让领域的重要内容。其次，就国有土地使用权出让市场来看，土地出让的市场化程度仍有待进一步提高，例如，部分工业用地和基础设施用地存在的粗放利用现象，导致土地价值难以完全实现；一些地方仍存在减免或变相减免土地出让收入、通过空转等方式虚增土地出让收入和违规安排支出等问题，违规现象时有发生。如何针对工业用地的产业特征，形成更具灵活性和市场适应性的土地出让金收取方式，以及在商业房地产市场上如何避免泡沫化也是在土地出让市场发展完善中需要继续关注的问题。

三、土地出让收益分配制度改革方向的探讨

尽管土地出让收益分配制度存在着明显的问题，但其改革仍然是一个系统性工程，需要谨慎设计、有限试点和逐步改革。对其改革方向在理论和实践当中有大量的探讨，在此试对此类观点的文献做一个简要的汇总和评述。

（一）调整国有土地出让金征收制度，增强可持续性

对于调整国有土地出让金征收制度，增强其可持续性，以更好地服务于经济社会的发展，目前主要形成了两种观点：一是在现有土地出让金征收制度的基础上加以完善，二是废除土地出让金征收制度并以其他制度替代。

1. 完善现有土地出让金征收制度

关于完善当前土地出让金征收制度，形成了多种不同的观点，包括建立土地收益基金、土地管理基金等，或者加收土地使用权出让年度增值税。贾康（2006）提出，在保持目前国有土地使用权出让金一次性收取的基础上，按照一定比例从中提取国有土地收益基金，并规定不得由本届政府安排当期使用，留归长期的土地开发利用，以避免地方政府过度出让的行为。常红晓（2006）提出要建立国有土地管理基金，为土地长期管理和规划预留出发展建设基金。雷朝国（2009）则建议采用“一不变、两公示、三增加税收子项”的办法，维持土地出让金收取办法不变，公布土地出让金底价和出让金中应该拨付被征地群众的数量与办法，同时在土地增值税中增加“土地使用权出让年度增值税”这个子项，以防止一次收取出让金导致的土地收益的流失。

这里主要的问题在于提取土地收益或管理基金后如何保证对其有效管理，留在地方可能很难真正将其用于长远规划，上收同样存在能否专款专用的问题，而

且还有征管本身的问题，目前新增建设用地土地有偿使用费的征收尚不能做到应缴尽缴，从出让金中再提取一块可能更加困难。同时，从操作性上看，提取的比例多大、所谓本届政府和下届政府如何严格区分、长远的规划使用又是多长都不是能够轻易明确的内容。至于增加税收子项，有“涨价归公”的合理思想，但操作上也存在重重困难，例如，如何适应地价波动，和土地增值税的关系是什么，操作中的运行管理成本如何都需要审慎考虑；另外，从已有改革看，这和国家完善保有阶段财产税、精简整合税种的总体改革思路也并不统一。

2. 废除土地出让金征收制度

也有学者提出以其他方式取代现有土地出让金征收制度，例如，逐年收取土地使用费、物业税或土地使用税等。张治金（2006）提出以逐年收取土地使用税替代一次性收取出让金，并从降房价、代际公平、合理利用自然资源等方面历数其好处。安体富、窦欣（2011）认为要扭转地方政府“借地生财”的局面、减少不规范收入，在完善转移支付制度的同时，需要尽快开征保有环节的房产税，以稳定地方政府的财政收入。白彦峰（2007）认为我国政府代表着土地所有者的权益，因此可以在保持现有土地出让金制度的同时将土地出让金中由于政府投资所形成的级差地租并入物业税征收。刘守英（2010）则提出土地的出让金是若干年土地使用期的地租之和，政府获得的土地出让金有很大比率是预支未来的收益，因此建议对土地出让金按年度分期支付。顾书桂（2015）从性质上进行分析，指出城镇土地出让金与城镇住宅税没有必然联系，要实现当前土地财政的转型，需要开征中国城镇住宅税，以城镇优质土地的级差地租取代城镇边际土地的绝对地租，还要限制城镇边际土地的过度消费。

此类观点中一个重要的问题是土地出让金本质上是地租或地价，与税收在性质上存在根本的差异，不应混为一谈。在此基础上，可以进一步探讨土地出让金是否可以按年征收及如何征收，以及当前税制的缺陷和完善问题。

（二）加强土地出让金支出的管理

1. 协调土地出让金中央和地方的分成

针对这一问题，学者们在是否应当将土地出让金统一收至中央以及是否建立土地出让金的转移支付制度等方面展开了探讨。有学者提出为了防止地方政府盲目出让土地应将建设用地的出让金统一收至中央财政，明确该部分财政收入的使用时间（本届政府不应现收现支）和具体用途（专款用于土地开发与耕地保护）（黄河，2006）。就土地出让金转移支付制度的建立，石宝峰（2006）认为中央政府可以集中适当比例的土地出让金，纳入财政预算内管理，用于对地方政府持续若干年度的转移支付。以发挥土地出让金收益的长效使用性，抑制当届地方政府的卖地冲动。但王晓阳（2007）在认可土地出让金中央和地方分成及转移支付的同时，强调应当极力淡化中央土地出让金转移支付专项管理的色彩，避免因转移支付带来的经济发达地区借此向中央政府加大土地审批谈判筹码等情形的出现。但易宪容（2006）认为土地出让金由中央集中管理，并通过中央财政预算的方式来转移支付尽管有其合理性，但在实际中可能导致地方各级政府疏于管理国有土地，结果土地管理很可能会比国有企业资产管理更为困难。

显然，在不能解决当前地方政府与事权相匹配的财政体制的前提下，空谈土地出让金上缴中央很难说是一个具有操作性的办法，也无法解决地方发展积极性和主动性的问题。在保持现行新增建设用地土地有偿使用费缴纳办法的同时，有效贯彻落实土地出让金全额纳入预算、实行“收支两条线”管理仍然是目前比较理想的途径。

2. 防止土地收益流失

在维持现行土地出让金征收制度基本框架的前提下，如何防止土地收益流失、促进土地资源配置效率改善也受到了普遍的关注。严金书（2011）认为要建立土地出让金使用的听证制度，与上级监督、人大监督、审计监督形成完备的公众监督体系和权益保障体系。朱玉明、黄然（2006）建议，要建立土地出让金管理的信息共享机制即构建国有土地管理信息平台，建立各级国土部门和财政、规划、建设等部门关于国有土地储备、出让信息共享机制，这样既可以提高行政效率，还可以形成相互制约与监督关系。干玲、段修峰（2007）认为要建立健全对土地出让收支情况的定期和不定期监督检查制度，强化对土地出让收支的监督管理，确保土地出让收入及时足额上缴国库，支出严格按照财政预算管理的规定执行。

防止土地收益流失，关键还是在于加强土地供应环节的管理，避免地方政府擅自“减、免、缓”土地出让收入，严格对违法用地的执法监察；同时，在土地出让的支出环节，加强对资金流向和使用情况的后续监管，保证专款专用，落实到位。

（三）土地出让金的合理分配

针对前述土地出让金分配在不同层次所表现出的问题，对如何促进土地出让金的合理分配也形成了各种观点。

王晓阳（2007）建议将被征地农民纳入土地出让金的分配主体中，建立农业用地征收为建设用地的“事后分成”机制，将其产生的出让收入由中央政府、地方政府和农民三方共同分享，建立农民参与征收土地出让金的动态分配机制。贾康（2006）提出逐步调整国有土地出让金收入分配政策，允许农民将承包的集体土地作价入股，参与土地开发；保障失地农民的生产和生活权益，在土地出让金中划出一定比例的资金用于保障失地农民基本生活的长效机制。蒋省三、刘守英等（2007）提出在现行征地框架下，给农民的补偿中既有绝对地租，也要按区位条件体现一定的级差地租；同时给被征地村留一定比例的经济发展用地，以使农民得以分享土地级差收益。雷朝国（2009）认为应明确土地出让收益中用于经济适用房、廉租房等政策性住房建设的份额，专款专用，为保障低收入群体住房需求提供资金保障。

这个部分的问题如前所述，关键是要加强对土地出让金的支出管理和制度规范，使每项支出有理有据，且比例合理，这需要就土地出让金收支管理形成更加具体的操作性办法，同时加强对收支监督管理的程序建设，使之运作更加透明并形成有效的动态优化机制。

第三节　现行土地出让制度及收益分配政策的风险及改革思考

一、现行土地出让制度及收益分配政策蕴藏的风险

由于现行土地出让制度及收益分配政策导致地方政府在较大程度上依赖于土地出让收入，极易诱发地方政府的短期行为，从而带来一系列的社会风险（白宇飞，2011；朱丽娜和石晓平，2010）。

（一）现行土地出让制度下工业化、城镇化发展模式导致金融风险不断积聚

现行土地出让及其相关收益分配的体制中住宅房地产市场的发展是支撑这一模式的关键，这不可避免地带来了以下问题：一是住宅房地产市场需求结构的失衡，以金融支持的投资性或投机性需求旺盛，而消费性需求相对不足，这导致市场发展缺乏可持续性；同时潜在的金融风险也在放大，目前二、三线城市较高的住房空置率集中反映了这一问题，这实际上也意味着大量的资源浪费。据国务院发展研究中心的研究，土地征收后的土地主要用于基础设施等公共目的、工业用地以及商业和住宅用地，其中只有大约15%才是真正的商业用地和房地产；要以之支撑地方财政对土地出让金的需求，一个繁荣的房地产市场就成为必要的条

件，而为了支持房地产市场持续发展，东部地区70%、西部90%的城市化投资来自银行贷款，房地产开发和消费中70%～80%依托于金融（刘守英，2005）。这意味着一旦缺乏有效的需求支撑，整个经济可能背负巨大的债务压力。

（二）住房价格上涨导致的城市社会内部收入差距拉大

在现行的土地出让体制下，房地产价格的快速上涨一度成为一个普遍的现象。研究认为土地出让制度造成地方政府垄断土地一级市场的供给，进而推高房价（李松、甘金龙等，2010）。即使在经济进入新常态发展阶段后，东部发达地区商业住宅市场依然保持了令人惊讶的增长。由于住房价格过快上涨，导致社会内部收入差距拉大，税制结构的不健全进一步强化了这一效应，促使财富进一步流向资本收入者，住房消费性需求群体的生存压力增大，社会内部的流动性减弱，进而影响到社会的良性发展。过高的房地产价格导致居民生活成本上升，从而造成居民储蓄率上升，这尽管一方面给宏观经济发展提供了重要的资本保障，但另一方面则导致国内市场需求对经济增长的支撑不够且增长缓慢，事实上从长期看也不利于经济的持续发展。

（三）城乡之间、城市房屋征收中土地收益冲突加剧

在农村土地征收过程中，由于征地补偿补助支出仍相对偏低，与城市土地市场的发展相比必然引发土地、房屋被征收群体特别是农民的不满，并成为近年来社会矛盾比较集中的领域。农村土地产权权能弱化、资产属性不显是造成土地出让中征地、拆迁补偿支出不合理的根本原因，这事实上成为影响农民增收的重要因素，进而也通过影响农村居民的消费需求和土地利用效率制约了经济的持续增长。

进一步的研究表明，土地出让收益由于缺乏有效的监督管理，导致地方政府将土地出让收益主要用于城市基础设施建设，忽略了科教文卫和社会保障等民生支出，也忽视了对农村基础设施建设和社会保障等方面的支出，造成城乡差距被人为拉大（王小映、贺明玉等，2006；马贤磊、曲福田，2006；唐鹏、石晓平，2012）。

（四）激励了以地方政府为主体的各类违法用地行为

现行土地出让制度及收益分配体制对地方政府主导的发展模式具有重要意义，这在客观上对以地方政府为主体的各类违法用地行为也起到了一定的激励作用。在耕地资源和生态环境保护日趋严格的条件下，地方获取农转用计划指标和规划发展空间日益困难，在这种情况下，为服务于企业发展，许多地方往往以各

种手段违法占地，未批先用、少批多用、批而不用等各种低效用地现象频发。另外，由于工业用地出让的主要目的是招商引资，以实现税收、就业等方面的发展目标，现实中违规“减、免、缓”土地出让金或追缴土地出让金不力等用地中的违法行为也比较常见。

（五）土地出让管理不能适应经济新常态条件下产业持续发展的要求

自改革开放以来40年的发展过程中，我国加工制造业得以迅速发展的重要原因是产品的成本优势。但随着经济社会发展水平的提高，要素成本不断上升，原有的成本优势正在逐渐丧失。工业用地市场价格的上升、一次收取50年土地出让金的出让方式也是造成工业生产成本上升的原因之一，目前我国的工业用地成本与发达国家相比差距已经大大缩小。同时，现行的土地出让制度比较重视土地供应环节的管理，对供后环节缺乏有效的管控措施，一旦供地以后企业对土地不能形成有效利用往往造成低效闲置的现象。另外，如前文所述，商业房地产市场的快速发展导致资本大量流入房地产领域，也进一步影响了加工制造业的发展。现行的土地出让管理与经济新常态条件下产业持续发展之间的矛盾已日益明显。

二、现行土地出让及其相关收益分配体制进一步改革的思考

本部分的研究并非给出现行土地出让制度及收益分配体制改革本身的具体设计和政策建议，而是希望就这一改革过程中几个关键性的问题进行一个方向性的讨论。

（一）分税制：如何评价与改革

分税制是现行土地出让制度下地方经济发展模式形成和强化的关键，这项改革显著地加强了中央政府的经济调控和行政管理能力，也在客观上极大促进了地方工业化和城镇化发展的动力。大量研究将当前土地出让制度下房地产市场发展中的诸多问题归因于分税制导致的地方“财权”与“事权”的失衡，似乎“分税制”这一改革方向本身有误。但实际上，如表2－6所示，1994年推行分税制以来20余年间，我国中央公共财政收入占全国一般公共财政收入（包括中央财政收入和地方本级一般公共财政收入两项之和）的比重平均约52.37%，近年来已持续下降至50%以下，2016年仅为45.34%，明显低于许多发达国家和发展中国家中央财政收入的比重（刘尚希，2015）；而要实现中央对全国的有效调控，集中必要的国家财力用于全国性重大基础设施、国防和重大产业项目等方面的建

设，促进全国统一市场的形成和产业结构的优化，保证充裕的中央财政收入已被国际经验证明是必不可少的途径。

表 2-6　　1994~2016 年中央和地方财政收入情况

年份	中央财政收入（亿元）	中央税收返还和转移支付（亿元）	地方本级一般公共财政收入（亿元）	中央税收返还和转移支付占中央财政收入比（%）	中央财政收入占中央和地方本级一般公共财政收入比（%）
1994	3 476.55	2 389.09	2 311.60	68.72	60.06
1995	3 866.63	2 534.06	2 985.58	65.54	56.43
1996	4 264.95	2 722.52	3 746.92	63.83	53.23
1997	4 830.72	2 856.67	4 424.22	59.14	52.20
1998	5 489.13	3 321.54	4 983.95	60.51	52.41
1999	6 447.34	4 086.61	5 594.87	63.38	53.54
2000	7 588.29	4 665.31	6 406.06	61.48	54.22
2001	9 173.70	6 001.95	7 803.30	65.43	54.04
2002	11 026.60	7 351.77	8 515.00	66.67	56.43
2003	12 483.83	8 261.41	9 849.98	66.18	55.90
2004	15 110.27	10 407.96	11 893.37	68.88	55.96
2005	17 260.49	11 484.02	15 100.76	66.53	53.34
2006	21 243.89	13 501.45	18 303.58	63.55	53.72
2007	28 611.95	18 137.89	23 572.62	63.39	54.83
2008	33 626.93	22 990.76	28 649.79	68.37	54.00
2009	35 915.71	28 563.79	32 602.59	79.53	52.42
2010	42 488.47	32 341.09	40 613.04	76.12	51.13
2011	51 327.32	39 921.21	52 547.11	77.78	49.41
2012	56 175.23	45 361.68	61 078.29	80.75	47.91
2013	60 198.48	48 019.92	69 011.16	79.77	46.59
2014	64 493.45	51 591.04	75 876.58	79.99	45.95
2015	69 267.19	55 097.51	83 002.04	79.54	45.49
2016	72 365.62	59 400.70	87 239.35	82.08	45.34

资料来源：数据来自财政部历年公布的全国财政决算数据，以及历年《中国统计年鉴》中的财政数据。

与此同时，尽管面广量大、稳定可靠的税收大多上缴中央财政，但中央对地方的税收返还和转移支付在中央财政中占据了很大比重，并一路从20世纪90年代的60%左右波动上升至目前约80%。尽管税收返还和转移支付对某个具体的地方政府而言可能并不是一项稳定的收入，但不可否认，在贯彻国家的区域协调发展战略、振兴落后区域、缩小地方差距、保障地方重大项目建设等方面这一财政手段发挥了极其重要的作用。

所以，综合来看，现行土地出让制度及收益分配机制导致的问题不在于分税制本身，而更多应在于我国当前的税制结构。集体土地市场化改革过程中，税制配套改革一定要同步；同时，房地产保有阶段的财产税[①]改革必须尽快形成明确的条例，以在分税制框架下继续保障地方的财政支出能力。

（二）农村集体：如何参与到土地出让市场之中

农村集体经营性建设用地直接入市，而不是经由征收转变为国有土地后再行出让已经成为中央文件中明确提出的改革方向。对农村集体建设用地出让的市场化改革，目前中央文件和理论界围绕“同地同权同价”形成了较高的共识。对具体改革内容，笔者认为应重点考虑以下几点：

第一，出让的形式，可以是集体建设用地的使用权，也可以是通过增减挂钩等形成的建设用地指标，以激励区位条件较差的农村低效建设用地整治退出、优化城乡建设用地的空间结构。

第二，土地利用的规划空间真正实现城乡统筹，不能重城抑乡，而应为农村配套第二、第三产业的发展及村镇体系的优化保障必要的空间，并为建设用地增减挂钩等空间优化措施保持适度的规划弹性。

第三，尽管当前的改革区分了集体经营性建设用地与宅基地，但现实中二者难以区分，可以在出让中优先保障农民的居住权益；在此前提下激活集体建设用地的资产属性，从而促进对集体建设用地的市场化配置。

第四，做好确权登记工作，以产权为基础形成出让收益分配机制；除税制配套外，集体共有土地的收益分配应通过股份制方式确股到人。

（三）收益共享：通过什么样的机制保障

党的十八届三中全会提出“建立公共资源出让收益合理共享机制”，在土地出让过程中，收益分配机制及其变化是出让制度变迁的核心机制，要形成合理的收益共享机制，促进制度的良性演进，在征地、拆迁补偿支出这一层面关键仍在

① 目前常被称之为“物业税”。

于土地产权体系的保障，特别是在传统的使用、收益、处分等权利体系之外，重视对知情、参与、表达、监督等程序性权利的保障（刘向南、吕图等，2016），借由程序公正保障收益共享机制的动态性和适应性。

对土地出让收益用于社会保障、支农、城市建设等方面的支出，要保障收益共享，避免国有土地收益流失，关键在于土地出让收益管理中收支分开、公开透明，并建立有效的公众参与程序，就各项支出的依据、比例等问题进行有效的决策和监督。

（四）出让管理：从源头管理到过程管理

现行的土地出让制度下管理的重心集中于供地环节的源头管理，对供地后的使用环节缺乏有效的管理手段，结果往往导致土地的闲置等低效用地现象，并造成用地紧张和使用低效并存的矛盾。因而，今后在土地出让制度改革的过程中，还应该注意从源头管理到过程管理的转变，通过税种和税率设计等经济手段、产业规划和准入门槛等行政手段以及土地二级市场的培育促进土地资源配置效率的持续改善。

地方政府应该通过弹性的工业用地出让方式、加强供后监管和土地使用税等经济手段调节，避免企业一次性付出过高的用地成本，使其将有限的资本更多投入技术创新和资本积累，同时规避盲目占地、占而不用等问题，形成更加实际和具有持续性的出让模式。

第三章

城乡土地出让与利益主体博弈关系研究

自党的十八届三中全会起，党中央就明确提出要健全城乡发展一体化的体制机制，促进生产要素在城乡之间合理流动和平等交换，实现城乡共同发展与共同繁荣。尽管现阶段的城乡发展一体化程度较以往时期已有较大提高，但总体上仍然与经济社会的发展增速不对称，城乡二元体制机制所带来的城乡用地模式的弊端依然明显，特别是城乡建设用地市场一体化发展进程中，基于二元土地制度的区别化、差异化的城乡土地出让模式往往会引发诸如信息不对称、利益不协调、用地不规范等突出问题。城乡建设用地的出让流转涉及诸多利益相关者。农村集体建设用地流转中的利益主体即地方政府、村集体、农民和用地方，而导致流转的根本原因是各利益主体的利益驱动，各利益主体间均存在利益冲突，从利益主体的视角分析来看，导致农村集体建设用地流转利益冲突的深层次原因，以地方政府与村集体之间的利益冲突为主要矛盾，政府协调好各方之间的利益冲突是推动农村集体建设用地入市流转的关键。

第一节 城乡土地出让与利益主体博弈分析框架

基于我国特殊的城乡二元土地产权制度，城市土地资源也成为地方政府实现优化自身目标效用函数最有效的资源，从而形成了土地与地方财政、中央政府、地方居民以及房地产开发商等众多主体利益环环相扣的复杂局面，巨额利益引发的博弈也在相关主体间产生，造成了城市土地出让市场上种种非理性行为和混乱秩序（何程，2012）。与土地出让制度伴随的征地、收购储备、市场化交易等制度体系，成为实现政府集中供地、全方位经营城市的重要手段。但政府垄断土地供应、出让环节以及经营土地等制度在执行中积累了越来越多的问题。

近年来，土地出让收益分配问题引发的利益冲突和社会风险越发突出，国家层面在提出“大幅提高农民在集体土地增值收益中的分配比例”之后，于2012年政府报告中首次提出“建立公共资源出让收益合理共享机制”，党的十八大报告又指出“让广大农民平等参与现代化进程、共同分享现代化成果”，2013年2月，《国务院批转发展改革委等部门关于深化收入分配制度改革若干意见的通知》要求“完善公开公平公正的国有土地出让机制，建立健全公共资源出让收益全民共享机制”。2015年1月，中共中央办公厅、国务院办公厅联合印发《关于农村土地征收、集体经营性建设用地入市、宅基地制度改革试点工作的意见》明确坚守“农民利益不受损”是农村土地制度改革的一条底线，可见深入研究我国土地出让制度及收益分配存在的问题，剖析问题形成机理，构建土地出让收益共享机制的研究尤为重要。

因此，通过对现行城乡建设用地出让制度进行剖析，并以关系主体视角分析不同出让模式中利益分配的体制机制，剖析利益主体博弈的焦点和关键，有利于明确和协调土地出让中相关者的收益分配，维系各级政府、集体以及农民间的良性互动关系，有利于提高建设用地资源利用综合效率，实现土地资源的优化配置，如图3－1所示。

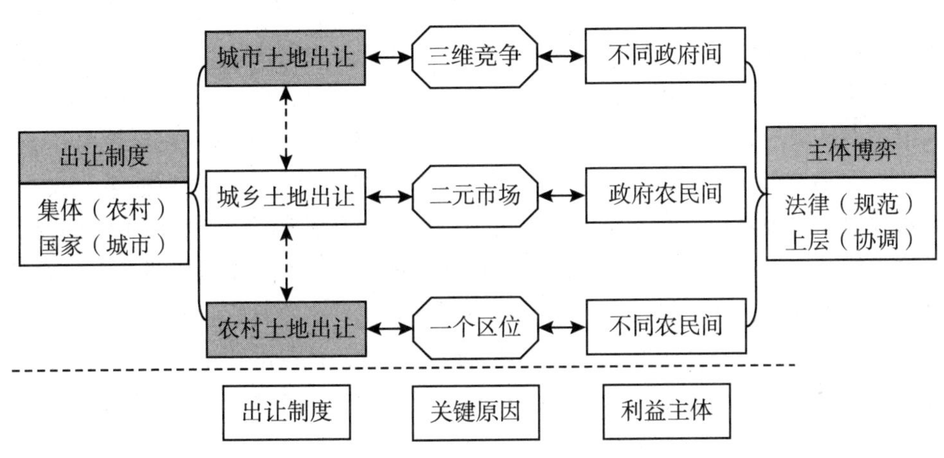

图3－1　土地出让制度与利益主体博弈关系

部分农民因为土地位置而致富，部分农民无权分享出让收益；地方政府因为市场二元而获益，农民权益得不到有效保护；不同政府因为竞争博弈而失序，导致土地资源过度利用。对于农村土地出让，协调不同区位农民关系是关键，对于城乡土地出让，协调政府与农民间关系是关键，对于城市土地出让，协调不同层级、不同地方和不同届别政府间关系是关键。协调主体间关系才能实现最终受益共享，需要制定规律规范或是更高层次的法律法规来协调缓解各主体间的竞争性博弈。

土地出让是市场化行为，有利于土地利用效率提升，但收益分享并不能市场化，因为分享不能只考虑经济收益，还应该考虑社会收益，更多地体现公平，因而土地出让及其收益分享是效率和公平的结合，只实现了效率、损害了公平不利于土地出让的综合效应发挥，而不注重效率、只注重公平又难以更好地发挥土地的经济效应。

第二节　城市土地出让与政府间竞争性博弈[①]

地方政府是城市土地的实际的支配者，是城市土地出让的实际主体。通过对城市土地的经营管理，地方政府有权取得城市土地收益。《国有土地使用权有偿出让收入管理暂行实施办法》第二条规定，土地使用权出让收入包括：土地出让金，指各级政府土地出让部门将国有土地使用权出让给单位和个人，按规定向单位或个人收取的土地出让价款；续期土地出让金，指土地使用期满，土地使用权受让人需要续期时由土地出让主管部门收取的土地出让价款；合同改约补偿金，指土地使用权受让人经批准改变土地使用权出让合同指定的土地用途时，按规定补缴的价款。由土地使用权出让收入所包含的内容可以看出，土地使用权出让收入很难纳入政府预算，只能作为预算外收入。各级政府越来越重视土地出让金，目的是筹集城市建设资金。土地的收入已成为各级政府除税收之外的第二收入，导致政府向土地部门下达指标的情况出现。一任政府把30年、50年的土地卖掉，导致下届政府没有存地，只能再向农民征地。这种做法不利于保护耕地，也容易产生恶性循环。这正是由于一个城市的地方政府在土地的出让收益分割中占取了主要部分，不仅包括经济收益，而且蕴含政治收益，且在出让中具有自主性，在有大量的可供出让的土地时，能够给本届政府带来丰厚的地价收益，但这是以出卖以后几十年的地租收益为代价的（李繁荣，2006）。

---

① 本节部分内容作为课题阶段性研究成果发表于《政治学研究》，2018年第1期。

李永乐、胡晓波、魏后凯：《“三维”政府竞争——以地方政府土地出让为例》，载于《政治学研究》2018年第1期。

一、政府间竞争：三维分析框架构建

政府间竞争在中国经济崛起和转型过程中扮演着重要角色（王美今、林建浩、余壮雄，2010）。既有的政府间竞争研究主要包括地方政府间（“同级不同地”）的财政收入竞争（郭杰、李涛，2009）、财政支出竞争（李涛、周业安，2009）、晋升竞争（周黎安，2007）以及中央和地方政府间（“央地不同级”）的财政收入竞争（周飞舟，2006）。对于“同地不同届”政府间的竞争行为关注较少，仅见于报刊报纸的实例阐释（如山西右玉、山东日照等地的报道）。因此，将“央地不同级”“同级不同地”和“同地不同届”三个维度的政府间关系纳入统一的分析框架，可能会丰富政府间竞争研究的主题和新鲜认知，如图 3－2 所示。

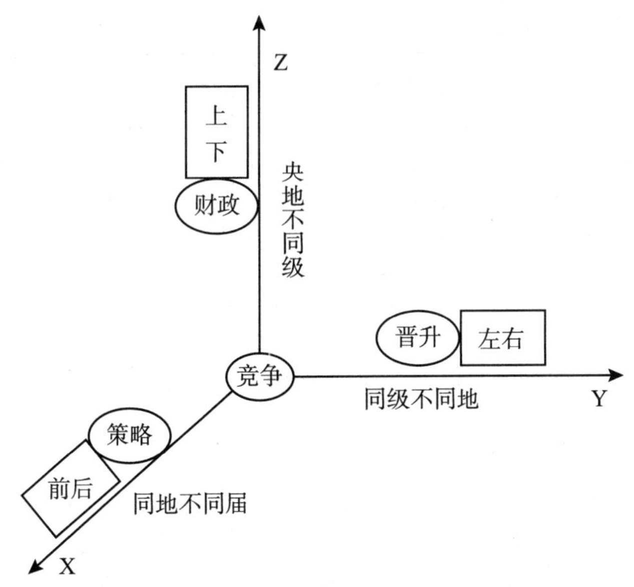

图 3－2　政府间竞争的三维空间架构

一是从管理层级的纵向维度来看存在上下竞争，即央地不同级政府间的财政竞争（Z 轴表示）。分税制实施后，中央政府和各级地方政府的预算内财政收入结构出现改变，地方政府尤其是市县政府预算内财政入不敷出，影响地方政府最大化的财政行为策略。二是从辖区竞争的横向维度来看存在左右竞争，即同级不同地政府间的晋升竞争（Y 轴表示）。地方政府为获取更快的经济增长，以廉价土地引资成为地方政府竞相采取的手段。三是从官员换届前后的时间维度来看存在前后竞争，即同地不同届政府间的策略竞争（X 轴表示）。为获得与前一届政府的不同业绩，取得新的经济增长点或者政绩点，不遵循前一届政府的发展思路，对土地规划（城市规划）进行调整和修编。

二、城市土地出让依赖下的政府间竞争分析

截至目前，以土地出让视角分析政府间竞争的研究尚未见报道。因此，本节构建土地出让策略与政府间竞争的系统分析框架，将“央地不同级”“同级不同地”“同地不同届”政府间竞争在土地出让上的表现刻画出来（如图 3－3 所示），试图从缓解政府间竞争关系视角提出土地出让制度改革的政策方向。

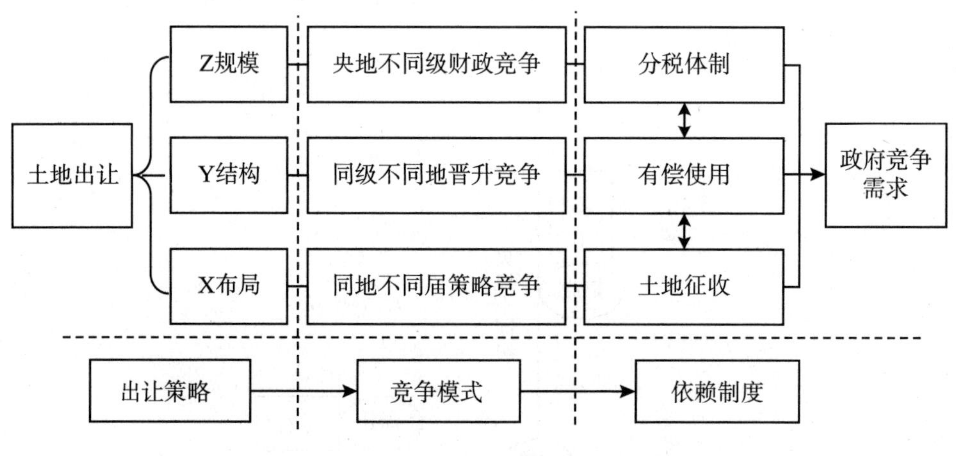

图 3－3　土地出让依赖与政府间竞争

地方政府尤其是市县政府在上下、左右、前后三维竞争框架约束下，有着各自的行为选择（如图 3－4 所示），如通过土地出让金弥补预算内财政入不敷出，通过结构上低价出让工业用地、高价出让商住用地实现引资、就业和财政收入的同步增长，通过新区开发建设实现土地出让布局的转变来获得与前一届政府不同的政绩点等。

一是从管理层级的纵向维度来看存在上下竞争，即央地不同级政府间的财政竞争（Z 轴表示），表现在土地出让上为（当期）土地出让金在中央政府和地方政府之间的分配。分税制实施后，中央政府和各级地方政府的预算内财政收入结构出现改变，土地出让收入成为地方政府尤其是市县政府弥补预算内财政入不敷出的关键，土地出让金成为地方政府竞相追逐的焦点，为获得更多的出让金，地方政府有扩大出让规模的倾向。

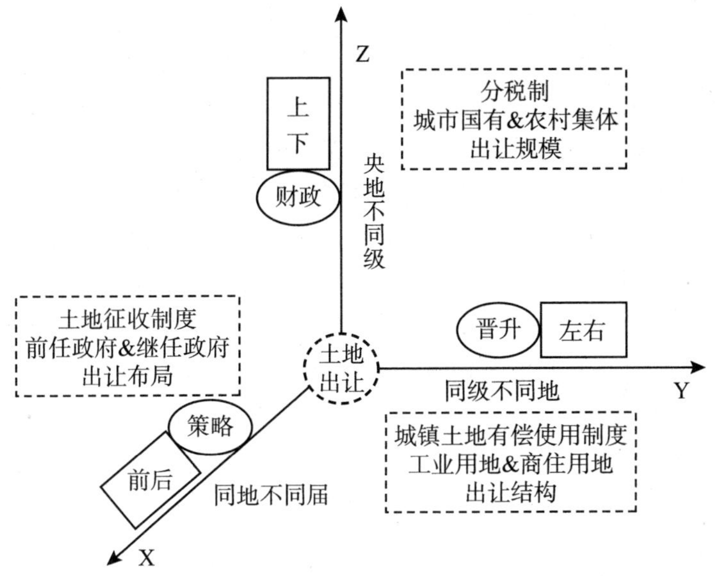

图 3-4　政府间三维竞争与土地出让的关系

二是从辖区竞争的横向维度来看存在左右竞争，即同级不同地政府间的晋升竞争（Y 轴表示），表现在土地出让上为不同区域的土地出让用途结构策略对辖区经济增长、财政收入和就业的总体影响。地方政府为获取更快的经济增长，进行城市扩张，在土地出让时采取低价出让工业用地、高价出让商住用地的土地出让策略。

三是从官员换届前后的时间维度来看存在前后竞争，即同地不同届政府间的策略竞争（X 轴表示），表现在土地出让上为不同届政府（跨期）在土地出让的重点区域和布局。为获得与前一届政府的不同业绩，不遵循前一届政府的发展思路，进行新的土地征收和新区土地出让，实现出让布局上的转变，取得新的经济增长点或者政绩点。

这三个维度的政府竞争都需要以现有的土地出让制度为基础，同时与现行分税制体制、土地征收制度和城镇土地有偿使用制度关联发挥作用。巧合的是，土地出让、土地征收和土地规划的主体都是市县政府，所以市县政府具有依赖土地进行竞争的基础。因此，土地成为政府间竞争的落脚点，地方政府依赖土地出让规模、出让结构和出让布局进行三维立体框架范围内的竞争。

（一）上下财政竞争：土地出让规模与“入不敷出”缓解

分税制前，城市土地有偿使用制度实施尤其是土地市场尚未建立以前，地方政府从土地税收获得的土地财政收入并不多，因此地方政府热衷于兴办自己的企业，从企业税收中做大自己的“财政蛋糕”，通过“工业化”来扩大财政收入，而且大多地方政府还有“藏富于企”的行为，导致中央财政支出占总财政支出的比重始终大于收入比重，中央不但要靠地方政府的财政收入上解，而且还有中央向地方“借债”一说；中央为了扩大在财政收入总额中所占的份额，采取了设立基金和发行债券的方式频频从地方财政“抽调”资金：如1983年开征的能源交通重点建设基金；1987年发行的电力建设债券等。中央政府为改善自身的财政状况，缓解中央财政能力逐渐变弱的困境，于1994年推行了分税制改革。

1994年分税制改革开启了我国分税种和分税率相结合的财政体制，中央和省级政府税收划分由中央政府确定。不仅中央和省级政府实行分税制，省级政府对市县政府也有税收分享和独享的分类，即省级以下地方政府也有税收划分。对大多数地区来说，增值税、所得税、营业税和城镇土地使用税主要采取的是共享的方式，资源税、城市建设维护税、契税、耕地占用税等主要归市县政府所有。由于各级政府的理性利己行为，这种自上而下层层设置税收分成比例导致层级越低的政府所分享的预算内财政收入越低。

分税制后，各级政府根据自身财政状况有了自己的行为选择变化。中央政府财力不断提升，改变了分税制改革前向地方政府“借债度日”的窘境，不但不会抽调地方财政收入，反而会主动通过转移支付或专项资金补贴财力较弱地区。分税制改变了中央和地方政府的财权分配格局，但却没有对事权进行相应的调整和重新划分，地方财权被上收的同时，财政支出责任不仅没有相应减少，反而有所增加。具体来看，分税制改革前，地方财政收入占总财政收入的比重接近80%，分税制改革后维持在45%左右，近几年不断增加，2011年起超过50.59%，2014年达54.05%，但仍不能满足地方政府预算内支出的需要。地方预算内财政支出比重在分税制改革后一直维持在65%以上，近几年有增大的趋势，2009年以来一直维持在80%以上，2013年和2014年超过85%。“财权上移”“事权留置甚至增加”导致地方财政收支“剪刀差”，面对预算内财政“入不敷出”的窘境，地方政府只有寻求新的非正式资金收入来化解中央财政集权的压力。面对预算内财政“入不敷出”的窘境，地方政府寻求预算外财政收入“补给”的动力越来越强。在预算外收入方面，2004～2010年地方政府的收入和支出占比均维持在90%以上（如表3－1所示）。

表3－1　　2004～2010年预算外财政收支比例

年份	预算外支出（亿元）		预算外收入（亿元）		地方支出比例（%）	地方收入比例（%）
	地方	中央	地方	中央		
2004	3 962.23	389.50	4 348.49	350.69	91.05	92.54
2005	4 784.14	458.34	5 141.58	402.58	91.26	92.74

续表

年份	预算外支出（亿元）		预算外收入（亿元）		地方支出比例（%）	地方收入比例（%）
	地方	中央	地方	中央		
2006	5 489.23	377.72	5 940.77	467.11	93.56	92.71
2007	5 659.08	453.34	6 289.95	530.37	92.58	92.22
2008	5 944.23	402.13	6 125.16	492.09	93.66	92.56
2009	5 769.09	459.20	6 062.64	352.01	92.63	94.51
2010	5 368.32	386.37	5 395.11	399.31	93.29	93.11

资料来源：《中国统计年鉴》（2005～2011）。

为开辟新的财政收入来源，尽快完成地方政府资本的原始积累过程，通过土地非农化、以地生财成为地方政府原始积累的最佳选择。市县政府开始从预算外收入尤其是土地出让金收入攫取资金（吴群、李永乐，2010），通过“经营城市土地”和“推进城市化”来增加自身的财政收入。同时通过土地抵押获得高额信贷资金，土地出让金和土地抵押融资成为地方政府获取财政收入的重要途径，土地抵押主要是用未来土地收益作为还款担保，银行信任政府，且不少银行受地方政府管理。据刘守英等（2005）对东部发达地区两市一县的调查，土地出让金收入占到预算外收入的58%～69.3%，从土地上产生的收入占地方财政收入的一半以上，土地出让金已成为地方政府“第二财政”，而且由于地方政府竞争策略的互动行为，会导致地方政府的土地财政策略呈现空间模仿效应或者替代效应（唐鹏、石晓平，2014）。土地收益的巨额诱惑，大大刺激了地方政府通过谋求土地收益来扩大其可支配财力动机，并通过土地征收来实现“不缺地”“不断地”和“持续供地”。通过预算外资金的攫取，弥补了市县政府预算内财政入不敷出的窘境，基本不从乡镇计提其他资金，有时还会通过融资平台建设分享部分土地收益给乡镇（或街道办事处）政府。自1999年以来，作为地方政府预算外收入的土地出让金增长极为迅速，由1999年的514.33亿元上升至2009年的15 910.2亿元，10年间，增长了约30倍，平均每年提高40.94%，成为名副其实的地方政府“第二财政”，为城市基础设施建设提供了重要的保障。作为国有土地使用权出让的实际控制方，市县政府有条件通过扩大土地出让规模增加自身的财政收入总量，因为市县政府具有对土地出让金的“剩余控制权”。主要做法是：成立类似于公司的经济行为主体，如成立土地资产运营公司来储备土地，然后通过公开市场出让土地，获得土地出让金，土地成为地方政府尤其是市县政府获得财政收入的重要源泉。

（二）左右晋升竞争：土地出让结构与城市经济增长

上下级政府间的财政竞争体现了不同层级政府的理性行为选择导致的财政分配现状，我国地方官员不仅是“经济参与人”，而且是“政治参与人”，要真正全面理解政府行为，还应深入到“政”的方面。在中国式分权体制下，晋升激励使得地方政府官员有着非常强的激励促进地方经济发展（王永钦、张晏、章元、陈钊、陆铭，2010），经济不仅要增长，而且要比其他地区更快地增长。中央政府在土地、财政、选举、监督、户籍管理、绩效考核等方面的制度不健全以及相关法律的缺失，造成了地方政府竞争的失范与无序（萧鸣政、宫经理，2011）。周黎安（2004）将同级不同地政府间的晋升竞争描述为“晋升锦标赛”的“零和博弈”，在这个竞争过程中，一个人获得提升将直接降低另一人提升的机会，一人所得构成另一人所失，而且成功晋升的只是少数，因此地方政府具有强有力的激励为实现中央政府考核其绩效的标准而努力。与俄罗斯不同，中国的经济分权伴随着政治集权，把地方政府间的“块状竞争”与自上而下的“条状任命”机制有机结合在一起（Blanchard，Oliver and Andrei Shleifer，2001），因此，晋升激励使得地方政府官员有着非常强的激励促进地方经济发展（王永钦、张晏、章元、陈钊、陆铭，2007）。不管是基于民意调查的自下而上的标尺竞争，还是基于上级政府评价的自上而下的标尺竞争（张晏、龚六堂，2005），当地民众和中央政府都处于信息劣势，很难有一个完全充分合理的指标对官员进行全面评估，更多的是采用自身感受（民众）或某个指标的相对绩效（GDP 增长率，中央政府）来进行比较，这就造成了我国地方政府不遗余力追求经济数量的高增长，并不注重经济发展的质量。

为获得更快的经济增长以获得晋升优势，制定合理的土地出让策略显得尤为重要，因为促进经济增长的所有产业最终都要落实在土地上，不同类型土地承载着不同产业类型，因此地方政府在不同用途土地出让上有着自己的行为选择。发展非农产业比发展农业可以获得更快的经济增长，因而城市倾向比农村倾向更有实效（王颂吉、白永秀，2014）。设立建设并发展开发区/园区成为地方政府争相选择的方式，工业用地廉价出让是各地吸引资本的重要手段之一，而引资竞争在一定程度上表现为“占地竞赛”（罗必良、李尚蒲，2014）。东部发达地区甚至出现“拼地价”“让利竞赛”，各地为争夺外资项目也因此处于激烈竞争之中。尽管城市工业用地已经纳入招拍挂等市场化出让范畴，但一直以来工业用地价格涨幅不大，而且地方政府变相补贴工业用地价格，市县政府一般不会从工业用地出让“赚钱”，工业用地的作用更多地体现在招商引资和拉动就业等方面，市县政府获得的土地出让金更多来自城市商住用地。地方政府也不愿意辖区内的企业数量减少，企业数量减少会影响就业、税收和经济增长。实际上，只有工业发展起来，有了人气，才会产生居住和商业需求，才会有利于商住用地出让。如果工业用地价格过高，工业企业因土地成本过高而离开辖区，就会对当地投资和就业产生不利影响，进而减少对居住和商业需求，导致商住用地出让受阻。因而，地方政府为获得更快的经济增长，就会低价出让工业用地实现对工业企业的吸引和投资，进而实现商住用地需求增加，最终能够高价出让商住用地。为获得更快的经济增长以获得晋升优势，制定合理的土地出让策略显得尤为重要，因为促进经济增长的所有产业最终都要落实在土地上，不同类型土地承载着不同产业类型，因此地方政府在不同用途土地出让上有着自己的行为选择。低价出让工业用地、高价出让商住用地更多地表现为开发区发展模式，此外还存在大学城模式、行政中心搬迁模式等，不同模式的土地供应结构如表 3 - 2 所示。

表 3 - 2　　城市新区发展模式与土地供应结构关系表

序号	发展模式	不同模式发展阶段特点	阶段性土地出让结构策略
1	开发区模式	第一阶段：吸引务工人员工业区就业 第二阶段：进行配套商住区建设	第一阶段：协议或市场出让工业用地 第二阶段：出让商住用地
2	大学城模式	第一阶段：学生教师季节性居住 第二阶段：形成稳定性区域	第一阶段：划拨学校教育用地 第二阶段：出让商住用地
3	行政中心搬迁模式	第一阶段：建设行政办公区 第二阶段：配套建设学校、医院，建设商业住宅区	第一阶段：划拨行政办公用地 第二阶段：配套供应教育医疗用地、出让商住用地

对于大学城模式而言，最初主要是依照大学城规划进行高校建设的划拨教育用地供应，学校建成后将承担教师工作、学生学习的功能。同时存在服务于教师学生的商铺，由于学校的特殊性，早期的商铺经营具有季节性。但随着配套的住宅小区建设日趋完善，且能够吸引较多的教师购买并居住后，逐渐形成稳定的区域。此种发展模式伴随着先供应学校教育用地再供应配套的商住用地的过程。

对于行政中心搬迁模式而言，早期主要供应商业办公用地，满足政府及其相关部门的办公需求。作为行政中心，政府会加强该区域的人口集聚功能，此时更多地是来自城市内部的人口迁徙，重要办法是配套建设优秀的学校和医院。在吸引人群集聚过程中配套供应商住用地，以满足人们的居住需求和商业需要。

当然，除此之外还存在商业中心建设模式、交通枢纽发展模式、旅游资源推动模式等，不同种类的发展模式需要有不同的土地供应结构相匹配。需要说明的是：并不是所有城市都有条件发展各种模式，例如，大学城模式需要该城市有大学存在或者有吸引大学来此办校的资源；开发区模式需要该地区具有较强的产业集聚和吸引力才能真正实现目标。

不同模式需要有不同的禀赋条件做基础。但这些模式的发展最终都需要有人的集聚和产业的集聚作为支撑，否则会形成有产无城或有城无产的窘境。开发区靠企业集聚人、大学城靠教育集聚人、行政中心搬迁靠影响力集聚人，等等，开发区靠工业、大学城有商业服务业、行政中心搬迁后也会配套商业服务业。不管第一阶段供应的什么类型土地，第二阶段都是以商住用地供应为主，而商住用地出让是地方政府获得土地出让金的关键，因此地方政府要想获得更多的土地出让金必须有前期投入才可以，因而形成了地方政府独特的土地财政运作模式，这种模式可为实现城市发展和经济增长奠定基础，为地方主要官员的横向晋升竞争提供有力支撑。

（三）前后策略竞争：土地出让布局与城市发展策略调整

实际上，每一届政府都有发展经济的初衷，总想作出让上一级政府看得到的成绩，作出比前一届政府更好的成绩，因而会寻找新的经济增长点。开发区一度被认为是地方经济发展的增长极，在地方政府找不到更好办法的时候，只能从招商引资中获取更多收益。招商引资需要落地，必然要占用土地。地方政府为吸引更多的企业落地，要为开发区建立更好的硬环境。囿于土地利用总体规划和城市规划期限是 10～15 年，但一任市长任期一般为 5 年，年限的不协调导致修改规划的现象并不少见。在很多地方政府领导心中认为延续前一任的做法是“为他人作嫁衣”，因而容易出现另建新区、另赋新篇的思想，而且由于“功成必在我任期”的思想作怪，急功近利的做法不断出现，最终导致呈现出“一任市长一张蓝图”的怪象，规划没有连续性。继任政府没有继承前任政府的规划，但却会模仿前任政府的做法，例如，前任政府通过土地征收设立开发区取得了较快的经济增长，后一任政府为实现更大的相对经济绩效则会很自然地选择进一步土地征收进而建新城、立新区获取新一轮的经济增长，这种做法继承一定程度上会对土地出让空间和布局产生影响，出让地块更多地集中于新设立的开发区或者城市新区，导致前一任政府所重点发展区域的土地出让减少甚至消失。

习近平在 2011 年中央党校春季开学典礼的讲话中指出：“要有‘功成不必在我任期’的理念和境界”，注意防止和纠正各种急功近利的行为，不贪一时之功、不图一时之名，多干打基础、利长远的事。如山西省右玉县 19 任县委书记一张植树蓝图的接力绘制，改变了右玉风沙侵蚀的历史。又如河南郑州郑东新区开建至今，虽历经了郑州市四任市委书记和五位市长的领导变更，但李克强当年提出的“三年出形象，五年成规模，一张蓝图绘到底”思想，却是历届领导班子始终坚持的原则，一任接着一任干，保持工作连续性。对于土地出让，能够在建设初期谋划布局，分阶段出让，不要存在“寅吃卯粮”的做法，为后续继任政府的发展留足空间，实现土地资源得到充分利用，不至于策略改变导致土地闲置和浪费，新区建设要以土地利用效率提升为根本，制定适时适度的土地出让策略。当然，如果前任的举措已不符合时代发展的要求也应及时修订，但不能做全盘否定、完全更改的事情，因其不利于经济发展的持续性和稳定性，会产生资源浪费和产能过剩。即好的发展思路和规划，要一以贯之，也要与时俱进。不能推倒重来，也不能一味坚持，要用科学发展的眼光看待问题。

三、基于城市土地出让的政府间竞争效应

“央地不同级”政府间财政竞争催生了地方政府扩大土地出让规模以实现对土地出让金的攫取，“同级不同地”政府间晋升竞争导致了地方政府为实现更好地经济和财政收入增加有了低价出让工业用地、高价出让商住用地的行为选择，“同地不同届”政府间策略竞争引起了地方政府对土地出让布局的调整，会对前任政府重点发展区域的土地供应。三个维度的政府间竞争组合固化了地方政府尤其是市县政府以土地出让为落脚点的政策取向，各地政府通过土地出让规模、出让结构和出让布局实现追求经济收益和政治收益的目标。这种竞争会催生以下几种效应：

（一）上下财政竞争导致地方政府土地财政依赖症

地方政府在面对自力更生创造更多税收和储备土地创造更多出让金两个选择时，面对前者成本高、收益慢，后者成本低、收益快的状况，理性的地方政府自然选择后者。因此，地方政府逐渐形成了以土地出让为主的土地财政策略，具有扩大出让规模实现当期预算外财政收入增加的行为偏向。据刘守英等对东部发达地区两市一县的调查，土地出让金收入占到预算外收入的58% ~69.3%，从土地上产生的收入占地方财政收入的一半以上（刘守英、蒋省三，2005）。根据《中国城市建设统计年鉴》（2005 ~2012），和《中国城市年鉴》（2005 ~2012）相关数据统计，35 个大中城市中土地出让金总额占预算内财政收入的比重超过 70%的城市有 21 个（60%）、超过 50% 的有 27 个（77.14%），一定意义上说明“土地财政”对城市政府的财政收入贡献很大，城市政府对“土地财政”有较强的依赖（吴群、李永乐、曹春艳，2015）。这种策略的前提是中央政府赋予地方政府土地出让金的剩余索取权，地方政府通过成本与收益的函数比较确立了当前的

财政收入增长方式。

地方政府追求巨额土地财政收入的做法一定程度上导致了近年来房价和地价快速上涨，同时地方政府通过土地储备，获取抵押贷款融资，加大投资力度谋取地方经济发展。但此种发展模式不仅导致房价高企、居民生活成本上升、经济竞争力下降，而且导致地方经济发展积累了大量财政和金融风险，经济发展结构畸形。地方政府谋求土地财政对房地产市场最直接的影响表现在加剧了房地产市场的畸形发展，大量资本流入房地产业，不仅影响实体经济发展，更为重要的是不利于整个产业转型升级和宏观经济的稳定发展。刘守英、蒋省三（2005）对东部地区的调研表明，地方政府以土地抵押和融资获得了大量借债收入，包括政府以土地储备中心、城投公司等作为融资主体，以土地抵押或政府信用担保的形式获取银行贷款。地方政府投融资平台债台高筑，杠杆率过高，地方政府面临巨大的财政风险。

（二）左右晋升竞争引起地方政府征地需求不断膨胀

地方政府在面对存量土地更新和增量土地征收两个储备土地方式选择时，面对存量土地更新成本远高于增量土地的征收成本时，理性的地方政府倾向于选择土地征收。地方政府尤其是市县政府具有本辖区的土地征收实际操作权，因此市县政府具备“各自为政”的基础。各自为政的地方政府都是以自身利益最大化为目标，不仅会减少具有正的外部性效应项目的建设，而且会产生“以邻为壑”的做法，目的是为了获得比同级其他地区更快的经济增长，获得比其他同类地区主要官员更多的晋升筹码，这种做法不利于经济的可持续发展。对土地征收而言，地方政府各自为政导致的结果是最优点个人边际成本小于社会边际成本，纳什均衡所确定的各地城市扩张面积总和大于全国最优的城市扩张面积，导致城市过度扩张，地方政府土地征收需求不断膨胀。2002～2008年间，我国平均每年建设占用耕地的面积达22.4万公顷。与此同时，全国征收土地的面积也由2004年的19.6万公顷增加至2009年的45.1万公顷，5年间增长了1倍多（《中国国土资源统计年鉴》，2002～2010）。

（三）前后策略竞争诱发土地利用效率低下甚至闲置

不断改变某一地区的规划和发展战略会产生不必要的成本浪费和收益减少，导致地区发展的总成本增加、总收益减少。任何一届政府需要从长远考虑，不能仅看到自己任内的发展总成本和总收益，而要考虑建设完成一个城市的总成本和总收益。上一级政府在制定考核标准时，不仅看“显绩”和发展现状，更注重“潜绩”和发展后劲，急功近利的短视做法不仅不能加分、反而应该减分，激励同地不同届政府描绘共同的蓝图，做成共同的事业。发展战略调整会导致土地出让布局改变，进而导致土地出让的重点区域改变，那么之前土地重点出让的区域就会减少甚至不再出让，导致原区域发展后劲不足，导致土地低效甚至闲置。

尽管工业用地有偿使用纳入招拍挂过程，但一直以来工业用地价格涨幅不大，而且地方政府变相补贴工业用地价格，直接导致工业园区数量增长迅速、工业用地利用效率低下。城市建成区面积从2000年的224万公顷增加至2009年的381万公顷，增长近1.7倍（《中国统计年鉴》，2001～2010）。工业园区与工业开发区的用地效率非常低下，即使在很多沿海经济发达地区，工业项目用地容积率也只有0.3～0.6，土地平均产出率非常低（陶然、汪晖，2013）。

四、竞争走向合作：政府间博弈协调

（一）调整央地财政收入分配方式，减少地方政府土地财政依赖症

现阶段地方政府逐渐形成了以土地征收和土地出让为主的土地财政策略。这种策略的前提是中央政府赋予地方政府土地出让金的剩余索取权，地方政府通过成本与收益的函数比较确立了当前的财政收入增长方式。因此，打破现有的土地财政分享方式，修正地方政府获得土地财政的价格（即成本与收益的比较），扭转地方政府的土地财政依赖症，同时赋予地方政府新的税源，满足地方政府财政收支基本平衡的目标，实现中央和地方财权和事责的匹配统一，有利于缓解央地之间的财政竞争，减少地方政府获取土地财政的冲动。

（二）构建城市扩张数量交易制度，调节同级地方政府间财政收入

为保障有更多的土地用于出让获取收益，地方政府具有城市扩张的需求。而且地方政府各自为政的结果是最优点个人边际成本小于社会边际成本，纳什均衡所确定的各地城市扩张面积总和大于区域最优的城市扩张面积，导致城市过度扩张，土地资源遭受不同程度的浪费（李永乐、吴群，2013）。因而，可以从区域的角度协调各城市的土地扩张成本和收益，适时构建区域城市扩张规模（数量）交易市场，努力形成全国性的城市扩张数量交易中心，为自主减少城市扩张的城市提供更多的资金来源渠道，以完善地方公共服务供给。

在区域内部，可根据各城市财政资金的规模大小和扩张需求量，相应出资建立补偿基金，并适当考虑区域内城市扩张的优先度、面积大小和居民需求量等方面，合理确定城市扩张规模，进而实现区域内城市自主交易，在更大范围内实现

边际成本等于边际收益。

（三）构建城市土地出让总体规划制度，绘就一张蓝图，减少土地闲置与浪费

土地利用总体规划为政府明确了土地采用什么用途利用，而什么时候用却没有明确的规定，实际上就是用途规划。土地出让总体规划应该明确待出让土地的时间和效率水平，真正做到用途确定之后的使用进程推进，而不是用途规划之后闲置，尤其是新增建设用地。土地出让总体规划当期应该考虑地区财力和产业发展，包括工业和商业；跨期应该考虑资源可持续利用和城市建设的总成本和总收益，不能单独从一届政府考虑。

对于住宅用地，根据城市常住人口规模确定出让总量，减少短期内地价高就多出让的动机，避免一时间抓到"救命稻草"的三四线城市住宅用地出让过多导致房地产市场冷却，一二线城市出让过少或者因无地可出让，导致房价过高；前任政府通过土地出让获得大量资金，而后任政府却面临房价上涨过快或去库存的压力。

对于工业用地，试点推行弹性年限出让制度。与住宅和商业不同，不同类型工业企业产品生命周期存在差异性，从产品研发到产品退出市场的时间不同。因此，可以根据产品特征试点推行弹性年限出让工业用地制度，避免出让年限过长企业与企业转让土地使用权时出现国有或集体资产流失，实现土地增值收益国有化和集体化，避免因企业倒闭而闲置土地。

第三节　城乡土地出让与政府农民间收益分析①

不管是中央政府还是学术界，已持续多年倡导构建城乡统一的建设用地市场，因其具有健全要素市场、盘活农村集体建设用地、缓解城市建设用地供应紧张局面等多方面好处，而且市场统一能够提高社会总福利水平，市场分割潜伏着效率损失（钱忠好、马凯，2007），然而城乡建设用地统一出让进程却较为缓慢，部分学者将原因归结为地方土地财政。城市土地财政（土地出让金）的弊端之一

① 本节部分内容作为课题阶段性研究成果发表在南京农业大学学报（社会科学版），2017 年第 3 期。李永乐、舒帮荣、石晓平：《城乡建设用地市场：分割效应、融合关键与统一路径》，载于《南京农业大学学报》（社会科学版）2017 年第 3 期。

在于推动地方政府对农村土地的侵蚀（Wu Qun, Li Yongle, Yan Siqi, 2015），通过扩大土地征收需求实现城市土地经济供给有弹性和可持续，但会危及农民土地权益和18亿亩耕地红线。农村土地财政会对城市扩张产生负向阻碍作用，如会因征地补偿和集体建设用地流转收益高低差异产生矛盾，阻碍土地征收进程。因而，城乡土地出让之间需要一个均衡，即需要将城市土地出让与农村土地出让统筹考虑，构建城乡统一的建设用地市场，减少两个市场分割带来的矛盾、减少市场分割对农民土地权益带来的侵蚀，减少市县政府对土地征收和土地出让的垄断。基于此，本节首先讨论了市场分割条件下的城乡土地出让收益形成与现状特征；其次分析了市场分割条件下城乡建设用地资产属性差异和城乡土地出让矛盾对农民收益的影响；最后讨论农民土地权益保障视角下的城乡建设用地统一出让路径。

一、城乡二元土地出让主体与客体

城乡建设用地分割出让一定程度上保证了乡镇企业用地的低竞争性和乡村集体主导性，保证了乡镇企业的发展，避免与实力强劲的国企或外资竞争，对于乡镇企业是一种保护，但囿于乡镇企业多是小微企业，通过集体建设用地抵押贷款获取的额度并不高（陈志刚、黄贤金、赵成胜，2012）。当资金周转受到影响，难以用土地抵押满足融资需求时，将会导致企业停产和关闭，进而引起土地闲置，不利于乡村经济发展和土地资源可持续利用。

（一）出让主体二元：政府 & 集体经济组织

对于城镇国有土地使用权，我国现行出让制度是在对计划经济时期实行的以无偿、无限期、无流动为特征的土地行政划拨制度进行改革的基础上建立的一项新制度（陈玉光和邓子部，2012），该项制度的核心就是赋予地方政府土地出让权。而土地使用权出让是指国家以土地所有者的身份按照土地利用总体规划、城市规划和年度建设用地计划将国有土地使用权在一定年限内让与土地使用者，并由土地使用者向国家支付土地使用权出让金的行为（靳相木和丁静，2010；郑东心，2011）。我国法律规定，城市土地属国家所有，城市建设用地出让主体非常明确。国有土地使用权出让由市、县人民政府负责，由市、县人民政府土地管理部门与土地使用者签订国有土地使用权出让合同。因而，集体建设用地出让主体成为讨论的重点。对于集体土地，我国实行的“三级所有、队为基础”的所有权制度，各集体土地所有权之间是相互排斥的，乡镇集体不包括村集体，村集体不包括村民小组，乡镇集体不包括村民小组。集体土地所有权是否可以在不同农民集体之间发生移转，法律法规并没有具体的规定。

对于农村集体建设用地，理论上应由集体土地所有权人（集体经济组织）来实施。实践上，多数地方乡镇集体异化为乡镇政府（李宴，2014），村集体异化为村委会，负责与企业谈判并签订协议。也有少数城市（如常熟市），构建了城乡统一的建设用地市场出让平台，由城市土地管理部门具体负责，实行“两种产权、统一市场”的运行模式。法律上，村委会为村民自治组织，但实际上是一个利益团体，甚至是政府的代表，村民处于弱势地位，参与流转决策程度低。村民只是在是否与村集体（乡镇政府）签订承包地流转合同时起作用，而在集体土地流转给企业时并没有决策权。与乡镇政府相比，村委会起决策主导权时，村民的参与（决策）度相对较高，有利于保护村民土地权益。

由于乡镇农民集体经济组织的缺位，乡镇政府具有了双重角色，既代表乡镇集体也代表一级政府。按照目前的法律规定，乡镇企业使用村、组集体所有的土地，依照有关规定进行补偿和安置的，土地所有权转归乡镇农民集体。现实中，与村集体和村民小组相比，乡镇集体拥有的土地较少，但由于乡镇政府具有“权力优势”，可以通过给农民“类征地”补偿把集体建设用地所有权上收。权利上收后的出让主体是乡镇政府而非乡镇农民集体经济组织，乡镇政府实质也是我国一级政府，那么乡镇集体建设用地就归政府所有了。如果乡镇政府希望从土地获得更多收益，必然会通过“类征地”的方式把村集体的土地转变为乡镇集体所有，进而实现由乡镇政府出让集体建设用地的局面。如此反复，最终可能会形成城市国有土地由市县政府代表国务院出让，农村集体土地由乡镇政府代表集体出让，所有土地均由政府出让。因此，城乡建设用地统一出让必然需要明确城乡建设用地市场两类土地出让主体。

（二）出让客体二元：供给总量＆用途结构

目前，集体建设用地尤其是经营性建设用地进入市场有三种方式，一是通过征地转变为国有建设用地之后通过城市建设用地市场出让，二是通过城乡建设用地增减挂钩实现土地“身份”的转变，三是集体建设用地直接流转给用地企业（张舟、吴次芳、谭荣，2015）。土地征收是城市建设用地供给增加、“乡—城”土地此消彼长的主要合法途径。土地征收实质是把农村土地转变为城市国有土地的过程，为国有土地有偿出让奠定基础，实现不断地、可持续地发展。虽然城乡建设用地市场分割伴随着同地不同权、同地不同价等问题，引起集体建设用地资产属性发挥不完全，但地方政府可以通过土地征收实现集体土地到国有土地的转变，进而保证城市土地的持续供应。在城乡建设用地市场分割情况下，不管是通过土地征收增加城市国有土地供给还是通过公开市场出让土地均是市县政府垄断的，因此不会对城市土地市场产生不利影响。

城市建设用地出让经历了无偿划拨、协议出让再到公开市场出让的变化历程，价格机制、供求机制和竞争机制在城市建设用地市场中广泛发挥作用。集体建设用地目前也经历了无偿使用到协议出让过程，如果能够实现与国有建设用地一样在城乡统一的建设用地市场上公开出让，用地者可以直接向农村集体经济组织取得建设用地。这样，工业用地供给方将由以国有土地为主转变为国有和集体土地双重供应。集体建设用地流转将起到补充城市建设用地供给不足的问题，但会对城市建设用地市场带来不利影响，因为两种渠道供地必然会形成一定程度的竞争，这种竞争更多地体现在城乡工业用地上，表现在招商引资的城乡竞争。如果严格禁止集体建设用地进行房地产开发，开发商不能通过集体建设用地市场取得住宅用地使用权，则不会对市县政府城市土地财政产生影响，因为商住用地出让是市县政府获取土地出让金的关键来源。分割情况下，国有土地在招商引资和土地财政上均具有优势，融合之后，引资将会受到挑战，如果允许集体建设用地进行房地产开发，那么城市土地财政也会受到影响。因此，在构建城乡统一建设用地市场时需要考虑地方政府财源的稳定性和持续性，赋予地方政府尤其是基层政府更多的与事权相匹配的税权（钱忠好、牟燕，2015）。因此，城乡建设用地统一出让必然需要协调城乡建设用地市场两种产权土地供应总量和用途结构。

二、城乡二元土地出让与利益主体收入形成

众所周知，土地是一种自然资源，可以表现出资源属性，可以作为促进经济增长的投入要素；土地也可以表现为资产属性，我国土地所有权与使用权相分离，使得土地使用权特别是城市国有建设用地使用权成为有价值、可交易的商品进入市场，成为土地所有者获得收入的重要来源。

（一）城市土地出让与地方财政收入

城市土地出让实际上是国有土地使用权的出让。土地使用权出让是指国家以土地所有者的身份将土地使用权在一定年限内让与土地使用者，并由土地使用者向国家支付土地使用权出让金的行为。1990 年国务院颁布的《中华人民共和国城镇国有土地使用权出让转让暂行条例》对城镇国有土地使用权出让、转让做了规定，结束了单一的行政划拨供地制度，确立了土地出让制度。1992 年《划拨土地使用权管理暂行办法》实施，对划拨土地使用权上市进行了规范；1995 年 1 月 1 日起《中华人民共和国城市房地产管理法》颁布实施，进一步完善了对国有土地使用权出让、转让的法律规定。2002 年 4 月国土资源部下发《招标拍卖挂

牌出让国有土地使用权规定》，规定“商业、旅游、娱乐和商品住宅等各类经营性用地，必须以招标、拍卖或者挂牌方式出让”。2003年8月又公布了《协议出让国有土地使用权规定》，规定同一块地有两个以上意向者的，也不得以协议方式出让。2006年8月31日，在《国务院关于加强土地调控有关问题的通知》中规定“工业用地必须采用招标拍卖挂牌方式出让，其出让价格不得低于公布的最低价标准。”在上述制度、规章的基础上，形成了现行国有土地使用权出让的四种有偿出让方式：协议、招标、挂牌和拍卖方式。

土地是财富之母。在“土地是否有价”“收取地租是否意味着剥削”等社会主义条件下的地租地价问题仍在讨论的时候，深圳市开启了国有土地有偿出让改革的第一步。1987年9月，深圳市以协议和招标的方式出让了两块住宅用地，使用年限均为50年，单位地价分别是200元/平方米和368元/平方米。1987年12月1日，深圳经济特区房地产公司以525万元的价格竞得编号H409-4的住宅用地，面积8 588平方米，使用年限50年。城镇土地有偿使用制度和土地出让制度是城市存量土地资产价值显化的制度（吴群、李永乐、曹春艳，2015）。1990年国务院颁布的《中华人民共和国城镇国有土地使用权出让和转让暂行条例》对城镇国有土地使用权出让、转让做了规定，收取土地使用权出让金成为土地有偿使用制度的主要形式（朱丽娜、石晓平，2010），土地出让制度的实施显化了土地价值，为地方政府获取土地出让金创造了条件。土地出让金最早源于20世纪80年代部分地区开始征收的归属于地方的“土地使用费”，自20世纪80年代末期开始，地方政府所占有的土地出让金比重逐渐提高。1988年的“土地使用税”中央与地方各占一半，1989年先是变为“中央与地方四六分成”，后将地方政府所占比例提高为68%，1992年地方政府所分享的“土地出让金”比例达95%，1994年分税制之后，土地出让金全部划归地方所有。《中华人民共和国城镇国有土地使用权出让和转让暂行条例》第九条规定：“土地使用权的出让，由市、县人民政府负责”，第十一条规定：“土地使用权出让合同应当按照平等、自愿、有偿的原则，由市、县人民政府土地管理部门（以下简称‘出让方’）与土地使用者签订”。因此，城市土地出让金归属于市、县人民政府。

虽然《国务院关于加强土地调控有关问题的通知》规定国有土地使用权出让总价款全额纳入地方预算，缴入地方国库，实行“收支两条线”管理；《国务院办公厅关于规范国有土地使用权出让收支管理的通知》规定从2007年1月1日起，土地出让收支全额纳入地方基金预算管理，但效果并不明显。正如2011年《中共中央国务院关于加快水利改革发展的决定》要求“从土地出让收益中提取10%用于农田水利建设”，中国社科院农村发展研究所农产品市场与贸易研究室主任李国祥称，如果没有适当的奖惩和问责机制，地方政府难以有动力去落实这一政策。地方政府实际上拥有对土地出让金的控制权和自由使用权。根据《中国城市建设统计年鉴》(2005~2012),和《中国城市年鉴》(2005~2012)相关数据统计,35个大中城市中2004~2011年城市政府土地出让金总额超过5 000亿元的有北京和上海两个直辖市;3 000亿~5 000亿元的有杭州、天津、重庆和成都4市;500亿元以下的有太原、呼和浩特、海口、兰州、西宁、银川和乌鲁木齐7市,土地出让金总额与经济发展水平呈现显著的正相关关系。

(二)农村土地出让与集体收入

1998年《中华人民共和国土地管理法》修订之后,农村集体建设用地流转受到严格限定,一定程度上减少了农村发展的机遇,给城市开发区建设、城市扩张提供了必要的支撑,因为企业使用土地必须申请国有土地,也就是企业必须建在城市(但给村集体和乡镇创办的企业开了一个口子,可以使用农村集体建设用地,但需要在符合规划的前提下)。1998年《中华人民共和国土地管理法》不仅对企业申请使用工业用地有了明确规定,而且对农村居住用地(宅基地)有了"一户一宅"的规定。即便是2005年10月1日起实施的《广东省集体建设用地使用权流转管理办法》也明确规定,通过出让、转让和出租方式取得的集体建设用地,不得用于商品房开发建设和住宅建设,农村住宅明确不能商品化。实际上,法律法规对农村可供出让的建设用地用途进行了明确,农村工业用地在符合条件下可以流转,农村住宅用地禁止流转。

目前,农村集体建设用地入市后所获得的资产收益尚未有明确的分配机制,收益划分缺乏理论依据,也缺乏全国性的法律规范与统一指导。实践上,直接的集体建设用地流转收益(资产租金价值)基本与中央和省一级政府无关,它们不参与集体建设用地流转收益分配,有些城市市县政府会分享部分租金收益,即来自集体建设用地的土地财政收入,但分享比例一般不高于30%。乡镇政府和村集体是集体建设用地流转收益分享的主体,有些甚至拿到增值收益的全部,农民获得的收益大多是参照当地征地补偿安置标准给予的补偿。全国经验来看,市县政府较少从集体建设用地流转中分成,法律与权属上不应该,现实中不需要,因为市县政府有国有土地出让金作为预算内财政"入不敷出"的保障,而乡镇政府预算内财政依然是"哭爹叫娘",其不愿意放弃从集体土地获得收益的权力,所以很多地方乡镇把集体建设用地流转权利收归到自己手中,统一出让。广东省佛山市南海区、江苏省苏州市是较早开展农村集体建设用地流转的地区,用建设用地流转收益为当地农村发展提供了"第一桶金"。集体建设用地流转收益已经成为发达地区地方政府推动村庄经济发展和增加农民收入和福利水平的重要途径,地方政府不仅不愿意打破这种均衡,而且试图释放更多的集体建设用地资产价值。如苏州市委办公室2014年印发《关于进一步发展壮大村集体经济的意见》，鼓励村庄经济发展，实现“一村两楼宇”建设，“二楼宇”用途分别为社区服务用房和增加集体经济组织财产性收入的经营性物业。其中，为社区服务用房的留用地，可以行政划拨方式供地；资产经营性物业用房的留用地，以协议出让方式供地。文件同时规定，“对村级集体经济组织盘活的非农建设用地，置换后全部安排给原村级集体经济组织，更多分享土地资源增值收益。”另据北京市郊区的调查（黄庆杰、王新，2007），怀柔区某村通过出租形式流转集体建设用地，租金收入达2 000万元；昌平区某村通过以地入股形式流转一宗集体土地，2013年获得收益300万元，集体建设用地流转已成为经济发达地区村集体经济组织增收的重要渠道。

（三）城乡二元土地出让与各级政府收入

在城乡建设用地市场分割情况下，不管是通过土地征收增加城市国有土地供给还是通过公开市场出让土地均由市县政府垄断，因此不会对城市土地市场产生不利影响。城市建设用地使用经历了无偿划拨、协议出让再到公开市场出让的变化历程，价格机制、供求机制和竞争机制在城市建设用地市场中广泛发挥作用。市县政府获得的土地出让金更多来自城市商住用地，而非工业用地，更不是市政公用设施用地。目前法律严格限制农村宅基地流转，如果集体建设用地可用于房地产开发，那么就意味着小产权房将会合法，市县政府土地财政将会受到冲击。如果严格禁止集体建设用地进行房地产开发，开发商不能通过集体建设用地市场取得住宅用地使用权，则不会对市县政府城市土地财政产生影响，因为商住用地出让是市县政府获取土地出让金的关键来源。分割情况下国有土地在招商引资和土地财政上均具有优势，统一之后，引资将会受到挑战，如果允许集体建设用地进行房地产开发，那么城市土地财政也会受到影响。因此，在构建城乡统一建设用地市场时需要考虑地方政府财源的稳定性和持续性，赋予地方政府尤其是基层政府更多的与事权相匹配的税权（钱忠好、牟燕，2015）。

集体建设用地目前也经历了无偿使用到协议出让过程，如果能够实现与国有建设用地一样在城乡统一的建设用地市场上公开出让，用地者就可以直接向农村集体经济组织取得建设用地。这样，工业用地供给方将由以国有土地为主转变为国有和集体土地双重供应。尽管城市工业用地已经纳入招拍挂等市场化出让范畴，但一直以来工业用地价格涨幅不大，而且存在地方政府变相补贴工业用地价格的现象，市县政府一般不会从城市工业用地追求土地出让金，工业用地的作用更多地体现在招商引资和拉动就业方面。与城市工业用地的主要供给对象不同，集体建设用地更多的是供应给乡镇企业用地使用者，这两种渠道供地并不会对不同类型企业（如国有企业和乡镇企业）拿地形成明显的竞争。地方政府不愿意打破现在的局面，只要集体建设用地上的企业正常运行，就能给地方政府带来税收（如企业所得税）上的收益，所以市县政府是鼓励集体建设用地流转的，而且不愿意辖区内的企业数量减少，企业数量减少会影响辖区就业和经济增长。

因此，城市商住用地允许出让、农村住宅用地限制出让为城市政府高价出让城市商住用地提供了条件，避免集体住宅用地入市给城市商住用地出让带来冲击，影响市县政府的土地财政策略；城乡工业用地分别供应为乡镇企业和其他企业提供了不同的用地渠道，避免了乡镇企业与其他企业竞争，增加用地成本，阻碍乡村经济发展。

从各级政府财政收入角度看，现行城乡分割的建设用地市场是有利的，城市土地出让满足了市县政府的土地财政需求，集体建设用地流转满足了乡镇政府甚至村集体对发展资金和社会福利资金的需求，中央和省级财政更多地依靠预算内税收收入。目前各级政府财政收入来源现状是："自下而上"政府财源越来越依靠税收（如所得税和增值税），"自上而下"政府财源越来越依靠土地（及其房屋），尤其是依靠土地的资产属性发挥。全国多地推行的"城乡建设用地增减挂钩""宅基地换房""村庄整理"等政策措施逐渐演变为市县政府低成本占用农村土地（包括农民宅基地和集体建设用地）、获取大量城市和工业建设用地，赚取巨额土地出让收益的过程（伍振军、张云华、孔祥智，2010）。地方政府尤其是市县乡村均对土地财政有不同程度的依赖，土地成为市以下地方政府财政行为的落脚点。城市土地出让收益快速增长为市县政府带来丰厚的预算外财政收入，农村经营性建设用地出让为乡村财政提供了必要的支持和补充，集体建设用地（厂房）流转收益成为村集体的重要收入来源。由此，各级政府均有获得财政收入（包括预算内还是预算外）的来源和渠道。

（四）城乡二元土地出让与农民收入来源

城乡建设用地分割供应使各级政府包括村集体均有相应的土地财政收入，能够为城市基础设施建设和农村村民福利资金提供支撑。城乡建设用地市场分割时，市县政府通过城市土地出让从土地市场获取土地出让金，也有部分城市分享集体建设用地流转收益，乡镇政府和村集体通过集体建设用地流转获得土地收益。农民可以从集体建设用地流转中获得收益，不能从城市土地出让中获得收益，只能从增量城市土地（征地）获得补偿，而农民从征地中获得的补偿并不高。实际上，如果继续实施城市倾向的经济政策，那么则不需要构建城乡统一的建设用地市场，因为统一市场的构建会减少土地"剪刀差"带给城市的收益，也会直接影响城市市县政府土地财政策略的实施。集体建设用地流转会对城市土地市场供应和收入模式产生冲击和重要影响（吕萍、支晓娟，2008）。如果以城乡统筹协调发展为目标，则需要构建城乡统一的建设用地市场，释放集体建设用地的价值，换得农村更好地发展。

1. 城乡土地资产显化差异与农民收益

不管是城市国有建设用地还是农村集体建设用地，所有权、使用权、收益权等均出现分化，三权分立，分属为不同的利益主体，进而发挥了土地资产的不同功能。实质上，城乡土地并无两样，其资产作用理应是相同的，只是区位不同、权利主体不同，而关键差异主要是由于权利主体不同，这种权利主体差异是现行法律规定造成的，导致集体土地在资产抵押上存在差异。

由于国家所有和集体所有两种形式在产权权利认同上的差异，导致集体建设用地使用者抵押融资权利不完整（如表3－3所示），集体土地所有权权能并没有被银行广泛认可，企业贷款融资受到影响，当遇到资金短缺，而又不能通过土地融资时，就会出现企业倒闭和停产，不利于农民持续分享集体建设用地流转的分红收益。由于集体建设用地权利得不到认可，乡镇企业使用集体建设用地使用权进行抵押获得贷款的可能性降低，可以获得的抵押贷款数量降低。那么会导致集体建设用地流转市场萎缩，企业不再愿意使用集体建设用地。乡镇企业减少自然会影响乡村经济发展，不利于农民收益增加。

表3－3　　城乡建设用地权利与资产情况比较

	城市建设用地市场	农村建设用地市场	两者异同
土地所有权形式	国家所有	集体所有	权利实质不对等
出让土地用途	工业、商业、住宅均可	工业为主，住宅禁止	用途有差异
出让主体（代表）	市政府或县政府	乡镇政府、村委会	出让主体不同
资产属性	完全	不完全	收入来源渠道有别
抵押融资权	完全	不完全	权利认可度有差异

2. 城乡土地统一出让矛盾与农民收益

目前，集体建设用地尤其是经营性建设用地进入市场主要有三种方式，一是通过征地转变为国有建设用地之后通过城市建设用地市场出让；二是通过城乡建设用地增减挂钩实现土地“身份”的转变；三是集体建设用地直接流转给用地企业（张舟、吴次芳、谭荣，2015）。土地征收实质是把农村土地转变为城市国有土地的过程，是城市建设用地供给增加、“乡—城”土地此消彼长的主要合法途径。城乡建设用地市场分割时，市县政府通过城市土地出让获取土地出让金，乡镇政府和村集体通过集体建设用地流转获得土地收益。市县政府为实现城市土地经济供给有弹性、土地财政可持续，则会不断产生土地征收需求。征地过程中不可避免地会遇到集体建设用地，此时协调征地补偿与集体建设用地流转收益分享之间的差异成为农民权益保护的关键，也是城乡统一建设用地统一出让的关键。

农民是集体建设用地流转收益分享的主要利益相关者。对发达地区的农民而言，通过集体建设用地流转获得的收益可能会高于征地补偿收益，即存在集体建设用地流转及其分红收益与征地补偿高低之间的矛盾。征地前，农民获得收益的来源有以下几个方面，一是集体建设用地流转给土地使用者获得的租金收益；二是土地使用者（企业）每年的分红收益；三是在企业就业获取的工资收入；四是把宅基地上的房屋出租给外来务工人员的租金收入。征地后，被征地农民的收入来源与方式就会发生改变。如笔者在江苏省常熟市古里镇调研时发现：有的农民认为在宅基地建房可以进行出租，出租房屋给外地打工者居住，一间 11～12 平方米的房屋每月可以有 300～400 元的租金收入，而置换的安置房无法进行出租，所以不愿意置换。在家庭作坊比较普遍的地方，搬入集中安置房小区，也会影响生产经营。当农民认为征地后的预期收入和生活将会变差时，会阻碍征地的实施。地方政府在征地、出让过程中获取了大部分的土地增值收益，由此引发了一系列利益冲突和社会风险。研究表明农地征收转用的收益分配格局中，政府大约得到土地收益的 60%～70%（安体富和窦欣，2011；王小映等，2006；马贤磊和曲福田，2006；高珊和徐元明，2004；国土资源部，2003）。尽管近年政府不断提高征地补偿标准，但随着土地出让价格的快速上涨，在江苏省部分城市的调研表明地方政府获取的收益份额仍然占据 75%（诸培新和唐鹏，2013）。与政府获取大部分土地收益形成鲜明对比的是，农民仅获得了收益的 5%～10%，直接引发了征地拆迁过程中爆发大量的社会冲突。来自浙江省的一项调查表明，如果征地成本价是 100%，那么被征土地收益分配格局大致是：地方政府占 20%～30%、企业（开发商）占 40%～50%、村级组织占 25%～30%，而农民仅占 5%～10%（国土资源部，2003）。因此，多个实证调查结果显示，农民从征地中获得的补偿并不高，因而如何保证征地前后农民收入水平不降低、生产生活可持续是保障农民权益的关键。对地方政府而言，农村集体建设用地入市将增加政府征地的难度，会倒逼政府改变通过征地“低价征地高价出让”获得财政收入的方式。

城乡建设用地市场融合后，征地规模势必会减少，地方政府土地财政的可持续性受到影响。如果没有新的财政收入来源，地方政府推进城乡建设用地市场融合的意愿就会降低，因为通过低价征地、高价卖地是地方政府获得城市建设资金的关键来源。

三、城乡统一市场构建与农民收益保障

土地是财富之母，要有效发挥土地的创造财富作用。因此，要避免由于权利差异而导致的集体建设用地资产属性不完全，损害农民土地权益，必须以城乡建设用地资产属性均充分发挥为基础，构建城乡统一的土地出让平台和管理办法。在统一出让过程中，实现对农民土地权益的保护，进而实现对农民收益的保障。

（一）统一城乡建设用地出让平台，明确农民在集体中的成员权权利

构建城乡建设用地统一交易市场，实现“两种产权、统一市场”的运作形式，实现城乡建设用地“公开、公平、公正”流转。农村集体建设用地出让参照城市国有土地出让管理，中央政府进行顶层设计，市县政府具体负责规范集体建设用地市场，为集体建设用地提供招标、拍卖和挂牌等交易平台，并收取相应税费。明确并充分发挥集体经济组织成员的成员权，通过成员代表大会决定收益分配方式，主要用于缓解乡村债务、促进村庄经济发展和增加农民福利。

（二）赋予城乡建设用地“三同”待遇，促进农民有效分享集体建设用地资产收益

在法律上承认集体建设用地的价值，修改《中华人民共和国土地管理法》相关法律条款，实现城乡建设用地的“同地、同价、同权”（高圣平、刘守英，2007），赋予农村集体土地使用权与城市国有土地使用权具有同样的产权权能，即具有相同的使用、收益以及处分的权能，建立城乡相对统一的产权体系（曲福田、田光明，2011），允许农村集体经营性建设用地出让、租赁、入股和抵押。这样有利于乡镇企业获得银行授信和贷款融资，可以更好地促进实体经济的发展壮大，更有利于乡村经济的蓬勃发展。适度扶持农村集体建设用地上的企业发展与经营，确保持续稳定收入，以保证农民能够每年分享土地带来的收益。

（三）构建出让收益动态分配调整机制，不断增加农民直接分享收益比重

首先，必须明确城市土地出让收益归城市政府所有，农村土地出让收益归农村集体所有，让集体成员共同参与、民主决策收益如何分配。不能因为城乡统一土地市场构建，而导致城乡建设用地出让收益的统一、分配的模糊。在收益

分配明确的前提下，严格区分市县、乡镇和村集体三级财权与事权，严禁将市县、乡镇事权转嫁给村集体，不能因为村集体收入的增加而增加村集体应承担的责任。

其次，通过建立土地出让收益动态分配机制协调间接受益与直接分享之间的关系。直接分享属于初次分配，间接收益属于二次分配。在基础设施建设尚未完善的前提下，政府和集体应该分享较多的城乡建设用地出让收益，以缓解地方政府和村集体进行基础设施建设和提供基本公共服务面临的财政困境，让市民或村民享受间接的土地出让收益，分配给市民或村民的土地出让直接收益相对少些。当基础设施完善以后，地方政府的职能由“硬公共品”为主转向以“软公共品”为主时，可以分配给市民或村民相对较多的土地出让直接收益。即地方政府分配的直接收益比例逐渐减小，市民或村民分配的直接收益比例逐渐增加。同时在政府获得的土地出让收益的二次分配中，应该着力探讨如何将土地出让收益更多用于公共服务支出，集中更多公共财力用于保障和改善民生，加大对教育、就业、社会保障、医疗卫生、保障性住房、扶贫开发等方面的支出。

（四）协调征地与集体建设用地流转收益大小冲突，稳定农民收益预期

城乡接合部是征地和集体建设用地流转矛盾最突出的区域。如果征地补偿所得不能与集体非农建设用地流转收益相比，影响被征地农民的预期收益，则会引起政府与农民之间的征地冲突，因而重点是解决好农民的补偿安置问题（黄小虎，2008）。实际上，如果征地后的增值收益集体经济组织不能分享，至少不能获得与集体建设用地流转相当的收益，有些村集体也不愿意被征地，乐于自行与企业签订协议方式流转集体建设用地。因而，构建城乡统一建设用地市场的同时，应该将征地范围缩小，减少征地补偿与集体建设用地流转收益之间的矛盾。如果征地，要给农民多元、合理、规范的保障，避免因土地征收收益不能与集体经营性建设用地流转收益相匹配，引起农民不满，给村集体和村民一个好的预期。

在符合规划前提下，新增远郊建设用地可不改变所有权性质。按照《中华人民共和国土地管理法》企业用地需要申请国有土地，因此先要通过土地征收把集体土地转变为国有土地后再供地。在符合规划的前提下，城市周边农村土地按照土地征收方式办理，远郊农村土地转为建设用地可参照国有土地征收补偿与安置办法由乡镇政府征收，所有权归属乡镇集体，出让收益归乡镇集体所有，增加乡镇财政实力，为乡村经济发展提供必要的财力支持。

第四节　农村土地出让与农民间关系

我国建设用地权属包括国家所有和农村集体所有，其中农村集体所有的建设用地，是指宅基地、经营性建设用地以及公益性公共设施用地，是建设用地的重要组成部分。其中，集体公益性用地具有非营利性和公共性（徐文，2015），不能进行合法流转或用途转变，因此，盘活农村存量建设用地主要依靠集体经营性建设用地以及宅基地两个路径的有效流转。

一、农村土地出让类型

（一）集体经营性建设用地流转

我国农村集体建设用地流转的制度安排经历了一个由全面禁止（改革开放前）、无序自发流转（改革开放初期至20世纪90年代中期）到探索规范流转（20世纪90年代中后期至今）的动态发展模式（龙开胜，2009），目前仍在全国多地开始试点尚未形成全国性的规律规范，因此农村建设用地流转的范围和程度并不充分，直到党的十七届三中全会《中共中央关于推进农村改革发展若干重大问题的决定》指出，"在土地利用规划确定的城镇建设用地范围外，经批转占用农村集体土地建设非公益性项目，允许农民依法通过多种方式参与开发经营并保障农民合法权益"。这意味着，在土地利用规划许可范围内，集体土地上进行非农经营性建设，农民可以通过出租、作价入股等方式参与分享流转收益。但并没有详细明确集体土地使用权能否"出让"用于非农建设，直到党的十八届三中全会通过的《中共中央关于全面深化改革若干重大问题决定》第一次明确提出，"在符合规划和用途管制前提下，允许农村集体经营性建设用地使用权出让、租赁、入股，实行与国有土地同等入市、同权同价"（王文，2015）。

通过政府征收，将农村土地流转为城市建设用地，是改革试点前农村集体经营性建设用地流转的主要方式。但我国当前的集体经营性建设用地低效率趋势显著（张四梅，2014），存量集体建设用地中，公益用地和农户宅基地比重较大，实际可运作的经营性建设用地数量有限（彭建辉、杨珍惠，2014），且在现行法律制度规定之下，经营性建设用地入市的准入机制非常严格，在试点范围、准入前提以及用地来源上均有一定限制（侯杨杨，2015）。

土地流转收益分配是集体经营性建设用地制度的改革着力点。集体经营性建设用地流转收益分配主要涉及政府、村集体与农户、土地使用者之间的利益关系，如何安排各利益主体间的分配格局、如何拓宽农民的财产性收入来源渠道，是我国农村土地制度改革的初衷（樊帆，2015a）。一般来说，集体经营性建设用地的流转需要经历初次流转和再次流转两个阶段（樊帆，2015b），因此流转收益存在三个层次上的分配关系。流转总收益在农民集体和政府间的分配，决定了留给农民集体的土地净收益，是第一层次上的分配；第二层次的分配是政府所获收益在各级政府和不同地区间的分配，关系到地区利益的平衡。与此同时，农民集体的土地净收益在集体内部、农户之间的分配关系也不可忽视（石小石、白中科，2016）。在此其中，关于收益分配的一个核心问题即是农民集体如何在集体内部使用和分配收益，以确保维护集体成员农民的切身利益。

（二）农民宅基地使用权流转

综合来看，自新中国成立以来农村宅基地使用制度共经历了三个阶段的历史演变：第一阶段（1949～1956 年）为宅基地完全私有时期；第二阶段（1956～1988 年）为宅基地集体所有、使用权禁止流转时期；第三阶段（1988 年至今）为宅基地集体所有、使用权流转逐步改革时期。宅基地使用制度发展过程中主要发生了两个方面的变迁：一是土地所有权控制权加强，从允许流转变成禁止流转；而土地使用权从自由流转到禁止流转，又局部放宽流转程度，再到进一步加大流转改革的趋势。二是现存农村土地制度已经无法适应当下经济快速发展和城乡融合发展对土地管理的要求。包括农村宅基地在内的集体建设用地市场化配置，对于显化农民资产、实现农村后发展，从而推动城乡一体化有着重要的意义。可以说，农村宅基地使用权的市场化流转是一种必然的趋势（陈前虎、吴一洲，2010）。

现有的宅基地流转具有一定的自发性和地区差异性，但就运作主体而言，其大致可分为村集体经济组织内部转让、村集体经济组织外部转让、农户主导自由租赁以及地方政府主导转让四种主要的流转模式（刘卫柏、贺海波，2012）。尽管村集体外的自由宅基地流转并未得到法律法规的制度支持，但我国农村宅基地私下自发性的流转一直隐蔽地活跃着，宅基地所有者的退出意愿明显（徐汉明，2012），但是宅基地隐形流转缺乏规范性以及立法支持。从农户层面来看，随着城乡一体化的不断发展，新型城镇化对城乡间土地资源的有效配置提出了更高的要求，农户对宅基地发挥资本功能的需求也越发旺盛，唤醒“沉寂的资本”，农村宅基地可流转的潜力巨大（郭勇，2014）。

对上述不同流转模式的宅基地流转主体而言，在整个流转过程中，其所呈现的利益分配格局不尽相同。综合以经济效益和社会效益论之，各利益主体所得差异较大，具体来说，在政府主导的宅基地置换模式中，地方政府获得的经济收益最大，而中央政府和地方政府获得的社会效益最大；在市场主导的宅基地入市流转模式中，集体经济组织和农民获得的经济收益最大；在农民自主治理的农村土地综合整治模式中，集体经济组织、农民和市场参与者获得的经济收益最大；而中央政府、地方政府和集体经济组织获得的社会效益最大（朱新华、张金明，2014）。

二、农村土地出让与农民收益实现障碍

（一）集体经营性建设用地产权虚置导致农民无法行使权利

根据产权经济学，产权明晰是市场机制提高资源配置效率的基础与前提。通过界定明晰产权归属和权能，为市场化有效配置资源提供保障，从而避免“市场失灵”。按照法律规定，农村土地归属于农民集体，但现行法律对“农民集体”作为土地所有权主体的运行原则和构成要素界定模糊，立法提出了行使集体土地所有权的间接主体，却没有明确产权的代表和执行主体。随着历史浪潮，现行农村集体经济组织已经基本不复存在，目前大多数地区是村委会在实施土地所有权的权能，定位于集体土地的权利代表行使者，这种准行政组织来代言土地产权关系难免会滋生腐败、产生公权过度干预私权以及利益分配关系模糊不清的问题。

《中华人民共和国土地管理法》规定村民小组可以经营集体土地，但是《中华人民共和国村民委员会组织法》规定村民小组是下设组织，它是由村委会划分的带有地域特色的集合体，因而它行使集体土地的经营管理权限会受到村委会的干扰。村委会是一级行政管理组织，它区别于农村集体经济组织，村委会是准行政主体，而农村集体经济组织是经济主体，即村民小组和村委会都不合适作为农村集体土地所有权的主体，因而从法理上来说我国农村集体土地所有权主体存在虚位现象。一般由村委会代为行使出让权利，而村民真正参与的并不多。

（二）宅基地私下流转亟待进行法律规范

宅基地私下流转既不利于农民实现宅基地财产权，也不利于土地管理（刘守英，2014）。不同地区、同一地区不同区域有着不同的宅基地流转方式。在东部沿海发达地区，外来人口倒挂现象使得出租市场空前庞大，因此农民将宅基地盖成多层住宅，在满足自住需求下将多余的房屋进行出租，如义乌市的“四层半”

模式，解决了快速工业化下大量外地劳动力的居住问题；在部分城乡接合部，政府征收了农用地，并就地安置农民宅基地，农民利用宅基地盖房出租，解决了快速城镇化进程中失地农民进城后的居住问题；而在远郊区，部分务农人员在城市取得就业岗位并安定下来后，将闲置宅基地私下转让或出租给需要宅基地盖房的本村或其他集体经济组织的农户。不同类型的宅基地流转（房屋出租）并没有规范，属于农民自发流转、底层实践，虽然目前尚不合法，但在一定程度上实现了农民分享工业化、城镇化进程带来的“土地红利”，也解决了进城流动人口的居住问题，同时降低了城镇化的居住成本。由于存在租金收益，部分农民在宅基地上加盖房屋，出现“一户多宅”、多占等违规使用宅基地现象，造成宅基地无序使用，因而需要政府加强对宅基地的使用管理，同时需要在新一轮试点之后，出台全国性的宅基地流转管理办法。一是保证宅基地有序流转，二是实现流转后的农民收益有保障。

（三）城乡建设用地权能不对等削弱农民获益能力

按照现行的土地管理制度，城市建设用地使用权可以直接入市进行交易，具有较为完整的占有、使用、收益和处分权，而集体经营性建设用地进入市场流转必须被征收为国有后再进入市场，农民集体只能一次性获得土地补偿，无法享受土地发展权的续期收益，在土地权能上缺乏相应的处分权，而政府作为典型的买方垄断主体，征地价格由政府来决定，集体经营性土地的价格无法通过市场的竞争机制被充分发现，土地价值被严重低估，阻碍城乡统一建设用地市场的发展，使得市场无法在集体经营性建设用地的资源配置中起到决定性作用，导致“市场失灵”。

政府的征地行为无法打破二元土地制度壁垒，并不能实现城乡建设用地“同权同价”，很大程度上抑制了农村资产的激活，阻碍农民共享土地增值收益带来的红利。同时，到目前为止，集体经营性建设用地入市机制仅在地方试点，出台地方性法规，全国层面的宏观法律法规体系尚未建立。农村集体经营性建设用地直接入市与农村土地被征为国有后入市是未来并行的两种供地方式，这两种供地方式既互为补充又此消彼长，从土地财政视角下，地方政府更愿意通过“征地—出让—开发”等方式推进农村集体经营性建设用地流转，政府公权力在集体经营性建设用地的资源配置上依然有较强话语权。

三、农民间关系协调：收益共享

目前，集体经营性建设用地流转收益主要由村集体获取，宅基地流转收益主要由宅基地使用者获取。而实际上，农村集体建设用地的所有权人是集体经济组织，那么收益应该归属于集体经济组织的所有成员，参与流转过程管理的可以通过费或者税的形式收取部分费用，或者提取协调基金。

在收益共享中需要协调不同类型农民之间的关系，如有流转和没有流转农民之间的关系、近郊农民与远郊农民之间的关系。只有这样，才能实现收益共享。当然共享需要更高层次协调，协调需要上一层级管理者可以拿到收益，然后用于其他没有获取收益的群体。专款专用，确保取之于集体用之于集体、取之于农村用之于农村、取之于村民用之于村民。共享是需要协调的，共享不会主动只会被动，主动分享不是理性经济人的行为。

因此，流转过程中负责协调的管理者可以分成，如政府可以为近郊和远郊的村集体进行协调，但收益必须用于村集体经济发展或者村庄建设。村集体可以分成，用于协调村民之间的收益，有流转的自然已经分走了大部分，那么村集体拿这些钱就可以补贴或者以集体分享的形式给没有流转的村民一部分。

第四章

土地出让制度改革与收益共享机制理论研究

第一节　土地出让制度改革与土地收益共享的联系

一、我国土地出让制度内涵及其对土地市场发育、土地收益格局的影响

（一）我国土地出让制度内涵与发展历程

土地出让是国家将国有土地使用权在一定年限内出让给土地使用者，由土地使用者向国家支付土地使用权出让金的行为。土地出让后，土地使用权与所有权分离，所有权仍属于国家，国务院是土地所有权的唯一代表。但高度集中的土地产权只能通过行政委托的方式由各级政府加以实施，因而市县人民政府土地管理部门为土地出让的具体执行者。土地使用者可以是除法律特殊规定以外的中华人民共和国境内外的公司、企业等组织和个人，即法人和自然人。土地出让最高年限与土地性质相关，各用途土地使用权的最高出让年限分别是居住用地 70 年；工业用地 50 年；教育、科技、文化卫生、体育用地 50 年；商业、旅游、娱乐用地 40 年；综合或其他用地 50 年。我国土地出让制度主要包括土地征收制度、土

地储备制度、土地有偿使用制度、中央与地方土地出让收益共享制度四个方面。

1. 土地征收制度

土地征收是指国家为了公共利益需要，依照法律规定的程序和权限将农民集体所有的土地转化为国有土地，并依法给予被征地的农村集体经济组织和被征地农民合理补偿和妥善安置的法律行为。从中反映出土地征收的强制性、有偿性和公共利益属性。《中华人民共和国土地管理法》《中华人民共和国土地管理法实施细则》《关于完善征地补偿安置制度的指导意见》及《中华人民共和国物权法》均对征地的补偿标准及补偿对象进行了细节性和可操作性的规定。

依据《中华人民共和国土地管理法（2004 修正）》第四十七条规定：①征收土地的，按照被征收土地的原用途给予补偿。②征收耕地的土地补偿费，为该耕地被征收前三年平均年产值的六至十倍。③每一个需要安置的农业人口的安置补助费标准，为该耕地被征收前三年平均年产值的四至六倍。但是，每公顷被征收耕地的安置补助费，最高不得超过被征收前三年平均年产值的十五倍。④被征收土地上的附着物和青苗的补偿标准，由省、自治区、直辖市规定。⑤土地补偿费和安置补助费的总和不得超过土地被征收前三年平均年产值的三十倍。

依据自 2000 年 1 月 1 日起实行的《江苏省土地管理条例》（2004）第二十六条规定：①征用耕地的土地补偿费按其被征用前三年平均年产值的八至十倍计算。②安置补助费按征用耕地的面积计算。征地前被征地单位农业人口人均耕地十五分之一公顷以上的，安置补助费为该耕地被征用前三年平均年产值的五倍；人均耕地不足十五分之一公顷的，从六倍起算，人均耕地每减少一百五十分之一公顷，安置补助费相应增加一倍，但最高不得超过该耕地被征用前三年平均年产值的十五倍。③青苗补偿费一般按一季的产值计算，能如期收获的不予补偿。可以移植的苗木、花草以及多年生经济林木等，支付移植费；不能移植的，给予合理补偿或者作价收购。④耕地前三年平均年产值每公顷低于一万八千元的，按一万八千元计算。

依据《江苏省土地管理条例》（2004）第二十七条规定：①土地补偿费支付给行使土地所有权的农村集体经济组织。②但被征用的属农民承包经营的土地，农村集体经济组织又未能调整其他数量和质量相当的土地给农民继续承包经营的，应当将不少于百分之七十的土地补偿费支付给被征地农民。③需要安置的人员由农村集体经济组织安置的，安置补助费支付给农村集体经济组织；不需要统一安置的，安置补助费支付给被安置人员或者征得被安置人员同意后用于支付被安置人员的保险费用。

依据 2004 年国土资源部《关于完善征地补偿安置制度的指导意见》规定，①统一年产值标准的制订。省级国土资源部门要会同有关部门制订省域内各县

(市)耕地的最低统一年产值标准。②土地补偿费和安置补助费合计按30倍计算，尚不足以使被征地农民保持原有生活水平的，由当地人民政府统筹安排，从国有土地有偿使用收益中划出一定比例给予补贴。③经依法批准占用基本农田的，征地补偿按当地人民政府公布的最高补偿标准执行。

依据2007年施行的《中华人民共和国物权法》第四十二条规定，征收集体所有的土地，应当依法足额支付土地补偿费、安置补助费、地上附着物和青苗的补偿费等费用，安排被征地农民的社会保障费用，保障被征地农民的生活，维护被征地农民的合法权益。

2. 土地储备制度

土地储备是指各级人民政府依照法定程序在批准权限范围内，对通过收回、收购、征用或其他方式取得土地使用权的土地，在对原相关权利人合理补偿后，进行储备及前期开发整理，再以划拨、出让等方式向社会提供各类建设用地的行为。我国在建立完备的土地储备制度之前，各地对土地储备工作已经有了初步探索。1996年8月上海市成立了我国第一家土地储备机构；1997年杭州也对土地储备制定了相关规定；2001年4月中央政府下发《国务院关于加强国有土地资产管理的通知》，该通知中明确指出有条件的地方政府试行收购储备制度。2007年11月国土资源部、财政部及中国人民银行以“为完善土地储备制度，加强土地调控，规范土地市场运行，促进土地节约集约利用，提高建设用地保障能力”为目的，正式制定发布了《土地储备管理办法》，该文件是规范土地储备的指导性文件。到目前为止，我国大部分市县政府都已建立了土地收购储备制度。土地储备工作的具体实施由土地储备机构实施，土地储备机构一般为市、县人民政府批准成立、具有独立的法人资格、隶属于国土资源管理部门、统一承担本行政辖区内土地储备工作的事业单位。纳入土地储备范围的土地包括：依法收回的国有土地；收购的土地；行使优先购买权取得的土地；已办理农用地转用、土地征收批准手续的土地及依法取得的其他土地。土地储备资金主要来源于土地出让收入、国有土地收益基金、举借的银行贷款及其他金融机构贷款、经财政部门批准可用于土地储备的其他资金以及上述资金产生的利息收入。土地储备资金也只能专项用于征收、收购、优先购买、收回土地以及储备土地供应前的前期开发等土地储备工作。

3. 土地有偿使用制度

1982年通过的《中华人民共和国宪法》规定，城市的土地属于国家所有。农村和城市郊区的土地，除由法律规定属于国家所有的以外都属于集体所有，宅基地和自留地也属于集体所有。任何组织或者个人不得侵占、买卖、出租或者以其他形式非法转让土地。这就是说，20世纪80年代前期中国城市土地的所有制形式基本上是国家所有，并且明文规定不得买卖、出租和转让。土地是重要的生产要素和不可再生资源，土地交易如果不通过市场完成，就无法形成资源配置的最优化，从而带来国有资产的巨大浪费。我国市场经济体制改革后，土地也朝着市场化的步伐前进。1987 年深圳市政府出让了中国第一块土地的使用权，虽然是定向议标，但宣告我国国有土地进入有偿使用阶段。1998 年重新修订的《中华人民共和国土地管理法》规定，建设单位使用国家土地，应当以出让等有偿方式取得。至此中国城市土地的所有权及其实现形式发生了重大变化，由无偿占用转变至有偿使用，更是逐步形成了以招标、拍卖和挂牌为主要内容的市场化交易方式。《中华人民共和国城市房地产管理法》规定，商业、旅游、娱乐和商品住宅等各类经营性用地，必须以招标、拍卖或者挂牌方式出让。其他用途的土地的供地计划公布后，同一宗地有两个以上意向用地者的，也应当采用招标、拍卖或者挂牌方式出让的制度。2006 年 8 月国土资源部印发《招标拍卖挂牌出让国有土地使用权规范》及《协议出让国有土地使用权规范（试行）》，规定有竞争要求的工业用地和商业、旅游、娱乐和商品住宅等各类经营性用地等必须纳入招标、拍卖、挂牌出让国有土地范围，建立国有土地出让的价格争议裁决机制和协调决策机构。如今，随着我国市场经济体制的不断完善和土地市场的日益成熟，招标、拍卖、挂牌已经成为我国国有土地最主要的供给方式。同时，为了加强对工业用地的调控和管理以及保证招标、拍卖、挂牌的正常实施，2006 年 12 月国土资源部发布了《全国工业用地出让最低价格标准》，要求出让底价和成交价格不得低于所在地土地等别相对应的最低价标准，从一等土地 840 元/平方米到十五等土地 60 元/平方米都一一做了规定。

4. 中央与地方土地出让收益共享制度

土地有偿使用制度的实行也就意味着土地已经开始作为一种有偿的生产要素，国家及政府可以从土地的开发储备中获得收益。并且基于我国幅员广阔的客观事实，中央政府必须委托地方行使土地的管理与开发，形成一层委托代理的关系，继而产生中央与地方如何共享土地收益的问题。事实上，土地收益，尤其是巨额的土地出让金，在这二者之间的分配过程经历了一个较长的博弈期。1989 年 5 月，《国务院关于加强国有土地使用权有偿出让收入管理的通知》中规定国有用地使用权出让收入的 40% 上缴中央财政，剩余 60% 留归地方财政，但这一办法并未得到充分实施。不久后的 1989 年 7 月，《国有土地使用权有偿出让收入管理暂行实施办法》重新规定“上缴中央财政，取得收入的城市财政部门先留下 20% 作为城市土地开发建设费用，其余部分 40% 上缴中央财政，60% 留归取得收入的城市财政部门”。中央政府在与地方的博弈中做了些让步，对土地出让收益的分享比例从 40% 降至 32%，然而这一比例仍在缩减。到了 1992 年，财政部再次公布《关于国有土地使用权有偿使用收入征收管理办法的暂行办法》，将地方对土地出让金的分成比例提升至95%，中央只享受其中5%的出让金收益；1994年分税制改革后，土地出让金彻底成为地方财政的固定预算外收入，中央不再直接参与出让金分成。由此，土地出让金成为地方政府最主要的预算外收入，也被称为地方政府的“第二财政”。《中华人民共和国土地管理法》对土地出让金的经费使用范围做了明确的规定，主要用于征地和拆迁补偿支出、土地开发支出、支农支出、城市建设支出以及其他支出。由此可见，土地出让金的使用在一定程度上保障了被征地农民和被拆迁居民的权益，加强了农村和城市基础设施的建设。但新增建设用地土地有偿使用费（简称“新增费”）却与土地出让金的收益分配方式不同。从1999年8月开始实行至今的《新增建设用地土地有偿使用费收缴使用管理办法》中规定，30%的新增费上缴中央财政，70%的新增费上缴地方财政。2012年的4月的《新增建设用地土地有偿使用费资金使用管理办法》中明确指出新增费专项用于包括基本农田建设支出、土地整理支出、耕地开发支出的土地整治支出以及基本农田保护支出、土地整治管理支出和财政部商国土资源部确定的其他支出。

（二）我国土地出让制度对土地市场及收益格局的影响

1. 城乡土地市场二元结构、政府垄断导致市场割裂

我国实行城乡土地二元结构。根据《中华人民共和国宪法》第十条：“城市的土地属于国家所有，农村和城市郊区的土地，除由法律规定属于国家所有的以外，属于集体所有”，并且城市建设只能使用国有土地，集体土地除了用于宅基地建设、乡镇企业改制所用，或用于公益事业以外，一律不能用于非农开发建设，客观上形成城乡土地的二元不平等结构。在这种二元制度架构下，如果非农建设需要使用集体土地，必须通过征收将集体所有的土地转变为国有性质。在这个征收市场上，政府是唯一的需求者。土地征收后，各级政府通过储备制度，又成为国有土地市场的唯一供给者，具有唯一合法性。农村土地虽然属于集体所有，但事实上被剥夺了发展权，土地所有权不完整。地方政府实际上获得了城市土地的最终控制权，也获得了农村土地的最终控制权，造成了城乡土地市场严重割裂。

2. 土地财政、政府职能错位诱发征地扩张冲动

1994年分税制改革之后，地方政府预算内资金受到高度集权化的资金管理体制约束，但上级政府一般不对预算外资金的管理和使用进行限制。在这种情况下，地方政府开始积极寻求预算外收入，特别是土地征收带来的收入，并逐渐形成了地方政府对“土地财政”依赖。它包括与土地有关的税收，如耕地占用税、

土地增值税、房产税，与土地相关的非税收收入，如土地租金、土地出让金、新增建设用地有偿使用费等，还包括土地抵押、贷款等融资收入。“土地财政”的运行过程大致如下：一方面，地方政府通过土地征收，低价补偿农民之后将集体土地国有化之后，再在国有土地市场上高价出让商住用地，获得巨额级差增值收益，并获取房地产业和建筑业税收收入，或以协议方式低价出让，甚至“零地价”供应工业用地，以及提供补贴性基础设施，以吸引制造业资本，意在通过工业投资的乘数效应拉动本地区 GDP 增长；另一方面，土地的稀缺性和政府的信用担保使土地抵押贷款成为备受各大银行青睐的金融产品，政府通过土地融资获得基础设施建设、改善投资环境的巨额资金，这又成为吸引工商业入驻、拉动地区 GDP 的良好契机，经济发展的同时，也使地方官员在政绩考核中更有资本。

在此过程中，政府职能从规范土地市场变成了直接参与土地市场逐利，由土地市场秩序的维护者直接变成土地经营者。土地财政、地方政府追逐政绩，使得各地“圈地”运动持续“发热”，大搞非农建设开发，大量耕地被占用。近十几年快速的城市化进程已经占用了巨大数量的农地与耕地资源。1999～2015 年，全国年均建设占用耕地面积 355.77 万亩，虽然平均每年通过土地整理复垦开发而取得的补充耕地面积 425.31 万亩，在数量上完成了占补平衡。但被占耕地多处于城镇周边，适宜耕种，而补充耕地大多质量较低，基础地力较差。而农民处于弱势地位，农村土地产权亦处于弱势地位，地方政府的征地扩张冲动得不到有效抑制。地方政府获得巨大的土地财政，是以损害农民利益为前提，也是以未来的生态安全和粮食安全为代价的。

3. 出让收益一次性与出让行为不可持续

地方政府在“圈地”运动中通过土地征收、储备与出让，获得了巨额的国有土地有偿使用收入，特别是土地出让金收入。然而土地出让金是将未来 40～70 年的土地收益一次性收取，是对未来几十年地租的提前占有。在我国，一届政府的任期是 5 年，而各用途土地的出让年限多在 40～70 年。也就是说，某一届政府在出让土地时已经提前收取了本属于它以后十余届政府和后代人的土地地租，出让收益的一次性引发代际收益分配的不公平。并且下届政府无法从上届政府的征收出让活动中获取土地收益后，会想方设法通过新的“圈地”运动获得任期内的土地财政。由此所引发的更为严重的后果在于，在土地后备资源有限性的约束下，当期过度的出让土地压缩了未来政府和居民进行城市建设和开发的空间。随着土地使用权出让规模的不断扩大，未来地方政府供给土地的潜力将不断缩小。土地是宝贵的不可再生资源，长此以往，一定会有无地可开发的那一天。所以说一次性土地出让金制度下的出让行为不具有可持续性。

二、土地出让制度中的政府行为对土地价格形成的影响

要发挥市场配置土地资源的基础作用，最重要的杠杆就是地价，价格最重要的影响因素就是供给与需求。伴随着市场经济改革的深入，土地市场体制也得到了逐步地完善。市场机制已经成为国有土地配置的最主要方式，我国已然建立起了土地招拍挂的市场竞价机制，资源配置效率得到大大提升。然而就目前而言，政府仍然有很强的干预市场的冲动。地方政府凭借其特殊的垄断地位，既是城市土地一级市场的主要垄断供给者，又是农村集体土地市场上唯一的垄断需求者，其行为能够影响到城市土地市场的方方面面，特别是它能够通过影响城市土地供求数量关系、改变城市土地供给方式等影响城市土地一级市场的价格并进而影响二、三级市场的价格，是城市土地市场上一个特殊的价格规制者。首先，城市中任何单位或个人需要使用土地，都要向当地政府申请，地方政府有权对此申请作出是否同意的决定，即政府控制着土地供给这个"水龙头"。其次，政府会对城市土地进行功能分区，政府行为中城市规划规定了城市的大致功能分区，也就基本确定了各地类的可能地价幅度。而且，在当前的产权制度和管理体制下，政府可以制定相关的地价政策，运用行政手段干预不同类型土地的出让价格，在一定程度上影响了土地市场价格的形成机制。况且，在实际的土地市场交易过程中，不同的土地出让方式下交易成本和竞争程度存在差异，进而导致不同的土地出让价格，政府可以通过对土地出让方式的选择来影响土地价格。总的来说，地方政府影响土地价格主要凭借一级土地市场上唯一的供给者身份，同时借助规划手段，控制土地开发数量和区域，决定不同类型土地的供给数量，由于不同类型土地有着不同的土地出让方式，进而有意形成不同类型土地价格天壤之别的局面。这一现象的背后又与土地财政行为及地方政府政绩考核制度相关。

财政分权使得地方政府承担着基础设施建设等耗资巨大的工程，地方政府低价征收土地，再高价出让用于商住用途，从中获得巨额级差收益弥补了财权与事权不对等下的财政缺口。在土地出让金的组成中，由于政府希望通过招商引资来获得长期性的税收收入，因此往往工业用地的地价非常之低，一般为各地规定的工业用地最低出让价。所以土地出让金中贡献最大的商住用地，地方政府有对房地产业蓬勃发展的期望，以获得更多的土地出让收入。建筑业和房地产业税收收入是房地产业发展对地方政府财政的另一大重要贡献。而土地出让金和房产业税收几乎完全由地方政府控制，成为房地产业对地方政府土地财政收入的两大重要贡献。房价下跌，区域房地产市场萧条，直接影响地方政府的土地出让市场，进而影响土地出让金收入和房地产业税收收入。房价持续上涨，使人们形成房价

"只涨不跌"的心理预期，就减少了人们购房观望态度，也降低了房地产投机风险，导致土地需求旺盛，房地产商有能力高价支付土地出让金，同时，房地产市场的繁荣也会带来房地产业税收的丰盈。因此，作为理性政府和有着 GDP 晋升激励的地方领导人，他们有激励去推动房价上涨，维护房地产市场不受冲击，最终造成商住用地价格虚高、工业用地价格低于成本价的局面。这种低价征地、高价出让行为在一定程度上有可能会造成国有土地资产的流失、城市房地产价格的高涨以及居民福利的损失。

三、现行土地出让制度与土地收益分配格局——以江苏省为例

本部分将结合江苏省现行土地征收出让制度中与收益分配格局形成相关的政策组成，并对 9 个样本县（市、区）土地征收出让收益共享内容与结果进行梳理，分析现行土地征收出让模式下的各利益主体收益共享现状。

（一）江苏省土地出让相关制度分析

与收益共享格局直接相关的土地征收出让制度在实际的征地过程中表现为区域的征地补偿政策和税费计提政策。

1. 江苏省征地补偿政策

《中华人民共和国土地管理法》规定，我国目前土地征收补偿主要包括土地补偿费、劳动力安置补偿费和地上附着物及青苗补偿费。根据《江苏省政府关于调整征地补偿标准的通知（2011）》（如表 4-1 所示），我们可以计算出在江苏省土地征收出让过程中，政府征收土地的补偿和安置成本约 3.1 万元/亩～5.2 万元/亩（以每征收 1 亩农地安置 1 个农民为标准估计，由于未利用地和建设用地不安置劳动力，所以实际中补偿和安置成本要略少于此），其中土地补偿费的 30% 由村集体获取，所以，最终一个农户家庭获得的补偿收益在 2.62 万元/亩～4.14 万元/亩。

表 4-1　江苏省现行土地征收过程中的安置补偿标准

类别	标准				
土地补偿费	地区	一类	二类	三类	四类
	补偿标准（元/亩）	24 000	21 000	18 000	16 000
	农用地、建设用地（未利用地按对应的 0.5 倍计算）				

续表

类别	标准				
安置补助费	地区	一类	二类	三类	四类
	补偿标准（元/人）	26 000	23 000	17 000	14 000
青苗补偿费	1 000～2 000 元/亩				

2. 江苏省征地出让税费计提政策

按照江苏省现行政策，土地征收过程中各类税费和计提的收取标准分别如表4－2、表4－3、表4－4所示。由表4－2计算可知，政府征地时每亩收取的各类税费在7.64万～12.94万元（计算契税时土地出让总成交价款按表4－5中75.95万元/亩的平均土地出让收入计算），相对于表4－1中计算的农民拿到的土地补偿（2.62万元/亩～4.14万元/亩）来说，政府税费收益约是农民收益的3倍左右。

表4－2　　　　土地征收过程中政府税费

<table>
<tr><th>类别</th><th colspan="6">标准</th></tr>
<tr><td rowspan="4">耕地占用税（元/亩）</td><td colspan="3">地区</td><td>区</td><td>县级市</td><td>县</td></tr>
<tr><td colspan="3">南京市、苏州市、无锡市、常州市、镇江市</td><td>30 000</td><td>26 667</td><td>20 000</td></tr>
<tr><td colspan="3">扬州市、南通市、泰州市</td><td>26 667</td><td>20 000</td><td>16 667</td></tr>
<tr><td colspan="3">徐州市、盐城市、连云港市、淮安市、宿迁市</td><td>20 000</td><td>16 667</td><td>13 333</td></tr>
<tr><td rowspan="3">耕地开垦费（元/亩）</td><td colspan="3">地区</td><td>苏北</td><td>苏中</td><td>苏南</td></tr>
<tr><td colspan="3">标准</td><td>8 667</td><td>11 333</td><td>13 333</td></tr>
<tr><td colspan="6">占用基本农田的另加收40%</td></tr>
<tr><td rowspan="3">农业重点开发建设资金（元/亩）</td><td colspan="4">苏州市、无锡市、常州市</td><td colspan="2">2 400</td></tr>
<tr><td colspan="4">南京市、镇江市、扬州市、南通市、泰州市</td><td colspan="2">2 000</td></tr>
<tr><td colspan="4">徐州市、淮安市、盐城市、连云港市、宿迁市</td><td colspan="2">1 600</td></tr>
<tr><td rowspan="2">新增建设用地有偿使用费（元/亩）</td><td>等别</td><td>四</td><td>五</td><td>六</td><td>七</td><td>八</td></tr>
<tr><td>标准</td><td>53 333</td><td>42 667</td><td>37 333</td><td>32 000</td><td>28 000</td></tr>
<tr><td>契税</td><td colspan="6">土地总成交价款的4%收取</td></tr>
</table>

由表4－3大约可以计算出各类计提项目合计为5.07万元/亩（土地出让总成交价款按表4－5中的平均土地出让收入75.95万元/亩计算，土地出让纯收益根据江苏省土地征收等别和征收标准，如表4－4所示的中位数53元/平方米计算），已经超过了农民依据征地补偿政策获得的补偿。

表4－3　　土地出让收益政府部门计提

类别	计提口径与方式	计提数额（万元/亩）	占土地出让收入比例（%）
国有土地收益基金	按土地使用权出让总成交价款5%计提	3.79	5
农业土地开发资金	按土地出让平均纯收益15%计提	0.53	0.7
农田水利建设资金	土地出让纯收益计提农业土地开发资金后按10%计提	0.3	0.4
教育资金	土地出让纯收益计提农业土地开发资金后按10%计提	0.3	0.4
城镇廉租住房保障支出	土地出让纯收益计提农业土地开发资金后按5%计提	0.15	0.2

表4－4　　江苏省土地出让平均纯收益征收等别和征收标准

单位：元/平方米

等别	四	五	六	七	八	九	十	十一	十二	十三
标准	90	75	65	59	53	47	41	35	30	25

（二）样本县市土地征收收益分配现状分析

本部分先对江苏省9个样本县（市、区）（苏北：东海县、盐都区、东台市；苏中：海门市、六合区、如皋市；苏南：昆山市、宜兴市、张家港市）2011～2013年的土地征收出让情况进行了统计分析，并在这9个样本县市区分不同用地类型和不同年份共计选取了近200宗宗地，对宗地收益分配情况进行了分析，得出如下结论。

1. 征地成本低，政府收益巨大

从样本县市土地征收出让的年度数据（如表4－5所示）来看，政府亩均供地收入在63万元以上，而亩均征收成本（这里的成本仅包含征地补偿费：

土地补偿费、劳动力安置费、地上附着物和青苗补助费，拆迁房屋时的拆迁安置费不在此统计之内）仅在3万元左右，政府供应土地净收益（含税费、计提和开发成本）亩均在60万元以上。样本县（市、区）近3年平均每亩土地出让的净收入（未扣除土地开发成本、税费等）为73.50万元，平均每亩征地成本为2.80万元，前者约是后者的26倍，即便按表4－6中的平均值19.44%扣除土地开发成本，每亩土地的出让净收益仍然有59万元，仍然是征地成本的21倍。征地的低成本、高收益刺激了政府大规模征地的热情，加剧了土地非农化的进程，威胁粮食安全、生态安全，也造成了土地资源的浪费，不利于土地的节约集约利用。

表4－5　样本县（市、区）不同年度土地征收、供应和收益

年份	征收面积（亩）	征收成本（万元）	供应面积（亩）	供应收入（万元）	净收益（万元）	亩均征收成本（万元）	亩均供应收入（万元）	亩均净收入（万元）
2011	57 204.25	173 543.1	83 240.9	5 496 713.5	5 323 170.4	2.08	66.03	63.95
2012	62 681.14	213 127.6	80 291.1	5 128 293.3	4 915 165.8	3.40	63.87	61.22
2013	59 922.8	175 363.5	66 991.3	6 562 250.3	6 386 886.7	2.93	97.96	95.34
平均	59 936.06	187 344.73	76 841.10	5 729 085.70	5 541 740.97	2.80	75.95	73.50

2. 农民所得比例低，土地出让收入一半为政府收益

对9个样本县（市、区）2013年近200宗宗地的成本收益情况进行分析，发现土地出让收入分配中（如表4－6所示），农民所得（包括拆迁农民房屋时的征地补偿费和拆迁安置费，表4－6中即征地补偿占比＋拆迁安置占比）占土地出让收入的29.77%，政府承担的土地开发成本占出让收入的19.44%，其余50.78%为政府所得。其中，11.48%是政府税费，10.21%是政府各部门计提收益，29.09%是政府土地供应的纯收益，根据表4－5中75.95万元的亩均供应收入计算，政府供应土地的纯收益约为每亩22万元。如果不考虑拆迁农民房屋时的补偿，征地补偿占比仅为政府税费和政府计提的一半，土地征收出让过程中农民获得补偿低，政府收益高。

表4-6　　样本宗地征收、供应收益分配关系（分区域）　　单位：%

地区	征地补偿占比	拆迁安置占比	土地开发成本占比	税费占比	计提占比	纯收益占比
东海县	7.09	0.00	0.00	19.00	33.54	40.37
盐都区	6.54	42.75	5.45	7.45	7.38	30.44
东台市	12.51	7.44	4.50	17.61	20.99	36.94
苏北小计	9.09	10.85	2.76	16.31	23.80	37.19
海门市	7.05	0.00	12.54	14.62	12.20	53.59
六合区	8.85	61.26	0.00	13.24	9.42	7.23
如皋市	2.81	0.00	41.58	5.12	9.48	41.01
苏中小计	5.66	25.88	21.95	9.22	9.65	27.64
昆山市	4.45	19.04	25.03	11.76	4.96	34.76
张家港市	5.21	43.64	27.07	11.96	8.94	3.18
宜兴市	7.06	0.00	0.00	8.40	4.66	79.88
苏南小计	5.06	26.55	22.86	11.44	6.51	27.58
平均值	5.88	23.89	19.44	11.48	10.21	29.09

注：六合区、张家港市纯收益比例较低，主要是因为这两个地区所选宗地大多是用于道路等公共用地。

3. 苏北、苏中、苏南征地补偿差别不显著，房屋拆迁补偿有差异

虽然从平均值来看（表4-6），苏北农民所得占比偏低、政府纯收益偏高，苏中、苏南农民所占比较高、政府纯收益低。但从各地数据可以看出，苏南地区政府纯收益占比低主要是被张家港地区拉低了平均值，而张家港地区政府纯收益比例异常低的原因是所选取的宗地样本多是道路等公共用地，土地出让收入低，政府纯收益低。与张家港市宗地选取的宗地样本情况类似的还有盐都区和六合区，剔除三地数据之后（如表4-7所示），可以看出，土地征收出让过程中，政府纯收益苏北、苏中、苏南地区无显著差异，苏北地区略低，为38.74%，苏中、苏南地区在43%左右，但是苏北税费和计提比例远高于苏中、苏南地区。征地补偿费占比苏北地区最高，苏中地区最低，拆迁安置费用占比苏北地区远低于苏南地区（苏中地区缺少拆迁安置费用数据），原因在于，苏南地区土地出让收入高于苏北地区，但征地补偿费基本是按照征地补偿政策执行，尽管苏南地区略高于苏中地区（土地等级高），但差别并不明显，而在拆迁农民房屋补偿方面苏南地区补偿比苏北地区高。

表4-7　　样本宗地征收、供应收益分配关系（分区域）　　单位：%

地区	征地补偿占比	拆迁安置占比	土地开发成本占比	税费占比	计提占比	纯收益占比
苏北	9.67	3.54	2.14	18.34	27.56	38.74
苏中	3.33	0.00	38.00	6.29	9.82	42.56
苏南	4.97	15.28	20.08	11.09	4.90	43.68
平均值	5.43	8.38	21.79	11.13	10.93	42.35

4. 不同用途征地农民获得补偿绝对值无差异，政府收益差别大

从不同用地类型来看（如表4-8所示），公共用地、工矿仓储用地政府征收出让土地的纯收益为负、道路用地政府成本收益基本持平、商服用地和房地产用地政府纯收益占比高达45%左右。从公共用地到房地产用地，政府纯收益占比从公共用地的-43.08%增加至房地产用地的45.11%，与之相对地，农民所得占比（包括征地补偿费和拆迁安置费）从61.64%减少至10.28%。这其中主要原因是，农民所得是相对固定的征地补偿费、安置补助费、青苗及地上附着物补偿费、房屋拆迁安置费等，其所得大小是依据征地补偿政策的规定，与土地供应的市场价格无关，而政府纯收益随着土地市场价格提高而增加。这也反映了土地通过市场交易形成的增值收益主要被政府获得，农民无缘分享。

表4-8　　样本宗地征收、供应收益分配关系（分用地类型）　　单位：%

用地类型	农民所得占比	土地开发成本占比	税费占比	计提占比	纯收益占比
公共	61.64	52.15	23.61	5.67	-43.08
工矿仓储	37.65	38.05	32.06	13.24	-21.01
道路	43.28	45.01	10.62	1.09	0.00
商服用地	32.32	4.39	9.74	9.38	44.18
房地产	10.28	23.26	8.01	13.33	45.11
平均值	29.78	19.44	11.48	10.21	29.09

（三）江苏省土地征收出让收益分配格局中存在的问题分析

根据对当前江苏省征地补偿政策进行梳理以及多次实地调查后发现，当前江苏省土地征收增值收益的分配存在诸多问题：农民获得的补偿“不低”，但仍没有分享到土地增值收益，难以做到“短期生活水平不下降，长期生活有保障”；

“土地换社保”收益仍然不高，而且收益期滞后；税费、计提比重大，而且失地农民无缘分享，加剧了征地矛盾。

1. 征地补偿费用“不低”，失地农民生活仍无保障

从征地补偿政策上看，一个农户家庭获得的征地补偿在2.62万元/亩~4.14万元/亩，从宗地数据分析上看征地补偿占比为5.88%，按75.95万元的亩均土地供应收入计算，征地补偿为4.5万元/亩。取两者平均值4万元/亩，按当前较高的农地流转市场租金1 000元/亩/年计算，征地补偿费相当于支付了40年的租金，如果将征地补偿费存入银行，每年只提取利息，按银行最高存款利息5%计算，每亩地每年可获得的利息为2 000元，已经远远高于当前农地流转的市场租金（一般在400元/亩~1 200元/亩）。那么为什么不论是失地农民还是学者们都认为这个补偿标准过低？站在失地农民的角度，人均1亩的薄田，虽然不能让他们发家致富，却至少可以让他们衣食无忧，而被征地之后，水电气暖、交通等生活成本大大增加，生活来源减少，在没有工作与其他收入来源的情况下，失地农民生活难以为继。而学者们认为农民获得补偿偏低，一方面是与政府和开发商获得的巨额收益对比的；另一方面考虑到了耕地所承担的社会保障、就业等职能。

2. “土地换社保”收益仍然不高而且收益期滞后

通过对多个村镇征地补偿情况进行调查访谈发现，江苏省大部分地区采取的是部分征地补偿费用进入社会保障专项账户，失地农民到退休年龄之后领取养老金，具体政策不同地区之间略有差异。张家港市大新镇另外将土地补偿费的50%即1.2万元和安置补助费2.6万元一起打入个人账户，用于被征地农民社会保障基金，失地农民达到退休年龄后可领取390元/月的社保金。昆山市千灯镇仅将安置补助费2.6万元打入个人账户，这笔钱按941元/月的缴费基数折算成相应的缴费年限，一般全部失地农民可以折算到11年，失地农民达到退休年龄之后可以拿到约600元/月，每年以10%的比例上涨。从各地的政策、做法可以看出，采取“土地换社保”方式，农民最终得到的征地补偿费要略高于传统征地补偿方式（按400元/月，享受养老金10年计算，失地农民拿到的社保金为4.8万元，仅社保金就高于目前征地补偿政策中的每亩3万~4万元，同时农民能直接拿到部分征地补偿费）。但是将农民本可以直接获得的征地补偿费用于缴纳保险，仍然存在问题：即使到退休年龄后农民获得的收益仍然不高，400~600元/月难以维持基本生活，而且收益期滞后，失地农民在领取社保金之前的生活也难以保障，失地农民仍然没有分享到土地征收增值收益。

3. 税费、计提收益等比重较高，失地农民无缘分享

土地征收中政府享受的税费、计提收益比重相对较高，从政策梳理上来看，政府税费大约是农民获得的补偿费的3倍，从样本县（市、区）宗地数据上来看，政府税费占比也接近征地补偿占比的两倍（由于拆迁安置是以拆除农民房屋为代价的，是对其房屋的补偿，在此不考虑）。从政策梳理结合宗地数据计算得到计提费用合计约为5万元/亩，接近农民获得补偿的两倍。两者加起来为农民获得补偿的5倍左右。从土地税费和计提费用的使用规定上来看，政府这部分收益主要用于城市建设、土地储备等，失地农民无法从中受益；另外，农业土地开发资金和农田水利建设资金，合计不到1万元/亩，用于农村土地复垦、整治等增加农地数量和质量的土地整理活动中，但是失地农民已经完全失去土地，不再从事农业生产，税费等用于农地整理带来的效益基本与他们无关。

我国土地征收出让制度特征决定了土地增值收益共享的局面。从上文对江苏省土地征收出让增值收益分配的数据分析中，我们得知农民能够获得的利益相对较少。但是对这种土地征收出让收益分配格局的合理性评判以及该种格局形成的原因还有待进行深入的理论分析。因此下文将重点分析土地增值收益形成机理及影响因素。同时还将借鉴已有学者的思想，特别是不同学者针对土地收益分配所发出的不同声音进行梳理和对比，这利于本书对土地出让收益共享的价值判断与基本观点的正确形成。所以接下来第二节内容即为土地增值收益形成机理及影响因素的理论分析；第三节内容讲述土地增值收益共享的主要理论与观点；在此基础上，第四节将提出土地出让增值收益共享原则、依据、共享主体与共享路径，届时才能对传统征地出让模式下土地收益共享格局的合理性进行评判。

第二节　土地增值收益的形成机理及影响因素分析

一、土地增值收益的内涵与实质

土地增值可定义为土地价值（包括土地资源价值与土地资本价值）的增加，其表现形式为土地价格的上涨，体现为土地利用、开发和管理过程中的剩余价值的增加。

早期的国内研究中，讨论的是广义的土地增值，从价值和价格两个角度考虑。从价格角度考虑，认为土地增值是价格的上涨。土地价格的形成是劳动的结果，因而它以劳动价值量为基础，且与其他商品一样，价格高低随供求关系变动。有学者就将土地增值界定为现实经济生活中土地价格的增加，非土地上的劳动价值的增值（朱一中等，2014）。土地增值反映的是地租值的变化，是对土地未来使用价值与效益的一种预期。陈顺清（1999）把土地价值划分为社会使用价值、市场价值和生态价值，他不认为土地增值一定是土地价值的增长，增值也有可能为负，其可分为投入增值与公共增值，其中公共增值特别是土地利用外部效果导致的土地增值是分析的瓶颈。

历史上，马克思对价格曾进行了较系统的阐述，他认为价格是价值的货币表现。马克思对土地价格的考察是以他的土地价值理论为基础，并结合他的地租原理展开，以价格或价值的角度去定义土地增值并无本质区别。而在国外研究中，部分学者们对土地增值的理解是一种狭义的土地增值。如帕尔格雷夫政治经济学辞典（Palgrave's Dictionary of Political Economy）对土地增值定义为："那些由于公共投资引起的土地价值的增加。"黑格曼（Hagman，1995）将土地增值的成因归结为政府的行为所引致的土地价值的提高，土地所有者个人的行为导致的地价变化不在土地增值的范畴内。这些对土地增值的定义中都排除了个人的因素贡献。

在后期的国内研究中，基于土地增值的进一步分析研究，特别是基于土地增值收益的分配和测算，国内部分学者对土地增值的界定也是一种狭义的定义。田莉（2008）在研究土地增值与城市发展时，把土地增值界定为"由于地方政府，如公共设施投资或土地使用条件变化等引起的土地价值的增加"，其他诸如城市扩张、人口增加、所有者投资或物价上涨所造成的土地价值变化不属于土地增值。但更多的学者对土地增值的定义是基于一个广义的认识，如殷琳（2003）将土地增值的类型划分为自然增值与人工增值；乔志敏（1994）认为土地增值不仅包括非使用者引起的增值，还包括土地使用者引起的增值，这些对土地增值来源的分析并未局限于政府或公共行为。在土地增值收益的测算中，多是研究征地过程中农地转为建设用地所发生的土地增值，从量化角度把土地增值界定为征收后建设用地价格（土地出让价格或者土地收益资本化价格）与征收前农地价格之差，而因为研究角度和测算方法的不同，征收前后的土地价格存在内涵外延上的区别。此外，国内部分学者从一些新的角度对土地增值作出更进一步地解释说明，认为土地增值具有超前约定性和预期性。例如，高雅（2010）从要素角度分析农转非土地增值收益时，就认为土地增值既包括了已实现的增值，也包括未来预期的增值。杜新波等（2003）指出土地价格是一种建立在未来土地收益预期基础上的契约价格，是对土地在未来作为一种生产要素所能够创造的潜力价值的预期评价，因而土地增值可以看成是对土地未来收益的度量。

综上所述，土地增值的内涵与实质可以从以下两个方面加以概括：（1）土地增值包括广义的土地增值和狭义的土地增值，广义的土地增值不仅包括因政府和公共政策而引起的土地增值，还包括因个人行为所引起的土地增值；（2）土地增值既反映已实现的可见增值，也反映了还未实现，但在未来预期可以获得的增值部分。

二、土地增值收益的形成机理

土地增值收益的形成机制，包括造成土地增值收益的原因、土地增值收益的来源与形成等内容。学者们在对土地增值收益形成机制的研究中各有侧重，但概括而言，土地增值收益的形成主要受宏观上的制度、经济、社会发展、市场供需以及微观上的投资、利益主体行为等因素的影响。

土地增值既可能由于土地所有者或使用者对土地的开发、改造从而引起土地价值的增加，即所谓的宗地内由业主投资所引起的投资性增值；也可能是由于土地所处的区域环境，如区片经济发展、周边基础设施提升所引起的土地增值，按周诚（1994）的总结，也叫宗地外投资辐射所引起的外部投资辐射性增值，虽然土地本身的属性未发生变化，但受外部性的影响，土地价值提升了。

另外，从制度角度进行研究，土地增值有时候因为地方政府制定相关政策所引发的某一地区土地价格上升而产生。整体来看，对土地增值收益影响较大的政策包括土地利用规划、行政隶属变更、土地相关制度、地价政策等。对于土地相关制度而言，由土地无偿使用制度到有偿使用制度的转变，促进土地使用权在土地市场中的流转，从而显化了土地增值。此外，如果放开对集体经营性建设用地的流转限制，也会大幅度提高集体经营性建设用地的增值。而且，土地产权制度也会对土地增值产生影响，产权越完整，那么其相应的增值水平也就越高。对于土地利用规划而言，它是我国进行土地用途管制的主要依据，从限制土地用途转变、划定土地利用分区等方面管理土地利用，从而也会影响土地增值收益。例如，地方政府在开展土地利用规划编制工作时，将某一区域划分为重点发展地区，实行一系列的优惠措施，那么必然会引起资源的趋向性流动，从而使得该区域土地需求量不断增加，更进一步引发土地的供不应求，引起土地价格上升，带来土地增值收益。对于行政隶属变更而言，某一城市行政级别上升会引发土地增值，某一城市行政级别降低也会带来土地价值下降。对于地价政策而言，地方政府放开对地价的管制或者加强对地价的管制，均会影响地价的高低，从而影响土地增值收益。从地租理论来看，政策性增值既可以表现为绝对地租增值，也可以表现为级差地租增值和垄断地租增值。

但不容忽视的是，对于劳动、资本、技术等要素的投入，只有作用在土地这一要素上，才能形成生产力，才能产生因增加其他要素投入带来的增值。对于土地的不同用途，劳动、资本、技术作用于土地上所依托的土地功能是不同的。不管对于何种土地用途，土地的承载功能都是至关重要的，其为人类生产、生活提供最基本的基地和场所。对于农用地而言，必须有一定面积的土地人们才可以进行耕作，并生产出满足人类生存的农产品。特别是在现有技术水平的限制下，土地单位面积的生产率是有限的，不可能无限制提高，因此需要有一定面积的土地满足人类的基本需求。对于建设用地而言，土地被当作基地、场所在发生作用，任何建设都离不开土地，一旦没有土地的承载，其他生产要素的投入都无法产生增值。此外，土地的培育功能对于农业生产也是至关重要的。在进行农业生产时，需要利用土地的自然生产力来生产作物等，此时的土地不仅是劳动对象，而且是重要的劳动资料。如果离开了土地的培育功能，那么农用地就无法耕作，也就没有增加劳动、资本、技术等其他要素投入带来的增值。由此可知，土地要素是增值收益形成的根本，其他要素必须在土地要素的基础上进行作用才能形成由于要素投入带来的增值收益。也就是说，对于农用地而言，基于承载功能和培育功能等作用下的其自身的生产力、肥力等因素是劳动、资本、技术要素等进行作用的根本。对于建设用地而言，基于承载功能等作用下的其自身的承载力等因素是劳动、资本、技术等要素进行作用的根本。即表明土地要素是增值的根本，土地本身的价值是增值的基础，在土地上投入劳动、资本、技术等要素才能带来增值。

三、土地增值收益的影响因素

对于土地增值收益分配相关问题的研究，首先聚焦于增值额的来源分析。目前学者们普遍认同的观点是，土地增值主要来自：(1) 投资性增值，包括宗地直接投资性增值和外部投资辐射性增值。(2) 供求性增值。(3) 用途性增值。根据土地增值的来源，进一步我们将土地收益影响因素概括为：区位条件、建设用地稀缺性、土地用途管制与耕地保护（用途转变）、土地出让方式、城乡土地产权性质差异。

（一）土地增值收益影响因素理论分析

1. 区位条件

土地区位是自然要素区位、经济区位和交通区位在空间地域上有机组合的具体表现。影响非农土地收益的区位条件主要是土地经济区位和交通区位。经济区位指的是区域经济发展形势，当区域经济繁荣，产业发展态势良好，生产和投资活动活跃，对住宅、厂房、商业服务和文化娱乐设施需求旺盛，从而增加了人们对土地的需求，引起土地价格上涨。经济运行离不开交通运输，交通区位优劣影响人们生产生活的运输成本与时间成本。一般地，交通区位越好，土地在交易时的收益越高。影响土地收益的交通区位条件包括：交通类型、对外联系方式及方便程度、整体性交通结构、道路状况及等级、公共交通状况及道路网密度。

2. 建设用地稀缺性

供需影响商品价格，商品越稀缺，价格越高。与一般商品的价格决定一样，土地价格也由土地市场的供给与需求共同决定。对某一种特定用途土地而言，当土地供给大于需求，那么土地价格下降，土地收益随之下降，反之上升。

3. 土地用途管制与耕地保护

一般来说，公益性用地收益 < 农业用地收益 < 建设用地收益，这是由土地上实物形态的预期收益与价值决定的。我国实行耕地保护的基本国策，并坚持土地用途管制制度。建设红线以外的土地必须保持农用性质，产业性质决定了农用地的土地收益低于建设用地土地收益。于是带来了承担耕地保护和粮食安全任务的地区与位于红线内而拥有建设发展机会的地区之间的不公平现象，这也是土地收益应有效实行二次分配、增强代内公平分配的重要原因。

4. 土地出让方式

国有土地出让方式包括协议、招标、拍卖、挂牌。2003 年以前我国国有土地多以协议方式出让给使用者。由于缺乏竞争机制，协议出让土地成交价格很低，也导致土地资源配置效率低下、土地资产流失严重。而土地招拍挂出让方式促使多个土地使用者根据土地预期收益来竞价，因为更能反映土地市场价值，相对协议出让，招拍挂方式可以显著增加土地收益，显化土地价值。

5. 城乡土地产权差异

我国城市国有和农村集体建设用地的产权不平等，城市土地拥有完整的占有使用收益和处分权。与国有土地相比，国家对集体建设用地流转的范围、对象、区域等做了严格的限定，仅允许符合土地利用规划并依法取得集体建设用地的企业在破产、兼并等情形下，其建设用地使用权可以流转及以乡（镇）村企业的厂房等建筑物抵押。这样，我国中央立法层面只对集体土地以联营、入股形式发生流转作出了原则性的肯定规定，而对出让、转让和出租等形式发生流转则是禁止的。同时企业不能将集体建设用地使用权单独向银行抵押融资，因为集体建设用地不能像国有建设用地一样可以顺畅地流转交易，银行也不愿意接受集体建设用地作为融资抵押品，即使勉强接受集体建设用地作为融资抵押品，抵押的价值也很低。城乡土地产权不平等使农村土地价值远远低于城市土地。

（二）土地收益形成的影响因素案例研究

本部分以江苏省宜兴市土地流转价格为分析对象来探求土地收益影响因素，

选取在区域经济发展水平及土地区位、产权等方面呈现较大变化特征的南漕村、万石镇工业园区的工业土地为研究案例，研究在上述影响因素下的土地收益变动特征。其中在南漕村，企业通过租赁形式获得集体土地租赁使用权，万石镇工业园区内既含有集体土地，又有部分国有性质土地。年租制是宜兴市集体建设用地流转与使用的最重要形式。

1. 宜兴市集体土地年租制发展历程与流转现状

宜兴市是苏南地区乡镇企业发展起步较早的地区，20 世纪八九十年代，乡镇企业在发展过程中大量使用集体建设用地，但管理散乱，依法规范和节约用地意识不强，存在乱占滥用土地的现象，土地利用效率低下。《中华人民共和国土地管理法》颁布实施后，宜兴市委、市政府逐步重视土地管理问题，尝试推行土地有偿使用，试点以土地年租金替代企业经营上缴款的管理模式。1999 年，宜兴市委市政府以新《中华人民共和国土地管理法》实施为契机，结合企业改制情况全面推行土地年租制。集体经济组织将除宅基地、公益性用地以外的建设用地租赁给企业并由企业支付一定的租金，并明确国有土地由国土局与土地使用权人签订租赁合同，集体土地由镇（村）与土地使用权人签订租赁合同。宜兴市成为江苏省乃至全国最早推行土地年租制、促进集体经营性建设用地流转的县市之一。《关于实施对租赁供地收取租金工作的补充意见》明确土地年租金收取标准执行低标准起步、定期调整的原则，根据不同用途、不同等级的土地按区域推算确定。并明确土地年租金由市国土管理部门及其派出机构按年收取，并按规定办理土地使用证年检手续。2002 年，随着宜兴市土地管理秩序的进一步完善，市政府对土地租赁工作更加重视，出台了《宜兴市政府关于加强租赁供地收取土地年租金工作的意见》，详细规定了租赁用地的适用范围、租赁年限、收缴标准、办理程序等一系列要素，并按用途及土地等级确定了年租金指导价标准（4 ~ 19 元/平方米），集体土地参照国有土地租赁方式执行，该文件具备很强的可操作性，为各乡镇的执行落实提供了明确的依据。2005 年，《宜兴市土地租赁暂行办法》出台，随着集体建设用地土地年租制的全面推行，取得了显著的成效。根据宜兴市在全国第二次土地调查中的成果显示，宜兴市建设用地总量为 32 628 公顷，集体建设用地 18 893 公顷，其中工矿用地 6 423 公顷。2014 年新增集体经营性用地 56 宗，租赁面积为 296.79 亩，土地租金 6 元/平方米/年，折合 4 000 元/亩/年。

2. 土地收益变动影响因素分析

（1）万石镇南漕村与万石镇工业园企业与建设用地使用概况。南漕村位于万石镇北部偏东，距离宜兴市区约 25 千米。20 世纪 80 年代末至 90 年代初，村级工业基础基本奠定。如今，村级工业门类包括制冷设备、机械制造、制桶、轻纺、电子、洁具、化工、汽车零部件制造等。有无锡市级名牌产品 4 只，江苏省优质产品 2 只，国家高新技术产品 1 只。现村内企业 187 家，其中应税销售 1 000 万元的 15 家，5 000 万元以上的 3 家，全年应税销售 8.8 亿。企业用地面积 1 125 亩，企业平均占地规模为 6 亩。

万石镇工业园区管理委员会成立于 1996 年，2012 年底，万石工业园区规划面积 1 650 亩，建成区面积 900 亩，集聚企业 380 个，产品涉及封头、塔尖、环保、电器及农业机械等行业。园区工业产值占全镇工业总产值的 90%。2012 年，园区开工项目 35 个，其中 29 个为机电项目，占总数的 82.8%。其中超亿元项目 8 个，超 5 000 万元的项目 12 个，外资项目 3 个。园区中集体土地与国有土地并存，94 家企业用地性质属于集体所有，占地共 594.37 亩，企业平均土地规模 6.32 亩；另外 186 家企业以 30 万元/亩的价格通过一次性国有出让获得 50 年土地使用权。

（2）南漕村与万石镇土地收益成因对比分析。这里虽然只涉及镇村两级土地利用与收益情况，但其实涵盖了两个层面的比较：一是南漕村集体建设用地与万石镇工业园区内的建设用地流转价格的比较，二是万石镇工业园区内的集体建设用地与工业园区内的国有建设用地流转价格比较。土地都属于工业用途性质，产业类型均以机电为主，不存在明显差异。因此本部分将从主要的差异因素着手，比较土地区位、建设用地稀缺性、土地产权、土地规模与产业集聚对土地收益的影响。

①土地区位。当土地用于非农用途时，影响土地收益大小的区位因素主要指的是土地的经济区位与交通区位。南漕村距离万石镇约 7 千米，经济繁荣程度、基础配套及交通便利性稍逊于后者。

②建设用地稀缺性。在南漕村，土地以年租形式转让给用地企业，企业如果在租赁期内需要转让土地，可自行与下一个土地使用者洽谈，村集体不介入。近 10 年来村内集体建设用地无闲置现象发生；2014 年万石镇工业园区内新入驻使用集体土地的企业 6 家，但有意向前来协商拿地的超过 10 家；同年工业园区内新出让国有土地 3 块，而土地需求者同样超过 10 位。不难发现，南漕村及工业园区内土地都处于供小于求的状态，集体或国有建设用地均存在稀缺性。

③土地产权。南漕村内土地属于集体租赁性质，企业对租赁集体经营性建设用地产权缺乏安全感，特别是集体土地的抵押权。目前国家在集体经营性建设用地融资方面没有出台相应的许可政策，很多银行不接受集体经营性土地作为抵押物。在宜兴市这一现象有所改善，各大银行都接受集体建设用地作为抵押物融资贷款，但最多也只能贷到 1 万元/亩，并且土地必须与地上建筑物一并抵押。万石镇工业园区内集体土地权能面临同样的制约。而工业园区内国有土地由于具有

完整的产权，土地可单独抵押，抵押额度为土地估算价值的70%，即1亩国有建设用地可贷款20多万元。

④土地规模与产业集聚。南漕村由于工业发展较早，早期形成的集体建设用地规模居于宜兴市各村前列，村庄内集聚187家企业，占地面积共1 125亩，但与万石工业园区规模相比仍有一定差距。万石工业园区规划面积1 650亩，是南漕村的约1.5倍；已投资建设企业380个，是南漕村的两倍多。万石工业园区土地虽然有集体及国有之分，但不同类型土地连片坐落于园区内，共同作用带来园区土地规模效应与产业集聚效应。

南漕村土地性质相同、土地用途与万石工业园区集体建设用地部分相同，在区位、土地规模与产业集聚程度上不及后者，但土地租赁价格没有任何差别，均是6元/平方米/年。虽然客观来看，万石工业园内土地周边交通更发达、产业集聚更明显，但不足以支持工业园区内集体土地价格增长，而产权对工业用地价格影响程度更深。受限于集体产权权能，集体土地流转价格很难得到大幅度提升。再对比万石工业园区内的集体土地与国有土地，将可以更加直接看出产权对于土地增值的重要作用。虽然土地性质不同，但同处于工业园区内，土地区位、土地规模与产区集聚不存在任何差别，并且两种类型土地同样存在稀缺，而集体土地租赁价格4 000元/亩，国有土地一次性出让50年的出让价格为30万元/亩，按年计算，即使不考虑未来通胀率，国有土地年租金也高于集体土地年租金。

（3）农村集体土地产权属性与农民集体土地收益。在影响收益形成的各项因素中，农民集体凭借土地所有权参与收益共享。但不平等的城乡土地产权及割裂的城乡土地二元市场下，农民土地所有权权利薄弱，权利束中没有发展权或抵押权，从而导致农民分享土地收益的“筹码”微弱。在对宜兴市集体建设用地收益变动影响因素分析后我们更加清晰地发现，产权的集体属性对集体土地租金起关键作用。因此，若要提高集体土地收益、增加农民集体土地收益，集体产权构建是重点。

第三节　土地增值收益共享的主要理论与观点

随着我国土地从无偿到有偿使用制度的不断发展，关于土地增值收益分配的讨论更加深入，越来越多的学者、管理人员开始关注土地增值收益分配问题。土地增值收益分配的合理与否切实关系到农民的土地权益、政府的公信力以及社会稳定和政治安定，也影响我国的社会经济可持续发展。国内外学术界针对土地增值原因及其归属问题进行了大量研究，主要观点可以分为三类，“涨价归公论”“涨价归私论”以及“公私共享论”，但到目前为止，“涨价究竟归谁”尚未达成共识。特别是近几年，国内研究土地制度与政策的著名学者如华生、周其仁、程雪阳、贺雪峰等就土地增值如何共享的问题进行了非常激烈的讨论，表达了较为不同甚至针锋相对的观点。

一、土地增值收益分配的经典理论基础

土地价值即为地租的资本化，所以土地增值的分配应以地租理论为依据，古典经济学代表人物斯密，新古典经济学代表人物萨伊、克拉克，以及马克思主义经济学家马克思和恩格斯已经对产权制度与分配关系给出了系统的论述，这也为土地增值收益分配提供了坚实的理论基础。

早在 18 世纪，亚当·斯密在他的《国民财富的性质和原因的研究》中提出了劳动者、资本所有者、土地所有者三个阶级的分配理论，标志着古典政治经济学的诞生。斯密认为，地租是由劳动者创造的，但在土地私有制的基础下会被土地所有者占有，并包含有因土地区位、土地条件不同而地租收益不同的“级差”含义。随后，关于产权制度与分配关系的研究层出不穷，形成了以亚当·斯密、大卫·李嘉图、让·巴蒂斯特·萨伊为代表的古典主义分配理论，以约翰·贝茨·克拉克、阿弗里德·马歇尔、凯恩斯为代表的新古典主义分配理论以及马克思的分配理论。

马克思的收入分配理论倡导实行按劳分配，核心在于揭示了劳动剩余或者说是剩余价值的产生。马克思认为商品经济下生产要素的使用是为了交换而产生的，交换要坚持等价交换，商品交换的基础是劳动价值，作为劳动力商品的交换，则具有特殊性，因为劳动者具有能动性。因此，马克思认为剩余价值是由劳动产生的，但是被资本家无偿占有。剩余价值的发现奠定了劳动价值论下的分配理论的基础，而马克思其他的工资分配理论、利润分配理论和地租分配理论都是以此为基础的。

二、土地增值涨价归属的主要观点

（一）土地增值收益“归公”论

“涨价归公论”即主张将土地自然增值归国家所有，以英国经济学家约翰·

穆勒、美国经济学家亨利·乔治和孙中山先生为主要代表。

历史上最早提出的学者是英国资产阶级经济学家约翰·穆勒。他在1848年出版的《政治经济学原理及其在社会哲学上的若干应用》一书中，对地主阶级不付出劳动却只因拥有土地就可以越来越富的现象予以了强烈抨击（约翰·穆勒，1991）。他主张把全国土地予以估价，土地的现有价值仍归地主所有，但因社会进步而提升的土地价值则应该以赋税的形式上缴国家。19世纪后半期，美国经济学家亨利·乔治继承和发展了约翰·穆勒的土地收益回归国有的思想，被认为是影响西方世界最为广泛的理论，形成了“乔治主义”的土地单一税政策主张并在英国、新西兰等国家得到短暂实行。他在1882年出版的《进步与贫困》一书中指出，土地的价值之所以增加，是由于人口不断增加和聚集而导致的，而人们对土地未来价值的预期越来越有信心，从而更愿意囤积土地在自己手中，如此一来进一步抬升地价，土地垄断者从中积累大量财富，而没有土地的人陷入进一步的贫困。所以土地的增值收益是来源于社会生产的需求，而非某个人的劳动或投资引起的，因此土地增值的收益应归社区所有，通过经济地租的税收支付必需的公共服务，以单一地价税的分配手段，合理分配土地收益维护社会公平。

随后，诺贝尔经济学奖获得者斯蒂格利茨等一批知名经济学家在理论上证明亨利·乔治定理，即在最优规模的城市中，总地租等于公共物品的支出，并且此论点可以在比以前研究更一般的条件下成立。因此，由土地受益人即地主来更多地承担城市公共品投入，而不是从工薪所得和资本收益抽取税收来支付城市公共品开支，就自然更加合理。我国民主革命的先驱者孙中山先生由于受到乔治·亨利学说的影响，在他提出的平均地权思想中，同样主张将土地增值收益收归国有。他认为，“社会之进步发达”是地价增长的原因，而“社会之进步发达”是“众人之劳力致之”，所以土地增值收益应当归国家所有，这也是孙中山平均地权理论的核心。1988年菲谢尔和夏皮罗（Fischel and Shapiro）从经济效率的角度来考虑，通过研究指出政府征用土地的补偿标准如果按照低于社会成本的价格则会降低土地资源利用效率，因此，应按照征用的市场价值确定补偿标准。埃尔马兰（Hermalin，1995）以效率为考量标准进行分析，认为补偿标准不应以失地者所失为依据，而应以社会获利为依据进行补偿。我国台湾经济学家林英彦认为土地价值中包含大量的自然增值成分，此部分增值应由社会全体共享，按市价补偿是将自然增值部分视为个人财产，因而不合理（林英彦，1999）。刘永湘（2004）主张“涨价归公”，同时也提出在对农村土地进行补偿时，应充分解决好失地农民的生产生活问题。

华生的观点比较倾向于土地增值“涨价归公”。他认为，在现代社会中，即便是在土地私有制条件下，土地所有人固然有在原有状况下使用利用土地的充分权利，但却没有改变开发建筑现状去使用土地的权利，土地的开发使用是公权力而不是私权利，这才是发达市场经济国家土地开发权分配和实施的真实情况。现在西方国家土地资源的一级配置，是规划决定，而不是市场决定，我国也不应改变由规划决定土地资源配置的局面（华生，2014）。他由此认为土地发展权在经由国家规划管制后就变成了“国家所有”，然后由国家按照分区规划等规划管制措施再“特许”给公民和其他土地权利人。因此他明确反对城郊农民在自己的土地上城镇化的典型产物——“小产权房”的合法化。因为在他看来，“城郊农民之所以不能拥有自己的土地开发权，就在于这些区域的土地开发权已经不是如一般财产权那样普惠的权利，而是一种由于规划和管制而形成的特权，它是以剥夺和严格限制广大农村地区的土地开发权为基础和前提的，所以它应当属于社会管理而非幸运的少数人所有”（华生，2013）。华生总体上是赞成“政府征地 + 卖地”的制度的，土地增值收益应归国家所有。只不过归公后的土地收益应重点保障占总人口更大比例的进城农民和其他移居者的安居权利（华生，2014）。他提出政府将农地征收为非农建设用地获得增值收益，收益大部分用于城市基础设施建设，这就是让农民工家庭分享到的部分。

贺雪峰也主张“涨价归公”，他认为学术界应该“慎提农民土地财产权”“城郊土地本来就不是农民的”“农民土地发展权的说法有问题”（贺雪峰，2013），他还提出：时下学界、媒体乃至政府决策部门对于征地制度和土地财政模式的批评，特别是对“低价征地，高价卖地”的反思，是不可思议的。他赞同现行的征地制度和土地财政模式，认为这是避免中国因为激进的城市化而落入“中等收入陷阱”的必然选择（贺雪峰，2014）。

（二）土地增值收益“归私”论

“涨价归私论”主张集体所有土地转变为国家所有后产生的土地增值收益归农村集体组织和农民个人所有。

周天勇（2006）认为两种公有、高度集中的土地所有和配置制度，特别是农村土地集体所有权主体的虚置与市场经济的要求形成了尖锐的冲突，并估算了25年的工业化、城市化中，国家和城市工商业从农村集体土地低价格中转移和积累了9万亿元资产。蔡继明（2004）提出对被征地农民进行全额补偿，政府仅收取必要的管理费用，其余的土地增值应全部返还农民，各级政府和开发商不得获取任何利润。凯莉（Kelly，2003）指出在农地产权转变过程中，失去土地的农业劳动者，由于其缺乏工作所需相应的技能，因此无法适应工业化发展的需求，从而使其利益受到最大损害。沙维尔（Shavell，2010）指出在政府为公共目的行使征地权购买土地时，会受到土地所有者的影响，当土地所有者数量越多，政府购买价格被拒绝的可能性越高。理查德和丹尼尔（Richard F. Dye and Daniel P. McMillen，2007）研究了美国芝加哥的房屋拆迁和土地价值问题，认为城市边缘区域的拆迁房屋补偿价格等于它所在的土地的价值，也就是说全部的土地增值都归原土地使用者占有。蒋炳镇（2012）在土地收益产生与归属进行理论分析的基础上，建议按照"涨价归私"和集体所有权理论构建土地收益的外部分配机制。

（三）土地增值收益"公私共享"论

土地增值收益共享论由周诚教授首创，他认为，土地增值分配应优先用于对失地农民的公平合理补偿，扣除补偿后的剩余部分应归中央政府所有，并用于全国农村发展建设支出（周诚，2007）。周诚认为"涨价归公"理论仅仅是肯定了社会拥有农地开发权，忽略了提高农民补偿是失地农民的天然权利，在产权上是不符合逻辑的；而坚持"涨价归私"的学者通常将"失地农民"称为"农民"，农地转非的自然增值完全归农民所有是以局部代替全局，既不利于有较大可能性被征收土地的城郊农民安心务农，也不利于基本农田在耕农民坚守岗位，影响粮食安全。周诚教授提出完善全面开发权观，将整个农地开发权分解为失地农民农地开发权和政府农地开发权，对失地农民、在耕农民和政府三方都应赋予土地开发权，对已开发的农地自然增值部分归公再分配，用于对在耕农民的支持和农业基础设施的建设以及城镇建设。

周其仁的观点偏向于土地增值"公私共享"，在土地所有者与使用者市场交易的基础上形成土地价格，土地增值部分应以市场的方式在土地买卖双方中分配，所有者应该获得土地市场交易形成的土地收益。但政府有为了公共利益征购土地物业的权利，以及适当抽取税收的权利。但无论是征购还是抽税，发挥市场价格机制都应是基础和前提（周其仁，2014）。周其仁（2004）指出"涨价归公"的经济学基础是错误的，他认为目前的不合理之处在于，政府征地补偿根据被征农地原用途即农业用途的收益来确定；但当政府出售土地使用权时，却可以根据市场原则定价，即根据土地未来用途的预期收益，由竞争各方中的出价高者获得使用权。这就是说，现行法律不但承认政府独家垄断征地权，而且保证该项权利可获得最大的法定价值，这就为政府经营土地内置了功率强大的发动机。所以周其仁主张小产权房合法化，赞成农民在自己的土地上进行非农开发并获得土地增值收益，他认为党十八届三中全会的决定既然已经指出"建立城乡统一的建设用地市场。在符合规划和用途管制的前提下，允许农村集体经营性建设用地出让、租赁、入股，实行与国有土地同等入市，同价同权"，小产权合法化是对党十八届三中全会精神的践行（周其仁，2014），在此过程中，政府可以以税收的方式参与土地增值收益分配。

程雪阳也是土地增值收益“公私共享”的拥护者。程雪阳及天则经济研究所其他成员认同建筑不自由，但反对华生将建筑不自由与开发权国有化等同的观点。他在研究土地发展权的知识源流和制度变迁过程之后，得出“土地发展权是土地所有权的组成部分，土地规划管制是作为主权者的国家对土地发展权的干预和限制，而非土地发展权的来源”的结论。他指出，对于任何国家或者民族来说，无论那里的法学理论或法律是否明确承认或者设置了这项权利，也无论那里的法学理论或法律如何称呼这项权利，土地发展权一直是土地所有权的重要组成部分。土地发展权源自土地所有权，对于这种权利来说，只存在是否被限制或者被国有化问题，不存在初始配置的问题。按照一次分配以产权为基础的原则，政府应当尊重和承认土地权利人基于土地所有权而产生的土地发展权，保护公民基于土地所有权和发展权获得相应土地增值的权利（程雪阳，2014）。程雪阳还强调：征收征用权的行使必须克制，即政府必须基于公共利益的需要才可以行使征收征用权（沈开举、程雪阳，2009）。在基于公共利益目的的土地征收出让过程中，应当将“土地发展权国有化 + 国家垄断土地一级市场 + 低征高卖”这种剥夺产权的极端方式转变为“市场价格补偿 + 合理征税”（程雪阳，2014）。这种方式不仅可以促进“土地增值社会返还”这一目标的达成，对公民权利的侵害最小，而且还可以确保部分土地增值社会返还目标与保护公民权利、维护社会稳定等目标之间进行有效的平衡。当土地用途非公益性时，合理的土地增值收益分配机制则应当通过“承认土地发展权 + 规划管制 + 发展权市场化交易”机制来完成（程雪阳，2014）。

（四）三大观点的简要评述——基于社会公平理论的分析

公平正义是社会制度的首要价值。社会科学在分析研究公共政策时必须考虑到社会公平问题。土地涨价归属直接决定社会中不同群体间的利益分配格局，在对土地涨价归属作出判断时必须基于对社会公平的考量。人们对社会公平问题的关注逐渐形成了社会公平理论。

1. 社会公平理论

公平与否是一种价值判断，所以利益分配公平标准是个仁者见仁、智者见智的话题，经济学家常常去社会原则或政治学中寻找灵感，也正源于此，很多情况下分配公平的原则是由社会学家发展起来的，如诺兹克和罗尔斯（尼古拉·阿克塞拉，2001）。公平分配标准往往涵盖在各个学派所建立的社会福利函数中。最重要的、最经常使用的社会福利函数包括：功利主义社会福利函数、贝尔努利 - 纳什（Bernoulli - Nash）社会福利函数、罗尔斯社会福利函数、伯帕森 - 塞缪尔森（Bergson - Samuelson）社会福利函数。但概括来说，社会公平标准可归纳为起点公平、程序公平和结果公平。

首先，宣扬起点公平的最重要人物就是罗尔斯，起点公平的核心在于初始状态平等。罗尔斯评价公平的尺度是个人可获得的“基本”社会物品的数量：权利和自由、机会和权利、收入和财富（Rawls，1971）。它通过建立一个假想的试验，并使试验中的个人发现他们自己处于一种初始状况，即他们作为自由、平等的人决定公平社会的结构或规则，这是公平的前置条件即所谓的起点公平。在此条件下，实验中的社会成员会一致接受以下两条公平原则：（1）在于类似的全体制度自由制度相容的、最为广泛的基本自由平等的总制度中，每个人都要拥有平等的权利；（2）应该对社会和经济不平等作出安排并使它们对最为不利的人产生最大收益；让所有人在机会平等的条件下都有事情可做（Rawls，1971）。通俗地讲，假定有两个人，前者比后者境况好些，只要某种状况或行为能够改善后者的境况，这种状况或行为就被认为是公平的、可取的，而不管它是否会改善前者的境况。也正如有学者评价的，罗尔斯的公平理念致力于使境况最差的人受益、得到的最终结果值更多（Stiglitz，1988），而不管是否会造成群体之间相对不公平的加大。

其次，主张程序公平的主要代表人物是诺齐克（Nozick）。他提出了所谓的应得权利理论，该理论不是从结果的角度（如个人可获得的商品数量或每个人享有的效应），而是从程序上来评价分配公平（程序公平或形式公平）（Nozick，1974）。使用这一方法，只要个人的基本权利得到了尊重，就认为任何分配是公平的。在不考虑个人效应的水平和差异的情况下，这些权利包括生存权、获得个人劳动产品的权利以及自由选择权等。这些权利是不可剥夺的，与社会组织的形式无关；这些权利是绝对的，除了有义务尊重他人的基本权力之外，不受任何约束。因此，衡量公平的指标不是个人效用（即对个人来说某种社会状态的结果），而是权利的行使和对权利的尊重。

最后，结果公平主要指的是人们参与社会活动之后获得的待遇、分配等具有公正性。阿玛蒂亚·森的公平思想渗透了结果公平的理念。他强调人的发展能力，但也强调个体对某些功能的有效实现。他的主要贡献就在于对物质方面和个人取得的结果方面的考察与对权利和自由方面的考察结合在一起（Sen，1980b，1985）。也就是说，他既看重某些功能实现的可能性，即起点公平（例如，即使一个人决定不迁移，但重要的是拥有迁移的权利并且没有法律和物质方面的障碍），也看重个人能力的实现结果，即结果的公平性。就后者而言，他认为营养良好、健康、能够迁移、具有自尊、受人尊重、能够参与社区生活和社区发展等功能的实现，标志着人们享有了利益。

2. 土地出让增值收益共享的内涵与增值收益归属

融合起点公平、程序公平和结果公平的思想，土地出让增值收益共享的内涵应包括以下几点：首先，应尊重农民集体是土地所有权人，农民个体是土地使用权人的事实，保证农民及集体作为产权所有者，与国有土地所有者拥有初始状态的土地产权平等，遵循起点公平的原则。其次，在土地利用、增值产生和利益分割时，应授予并保障农民对整个过程的知情权、参与权和表达异议与申诉的权利，尊重程序公平的原则。最后，政府应该通过提供公共品，通过社会资源的再配置与保障功能的发挥，将土地收益在相关群体间再分配，尊重结果公平的原则。

也正因此，我们认为"涨价归公论"过分夸大了土地增值收益来源于社会经济发展，而忽略了失地农民在土地转变用途中受到的损失，使失地农民补偿标准过低，违背公平原则。"涨价归私论"仅仅保障了部分失地农民的利益，而土地增值收益来源于社会投入的公共产品，由社会独自承担这部分开支，而城郊土地所有人收获收益，也会造成社会不公。"公私共享论"是解决土地增值收益分配的有效路径，更充分地体现了公共资源利用与配置中社会公平的思想。但是如何做到公私共享，不该只停留在一句笼统的口号，而应该拿出行之有效的土地收益共享具体措施。因此第四节将重点阐述本书所主张的土地出让增值收益共享原则、依据、共享主体与共享形式。

第四节　土地出让增值收益共享原则、依据、共享主体与共享路径

本章前述探索了土地出让制度改革与土地增值收益共享的联系，以江苏省为例时，我们发现在传统的征收出让制度下，农民可共享的土地增值收益较低。这一结果具有正当性抑或有失公平？为了作出解答，我们从理论着手，探索土地增值收益的形成机理与影响因素，而后又对土地增值收益共享的主要理论及当前有争议的观点进行了梳理。这些前期工作为本书提出土地出让增值收益共享原则、依据、共享主体及共享形式提供了支撑。

一、土地出让增值收益共享原则

人们通常认为，在市场经济条件下，财富共享原则应包括：资源配置效率

和财富分配公平，土地增值收益共享原则也不例外。同时合理的社会财富分配机制应当包括三个步骤：初次分配以产权为基础，要求以尊重和保护产权为基础，主要通过自由的市场交易完成；第二次分配以公平为基础，主要通过政府征税和提供社会保障等公共服务来完成；第三次分配则以伦理和道德为基础，主要通过公益慈善和社会爱心捐助等方式来完成。第一次分配和第二次分配涉及对产权制度、财税制度等制度安排，第三次分配更多地与社会意识形态相关，故在此仅对前两次分配做讨论。稍微分析便可知，财富分配的原则与基础之间是统一的，实现社会资源配置的高效率以及财富分配公平必定是以尊重和保护产权为基础的。因此，土地出让收益共享的原则应包括资源配置效率和分配公平这两个方面。

（一）资源配置效率原则

由于土地增值收益是在土地资源配置的过程中产生的，土地增值收益分配需以资源配置效率为基础。土地增值收益分配效率的衡量标准在于是否能在农村土地制度改革参与主体及投入不变的情况下，通过改变分配关系、加大市场竞争、减少利益矛盾、提高各方利益主体积极性等来提高收益总量，促进各相关主体利益状况得到改善或得到最大限度的满足。如果某一种土地增值收益分配过程中效率较低，会造成资源利用的不经济，进而不可避免地带来社会财富的不必要损失，无疑将不利社会经济的整体发展。相反，如果实现较高效率的资源配置，会有效推进我国当前土地制度的改革，实现土地资源的优化配置。此时需以尊重和保护产权为前提，进而产生较多的社会财富，各利益主体才能就较多的收益总额进行共享，这也是社会发展与进步、财富不断增长的要求。因此，土地出让增值收益分配过程中，首先要让市场机制发挥决定性作用，坚持要素分配的原则提高资源配置效率，其次政府要发挥其功能，以税收、社会保障、转移支付等手段，维护不同地区不同利益主体的利益。

（二）分配公平原则

除了资源配置效率原则，土地增值收益还要以分配公平为基础，原因在于土地是社会公共资源，公共属性要求土地收益应通过各种方式进行社会共享，绝不仅仅为了政府当期的政绩。土地增值收益分配公平主要体现在代内公平和代际公平两个方面。代内公平要求实现权利公平、规则公平、结果公平。权利公平是要保证农民、政府、村集体等参与主体都有平等的机会和平等的法律地位去参与土地增值收益分配。规则公平要求贯穿土地增值收益分配的规则应当具有正当性，各利益主体的活动和行为都包含在分配规则之中。结果公平是要保证土地增值收益分配结果尽可能符合各利益主体的利益需求。代际公平则更强调当代人和后代人之间的福利和资源分配问题。为了实现可持续性发展，土地资源要在代与代之间进行公平分配与使用，从而避免对后代人利益的损害。总之，土地收益共享方式改革需要考虑各个主体的利益，同时考虑时间和空间因素，兼顾当代人与后代人的利益均衡、不同区域农民的利益均衡，使资源在利用、价值创造过程中惠及需要惠及的各部分群体，促进社会财富分配公平和社会和谐发展。

二、土地出让增值收益共享依据

结合已有研究成果，我们认为土地增值收益的来源主要包括三部分：一是土地自身的优势，如土地肥沃、地理位置优越等；二是对土地的投入，包括劳动力、资本、技术等其他生产要素对土地价值的优化；三是社会因素的影响，包括社会发展战略、政府对土地的规划等。因此，土地出让收益共享依据应包括土地要素产权归属、其他生产要素的归属和政府公共服务等。

（一）土地要素产权归属

土地要素产权归属是基本的土地收益共享依据。产权包括所有权及由所有权所派生出来的各种支配使用权。德姆塞茨强调：产权包括一个人或其他人收益或受损的权利，因此产权是参与收益共享的直接依据。土地产权由多个产权主体共同拥有，而其中每个主体仅拥有有限的土地产权，因此，土地产权主体凭借对土地全部或部分产权可以自然地分享土地所产生的收益。合理的收益分配需要一套完备的制度保障，而其中最重要的是要有完整、明晰的产权制度，产权制度中最重要的是明晰农地的转让权和收益权。

另外，在土地用途管制和规划限制下，有一部分土地被开发用于城市建设，就必然有更多的土地被限制了土地发展权以维持耕地总量平衡。而且，当土地被当代人利用开发，意味着后代人失去了开发这块土地的机会，即这块土地的发展权。对生存权的诉求使得土地收益及土地发展权在代内、代际的合理配置变得十分重要。因此，土地收益共享思路改进过程中，也需要兼顾代际及代内生存与发展权，实现当代人之间的公平和代际的公平。

（二）劳动、资本、技术等其他要素归属

劳动、资本、技术等其他生产要素归属是土地收益共享的另一重要依据。土

地需要与资本、劳动、管理、企业家才能等生产要素结合后才能够产生价值，资本、劳动、技术等会影响土地增值收益数量的大小，影响土地资源的合理优化配置。坚持“谁投入、谁受益”才能最大激发主体改良土地的积极性，同时这也是公平分配精神的要求。例如，农户、企业等土地经营者通过对土地追加劳动、技术、资本等的投入提高土地生产率；政府通过建设城市道路交通、通信、水电等基础设施对土地所在区位条件进行投资与改良；政府对土地储备后所进行的土地整治、初次开发等都是典型的生产要素投入，均在一定程度上提高了土地增值收益。但需要说明的是，政府储备的目的不仅在于通过投入生产要素参与收益共享，更主要的目的是垄断土地经营权。我国当前土地储备政策的功能发生偏差，政府能获得很高的土地收益最主要的依据不是投入了生产要素，而是对土地经营权的垄断。

（三）公共服务

公共服务之所以成为土地出让收益共享的依据之一，就在于土地属于公共资源，表现出一般商品所没有的公共属性。因此土地收益共享不仅需要考虑土地产权归属及生产要素投入贡献，还要考虑公共服务功能。首先，政府作为公共管理者、社会服务提供者对土地收益进行支配、使用本身就使土地收益发挥了公共服务功能，使土地收益共享过程体现了公共服务的理念。其次，政府会对土地功能进行定位，制定土地利用规划，使得土地更好地实现公共服务功能，进而很有可能造成土地增值收益的极大改变。但政府定位发生偏差之后，这种土地收益的公共服务原则随之也被扭曲，而这正是土地收益共享改革的重点之一。

三、土地出让增值收益共享主体

基于土地收益贡献的原则与依据，不难发现确定土地收益共享主体及收益该如何在这些主体之间共享的最关键因素在于产权。因为，首先，产权的一个重要作用就是提高配置效率，它能将生产活动中的外部性内部化。其次，产权也是促进社会财富分配公平的重要手段，因为不同的产权界定实质就是不同的制度安排，土地产权的划分与归属对利益分配格局产生极其重要的影响。由此引出了在土地出让增值收益共享中的一个核心问题就是：农地的发展权应该配置给谁？或者说，应不应该赋予农民自主非农化开发的权利？我们赞同程雪阳关于土地发展权是所有权的一部分，发展权应该天然归属于农民集体的观点。这在巴泽尔、德姆塞茨以及诺斯等一大批致力于产权研究的经济学家们对于产权的定义中同样可以看得出来，例如，巴泽尔认为个人对资产的产权由消费这些资产、从这些资产中取得收入和让渡这些资产的权利或权力构成（巴泽尔，1997）；阿尔钦认为“产权是一个社会所强制实施的选择一种经济品的使用的权利”（阿尔钦，1991）。土地发展权本应属于农民，但只是在各个国家土地利用过程中农民或农民集体的土地发展权受到了不同程度的限制而已，这是消除外部性的需要，但不意味着可以完全剥夺农民集体的土地发展权或不对农民集体的土地发展权进行公平补偿。基于此，本书认为在土地出让过程中应将明确土地发展权并将其归于农民集体，而国家可以利用税收等手段调节土地收益。

土地收益共享以公平为原则，这样在以生产要素、公共服务、代际代内生存与发展权这些为共享依据的前提下，我们认为土地出让收益共享公平的主体包括了农民与政府之间的公平、从事土地非农利用的农民（或村集体）与从事农地农用的农民（或村集体）之间的公平、当代人与后代人之间的公平。

基于此，我们认为土地出让增值收益共享主体应该包括国家（以政府为代表）、村集体、农民、后代人。其中农民不仅包括从事土地非农利用的农民，还包括农地农用的农民。

（一）政府

土地增值不仅在于投资者的资本、劳动等要素的投入，还与周边基础设施供给状况密切相关。政府作为社会管理者，提供公共物品，负责道路、通信等基础设施建设，为土地价值增长提供最基本的资本与管理要素。政府投资基础设施引起土地增值，这部分投资也是全社会进步的表现，是社会繁荣与发展所带来的，因此土地增值必须部分返还社会。返还社会的目标必须由政府担当中间人来完成，因为只有政府才可以较容易地通过税收、财政转移等经济手段实现财富的再分配，因此政府应该参与土地出让收益共享。

但政府共享土地出让收益的目的是为了实现社会财富的恰当转移和分配均衡，而不是意味着政府剥夺农民集体的土地发展权、参与土地买卖、独占土地出让收益。从现代市场经济国家的理论和实践来看，政府不应当成为经济活动中的参与者与谋利者，只应该在市场经济中充当公共物品提供者、市场秩序维护者及社会收益再分配者的角色。在土地征收出让中，政府的职能应当限于保护耕地、保障用地、调控发展和协调利益四个方面，而非顾此失彼，更非直接介入土地利益分配。且在土地增值收益的回收与分配中，政府应该以实现社会福利最大化和经济发展为出发点，引导土地增值收益的合理分配，从而达到各利益主体的利益平衡。

（二）被征地的村集体与农民

村集体与农民是原土地的所有权人和使用权人，土地要素是产生收益的载体，因此村集体与农民作为土地产权主体理应参与收益分配。更重要的是，土地在出让过程中暗含了土地用途的改变、土地利用强度的增强，这些权利都属于土地的发展权。土地发展权属于农民集体，那么就不应该在土地出让收益共享中，只按土地原用途进行补偿，因为按原有用途进行补偿，仅仅是对土地收益权的一种补偿。我国法律及土地利用实际过程中，集体与农民所受到的土地发展权的限制与剥夺应该得到额外的补偿。因此可以在符合规划的前提下赋予农民土地自主开发土地的权利，但是由于土地增值包含了诸多社会因素，因此政府需要征收合适的土地增值税实现收益的合理共享、收益的社会返还。或者在传统的土地征收出让模式中，在对集体与农民进行已有的按土地原用途进行补偿的同时，给予农民一部分比例的土地发展权，使农民既享受到了土地发展权，又能够避免土地非农化收益全部落入集体与农民手中而引发另一种不公平。

（三）农地农用的农民

农地被征收出让过程中，被征地农民与村集体失去了全部的土地所有权，他们理应得到相应的补偿和分享土地出让增值收益。但是在农地资源十分稀缺和耕地总量动态平衡的条件下，土地的非农化是以其他农户土地继续坚持农用为基本前提的，也就是说某一地区的农地非农化是以另一地区农地放弃发展权、继续农用，甚至部分建设用地整理复垦为代价的。如此一来非失地农民因政府规划和土地用途管制的约束而实际贡献了土地发展权，规划和用途管制是对土地发展权的干预，对于这种干预所造成的损害应该给予公平补偿。他们理应成为土地出让收益的共享主体之一，但是由于他们对土地非农化的影响是间接的，无法直接参与土地出让收益的初次分配，需要政府从土地出让收益中拿出一部分，对区域土地不可开发的农民进行生态补偿及生产环境改善。

（四）当代人与后代人

公平正义是社会制度的首要价值，城市土地属于国家所有，其增值收益的分配须考虑到社会公平。从时间维度上看，社会公平不仅包括代内公平，还包括代际公平。今天对土地的开发利用是以损害后代人的开发利用机会为代价的，土地资源不可再生，从资源的可持续利用角度出发，后代人也需要参与到土地收益的合理共享中来，这是土地出让收益共享依据中代际公平的落实，同时这也是提高资源配置效率的要求。因为目前的土地出让金制度，不仅是对未来人土地收益的提前侵占，也容易造成地方政府为迅速获得卖地收入而不注重配置效率的短期行为。因此为了当代人与后代人的土地利益平衡，也为了减少政府对土地出让金的攫取而产生的土地低效率配置，我们今天对土地开发利用时须充分考虑后代人因此受到的影响，并对后代人进行必要的利益补偿，以达到土地资源利用中的代际公平和长远效率。

四、土地出让收益共享路径

根据土地出让增值收益原则、依据和共享主体的分析，土地出让收益共享路径应该包括以下几个方面：一是政府确定土地利用规划和收益分配的基本原则，在此基础上由土地利用的供求双方主体通过市场谈判形成土地收益初次分配的关系；二是由政府以公共物品的提供者、公共利益的代表者以及土地利用管理者的身份对土地的供求双方征收一定的固定收益和相应的税费，形成土地收益二次分配关系，并以此税费收入为主建立土地资源利用的生态补偿基金与代际补偿基金，以保障代内农地农用人的利益、后代人的利益以及政府自身利益。

（一）土地供求双方以市场谈判形成土地收益初次分配格局

由政府制定土地利用规划，来确定土地可开发区域与地块。由于土地使用较强的外部性特征，通过政府科学制定规划并配合管制措施来控制土地利用的负外部性在任何国家都是必要且实际存在的。但是规划不能脱离市场和社会需求的基础作用，必须要反映市场的供求关系和变化。因此政府确定土地利用规划的关键在于规划的公众参与性、科学性。在政府确定土地开发区域和可开发类型之后，遵循“微观放活，宏观调控”的准则，政府作为管理者应退出土地的直接交易市场，鼓励土地所有者与土地需求者通过市场谈判进行资源配置。在此过程中主要是要建立起集体建设用地和国有建设用地“同地、同价、同权”的土地一体化市场，并完善城乡土地登记制度、农村土地金融制度、土地交易平台等，真正实现“两种产权、一个市场”的管理。在严格遵守规划布局的前提下，通过市场的调节作用使土地流向更有价值的用途，提升资源配置的效率以及土地利用的社会总福利水平，更有效保护土地供求双方的权益。在此市场交易过程中，形成土地供求双方认可和接受的土地收益初次分配格局。

（二）政府税费征收形成土地收益二次分配格局

改革现有土地征收和出让过程中的政府税费征收制度和土地出让收益获取方

式。对于现有的国有土地，地方政府可以以土地所有者代表的身份进入土地市场，进行土地市场化供应，并获取相应的土地收益，同时承担起土地利用的生态补偿和代际补偿职责。对于现有的符合土地利用规划的农村存量和增量建设用地配置，地方政府应从直接的市场供应方退出，让农村集体经济组织作为农村建设用地的所有者直接参与市场交易之中。地方政府的职能主要是建立起公平、公开、公正土地市场交易规则，并对市场平稳运行进行监管和维护。同时，地方政府作为土地利用的管理者和公共物品的提供者可以向土地供求双方收取一定的管理费用和土地增值收益，政府作为代际和代内公平保障者可以向土地供应者收取一定的资源占用费、生态补偿费和土地增值税。在此基础上，形成土地收益在地方政府、土地供给者和需求者之间的二次分配格局。

（三）政府建立生态补偿基金、代际补偿基金与土地发展基金实现代际代内共享

政府在取得的国有土地出让直接收益和集体建设用地流转间接税费后，应将这部分收益用于补偿非失地农民。可尝试建立生态补偿基金，基金来源应为国家和地方政府作为公共利益的代表者对农地非农化使用行为征收的生态补偿费、耕地资源占用税等。生态补偿基金实质就是让受益者支付费用，给农地保护者，即继续农地农用的农民进行补贴，以经济补偿的形式转移支付于农地农用者。建立生态补偿基金的好处在于它将农地利用的正外部性内部化，提升快速农地非农化背景下保持农地农用的农民和地方政府进行农地社会生态服务功能保护的积极性，从而为农民进行农地社会、生态服务功能的保护提供良好的激励机制。这样不仅可以更加真实地体现农地资源的价值，加大农地非农化的经济成本，还有利于保护农地农用农民的利益，实现不同类型农民之间的代内公平。生态补偿标准的制定应统筹考虑地区国民生产总值、财政收入、物价指数、农村常住人口数量、农民人均纯收入和生态服务功能等因素，根据农民在耕的农地数量给予补偿，以平衡失地农民和非失地农民的利益。

此外还应建立代际补偿基金以平衡当代人与后代人的土地利益。土地资源是当地人从上一代人手中继承来的稀缺的自然资源，同样也有责任和义务完整地传承给下一代人，以保障下一代人有平等的机会利用土地资源并享受其效应。因此，地方政府应该从征收的土地非农化使用的固定收益、生态补偿费和耕地资源占用税中提取一定比例建立代际补偿基金，依据每个村庄在耕的农用地面积计算出应拨付的生态补偿基金，以财政转移的方式拨给农地农用的村集体，该基金经费专项用于农村土地整理复垦等综合整治活动、农地土壤肥力提升以及农田水利等基础设施建设等支出，以提升农地资源的生态环境质量和粮食生产能力，以保

障后代人平等利用农地资源的机会，使不可再生资源不仅造福于现代人，更要给后代人留有发展空间。同时，地方政府应该建立起土地发展基金为后续政府使用，土地发展基金可从地方政府的国有土地出让与使用收益中提留，并保证基金所有权和处分权的分离，使土地非农化使用收益的利用具有长期性特点，避免地方政府在土地利用上"寅吃卯粮"的现象。最终，通过地方政府的转移支付使土地增值收益在代际和代内的利益主体之间进行公平分享。

第五章

增量建设用地出让制度改革及收益共享研究①

增量建设用地是指原用途为农用地，后转变用途为建设用地的土地，按照产权属性包括国有和集体增量建设用地，其实质是农地非农化。在我国现行土地制度下，增量建设用地形成的途径主要是由国家征用或征收农村集体所有的农用地，再通过划拨或出让的方式将其转变为建设用地。

近年来，土地征收及出让过程中土地增值收益分配问题引发的利益冲突和社会风险日益突出，尽管国家不断地提高农地征收补偿标准，但是在农地征收转用的收益分配格局中，农民的土地收益占土地出让收益比例仍然偏低。如对江苏省苏南、苏中、苏北地区样本县市2006～2011年农地征收与出让中的土地收益分配格局的抽样调查表明，农民的土地收益占土地出让收益比例约在3%～16%，而地方政府的收益份额在75%以上（诸培新、唐鹏，2013）。国家层面在提出“大幅提高农民在集体土地增值收益中的分配比例”之后，于2012年国务院政府工作报告首次提出“建立公共资源出让收益合理共享机制”，2013年，国务院批转了发展改革委、财政部、人力资源社会保障部《关于深化收入分配制度改革的若干意见》（后文称《意见》），《意见》提出，“完善公开公平公正的国有土地、

① 本章主要内容参见课题支撑培养的研究生硕士学位论文《增量建设用地供给模式创新的动力机制研究——基于制度变迁的角度》（张尤明，2016）；《留地安置的土地增值收益共享水平研究——以杭州市三叉社区为例》（张卫卫，2016），以及《基于集体和农户层面的留地安置政策绩效评价研究——以杭州市江干区为例》（刘金莹，2016）。

海域、森林、矿产、水等公共资源出让机制”，“建立健全公共资源出让收益全民共享机制，出让收益主要用于公共服务支出。”党的十八届五中全会提出创新、协调、绿色、开放、共享五大发展理念，首次把共享作为一种发展理念，写进“十三五”规划。由此可见，在中央战略决策层面高度重视广大人民群众的利益，尤其是弱势群体对于土地增值收益的分享。

同时，我国正处于工业化和城市化的快速发展阶段，对土地资源需求不断增大，由于土地资源具有不可再生性和稀缺性，导致供不应求的矛盾日益突出，并由此带来巨大的土地增值收益。随着农村经济形式的发展，农民主动城市化愿望及农村集体经济组织参与对集体产权收益分配渴望不断增强，农村集体经济组织自发地探索产权多样化处置下的农地非农化。如上海高速公路项目建设中集体经济组织以土地使用权参与项目合作，集体经济组织中农民身份不变，由项目公司按一定数额每年支付回报（农地使用权合作使用模式）；北京市昌平区北七家镇郑各庄村在主动城市化过程中实施“村企合一”发展路径，将农民集体土地委托给公司经营，建立了“两确一保”即“确权、确利、保收益”的土地流转机制，实现了村集体和村级经济的共同发展（农用地直接入市模式）；而佛山市南海区等地将土地承包经营权折价折股建立股份合作社，进行非农化生产经营，并按农户持股进行分配（农地股份合作模式）；近几年，杭州、深圳等地将土地征收后获得的留用地进行非农建设开发，发展第二、第三产业（留地安置模式）。这些试点和实践为改革土地征收制度提供了鲜活的案例和丰富的经验，为增量建设用地供给制度改革方向提供了有益的借鉴。

随着党的十八大报告提出“让广大农民平等参与现代化进程、共同分享现代化成果”，如何公平、合理地分配好土地增值收益，成为当前学术界关注的热点问题。根据前文构建的分析框架，本章主要从增量建设用地的角度出发，在相关理论分析的基础上，以上述各地出现的增量建设用地供给的创新模式为研究对象，剖析各种创新模式形成的动因，探究其共同的内在规律；在相关理论指导下，构建增量建设用地土地收益分配与共享的理论分析框架，阐明土地收益共享的内涵和外延；以留地安置模式为例，以留地安置起步较早、留地安置政策比较完善并取得一定绩效的杭州市为例进行实证研究，运用模糊综合评价法基于农户视角对其土地收益共享水平进行评价，找出影响其共享水平的因素，并提出相应的政策建议。

第一节　增量建设用地供给模式创新研究现状

一、增量建设用地供给模式创新及其动因研究

（一）增量建设用地供给模式创新研究

1. 留地安置模式

留地安置模式最早产生于20世纪80年代。深圳市为进行城市开发建设而需要大规模地征地，然而资金不足导致了对被征地农民的货币补偿无法实现，留用地作为一种补偿方式应运而生（辛毅，2010）。虽然留地安置模式发展至今已有二三十个年头，但是何为留地安置，学者们只能从各地的实践中进行归纳总结，彭如霞（2015）认为，留地安置即指政府在征收土地时，将一定比例的土地作为留用地返还给村集体用于非农建设，安置失地农民并发展集体经济。而留地安置作为征地补偿安置的一种重要方式，直到2014年才首次出现在中央的正式文件当中，但仍未有明确的概念界定。

留地安置模式发展至今，已在10多个省份展开了实践探索，但是学界对其仍然存在一定的讨论和争议，主要体现在留地权属性质以及留用地比例的问题。对于留用国有土地还是集体土地，王如渊、孟凌（2005）认为留用集体土地会导致城市土地或非农建设用地“农村集体所有”并引发土地利用与管理矛盾，政府应当将土地转变为国有之后返还给农民集体。而李明月、江华（2007a）则认为留地国有将违背为失地农民提供长远稳定生活保障的初衷，导致国有资产流失，而长远来看，农民集体也无法分享增值收益。而留用地归集体所有可以减轻被征地集体的经济负担，将集体土地保留在集体内部，有助于为失地农民提供继承、直接收益等多重效用。余纪云（2006）从河南省的实际操作来看，留用国有土地可以使土地扩大用途，便于与城市规划相协调，但同时留地项目难以确定，办理手续的成本较高。而留用地归集体，办理程序较为简单，留用地比例较大，集体能够获得更多的土地及土地收益，但是集体所有的土地性质会限制土地的开发方式。对于留用地比例的多少，各地标准并不统一，基本上有按比例留地和按固定数额留地两种。按比例留地的地方，如广东省、浙江省规定按征地总量的10%～15%留用，上海市规定按5%～10%留用（李桂花，2011）。叶俏汝（2012）则

分别基于保障农户长远生计和保护农民财产权益两个方面对杭州市留地安置比例进行测算，计算可得留地比例约为9%，与实际的10%～15%有所偏差。按固定数额留地的地方，即按人口数量进行留地，可按公式：征地的累积数量/某一时间节点后的人均土地面积×留地人均定额计算留地面积，来规定一个失地人口留地的人均定额和时间节点（李明月、江华，2007）。

2. 农用地直接入市模式

农用地直接入市指农用地直接转变为建设用地的流转。与农用地直接入市密切相关的是农村集体土地直接入市，即农地直接入市。相对于农村集体建设用地直接入市，农用地直接入市在学者们看来是“非法”的入市行为，仅在少部分地区有试点开展。

在农地直接入市的概念界定上，周其仁（2005）认为，农地直接入市是农民在工业和城市建设用地市场上直接转让土地。而农村集体建设用地直接入市指的是集体建设用地不经征收已经被转为城镇建设用地的流转。李延荣（2007）认为当前合法的“农村集体建设用地入市”的概念，并不能直接扩充到“农用地直接入市”，这是两个既有联系又有区别的概念。而关于农用地直接入市的具体运作方式并没有相关的研究。

3. 农地使用权合作使用模式

目前为止，学术界对农地使用权合作使用并没有系统深入地研究。由于仅有上海市修建高速公路时采用了农地使用权合作使用这一方法，因而关于此种模式的述评只能从学者们对上海市案例的研究展开。从现有的文献来看，学者们仅对该种方式的具体做法和可能存在的问题进行了研究。有学者从保护农民利益的角度出发，认为此种模式下的土地仍然属于集体所有，当集体内部的其他土地被征收时，失地农民的安置成本将大大增加；土地合作的协议到期后，并没有明确的规定来说明土地使用权的归属问题，因而被征地农民的长远利益也得不到应有的保障（张蕴杰，2002；苏耀强等，2002；张晓玲，2006）。

4. 农地股份合作模式

农地股份合作模式起源于20世纪80年代广东南海[①]等地进行农地股份合作制的改革试验。学者们主要从其具体做法展开讨论。蒋省三、刘守英（2003）在解读南海模式时提到了股份合作制，其模式为集体经济组织在不改变土地所有权性质的前提下，将集体土地进行统一规划，然后统一以土地或厂房出租给企业使用，集体经济组织和农民以土地股份制的方式分享了农地非农化过程中土地的级差收益。

① 不同历史时期南海的行政区划不同，本书统称为“广东南海”。

对于该种模式创新，学界存在着不同的看法。一种认为广东南海的农地股份合作是其他地区农地制度创新的前景（傅晨，1996），其将是农村改革的第二次飞跃（张琼、齐源，2006）。第二种则认为其带来的经济分红实际上微不足道，广东南海的股份合作模式实际上涉及的是集体非农建设用地合法进入土地市场的问题（周其仁，2004）。大卫和罗伊（David and Roy，2000）通过实地调研发现，广东南海实行土地股份制的实质是农地转用而非农地规模经营，其在股权的转让、政策透明性以及农民参与度等方面存在问题。刘愿（2008）在结合前人研究的基础上对广东南海 8 个镇进行了实地调研，认为农地股份合作的本质是土地的再集体化：农民原来所享有的土地承包经营权转化为股权，土地由集体统一经营。以较低的代价实现了农地转用，推动了区域的工业化与城市化的进程，促进了地方经济的发展。

（二）增量建设用地供给模式创新的动因研究

虽然增量建设用地存在多种创新供给模式，但都是从传统的农地征收——出让模式演变而来，其产生的动因存在一致性，但也包含差异性。

朱嘉晔、黄朝明（2014）认为，留地安置模式是在当前征地补偿不合理的现状下形成的，留地安置使得失地农民享有其土地的发展权，使得经济补偿转化为功能性的补偿，保证了农民土地权利的延续性。对于政府来说，留地安置节省了即期成本，包括理想成本、救济成本、冲突成本、维持成本和扶贫成本，同时规避潜在风险，包括失地农民贫困风险以及由此而诱发的社会稳定风险（李明月、江华，2007）。在农地使用权合作使用模式中，苏耀强、戴巍巍（2002）对上海市修建沪青平高速公路进行研究，认为该种模式主要由地方政府引导，其动因主要来自建设前期政府的资金压力，同时该种模式可以降低投资商使用土地成本，同时保障了农民的长远利益。农地股份合作模式是土地股份合作制中的一种模式，后者包含前者，但其动因具有一致性。理论界对农地股份合作的动因进行了较为深入的讨论。冯开文（2003）认为，土地股份合作制作为一种制度创新，具有信息成本较高而摩擦成本相对较小的制度特质。傅晨（2003）认为，地方政府自身拥有较强的组织集体行动的能力，农民集体作为土地的主人与其共同谋求制度变迁中的潜在利润，而当变迁收益大于变迁成本时会采取行动。郭铁民等（2001）研究发现沿海经济发达地区农地股份合作制的发生较多，其主要因为那些地区的非农产业较为发达、劳动力向非农产业的大量转移，同时集体的自治能力较强，农民也具有一定的资金储备。钱忠好（2006）利用科斯的制度分析方法对此进行分析，认为农地股份合作制是一种典型的帕累托制度变迁，外部利润的存在是其产生的经济动因。

二、留地安置政策研究

留地安置作为中国征地补偿安置的一种实践探索，是货币补偿的一种非常重要的补充形式。已经在浙江省、广东省、上海市、河南省、河北省等许多地区进行试点，但实施留地安置的典型地区还是仅集中在经济发达土地资源相对稀缺东南各省，其他经济欠发达地区鲜有典型案例。对此学者们也对留地安置展开了一系列研究，研究焦点主要集中在留地安置政策的产生背景、留用地权属性质、留用地比例、开发经营形式以及留地安置的适用范围等几个方面。

（一）留地安置政策产生背景及留用地权属性质研究

留地安置制度是土地征收制度的延伸，其形成不是一蹴而就的，是一个制度边际调整最终累积的结果。“留地安置”作为一项被中央认可的征地安置补偿措施，最早见于2000年国土资源部发布的《关于报国务院批准的建设用地审查报批工作有关问题的通知》，其附件的征用土地方案，将留用地安置补偿、货币安置补偿、农业安置补偿等七项安置补偿措施列为可选的补偿方式。王如渊（2005）认为，留地安置是深圳市政府为解决财政压力和保障失地农民就业的实践探索。姚如青（2009）通过梳理杭州市留地安置制度的历史演变，得出留地安置是在制度边际调整的外在压力和内在动力之下不断复杂化与体系化的结果。曹正汉（2010）从产权演变的视角讨论弱者产权的形成原因，得出留地安置是被征地农民“安置要求权”向土地开发权演变的结果。

留地安置实施过程中，留用地权属问题的争论焦点主要集中在是应该统一征收为国有还是该继续作为集体建设用地使用。目前各地在实践中的做法也不一，各地在实践中主要有两种模式：有些地区是留用集体土地，即在被征收的土地中直接预留一部分给被征地集体和农民使用，这部分土地不经过土地征收程序因而不需办理土地征收手续仅办理农用地转用手续，总结为“用途转换，产权不转移”。有些地区则是留用国有土地，即先经过土地征收程序，将留用地产权转为国家所有后，再按土地出让程序按被征收土地面积的一定比例返还一部分国有建设用地给被征地的农村集体或农民用于生产经营，其留地方式的选择会根据集体经济组织开发经营方式的不同而分为划拨和招拍挂出让两种形式，若是集体自主开发一般以划拨为主，若是合作开发则多采用招拍挂供地，总结为“用途转换，权属转移”（郑文娟，2009）。两种形式各有利弊，学者们对此观点也不一。彭小霞（2014）认为，留用地应为集体所有，若为国有则与国有土地使用权划拨与出让两种供应模式存在冲突。我国宪法和相关法律规定，只有公益性项目才可以采用划拨方式出让，这显然与安置留用地用于经营性用途相冲突。李林（2009）认为若为国有，把预留土地纳入“招拍挂”程序，会加大留地安置的难度。然而有部分学者持相反观点。张占录（2009）认为留用地应为国有，若为集体所有，那么在未来城市发展，城市边界扩张以后，造成城市范围内有部分土地是集体所有的现象，最终导致“城中村”问题。齐恩平（2008）也认为留用地为集体所有其容易形成“城中村”问题，影响城市总体规划和发展。

（二）留用地比例及开发方式研究

目前确定留用地比例的思路主要有两种，一种是按照征地比例；另一种是按照征地人口数量。调研发现，目前在实际实施留地安置政策时，不仅不同地区，即使同一地区对留用地的规模和数量划分标准也不一样，差距甚大（曹正汉，2010）。按征地比例提供留用地的，广东省 8% ~10% 不等，浙江省 10% ~15% 不等，上海市 5% ~10% 不等，而广东南海则是随着时间的推移逐步增加，1992 年约为 15%，1998 年增加至 20%，2003 年以后超过了 30%；依据征地人口数量确定留用地面积的，如重庆市，按被征地人口每人 20 ~30 平方米的比例留用村集体用地（彭晓霞，2015）。浙江省的国土资源厅出台《关于进一步规范村级安置留地管理的指导意见》指出，留地安置的最终比例要以实际被征地的农用地面积为基准，按照不超过 10% 的比例进行留地。《沙县人民政府关于城市规划区内土地征收留地安置和村民住宅建设用地管理有关事项的补充通知》提到，留地安置用地按各村用地总指标一次性规划，并根据各村实际人均耕地面积适时按比例供地，如人均耕地面积≤0.3 亩则留地 40%；人均耕地面积≤0.2 亩则留地 70%；人均耕地面积≤0.1 亩则留地 100%。从全国总的范围分析，不同地区留地规模不同，以按照征地比例为例，实施区域指标从 2.8% ~15% 不等；按照被征地人口的数量来算，人均面积为 15 ~80 平方米（刘志强，2014）。

按照经营主体的经营方式不同，将全国各地留用地的开发模式分成自建、合作、租赁三种，其中各有利弊（余纪云，2006）。自建模式是全部根据村集体自身的经济实力和管理水平来进行项目操作，优点是村集体的收入水平较高，经济上的自主操作性不受政府限制，但是相对投资规模大，对应的收益风险也就不可控，而且村集体里自身的村级干部本身的学识和未来发展眼光有一定的不足，这就会制约项目规模的扩大经营。而合作模式的风险水平就会大幅度降低，因为有合作伙伴的各方面支持，自身投资水平降低，规划建设的等级也会相应提高，但是也正是因为合作伙伴的关系，收入要共享使总体经济收入偏少。租赁模式和合作模式有一定的相同之处，都是投资相对较少、风险降低，对应的收入也有所降低。薛东等（2010）对由开发商和村经济合作社组成的合作公司对留用地合作开发方式做了细致的研究，认为在法律上不够健全，存在一定的风险。依据有关法律规定，投资各方要以自身所有以及经营管理的资产对合作社拥有的损失担有无限连带责任，而村经济合作社行为在一定程度上存在很大的不可预见性，这对开发商来说存在极大的风险。

（三）留地安置政策的变迁与产生动因研究

在实践中，留地安置政策最早出现在20世纪80年代的深圳市，后来浙江省、广州市等地也陆续实行，此后越来越多的学者从不同角度尝试着对留地安置的产生动因及起源进行探索和分析。

大部分学者是单从外在压力进行分析。如王顺祥（2008）认为在土地征收过程中地方政府与农户之间的冲突是常有的状态，为了尽量避免这种情况，就要在非农化过程中保证土地增值收益的分配问题，因此留地安置得到了农户的极大欢迎。温华特（2013）以杭州市为例通过对几种安置方式的对比得出：一是市场经济不断发展，劳动用工制度不断实施，“招工”安置已经不能适应现在的状态；二是“货币安置”属于“一锤子”买卖，这种一脚踢的行为不能保证失地农户长远的生活，所以越来越不受农户的欢迎；三是“养老保险安置”，这种安置方式明显存在收益的滞后性；因此留地安置成为各利益群体追逐的方式。郑文娟（2009）以我国的社会经济背景为基础，在改革开放以来，我国经济快速发展，工业化、城市化进程加快，对土地需求的愿望也越来越急切。为保障社会经济发展对土地的依赖，越来越多的农地被国家征收，农户失去了土地后生活没有了保障，会加剧社会中不安定的因素。而且由于农户生活保障的缺失，在教育、医疗等各方面的福利也得不到满足，生活窘迫。因此各地为了解决现有的问题提出了各种解决失地农户社会保障的创新性举措，留地安置就是其中一种比较成功的方式。

当然也有少量的学者从内在动力进行深入。姚如青（2009）认为政策边际逐步调整是留地安置产生的关键原因。具体可以分为两类：一是村集体与农户对于农地转让产生的收入进行争夺，政府不得不进行制度的改进，此为外部压力；二是地方政府在征地时缺少资金支持且风险较大等困扰促使政府进行征地实施，此为内在动力。另外，温华特（2013）也提出留地安置全面发展的一个重要原因是传统的征地补偿方式对应的补偿水平偏低，难以满足被征地农户对生活的要求。

（四）留地安置政策的作用和绩效研究

随着留地安置政策在我国的进一步推广与完善，学者对此政策创新的研究视角也逐步转向留地安置政策的作用与绩效等方面，但主要停留在定性的描述分析层面，极少数学者从构建模型方面进行实证分析。如陈莹（2015）基于农户福利的视角提出以农户福利水平不降低为政策目标，并根据森的功能和能力福利理论，将评价指标分为：功能指标（经济状况、居住环境、社会保障）和能力指标（发展机会、心理情感），以此为基础进行实证分析。朱嘉晔（2014）则基于农地发展权理论阐述了留地安置对失地农户的重要性。基于定性分析大部分学者对留地安置政策持肯定观点，认为留地安置极大地促进了农村社会经济的发展，在壮大农村经济和提高农户收入的角度有很大的意义，不仅能够促进城市化进程的加快也能保护农户的长远利益。

部分学者从不同地区的实施案例总结了其带来的正向影响。如周力丰（2006）从杭州市的实践经验来看其作用主要体现在以下几个方面：首先，提高了村集体经济的“再生产”效益；其次，保证农户的再就业；最后，留地安置的农户可以公平享受土地增值福利。李舜尧（2011）以惠州大亚湾经济技术开发区推行回拨地返租为例，总结其产生了“六个有利、六个转变”的社会效益和经济效益。包括：第一，将零散的块状土地变为片区土地，促进土地资源的配置；第二，将散乱的产业结构集中化，进行产业布局优化；第三，留用地开发建设后，有利于进行大规模招商引资；第四，易于形成长期稳定的土地增值收益；第五，极大的降低冲突，维护社会和谐与稳定；第六，保证城市化进程加速发展，将缓慢发展的农村变为快速发展。叶红玲（2014）选取杭州市留地安置政策以及留用地运营的众多试点社区的两个缩影：江一社区与三叉社区，最终得出以下几点：一是村集体“以地生财”，将留用地进行开发建设并进行大规模招商，农户变成了土地的股东，从而获得了长期稳定的收入来源；二是在留用地上的企业中设立职位，使农户拥有再就业的机会；三是被征地农户可以拥有土地增值中的收益。

三、增量建设用地供给模式创新研究现状述评

第一，对增量建设用地供给模式创新的相关研究进行梳理，研究表明，目前实践中还有留地安置、农用地直接入市、农地使用权合作使用模式和农地股份合作模式四种模式，学术界对几种模式的研究深度有所不同。首先，相比较而言，学术界对留地安置和农用地股份合作制的研究已经比较成熟，而由于受到法律法规的限制，农用地直接入市和农地使用权合作使用这两种模式只在部分地区有过个别案例，同时，由于受当时所处政策、经济与区域环境的影响，案例并无典型性，因而对这两种模式的土地收益分配及共享研究并不多见。其次，目前为止，还未有学者将以上四种模式进行对比研究，发掘出其产生的内在动因及其存在的异同点，因而在今后的研究中可将四种模式进行对比分析，从而为不同地区找出

增量建设用地最适用的供给模式进行理论指导。

第二，对留地安置的相关研究进行梳理，研究表明，留地安置政策作为安置失地农民的一种创新模式，专家们通过对实践案例的描述性分析，探讨留地安置政策的特点和增收效益，发现其中的经验与不足，对未实行留地安置的地区提供借鉴，并就保障留地安置政策的长期效益方面提出了政策建议，为以后征地制度改革与发展提供了方向，有一定的研究价值。但是，研究也发现，目前大部分的研究主要集中在描述性分析基础上，没有形成严谨的理论分析框架，而且研究中几乎均为宏观层次的政策分析，缺少微观层面对留地安置政策下农户参与土地收益分配共享性的定量研究。

综上所述，对增量建设用地供给模式创新的动力机制进行研究，构建增量建设用地土地收益共享的分析框架，并以留地安置为例，对其不同利益主体的土地收益共享性进行定量研究等具有积极的理论和现实意义。

第二节　增量建设用地供给模式创新的动力机制与路径①

增量建设用地指原用途为农用地，后用途转变为建设用地的土地。按产权性质可分为国有增量建设用地和集体增量建设用地。增量建设用地的供给模式是指农用地转用为建设用地并投入使用的这一过程中，所采用的各种不同模式。

在中国经济快速发展、城乡一体化以及城镇化进程加快的背景下，农村和城镇建设用地的需求不断增加。现阶段增量建设用地形成及供给的过程主要依靠土地征收——出让这一模式，农用地通过征收转变为建设用地，从而进入市场进行流通。

2014 年，我国共批准建设用地 600 多万亩，其中占用耕地约为 240 万亩，即有 240 万亩的耕地被征收为国有土地，按照现有 1.3 亩/人的全国人均耕地面积水平计算，2014 年约有 185 万农民失去赖以生存的土地。然而，在土地征收过程中，依靠土地维持生计的农民却难以获得土地增值收益的增加，并不能享受到城市化带来的诸多福利。时任最高人民检察院检察长曹建明在 2013 年接受采访时表示，现阶段我国每年 70% ~80% 的群体性上访事件都和拆迁、征地有关，这些大多是由于土地收益分配不合理，从而损害了农民的利益。

① 本节主要内容参见课题支撑培养的研究生硕士学位论文《增量建设用地供给模式创新的动力机制研究——基于制度变迁的角度》（张尤明，2016）。

目前，在农地征收过程中，参与利益分配的主体包括中央政府、地方政府、农村集体组织、农民以及用地单位。有学者对我国35个大中城市的土地征收——出让过程中土地增值收益的分配状况进行了研究，研究发现政府和农村集体的收益分配比例失衡严重，从最低华南地区的10.5∶1到最高的华北地区的28.1∶1，整体平均约为17∶1，农村集体参与土地级差收益分配的权利得到了严重的损害（沈飞、朱道林，2004）。在落后地区，县级以上政府利益集团（省市区政府和中央政府）得到了15%的收入，县级政府利益集团（县政府和县土地局）得到了52%的收入，而征收农地时农民利益集团（农民和村集体）得到33%的收入（吕彦彬、王富河，2004）。与之相关的研究还有时间序列下收益分配的实证分析，利益在政府之间的分配现状分析等，其最终都表明我国目前的收益分配现状并没有达到公平合理的预期，还需要得到进一步的调整（曲福田等，2001）。

农民以及村集体在土地权利上的局限性，限制了其灵活地将土地投入市场或将农地转用为非农建设用地，制约了他们充分实现土地财产的潜在价值。从土地市场的角度，学者们提出要"界定、确保、扩大土地拥有者的权利，确保农村和城市土地拥有者的权利一致"（李青等，2006）；实现城乡建设用地的统一，从而改变现有唯一的土地征收——出让方式，并打破国有土地市场的垄断地位（钱忠好、马凯，2007）。近年来，为了解决农民及相关利益群体在土地征收中出现的收益不合理分配问题，全国各地围绕土地征收制度、收益分配以及与之相关联的一系列制度改革进行了广泛的探索，出现了农地使用权合作使用、农用地直接入市、农地股份合作使用和留地安置等创新性模式。

本节以"外部利润——交易费用——利益均衡"为研究框架，考察不同创新模式的动力机制，在对不同创新模式进行比较分析的基础上，从土地制度环境、经济发展、社会文化、资源禀赋等方面提出增量建设用地供给制度创新的对策建议。

一、一个分析框架

新制度经济学认为，制度创新源于外在性变化形成的外部利润。人们为了获取在现有制度安排下无法得到的潜在外部利润，克服外部性内在化、风险、政治压力等障碍，从而形成了新的制度安排（或变更原有制度安排）（科斯、阿尔钦、诺斯等，1994）。其中，外部利润的产生源于外在性变化，即外部制度环境的变化。制度环境，即一系列用来建立生产、交换与分配基础的基本的政治、社会和法律基础规则（诺斯，1994a）。制度环境的规则包括正式制度规则（法律、政治、经济等）以及非正式制度规则（道德、习俗、传统等）（诺斯，1994b）。潜在的外部利润为制度的创新提供了可能性，但是制度创新还涉及成本等问题，制度创新必须使得潜在的外部利润大于交易费用。交易费用就是源自建立、使用、维持和改变制度框架的费用（弗鲁博顿、芮切特，2006）。制度创新的主体是人，因此，制度创新是否成功取决于与该制度相关的所有个人以及团体是否达成利益一致。个人为了追求自身利益而采取理性行为，而形成了集团（曼瑟尔·奥尔森，1995）。集团中的成员如果具有达成一致的利益诉求，那么将形成利益集团。在增量建设用地供给模式创新中，主要的利益集团即为模式供给创新的主体。然而利益集团的效用函数不同，因此，不同的利益集团会倾向于制订不同的制度方案，这就会导致利益集团之间的博弈，博弈均衡的结果便是新制度的产生。综上所述，模式供给创新的动力因素主要来自三个方面：（1）外部利润的产生——制度环境的变化；（2）交易费用的降低——创新成本的控制；（3）利益集团的博弈——一致利益的达成。分析框架如图 5－1 所示。

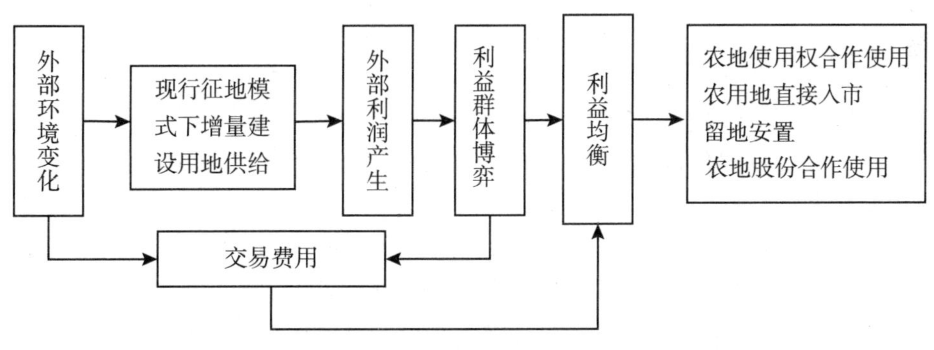

图 5－1　分析框架

首先，制度环境的变化是模式创新最初始的动力，其产生的外部利润是各创新主体所追求的目标。制度环境的变化一方面通过法律法规、经济发展以及资源禀赋环境的变化给创新主体提供了创新的信号，提供了创新的可能，使创新主体必须通过创新来获取当前模式下所不能得到的外部利润；另一方面也可能会成为一些创新行为的阻力，通过增加创新过程中的交易费用来阻碍模式创新的发生。

其次，各创新主体在追求外部利润的时候，会各自依据自身的利益目标而采取相应的行动。虽然说各创新主体的主要利益目标都是自身利益的最大化，但是其在互相博弈的过程中同样需要考虑到博弈活动给他们带来的交易费用的变化。博弈活动是减少了创新主体间的摩擦，降低的交易费用，还是加剧创新主体间的竞争，增加了交易费用，是关系到创新模式是否形成和是否持续发展的关键。

最后，各创新主体因为所处的地位不同，决策权的大小和先后顺序也有所不同，因此会形成不同的创新模式。不同的创新模式中，各创新主体利益目标的实现情况各异，在地方政府主导的创新模式下，地方政府往往能够获得创新模式实行之初的既得利益，但也往往忽视了村集体和农民等土地所有者的长远利益；而在村集体自治能力较强的地区，创新模式由村集体主导，地方政府虽然不能获得土地的出让收益，但往往能够获得地方经济发展的长远利益，而村集体和农民也能够通过自己的合理运作来获得土地的市场化收益。对于用地单位来说，无论是何种创新模式，其土地取得费用均较传统模式下低，只要在衡量降低的土地取得费和土地产权不稳定性带来的风险孰高孰低之后进行决策，选择接受或者不接受，是创新模式取得成效高低的最终体现。

二、供给模式创新的主体

（一）地方政府

地方政府是管理国家行政区事务的政府组织的总称，全称“地方人民政府”。在中国指各级人民政府，《中华人民共和国宪法》第九十五条规定“省、直辖市、县、市、市辖区、乡、民族乡、镇设立人民代表大会和人民政府”。地方政府的职责主要是贯彻中央政府制定的各项宏观政策和法律法规，在维护国家利益和中央权威的同时管理地方性公共事务，并根据本地区的发展状况及特点，以中央政策为依据，在不突破中央法律法规的前提下制定适合行政区的政策和法律，以便能更好地促进地区经济、社会的稳定发展。

我国自1994年分税制改革后，中央政府与地方政府之间进行了事权与财权的重新划分，这使得地方政府成为具有独立经济利益的政治组织。分税制前地方政府的主要收入来源是中央政府拨款，分税制后地方政府的收入与本地区的经济发展息息相关，地方经济发展、招商引资的重点是增加增值税收入，但增值税大部分收归于中央，这严重打击和挫伤了地方发展经济的积极性。财政部在1992年颁布了《关于国有土地使用权有偿使用收入征收管理的暂行办法》，其中规定“土地出让金总额的5%应上缴中央财政，土地转让交易额和土地出租收入的5%应作为上缴中央财政的土地收益金或土地增值费”。这种情势下，“以地生财”成为地方政府必然的选择，地方政府对于增量土地的开发使用理所当然，增量建设用地供给模式的创新也由此展开。

（二）村集体

村集体是指农村集体经济组织，是对土地拥有所有权的经济组织。1982 年《中华人民共和国宪法》第十七条规定“集体经济组织在遵守有关法律的前提下，有独立进行经济活动的主权”。自 1999 年《中华人民共和国宪法修正案》开始，《中华人民共和国宪法》正式规定“农村集体经济组织实行家庭承包经营为基础、统分结合的双层经营体制。”然而宪法并未明确集体经济组织的法律地位，这导致了农村集体经济组织的法人地位不明确，政策扶持不到位，并且集体经济产权不明晰，产权制度建设滞后，村集体经济组织的社区管理职责和经济负担重，经济调控手段弱（冉郑洁，2007）。

在增量建设用地供给模式创新的过程中，村集体经济组织担任了最重要的角色。在自下而上的创新模式中，村集体一方面担任团结村民，保障村民及集体利益的重任；另一方面又要多方寻求用地单位合作，不断发展壮大集体经济，同时遵守中央政府法律法规，寻求地方政府合作，从而使村集体能够利用土地得到长足发展。在自上而下的创新模式中，村集体必须贯彻执行地方政府的各项指令，协调当地村民遵守地方政府的要求，并及时提供反馈信息，从而使得供给模式的创新能够得到进一步的强化。

（三）农民

对于“农民”一词，目前主流观点将农民分为了三个层次：第一层指从事狭义农业生产的人，这是狭义上的农民；第二层指从事广义农业生产的人；第三层指农村总人口，这是广义的农民，即村民。随着经济的快速发展和社会的不断进步，农民分化现象日益严重，“新型农民”“打工农民”“职业农民”等名词不断出现。本书中“农民”是指那些居住在某一乡村区域或者村庄内，受其集体经济组织所领导管理，并拥有农用地的自然人。

农民一直以来都是我国土地制度改革中所要关注的对象，农民手中所掌握的土地权利也决定了农民在增量建设用地供给模式创新过程中的主体地位。对于农民来说，集体土地是大部分人的收入来源，也是大部分人的养老保障。土地征收既存在机遇也存在风险，不合理的征地补偿金额、单一的补偿方式、不稳定的就业形势以及社会保障的缺失使农民的可持续生活难以得到保障（周觅，2011），而通过增量建设用地供给模式的创新，实践地区的农民可以通过集体土地的创新使用来获得持续收入，从而得到生活保障。

（四）用地单位

用地单位即指增量建设用地的需求者，由于增量建设用地的使用开发有村集体自主开发方式，也有村集体与企业合作开发方式，因而增量建设用地供给中的用地单位包括企业和村集体。

改革开放之后我国经济的快速发展以及城市化进程的加快，推动了土地生产要素持续的投入。伴随着土地获取成本不断提高，部分企业将目光转向部分增量建设用地。由于集体产权性质的土地租金大大低于国有性质土地的使用成本，使得企业大大减少了土地要素方面的投入，增加了企业经营的利润。村集体为了招商引资，吸引企业入驻，推动村集体经济发展，不惜大幅降低对外的出租价格，这也吸引了一些大型的上市企业前来用地。

三、不同创新模式下动力机制的运行路径分析——以典型地区的创新实践为例

（一）留地安置：杭州市三叉社区“留地安置”

1. 基本情况

作为全国范围内较早试行留地安置制度的城市之一，杭州市早在1995年建设绕城公路时就实行了10%的开发性安置用地政策，即按照征地面积的10%给予被征地村开发性安置用地，用于村进行企业建设或标准厂房建设等（沈乐毅，2006）。随后，杭州市在“撤村建居”的过程中围绕着10%的留用地政策进行不断的实践以及完善（姚如青，2009）并于2014年正式发布了《杭州市区村级留用地管理办法（试行）》，标志着杭州市留地安置制度形成了一个完整、全面的体系，如表5-1所示。

表5-1　　杭州市留地安置制度发展历程

	时间	政策、事件	主要内容
实践探索阶段（1995~2001.12）	1995年	建设绕城公路	10%开发性安置用地政策，将留用地用于建设标准厂房
	1998年11月	第一批“撤村建居”	按照征购农用地的10%给予留用地，用于发展二、三产业

续表

	时间	政策、事件	主要内容
实践探索阶段（1995～2001.12）	1999年4月	《关于杭州市“撤村建居”集体所有土地处置补充规定的通知》	明确留用地概念，首次提出10%留用地制度
	2001年9月	《杭州市人民政府关于贯彻国务院国发［2001］15号文件进一步加强国有土地资产管理的若干意见》	留用地划拨方式向有偿使用方式转变，明确留用地开发用途及出让金核拨方式
细节完善阶段（2001.12～2005.07）	2001年12月	《关于扩大撤村（乡镇）建居（街）改革试点推行农转居多层公寓建设的意见》	留用地作为社区、村镇建设和经济发展用地之外，还可折抵符合规划单位办证的乡镇企业用地
	2003年12月	《关于第二批撤村建居农用地征用工作的会议纪要》	多渠道实现留用地规划定点；无法定点留用地的，可以采用货币化安置方式解决
	2005年3月	《杭州市人民政府办公厅关于完善撤村建居和城中村改造有关政策的意见（试行）》	留用地指标可折抵非住宅建筑；自愿选择“指标货币化收购”
程序规范阶段（2005.07～2008.05）	2005年7月	《关于加强杭州市区留用地管理暂行意见的通知》	明确留用地指标的核发、预支、调剂管理、使用、项目开发模式、出让方式、建设管理、复核验收
	2006年4月	《杭州市人民政府办公厅关于完善杭州市区留用地管理的补充意见》	留用地指标应优先用于原村属二三产企业项目；多渠道落实留用地指标，多方面促使留用地项目开发
全面形成阶段（2008.05至今）	2008年5月	《关于加强村集体经济组织留用地管理的实施意见》	明确村级集体经济组织留用地项目受让主体、合作开发程序、转让和抵押的管理；明晰留用地资产价值，完善留用地项目地价及土地资金核拨管理

续表

	时间	政策、事件	主要内容
全面形成阶段（2008.05至今）	2009年6月	《关于进一步完善村级集体经济组织留用地出让管理的补充意见》	留用地项目土地出让方式、前期报批程序、出让资金核拨及管理
	2014年2月	《杭州市区村级留用地管理办法（试行）》	对历年的留用地管理制度进行了全面梳理，从留用地指标的管理、使用，留用地项目的用地管理、监管、产权登记及转让、出让收入管理等各方面形成了完整的留用地制度体系

留地安置制度的实施，通过把留用地留给村集体经济组织，保障了集体经济组织获得长期稳定的财产性收入，给被征地农民提供了长期稳定的土地收益来源，从而保障被征地农民的长远发展权，有效保证了征地拆迁的顺利推进，维护了社会和谐稳定。2006～2010年，杭州市区共征收集体土地约16万亩，未发生重大群体性事件，留地安置制度发挥了重大作用（姚如青，2015）。

江干区四季青街道三叉社区位于杭州市东部，地处钱江新城核心区块，辖区面积1.5平方千米，常住人口4 568人，外来人口4 155人。前身是三叉村，于2002年5月10日开始撤村建居，改称三叉社区。撤村建居10年来，三叉社区合理开发留用地项目，大力发展集体经济，有效保障社会民生，取得了一定成果①：

（1）村集体（社区）经济的壮大。三叉社区经济合作社的净收益从2003年的1 998.82万元增加至2013年的13 956.75万元，增长了约6倍。目前，社区物业出租面积达到36万平方米，年租金超2.2亿元。2014年全社区可使用资金收入2.55亿元，全社区实现企业增加值3.1亿元，上缴国家税金3 669万元。良好的留用地经营收入既帮助三叉社区取得了巨大的经济收益，又给地方的发展繁荣增添了光彩。

（2）农民（居民）生活水平的全面提高。三叉社区留用地项目收益严格按照以下比例进行分配：20%公积金、20%公益金、10%福利基金、50%股东红利分配。三叉股份经济合作社的股东人均分红从2003年的4 268元，提高至2014年的24 258元，增长4.7倍。同时，三叉社区利用部分公益金和福利基金建立了

① 2014年以前数据来源于三叉社区村委会：《建设留用地项目　发展集体经济　造福社区居民——江干区四季青街道三叉社区十年发展经验交流汇报材料》；2014年数据为实地调研取得。后文同。

“老有所养、病有所医、幼有所学”的劳动保障体系。医疗报销、旅游补贴、节日补贴、自谋职业补贴以及养老保险返还等各项补贴收入渗透到了三叉社区的居民之中。2014 年，全社区用于养老、医疗、教育、就业、帮扶救助等方面费用超过 5 390 万元，居民的生活水平得到了全方位的提升。

（3）杭州市标志性商贸中心的形成。三叉社区充分利用 867 万平方米的留用地，相继开工建设了庆春广场二期工程、华东家电市场二期、三新金座、广新大厦、新业大厦、东方家私市场二期工程·三新银座 6 个留用地项目，商圈内集聚了银泰百货庆春店、欧亚达家居秋涛店、天星龙装饰、东方家私、乐购超市、中豪大酒店、藏鲜工坊等 10 余个大型商家和三新大厦、元华旺座等十几座商业楼宇，商业体量达 120 余万平方米，已打造成为以商贸商务为主、宾馆饭店为辅、兼顾文化娱乐的新兴商业中心，并形成了庆春商圈综合体，一跃成为杭州新的标志性商贸中心，带动了杭州市钱江新城的进一步发展。

（4）用地单位获得了较大的利润空间。对于三叉社区自主开发的留用地项目，三叉社区通过项目出租获得经济收入，成功的壮大了集体经济。对于三叉社区与其他用地单位合作开发的项目，由于在项目开发初期三叉社区的启动资金较少，为了快速吸引合作单位进行项目合作开发，三叉社区不得不签下一纸长约，以保证合作方将来能够长期以较低租金来使用留用地项目，大大地减少了合作单位的用地成本，也使合作用地单位取得了巨大的利润。

2. 动力机制运行路径①

（1）制度环境的变化。三叉社区“留地安置”的做法起源于杭州市的“撤村建居”工作。在此过程中，1999 年 4 月杭州市下发的《关于杭州市撤村建居集体所有土地处置补充规定的通知》，首次明确了留用地概念，提出 10% 留用地制度，正是这一通知使得当时的三叉村找到了利用留用地发展村级经济的出路。

以前的三叉村地处四季青城郊，占地共有 2 200 余亩，其中农用地 1 300 亩左右。撤村建居前，三叉村是典型的“菜篮子”村，整个村的农用地大部分用于种菜、养鱼，还有部分为仓库、传统市场和几个制造类工厂，经济效益并不高。然而，三叉社区“撤村建居”的时期恰逢杭州市“城市东扩、沿江开发”及钱江新城建设发展时期，三叉社区紧紧抓住这一战略机遇，逐步拆除经济效益低的陈旧仓库、改建传统市场，搬迁污染重的工厂，大力发展楼宇经济、现代商贸、传统市场和社区商业。杭州市经济发展环境的变化，促使三叉社区利用留用地进行发展建设，取得了良好的经济效益。

---

① 此处部分内容作为课题研究阶段性成果发表在以下论文中：张尤明：《杭州市三叉社区“留地安置”的制度经济学解析》，载于《农业科学研究》2016 年第 2 期。

在资源方面，杭州市的自然资源虽然比较丰富，但缺乏煤炭、石油和钢铁等能源、原材料，也缺乏出海深水港口。杭州市人口稠密，但 2002 年人均耕地只有 0.45 亩，低于全国和全省平均水平。能源资源的匮乏以及人均耕地面积的逐渐减少使得土地的使用价值变得越来越大，土地价格的提高成了外部利润的增长点，也驱动着三叉社区对留用地开发带来的增值收益的追求。

（2）交易费用的控制。在三叉社区"留地安置"模式的运行过程中，发生交易费用的关键之处在于留用地的指标如何确定、留用地的指标如何落实、留用地项目如何开发和管理、留用地收入如何在集体内进行分配以及整个过程中地方政府的监督管理。

首先，对于留用地 10% 的留用比例早在 1995 年就已初步确定，并在制度不断创新的过程中得以延续，因此留用地指标量的确定是顺应制度发展的，克服了其确定过程中所需的一些技术费用。接下来就是将留用地指标落到实处，在这一过程中，涉及留用地指标的调剂，即指在同一城区范围内，不同的村级集体经济组织之间进行留用地指标相互流转。留用地指标调剂只能在同一城区范围内进行，调剂指标应征得村民，乡镇（街道）、国土分局，市国土资源局等相关群体同意。而当跨土地等级调剂时，留用地指标还将按比例折算调整。这一制度很好地解决了部分地区留用地面积不足的情况，使得零散的留用地指标得到自主的整合，避免了留用地指标使用过程中存在的利用效率问题。而对于无法落实留用地的村级集体，可在村民的同意后将留用地指标进行货币化，并由区政府与村集体协商后将货币发放至村集体，保证了村集体的留用地指标权利得以换一种方式进行行使，也减少了政府与村集体及村民之间的摩擦。

留用地项目可采取自主开发、合作开发、统筹开发、项目置换物业方式开发或留用地货币化处置。具体方式的选择应经村民会议 2/3 以上成员或者 2/3 以上村民代表同意，报所在乡镇（街道）政府（办事处）审核并报区政府（管委会）批准。三叉社区主要通过社区干部和村民代表进行协商确定，选择了留用地自主开发和合作开发两种方式。自主开发的留用地项目，在具备土地出让条件后，由村级集体经济组织出具不对外合作开发的书面承诺，并办理协议出让手续。合作开发的留用地项目用地，一律采取招标、拍卖或挂牌方式公开出让，其中村级集体经济组织所占股份应不低于 51%。公开出让的方式，解决了土地资产使用过程中权属不清的问题，而合作开发中村集体所拥有的留用地项目绝对控股权保证了留用地项目的合理开发，同时也方便地方政府对合作单位的后续监督，减少了监督管理费用。

留用地收益的合理分配关系到失地农民的生活保障问题，同时也是"留地安置"模式继续良好运行下去的关键。良好的收益分配方案不仅可以避免村集体与农民之间的冲突事件，减少相关的谈判费用，而且可以吸引用地单位的合作意向，帮助留用地项目进行开发利用，而减少其中的讨价还价成本。三叉社区在“撤村建居”的过程中，进行了集体经济组织的股份合作制改革，颁发了相关的细则。细则中将全社区的居民进行了股份的量化，并规定股份合作社当年收益在依法纳税后做如下分配：提取20%公积金、20%公益金、10%福利基金、50%股东红利分配。这使得居民能够按股分红，从而享受留用地开发带来的收益。同时，公积公益金和福利基金又能以各种补贴的形式发放到居民手中，使得留地安置政策得到了居民们的支持。由此可见，通过与居民协商制定的股份合作细则可以更多地减少交易费用。而在与用地单位的讨价还价过程中，三叉社区从发展地方经济的利益出发点出发，与部分合作用地单位签订了长期的低租金条款，虽然相较于国有建设用地来说，三叉社区的租金收益较低，但是对比三叉社区之前的土地收益状况，其获得了较大的经济收入，总体来看，讨价还价的费用仍然较低。

（3）利益博弈的均衡。在杭州市“城市东扩、沿江开发”的时期，钱江新城的开发带来了对当地建设用地的大量需求。地方政府为了自身发展，决定开展“撤村建居”工作，以便腾出更多的建设用地，但是按照国家法律的规定，必须通过土地征收将农用地转变为建设用地，因而地方政府仍然保留传统的征地模式。与此同时，地价增长、地少人多的现状使得当地土地增值收益的迅速增加，村集体和农民同样也期待着从土地中获取属于自己的利益以保障自身的生活水平，地方政府在看到村集体的要求之后，便在征地过程中留用10%的农用地供其发展第二、第三产业，以保障集体经济的发展以及村集体成员的长期土地收入。

在获得了部分留用地后，村集体想方设法在制度允许的条件下进行开发利用，招商引资，利用获得的留用地收入来壮大集体经济和提高农民生活水平。在此情况下，当地农民对于“留地安置”开发留用地的方式采取积极响应的态度，成立了三叉股份经济合作社，并且从中获得了较多的分红收入。

面对地理区位良好、用地租金较低的诱惑，用地单位对于三叉社区的留用地项目开发产生了极大的兴趣，谈判较快达成。

（二）农用地直接入市：北京市郑各庄村“村企合一”

1. 基本情况[①]

1998年，北京市昌平区北七家镇郑各庄村村委会在广泛征求村民的意见之

---

① 参见赵军洁等：《农村主动城镇化实践探索——由“郑各庄现象”引发的思考》，中国社会出版社2013年版。2012年以后的数据为实地调研取得。

后，作出了以“自主投资、自我建设、自我管理、自我服务、自我完善”的方式实施旧村改造的决定。通过旧村改造，郑各庄村一共节约出了 800 亩宅基地和 2 200 亩耕地。而早在 1996 年，郑各庄人已经绘制出了《郑各庄村 21 世纪生态庄园》的建设规划，此规划要求将 1 860 亩农用地中的大部分转为集体建设用地，仅保留 73.5 亩农业用地。为了实现农用地转用，郑各庄村在随后的两年之内，通过在区内复垦荒滩和沟边土地并缴纳复垦费的方式，置换出了 1 600 多亩的集体建设用地。而这些节约整理出来土地的承包权和收益权仍属于村内的农民，为了将这些农民手中的土地进行集中开发经营，郑各庄村便走出了一条“村企合一”的村庄建设道路。

郑各庄“村企合一”的路径是：村庄农民集体土地委托公司经营，建立确权、确利、保收益的土地流转机制。具体做法为：郑各庄村委会和村内的企业宏福集团签订了土地流转协议；宏福集团有偿租用农民手中的土地，通过村委会将租金发放到农民，并获得对郑各庄村域全部土地的开发与经营权，并实行土地的统一规划和招商引资，推动村庄的城镇化发展。

宏福集团通过多元化发展，在这片土地上获得了巨大收益：

（1）村级产业升级优化。郑各庄村通过“村企合一”的创新模式发展产业，是一个典型的乡村产业不断升级、不断优化的过程，也是土地的利用方式趋于集约、土地产出效益走向最佳的过程。截至目前，郑各庄村内的宏福集团拥有 28 家全资企业、40 余家参、控股等合作企业，形成了以建筑产业为龙头，房地产、科技、旅游、文化创意产业、服务保障等多元化格局，培育出“宏福集团”“温都水城”和“郑各庄村”三大品牌。制度创新使得村庄的产业结构趋于合理、多元化发展，促进新农村的建设。同时，农民充分就业，收入不断增加，福利不断完善，群众的满意度和幸福感不断提高，实现了经济又好又快发展，最终实现了和谐社会的构建以及区域的持续发展。

（2）村庄经济的迅速发展。郑各庄村在 1997 年“农业 + 挖土方”为主的产业时期的经济收入仅为 3 000 万元，纯收入 300 万元，税金 19 万元。而转眼到了“传统产业 + 新兴产业”时期，郑各庄村 2012 年的经济总收入达到了惊人的 38 亿元，纯收入达 4.5 亿元，税金则达 2.6 亿元。集团资产由 1999 年 3 000 万元增加至 2014 年 50 亿元。

（3）农民长久收益得到保障。郑各庄村的农民目前已经逐步形成了“工资收入 + 土地股权收入 + 投资股份 + 集体福利社会保障收入 + 个人房屋租金”多元化的稳定的收入结构。以 2012 年为例，郑各庄村村民人均纯收入为 59 800 元，其具体收入比例如图 5－2 所示，可见工资收入、股份分红、房屋租金收入是村民的主要收入，其他为辅助性收入。另外，这些收入都相对稳定，收入的多元化保证了村民收益的长远性。通过此种收益分配制度，村民之间的收入差距逐渐缩小，实现了共同富裕。

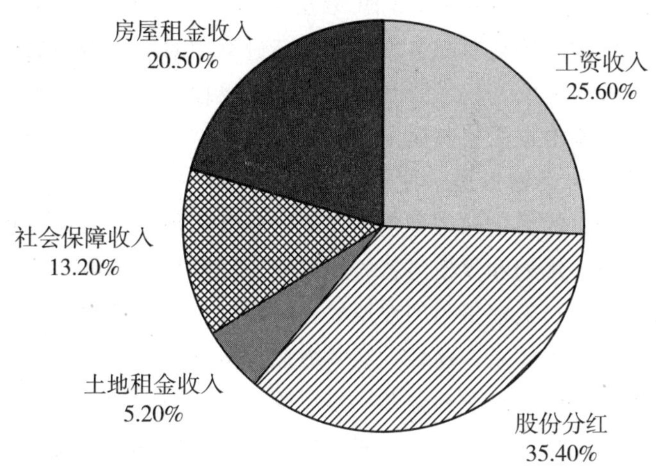

图 5－2　2012 年郑各庄村农民收入构成比例

2. 动力机制运行路径

（1）制度环境的变化。从郑各庄村的发展历程来看，“村企合一”的创新模式完全是由村集体和农民自发探索实现。1997 年国家对于集体建设用地的使用并没有严格限制，使得郑各庄村在当时可以在集体建设用地上进行住宅楼的建设，并获得周转资金，这让郑各庄村坚定地走上了改革的道路，试图获取土地的最大化收益，并让农民过上好日子。然而，在 1998 年修订的《中华人民共和国土地管理法》的施行下，郑各庄村遇到了土地转用审批困难的情形，不得不通过土地整理置换的方式进行农用地转用工作，国家的法律环境给其创新造成了一定的阻力。

1998 年以前，郑各庄村实行的是土地承包责任制，土地分散在农户手中，然而农民务农 1 年的收入仅相当于外出打工 1 个月的收入，种植业利润低下使农民缺乏种地的积极性，大量的农地面临闲置或抛荒的局面。在此情况下，郑各庄村的村民黄福水成立的农业公司将土地进行集中经营，并在此后成立了宏福集团。1997 年的亚洲金融危机使宏福集团债权高筑，工程款无法回收的情形，迫使其选择将剩余的建筑材料拉回村里，并在土地上建起了住宅楼，吸纳了农民和员工的预付款，缓解了宏福集团资金链断裂的危机。由此可见，经济形势的改变和农地收入的相对低下，是推动郑各庄村进行创新的动力，通过市场化的手段利用土地并获取更多的土地增值收益，在提高农民的收入的同时，极大地促进了郑各庄村城镇化进程。

（2）交易费用的控制。郑各庄村“村企合一”模式的成功，主要在于对当时的土地产权制度进行了一次理性的调整尝试，主要体现在农民土地使用权入股、郑各庄村与企业（宏福集团）间的双层委托—代理机制、城乡一体化的实现之中，而这种尝试处处体现着郑各庄村在创新过程中对交易费用的控制。

首先，农民的土地使用权入股是指农民将其土地使用权作为宏福集团的股份投资入股，宏福集团根据股权归属定期发放股利。这种方式使得产权的界定和调整由价值形态转化为实物形态，使产权界定的难度大大减小，操作变得更加简单，减少了土地产权的界定和维护费用。同时分散的独立产权能够得以与实物形态相合并，实现统一规划和规模经营，提高资源配置效率。

其次，郑各庄村与宏福集团的双层委托—代理机制是指村集体与企业之间存在着互相的委托—代理关系。这种关系一方面保持了企业拥有土地出租过程中的经营权和决策权，降低了企业的经营决策风险，提高利用效率；另一方面企业经营有利于土地的市场化利用，以土地租赁制最大化地实现土地收益。正是企业经营风险的减少以及最大化收益的预期使其具有足够的动力进行改革创新。而村集体只需要分享用地企业经营效益的一部分，省去了大量的管理费用和与用地企业的讨价还价费用。

最后，“村企合一”的模式实际上也是郑各庄村城镇化的实现过程。新型居住小区的修建方便了农民的生活，改善了农民的生活环境。良好的物业管理也使得农民能够培养良好的生活习惯，为郑各庄村城镇化后小区的管理奠定了基础。在此基础上，村集体与农民之间形成了良好的合作关系，这也为村集体省去了创新过程中与农民之间的冲突，减少了谈判费用和维稳费用。

（3）利益博弈的均衡。在20世纪90年代后期农村经济结构战略调整的过程中，北京市为发展农村第二、第三产业，要求扩大农民进入非农产业就业。北京市也在之后的文件中提到“乡镇工业区是乡镇企业二次创业的主要基地”，“要加快建设郊区重点乡镇工业园区的基础设施建设”等意见，这一定程度上也体现了地方政府默认乡村进行相应改革创新行动的指导思想。

正是在地方政府大力支持乡镇企业二次创业的时候，郑各庄村通过在整理置换出的增量建设用地上兴建产业聚集区，成立宏福科技园，引进了新产业，促进了产业升级。也正是产业多元化发展的契机使得该部分增量建设用地马上得到了村内宏福集团的需求，宏福集团可以通过自营和出租该部分建设用地以获取土地收益。村集体也与宏福集团之间建立了良好的委托—代理关系，以共同实现创新形式。而凭借着村集体、宏福集团与农民之间在早前就有的土地合作关系，大多数农民在早就不依赖种地收入来满足生活需求的情况下，纷纷选择支持“村企合一”的增量建设用地经营模式，以从中获得股东分红、土地租金以及村内福利等收入。

在这种村集体、农民以及用地单位三者为了追求土地增值收益最大化的情形下，增量建设用地供给模式创新一拍即合。

（三）农地使用权合作使用：上海市青浦区高速公路修建

1. 基本情况[①]

1999 年，上海开启了新的高速公路网建设计划，然而高速公路的建设需要占用大量的土地，巨额的征地费用成了政府推动高速公路快速发展的障碍。为此，负责上海高速公路招商的上海市市政局与市计委、市建委一起提出了农地使用权合作使用的方式，于 2000 年 11 月联合拟定了《关于加快本市高速公路网修建的若干政策意见》，确立了“被用地集体经济组织以土地使用权参与项目合作，被用地农民身份不变，由项目公司每年支付回报”的政策框架。

土地使用权合作使用的具体做法为：（1）确定合作前提。高速公路沿线农民以村为单位，通过一个区县政府指定的土地使用权代表单位参与土地合作。各高速公路项目涉及该区县的建设用地，统一由代表单位向市、区土地管理部门办理有关手续、改变用地性质后，以土地使用权合作方式向项目公司提供建设用地。（2）确定合作方式。高速公路项目公司与使用权代表单位签订土地使用权合作协议，确定合作时间，并报区县政府备案。项目公司每年按一定的标准向使用权代表单位支付当年的土地合作回报。（3）确定拆迁补偿办法。区县负责拆迁腾地工作和相关费用，市政局代表市政府视各区县实际情况给予适当补贴。（4）确定合作回报收入分配办法。每年项目公司支付的土地使用权合作回报收入通过代表单位全部分配支付至村民委员会，并由村民委员按合作章程分配到农民手中。

上海市青浦区由区政府牵头，将沿线所需 2 800 亩土地涉及的镇、村集体经营组织，以集体土地使用权作为资产纽带组成投资公司，市政投资方与土地公司联合成立股份合作公司，为高速公路项目公司，合作期限为 25 年，其间项目公司每年支付 1 350 元/亩的土地合作回报（第一年合作回报以所在区域每公顷农业生产净收益前 3 年的平均值为标准，每 3 年根据物价指数水平进行调整）。土地不征用，被征地农民不办理农转非手续，由集体经济组织内部进行土地调整。这一做法保障了农民在土地上的长久收益，缓解了政府修建高速公路的前期资金压力，同时减少了用地单位的用地成本，使三方均获得预期的利益目标。然而，

① 参见张蕴杰：《解决项目建设用地难题的尝试——土地使用权合作在上海高速公路建设中的应用》，载于《上海公路》2002 年第 s1 期；苏耀强、戴巍巍：《土地使用权合作在上海高速公路建设中的应用》，载于《上海建设科技》2002 年第 1 期。

土地的集体所有性质以及土地使用权在运营期满后的处置问题使得该种方式的持续时间较短，青浦区的试点只进行了1年多便宣告结束，有关土地已经办理了征收手续。

2. 动力机制运行路径

（1）制度环境的变化。上海市自1990年以来就一直处在经济高速发展的道路上，这得益于1990年时任国务院总理李鹏宣布中共中央国务院关于开放浦东的重大决策，上海市委、市政府由此制定了“开发浦东、振兴上海、服务全国、面向世界”的开发方针，高速公路的建设是其中的重要一环。高速公路的修建使得大量的增量建设用地产生，也使人们开始思考如何通过合理的方式从农民手中获得土地，在保障农民利益的前提下推进高速公路的建设。

2001年，上海市青浦区作为国土资源部9个征地制度改革试点城市之一，使其进行土地使用权合作使用改革时得到国家政策层面的支持，而在同年11月，市计委、市农委、市房屋土地资源管理局联合发布的《关于上海市农村集体土地使用权流转的试点意见》中规定：“允许农村集体经济组织以土地使用权的合作、联营、置换等方式，参与基础设施建设”，更是为青浦区的改革创新铺平了推行的道路。

上海市属于沿海的经济发达地区，人口密度较大，同时土地的价格较为高昂。按照每亩16万元的征地费用来算，建设完成高速公路网络需要花费80亿元的巨款；同时，如果对被征地农民进行安置，大约需要安置5万人，并给其中的3万人安排就业，给其中的2万人安排养老。由此可见，拆迁费用较高、安置难度较大是高速公路建设面临的难题。

在此情况下，地方政府为了追求较低的征地成本，用地单位为了减少其获地成本，而村集体和农民则是想要得到较高的土地收入回报，各利益主体均想通过实现各自的利益目标而攫取土地价格日益增加背景下的外部利润，土地使用权合作使用方式也就顺应而生。

（2）交易费用的控制。纵观土地使用权合作使用模式的整个过程，土地使用权代表单位的确定、土地合作回报标准的制定、土地合作回报的发放以及地方政府在整个过程中的监督管理是产生交易费用的关键之处。

土地使用权代表单位的确定需要区县、乡镇、村各级组织间紧紧联系，由各村民委员会通过村民大会等形式认可参加土地合作，同时区县政府需要将众多的农村经济组织联合起来，组成一个对外合作的代表单位。在此过程中，涉及的主体单位较多，各村的经济发展各异，因此整个协调过程产生的交易费用较多。

土地合作标准的制定主要是由市政局与区县政府协商完成，由地方政府承担其中的交易费用。由于每亩农业生产净收益数据包含的数据较多，调查工作量较大，耗时久，因此给地方政府带来了较大的调研费用。

从具体的合作回报的发放来看，项目公司每年承担较低的土地使用费，并将其存入指定银行设立的土地回报资金专户，专户资金由所在政府负责监督，并发放给合作代表单位。资金专户的设立使土地使用权合作的回报公开透明，监督便利。而合作回报的较低支出也使得项目公司与地方政府能够较快达成一致协议，减少讨价还价成本。被征地农民每年能够获得的回报收入也补偿了日常的生活支出，但随着经济发展得越发迅速，土地价格越来越高，土地使用权合作使用回报收入并不能满足被用地农民的心里预期，农民的抵抗情绪在此模式下渐渐产生，这增加了农民与其他各方间的冲突费用，从而加剧了该种模式失败的进程。

而在此模式的整个过程中，地方政府（包括市政府和区县政府）按照两级分工的原则，由市政府负责督促市属单位的动迁和项目公司土地使用费支付的监督，并支付给区政府一定的动迁资金补贴；区政府负责高速公路用地工作和相关费用，及时落实交地工作，完成项目用地范围内除市属单位之外的所有动迁工作，妥善解决农民安置，监督保证土地使用权代表单位，切实保障农民的利益。由此可见，对两级政府而言，市级政府减少了征地补偿费用，区级政府则简化了农地转用地审批程序，交易费用得到了一定程度的减少。

（3）利益博弈的均衡。从修建高速公路出发，地方政府需要在传统征地模式与创新模式中进行选择。对比传统模式下高昂的征地成本，创新模式可以使得地方政府承担较少的前期征地成本，在国家政策的支持下也只需支付少量的监督管理费用，其选择创新的行为自然发生。

基础设施的建设具有一定的强制性，村集体往往选择的只有配合，并从配合中争取能够得到自身的利益。在与农民的交流谈判中，农民能够得到的持续性土地收入是村集体能够与农民达成一致的关键所在。保留在集体的土地使村集体和农民仍然拥有土地的相关权利，也使其能够积极地响应政府的创新决策。

也正是因为土地使用价格的低廉，用地单位在使用增量建设用地建设高速公路时能够大大减少土地取得费用，从而间接提升用地收益，其自然也是积极接受地方政府实行的农地使用权合作使用模式。

但是值得注意的是，从长远来看，国家所有的高速公路其土地属于集体所有，有产生产权纠纷的可能。同时，合作期满后，土地使用权如何处置并没有明确规定，被用地农民的长远利益仍然得不到保障。因此上海市土地使用权合作使用模式只试行了1年多，最终土地被地方政府征收后投入高速公路建设。因此在农地使用权合作使用模式下，地方政府、村集体、农民以及合作用地单位都没有实现预期的收益分配结果，多方共赢的局面并没有得到理想的实现。

（四）农地股份合作：广东南海“农村土地股份合作制”

1. 基本情况[①]

早在1987年，中共中央在《把农村改革引向深入》中提出了要成立农村改革试验区，而当时的广东南海作为“农村土地制度建设与土地适度规模经营”试验区便走上了一条集体土地制度变革的道路。在广东南海，经济联社和经济社是村集体经济从事生产活动的组织单位，并在1990年广东省的有关规定下进行了组织登记，确立了其在市场的合法地位，而广东南海的农村土地股份合作制也正是在这两个组织单位的基础上发展起来的。

1992年，广东南海罗村镇下的柏村通过组建农村股份合作社，将股份合作制引入农村土地经营体制中，首先进行了农村土地股份合作制的试点。而在随后的1993年，广东南海开始了分期分批全面建立农村土地股份合作制的改革创新，推出了“一制三区”的改革方案。其中，“一制”指的就是农民以土地承包经营权入股，管理区（广东南海乡镇政府在村集体的派出机构）将土地进行集中规划、经营、管理，并建立起管理区一级的社区股份合作制。“三区”指的是将广东南海的土地分为三个区：农田保护区、经济开发区、商业住宅区。这也使部分集体的农用地可以不通过征收转为国有，直接进入建设用地的市场。而股份合作制的具体做法是：（1）将土地承包经营权和集体企业的固定资产量化折股；（2）股东身份的确定，村集体成员作为股东身份获得股权；（3）村集体从村集体成员手中获得土地承包经营权；（4）村集体成立农村股份合作社，设立土地股份合作制章程（包括股权设置、股权流转方法等）；（5）村集体凭借获得的股权参与村集体土地资产增值和收入分红的收益。

在广东南海的土地股份合作改革的过程中，大量的农用地被转为建设用地，其中一部分是通过传统模式进行供给，另外约一半是由村集体自行将农用地转为建设用地，并且报批地方政府的村集体很少。同时，村集体经济越发达的地区，农用地转用的欲望也越发强烈，村集体通过股份合作的方式利用该部分增量建设用地经营土地和厂房，获取了土地级差收益的增值，同时保障农民的股权分红收益，提高农民的土地收益，并反过来加速了农民的非农化程度。

（1）广东南海产业结构的升级。广东南海到2000年的生产总值比改革开放之初增加了17%，达338.76亿元，而工业生产总值则增加了23%，达700.36亿元，并形成了众多产业集聚程度较高的专业镇，这也使南海在广东省甚至全国范围内

① 参见刘宪法：《“南海模式”的形成、演变与结局》，载于《中国制度变迁的案例研究》（土地卷）第八集，2011年版。

的工业产值达到了举足轻重的地位。广东南海的农村在2007年的工业经济占比达79.2%，而农业经济只占据了1.65%。同样的，广东南海的农村劳动力有近80%已经转移到了非农生产上来，股份合作的创新模式使得广东南海的工业化和城市化的进程加快，产业结构同样得到了调整升级。

（2）村集体及农民收入水平的提高。根据广东南海统计局的抽样调查，2000年广东南海农民的人均总收入达9 823元，其中集体分红的收入所占比例高达45.1%，为4 429元。这也是集体土地收益保留在集体内部的体现。

由此可见，广东南海的创新模式在保证集体和农民可以通过其手中的集体土地获得不断增加的土地级差收益的同时，还能够加速农村工业化的进程，促进农村经济迅速发展。

（3）企业用地手续的简化及成本的降低。农地股份合作模式使得集体土地不用经过国家征地就可直接转为建设用地。对于使用国有土地，企业租用集体土地的手续简捷，且集体建设用地出租年期有长有短，适应了不同的用地需求，因此许多企业更愿意租用集体土地搞建设。至2002年，广东南海工业用地共15万亩，其中保持集体所有的达7.3万亩，将近一半。这种手续简捷、价格低廉且租期较有弹性的供地方式引来了大量企业在广东南海落户生根，促进了广东南海的快速工业化、城市化。

2. 动力机制运行路径

（1）制度环境的变化。广东南海的农村土地股份合作制并不是首创，早在20世纪80年代，深圳市的万丰村就组建了全国第一家以土地股份合作为主要特征的农村股份合作制企业，在短短的五六年间便获得了上亿的土地收益，其成功的经验对广东南海进行土地股份制改革提供了一定的启示。

1987年，广东南海被国务院列入农村改革试验区，其进行的土地制度建设和土地适度规模经营成为广东南海进行改革创新的制度前提。而在1986年，佛山市就已经制订了《关于完善和发展地区性合作经济组织的意见》，建立起了农村集体体经济合作组织体系，经济联社和经济社在村集体经济发展中发挥了积极的作用，这也为随后股份合作社的建立奠定了基础。

经济环境的变化则是广东南海进行大规模股份合作的关键动力。南海在试验区设立的初期进行的是粮食生产的规模经营，但是粮食生产的比较收益却在逐年下降。与此同时，珠三角地区的对外开放进程不断加快，南海地区的工业化和城市化迅速发展，一跃成为新型工业化地区。正是由于农业生产绩效低下与参与城市化和工业化发展获取较大收益之间的差距，使广东南海的农民更愿意参与非农工作获得更高的生活收入，村集体也尝试着利用农民手中的土地进行股份合作制改革，以获得建设用地入市后的土地增值收益。

另外，农村劳动力向第二、第三产业的持续转移使广东南海非农产业的大力发展，建设用地需求量持续增加。村集体为了能够更多的将土地增值收益保留在集体内部，选择了自主创新的方式，采用土地股份合作制的模式进行土地经营，并通过对外的大量供地获取高额的土地和租金收入。

（2）交易费用的控制。作为在地方政府领导下村集体自主寻求创新的增量建设用地供给模式，农地股份合作制同样不可避免的面临着传统模式下土地利用的产权界定和维护费用、土地供给的信息搜寻费用、制度的设计和维护费用、整个过程的履约和监督费用以及村集体和农民之间的谈判费用。

在减少产权的界定和维护费用上，股份合作制起到了关键的作用。一方面，土地资产量化以及土地承包经营权入股，可以将土地资产以股权的形式具体分配到每个集体内部的农民身上，既理顺了产权关系，又保障了产权的清晰度；另一方面，村集体在经营建设用地时，大多只负责土地和厂房的开发，具体的利用方式交给用地单位来进行，自己避免了后期土地产权变化带来的风险。从产权界定、维护以及风险规避的整个过程，股份合作的方式都能够有效地避免交易费用。

在制度设计和维护方面，先有深圳市万丰村的成功实践经历的参考，后有广东南海罗村镇先行的股份合作改革，使广东南海在随后的农地股份合作制的建立中能够得到较多的经验总结，减少了制度设计之处的困难。同时，经济联社和经济社配合管理区的强力领导，使创新制度能够得到大力的施行，后期的维护费用也得到降低。但同样因为该种模式在广东南海的全面推行，导致了大量的农地在转用过程中并未得到有效的监督和控制，使广东南海的集体建设用地中大部分属于未报批、报建的违法、违规用地，这给地方政府在后期的监管中带来了较大的难度，只能采取默认的态度任由村集体的股份合作制进行产业发展，这种土地用途管制的失效同样会给其带来巨大的履约监督费用。

虽然土地股份合作制作为一种成功的创新模式给广东南海带来了工业化的发展，但是其同样带来了一定的社会矛盾，主要体现在村集体与农民在股权设置上的纠纷和冲突。广东南海的农村股份合作组织的股权最初是由成员权派生而来，但是由于村集体成员对于内部成员的身份认知不尽相同，使得股权存在一定的不稳定性和模糊性。在实际情况下，一部分农民要求稳定股权，而另一部分农民要求根据村集体成员身份的变化来不断地调整股权，这两种不同股权认知的农民产生了矛盾，而村集体只能寻求两者的平衡，这给村集体带来了较大的组织协调费用。

（3）利益博弈的均衡。在广东南海的创新模式中，整个国家层面的政策导向和广东南海自身所处发展阶段的变化是促使建设用地需求量大幅提高的最初动力，地方政府也根据制度环境的变化进行一些试验性的尝试，发出了改革创新的信号，以达到集体土地的集约利用。这使得村集体处在一个创新思想较为浓厚的氛围，积极寻求与地方政府的合作，但又不拘泥于地方政府的创新形式，吸取其他地区的股份合作经验，进行自身的土地股份合作制改革创新，以通过发展集体经济来获得最大化的集体土地增值收益。凭借着经联社和经济社在村集体内部的领导地位，村集体与农民之间较快达成了一致协议，一方面由于村集体的创新行为得到了地方政府的支持；另一方面由于农民大多已经进入了非农行业工作，闲置的土地能够在村集体的经营下获得股份分红收入自然再好不过。同时，由于南海地区的股份合作社经营的集体建设用地成本大大低于国有土地，用地单位通过租入的方式获得较为低廉的土地进行生产活动，能够比在传统模式下获得土地再进行生产经营节省更多的成本支出，其自然也就乐于接收村集体的创新行为。

地方政府的创新要求，引发了村集体大规模的自主创新行为，同时得到了农民的积极响应和用地单位的低成本用地需求。

（五）不同创新模式的对比总结

通过以上对比分析可以发现，增量建设用地不同供给模式创新的动力机制既有相似之处，也有不同之处。

1. 1998年修改实施的《中华人民共和国土地管理法》对不同模式的制度创新产生重要影响

通过对各创新模式下案例地区实践进程的对比，可以发现，以上几种创新模式均发生在2000年前后，而1998年颁发的《中华人民共和国土地管理法》（以下简称《土地管理法》）是这些模式创新的重要制度节点。郑各庄村早在1998年之前就通过旧村改造将部分的耕地转变为建设用地，并进行集约利用，成立了宏福集团，大力发展非农产业；而南海区的罗村镇则在1992年便建立了农村股份合作社，通过“三区”规划将集体土地集中起来统一规划建设，并将部分用于工业发展。对于这两种模式而言，1998年之前的《土地管理法》规定：“乡（镇）村企业建设需要使用土地的，必须持县级以上地方人民政府批准的设计任务书或者其他批准文件，向县级人民政府土地管理部门提出申请，按照省、自治区、直辖市规定的批准权限，由县级以上地方人民政府批准。乡（镇）村企业建设用地，必须严格控制。”“乡（镇）办企业建设使用村农民集体所有的土地的，应当按照省、自治区、直辖市的规定，给被用地单位以适当补偿，并妥善安置农民的生产和生活。”也就是说，只要得到相关部门的批准，以及解决好被用地地区农民生产和生活的安置问题，乡（镇）村就可以按照发展需求对集体土地进行适当地建设。1998年修订后的《土地管理法》指出：“任何单位和个人进行建设，需要使用土地的，必须依法申请使用国有土地；但是，兴办乡镇企业和村民建设住宅经依法批准使用本集体经济组织农民集体所有的土地的，或者乡（镇）村公共设施和公益事业建设经依法批准使用农民集体所有的土地的除外。”但是同时也规定“建设占用土地，涉及农用地转为建设用地的，应当办理农用地转用审批手续”，则大大限制了乡（镇）村企业对于集体土地进行大规模转用建设的行为。而在这之后的杭州市“留地安置”模式中的留用地为征地返还，完全合乎现行法律，因而直到现在也得到了部分地区的推广。而上海市高速公路修建的模式虽然起步于2001年，但是由于其在设计之初考虑到了政府、农民、投资者的三方利益，旨在缓解地方财政压力、保障失地农民长久利益、缩减投资方成本，因而得到了国土资源部的重视，也被列为国土资源部9个征地制度改革试点城市之一。公共基础设施的建设得到了国家格外的重视，为农用地的转用提供了便利，也使得该种创新模式得到了实施。

2. 不同的经济发展阶段为不同模式的制度创新提供了制度背景

4种创新模式分别兴起于北京、上海、广州、杭州等城市，由此可见，良好的经济发展环境为增量建设用地供给模式创新提供了有益的条件。但是具体而言，不同地区的经济发展阶段却各不相同。“留地安置”模式得到良好推行的杭州市，是东南沿海地区著名的“鱼米之乡”，其旅游产业较为发达。然而自1999年开始，杭州市的经济增速逐渐放缓，人均耕地面积也日渐稀少，杭州市不得不考虑利用有限的耕地资源进行相应的改革创新，随后各地进入了“撤村建居、新城建设”的发展阶段。在进行城市改造、征收土地的同时，杭州市为了保证原有集体经济组织能够发展自己的产业，保证集体经济以及农民的长远收益，留用10%的被征农用地作为对被征地地区的补偿，开启了“留地安置”模式创新的新阶段。同样作为东南沿海地区的上海市，其自1990年以来就一直处在经济高速发展的道路上，这得益于1990年时任国务院总理李鹏宣布中共中央国务院关于开放浦东的重大决策，上海市委、市政府由此制定了“开发浦东、振兴上海、服务全国、面向世界”的开发方针，高速公路的建设是其中的重要一环。1999年上海市开启的高速公路网建设计划使大量的农用地被占用，而农地使用权合作使用在设计之初被认为可以较好地减少政府的征地占用成本。相比而言，北京市郑各庄村的模式创新来自村集体的“主动城镇化”，从1981年开始的“村办企业热”到1996年宏福集团的成立，郑各庄村村民一直处于主动发展致富的道路上。1997年，宏福集团3 000万元的高额负债激励了决策者进行“旧村改造”，盘活了村集体的土地，用于进行企业的生产经营和村集体物业的出租，而伴随着北京市“房地产热”的发展，郑各庄村通过构建物业积累了大量的资本，为后来工业园区的创办、产业多元化发展以及企业集群化奠定了基础。广东南海的农地股份合作模式创新主要来自村、镇为主体进行的自下而上的就地工业化和城市化。在广东南海，村级工业为主的乡镇企业到1988年已经发展到较高水平。1992年邓小平“南方谈话”后，广东南海的乡镇企业迎来了新的发展机遇，广东南海乡镇工业的快速发展推动了农村经济非农化的进程，“一制三区”的改革方案随着农地股份合作制的创新模式一并产生，“一制”就是社区股份合作制，“三区”的划分则允许广东南海可以将部分农地转为建设用地，而不须通过国有化的统一征收。

3. 增量建设用地产权归属不同导致模式的可发展性不同

新制度经济学把交易费用定义为：与转让、获取和保护产权有关的成本。在不同模式创新的过程中，人们减少交易费用的一个重要手段就是减少增量建设用地产权界定的费用，以保障参与者的利益。在杭州市三叉社区“留地安置”模式创新的过程中，由于留用地事先已经被征收为国有，并由政府与村集体协商具体落实，这解决了土地利用过程中的产权不清的历史遗留问题。村集体作为留用地所有权、使用权和经营权的拥有者，可以选择自主开发利用留用地，也可以与开发商进行合作开发，但需确保村集体对留用地使用的最终话语权。而在享受土地收益权的过程中，村集体通过建立股份经济合作社，将村民按照所拥有农龄股和人口股的多少来进行收益分配，明确了土地收益权的归属问题。广东南海的农地股份合作模式则完全通过股份经济合作组织减少了因产权不清带来的费用，通过土地使用权入股，社区成员按股分红或按股取息，量化及明确了社区成员的土地使用权，保障了社区和农民的产权，减少了侵权行为的发生，从而节省交易费用。而在北京市郑各庄村的“村企合一”模式中，由于企业、村庄和村民的身份多样，土地资产的“确权、确利”工作也较为困难，相关交易费用较高。郑各庄村通过在1998年第二轮延长承包土地时实行土地股权制，明确了农民在其中的相关权益，将土地由村委会委托宏福集团经营，用于发展第二、第三产业，形成了“确权、确利、保收益的土地流转机制”。与上述创新模式相反的是，上海市修建高速公路时，农地使用权合作使用模式并没有找到明确界定土地产权的办法，从而暗含着一定的交易费用。而此种模式最后无果而终，也恰恰是由此隐含的巨大交易费用所致。

4. 相关利益方土地收益分配方式不同

增量建设用地供给必然要占有原本属于农民的农用地，因此每一种模式创新都必须要保障失地农民的长远利益。“留地安置”模式中，杭州市三叉社区的留用地开发净收益按照三叉股份经济合作社章程的约定进行分配，其中公积金20%、公益金20%、福利基金10%、股东分红50%。2014年三叉社区人均分红为24 258元，高于2014年杭州市农村常住居民的人均可支配收入23 555元，再算上居民公寓房出租收入和被征地居民的养老保险收益以及居民的工资性收入等，三叉社区居民的人均可支配收入达10万元以上，远远高于2014年杭州市城镇居民的人均可支配收入44 632元。同时三叉经济合作社的总收入也从2004年的4 459.43万元，增加至2013年的25 591.95万元，社区和农民均得到了良好的收益。而在“村企合一”的北京市郑各庄村中，2012年农民的人均纯收入为59 800元，远高于郑各庄村所在的北京市昌平区农村居民人均纯收入的14 971元，其中除了25.6%的工资性收入，其余的74.4%，包括股份分红、土地租金收入、集体支付的社会保障收入、房屋租金收入都部分来自这一模式创新下增量建设用地带来的收益。郑各庄村从1998年旧村改造以来，实现了从当年兑现村民福利12万元到2012年兑现农民福利917.06万元，而人均土地收益分配也从当时的50元增加至2012年的3 110元。自从1992年广东南海进行农地股份合作模式创新以来，南海2000年的经济总收入达852亿元，比1993年增长2.1倍；1994~2000年，农民人均股红分配从1 016元增加至1 951元，大多数地区农民的股红收益占农民年人均纯收入的1/4以上。同时，农村集体经济实力的增强，使大部分村社有能力为农民提供社会保障和社会福利，从各方面提升农民的生活质量。上海市高速公路建设的过程中，由市政投资方与土地公司联合成立股份合作公司，为高速公路项目公司，合作期限为25年，其间项目公司根据不同区县每亩农业生产净收益的不同，每年按照900~1 500元/亩的标准支付土地合作回报，并由土地使用权代表单位支付给参与合作的各村农村集体经济组织。此种方式大大减少了投资者的投资额，缓解了前期政府的资金压力，但是对于失地农民来说，补偿收益处于较低水平，满足不了农民的基本生活保障。各地创新实践的对比总结如表5-2所示。

表5-2　　　　各地创新实践的对比总结

各地创新实践		杭州市三叉社区	北京市郑各庄村	上海市青浦区	佛山市南海区
正式制度环境	法律法规环境	从“撤村建居”工作出发，合法合规	1998年新《土地管理法》的修订使得农地转用困难	国土资源部征地制度改革试点地区	国务院农村改革试验区
	经济发展环境	“菜篮子村”向“城市东扩、沿江开发”的转变	亚洲金融危机：农业公司良好经营到宏福集团债权高筑	经济发展的提速带来了高速公路修建的增速	农业向第二、第三产业的转移以及农民非农化就业的趋势

续表

各地创新实践		杭州市三叉社区	北京市郑各庄村	上海市青浦区	佛山市南海区
正式制度环境	资源禀赋环境	人均耕地面积的减少，土地使用价值增加	“旧村改造”节约出大量的耕地	人均耕地面积的减少，土地使用价值增加	人均耕地面积的减少，土地使用价值增加
非正式制度环境		村民向居民的转变	农民非农化意识的增强	土地保障功能的延续	农民非农化意识的增强
交易费用的控制		留地安置相关政策的不断完善以及三叉股份合作社的成立，明确了土地的所有权、经营权和收益权归属	“村企合一”建立的双向委托—代理机制提高了经营效率，股权物化了土地产权	土地使用权代表单位的组建集中了土地资源，便于土地合作的协调工作	经济社和经联社的强力领导；“农地股份合作制”使农民的土地产权得到量化
各主体的利益目标	地方政府	发展区域经济	发展乡镇工业	修建高速公路网	工业化、城市化
	村集体	发展村级经济	发展村级经济	土地资产增值	发展村级经济
	农民	稳定的土地收益，良好的社会保障	稳定的土地收益，良好的社会保障	稳定的土地收益	稳定的土地收益
	用地单位	土地经营收益	土地经营收益	土地经营收益	土地经营收益
各主体的行为选择	地方政府	保留传统	选择创新	选择创新	选择创新
	村集体	自主创新	自主创新	响应创新	自主创新
	农民	接受创新	接受创新	接受创新	接受创新
	用地单位	接受创新	接受创新	接受创新	接受创新
博弈均衡的结果		“四赢”，稳定	“四赢”，稳定	农民收益低，失败	“四赢”，稳定

通过对比总结，我们可以发现在增量建设用地供给模式创新的过程中，创新模式总是合乎当时的制度环境而产生，或产生于国家的特别政策支持。经济发展阶段的变化往往能够加速创新模式的形成，驱使各创新主体主动寻求创新，追逐土地稀缺性状况下的土地增值收益，并在尊重农民传统意识观念的基础上进行适当的制度创新。模式创新过程中交易费用的控制主要来自新的模式下创新主体对

土地产权的明确界定和维护，一个良好的收益分配制度是使得各方达成利益一致的关键，而最终收益分配结果的多少决定了该创新模式能够持续时间的长短。

第三节　留地安置政策下土地收益共享性[①]

党的十六届五中全会中指出，要实行工业反哺农业、城市支持农村，推进社会主义新农村建设，要建立以工促农、以城带乡的长效体系，进行征地政策创新，建立和完善失地农户征地补偿方案。在我国城市化进程快速发展的前提下，怎样处理城市与农村之间的统一发展是目前亟须解决的关键问题。为了降低征地时农民与政府之间的冲突，保障农民长期收益，各地纷纷出台了土地换保障、土地入股、留地安置、综合开发及土地集中开发等创新补偿模式。早在20世纪80年代中期，也就是深圳特区成立之初，因为当地政府在进行征地等一系列措施时，财政紧缺，不能进行一次性货币补贴，出现了留地安置政策。此后，随着深圳市经济的迅猛发展，留地安置所带来的经济效益能够足以使被征地农户分享其土地收益，并且解决了被征地农户的长远生计问题，各地纷纷效仿，在广东、福建、浙江、贵州等地率先实施，实践证明留地安置能够最大程度上保障被征地农户的长期收益（黄亚云等，2009）。杭州市自1995年为修建绕城公路进行征地时首次提出留地安置，经过20年已经从初步探索、完善阶段到规范发展的过程，形成了较为完整的规章制度。其规定将被征地范围的10%为留地指标，通过协议出让交付给村集体经济组织用于第二、第三产业发展，来保障农户生产生活的需要，并从留用地指标管理、留用地项目用地管理、留用地项目监管、留用地项目产权登记及转让管理和留用地项目出让收入管理五个方面做了详细的规定。

国家层面在提出“大幅提高农民在集体土地增值收益中的分配比例”之后，党的十八大报告又指出“让广大农民平等参与现代化进程、共同分享现代化成果”。留地安置政策经过十几年的完善与发展，在解决农户就业和长期生活保障方面发挥了积极的作用，学术界也对留地安置政策创新的诱因、性质、存在的问题进行了较为深入的分析，但很少有研究对留地安置政策下农户参与土地收益分配的共享性进行定量研究。杭州市是我国较早进行征地制度改革的地区，土地征收补偿方面也有其自身的特点，其早在20世纪90年代初就开始试行留地安置也

① 本节主要内容参见课题支撑培养的研究生硕士学位论文《留地安置的土地增值收益共享水平研究——以杭州市三叉社区为例》（张卫卫，2016），以及《基于集体和农户层面的留地安置政策绩效评价研究——以杭州市江干区为例》（刘金莹，2016）。

实践了一段时间，但具体的实施效果如何？在此过程中农民是否合理参与了土地增值收益分配？土地增值收益的共享水平如何？却鲜有研究。本书在构建留地安置政策下土地收益共享性研究的理论分析框架的基础上，选择留地安置实施较早的杭州市江干区三叉社区为研究区域进行了实证研究，评价留地安置政策现有的不足，为现有留地安置提出政策建议，为创新土地征收指明改革方向。

一、土地收益共享的理论分析框架

收益共享是收入分配领域在政策层面兼顾公平的一种改革提法，体现了对全民所有的资源收益公平分配的内在要求（杨亚楠，2014）。实现“公共资源收益全民共享”，既是对社会主义制度核心要义的深化阐释，同时也应该是政府积极施政的落脚点。资源是人类社会和经济发展的关键性因素，土地资源作为一种公共资源是人类社会发展的重要物质基础，对国民经济发展和国家安全具有重要意义。本书根据土地收益来源差异探讨土地收益应该如何共享，并以包容性增长理论构建土地收益共享的理论分析框架，阐明土地收益共享的内涵和外延。明确土地收益共享的主体、各利益主体参与收益共享的理论依据、收益共享的目标。

（一）共享的概念

收益共享属于收入分配领域。不同学科对收入分配的理解对笔者都有所启发。如传统经济理论关注收入、商品和效用，现代经济学理论关注自由、权利、能力等非商品信息，经济学科注重价格的形成，政治学科关注权利的实现。因此收益共享的概念因学科不同而有所差异。从微观经济学角度，收益共享指利益相关者之间的收入分配问题。从政治学角度，收益共享指各利益相关者在平等对话和协商的基础上争取自身利益的最大化。可以发现经济层面强调收益均衡分配，政治层面强调平等话语权，各个学科的研究往往局限在一个层面，难以从根本上解决现实问题（杨亚楠，2014）。包容性增长是指公平合理地分享经济增长，有四个层面的基本要义：经济增长、权利获得、机会平等、福利普惠，其关注经济增长的同时关注权利的获得和福利的普惠（杨亚楠，2014），为本书完整地刻画收益共享的概念提供了基础和思路。

本书中收益共享是指各利益主体在参与增量建设用地形成过程中的土地增值收益分配时享有的权利、机会、规则、结果的公平合理程度。其内涵可以概括为收益共享权利公平、收益共享机会均等、收益共享规则公平和收益共享结果公平四个维度（唐焱，2016）。

1. 收益共享权利公平

收益共享权利公平即各利益主体公平的享有参与增量建设用地形成过程中土地增值收益分配方面的权利。政策应赋予每个公民尤其是处于弱势地位的失地农民对于留用地增值收益分配的知情权、参与权、表达权和监督权。

2. 收益共享机会均等

收益共享机会均等即参与土地增值收益分配的各利益主体有平等的生存与发展的可能性空间和余地。政策应赋予各利益主体尤其是处于弱势地位的农民在失地后有平等的权利和机会去发展个人潜能，使农民个体具有把握机会的能力或条件，主要体现在接受教育和就业培训、医疗保健、信息获得等方面。

3. 收益共享规则公平

收益共享规则公平即留用地增值收益分配规则和准则的公开化、具体化、制度化，土地增值收益分配以各利益主体听得着、看得见的方式进行。

4. 收益共享结果公平

收益共享结果公平即参与留用地增值收益分配的各利益主体之间的付出和所得之间的公正合理，以及人民在收入和土地财富分配方面的相对平等和均衡，即分配公平。

（二）土地收益共享依据

1. 土地发展权涨价共享

产权的实质是收入分配权，土地所有权是土地增值的载体，农村土地为农民集体所有，是农民生活和就业的保障，通过土地征收获得增量建设用地的同时，使得农民失去了这一保障，政府理应根据土地发展权涨价共享原则对始终处于弱势地位的失地农民的土地发展的权益给予补偿，使其能够分享到未来土地增值所带来的效益。

2. 包容性增长理念下的机会平等和成果共享

机会平等和成果共享是包容性增长的核心内涵。包容性增长契合经济新常态下全民建成小康社会的新思路，注重弱势群体的利益和诉求，旨在消除贫困和不平等。农民作为土地征收的被动接受者，处于天然的弱势地位，其权益应该受到保护，全民建成小康社会不应把失地农民排除在外，而应该使全体人民不分地域、不分城乡、不分群体、不分民族，共同前进、共同富裕，让发展成果为广大人民所共享。因此，也应该采取一系列措施保证农民可以合理分享到土地增值收益。

3. 公共资源收益全民共享

根据全民共享理论，作为公共资源的土地资源，其收益应该通过初次分配和再分配实现全民共享。然而现有的土地征收出让过程中形成的土地增值收益分配不公成为既定事实。补偿标准偏低被众多学者诟病，集体土地作为农民生产和生活的主要生产要素，同时承担着农民社会保障的重要作用，众多农民因失地返贫、因失地致贫。农民作为原集体土地的所有者应保障其权益，通过征地制度改革让其共享现代化成果。

（三）土地收益共享主体

土地收益共享的主体是社会共同利益的创造者，有广义和狭义之分，狭义的主体仅指直接创造土地收益的部门，广义的共享主体既包括直接创造土地收益的部门，也包括间接创造土地收益的部门，具体而言，包括中央政府、地方政府、村集体、农民个体及其他公民。本书所指收益共享主体指广义上的主体。能否合理分配土地收益实质上关系到土地征收、留地安置工作能否顺利进行，关系到政府、集体和个人三者之间的经济利益关系能否妥善处理。

1. 地方政府①

地方政府是中央政府在地方的代理人，代表国家对地方进行经济建设和社会事务管理工作。地方政府代理中央政府行使征地权，他们是城市建设用地的经营者和管理者，在土地征收出让过程中凭借土地所有权获得土地出让金和税金，其是土地征收的获益者，并且征地收益成为许多地方政府财政收入的主要来源之一。留地安置作为货币化补偿的补充形式，是地方政府在征地制度改革方面的有益探索，政府主要投入的是政策支持，而不需要投入更多的资金，可以降低征地成本，缓解地方政府因征地带来的财政压力，同时，留地安置还可以有效推进征地工作进展，缓解上访事件导致的社会矛盾和冲突，减少交易成本和社会成本，并可在一定程度上解决失地农民的就业问题，减少了社会的不稳定因素，是地方政府乐于选择的征地补偿方式。

2. 集体经济组织

集体经济组织既是农村土地的所有者又是村集体的领导者，在土地征收过程中，一方面要执行上级政府的各项行政命令，协助地方政府完成土地征收工作，提高自己的工作绩效；另一方面作为村民的法定利益代表者又要维护本集体村民的利益。留地安置很好地解决了集体的这一矛盾状态，被征地集体经济组织即可以协助地方政府顺利完成征地工作，得到政绩的提升又同时保留留用地的使用权，使留用地的发展权保留在集体内部，作为村民代表保障本村集体的利益。通

① 中央政府留地安置政策下获得的收益与土地征收货币化补偿是一样：初次分配获得的都是土地出让金；二次分配获得的都是土地税（费），在此不展开讨论。

过土地征收烦琐的农用地转用审批手续得到完成，为后期留用地非农开发建设提供了保障。通过自主开发或者合作开发，使留用地由低收益的农用地转变为高收益的建设用地，通过这些长期收益项目的开发经营，产生了巨大的增值收益，壮大了农村集体经济组织的综合实力，为其培育了稳定的收益来源。

3. 农民个体

农民是农村土地的承包经营者和使用者，农地同时承担着农民生活保障、养老保障和就业保障等多项功能，是农民长久的生活倚仗。土地征收使其失去了这一倚仗，农民自然期望得到更多的补偿，以保障自己失地后的生活。实施已久的货币化补偿制度由于补偿水平偏低、补偿不公越来越引起农民的不满。留地安置较好地解决了这一问题，保留了部分土地给村集体使用，农民作为集体的一员凭借成员权可以获得留用地上长期稳定的收益，同时留用地的开发经营使农民可以就地进行物业、保安等工作，扩宽了农民的"再就业"渠道，使得被征地农民可以分享城市化增加的社会福利。

4. 其他公民

土地资源作为公共资源，通过土地征收将其产权转为国家所有，即全民所有，根据全民分红理论，其收益理应通过合理分配为全民所共享。通过土地征收出让政府获得的出让金和税费应该更多地用于基础设施和公共服务设施建设，提高城市医疗、教育、文化水平，满足社会共同需要，让福利普惠广大人民群众。

（四）土地收益共享目标

在城市化进程不断加快，城镇空间不断外扩的过程中，通过土地征收形成的巨大增值收益如何进行合理分配和共享成为问题的焦点所在。在此过程中，每个成员的需求都应纳入考虑当中，并以大多数人的利益需求为主导，给予其持续不断的满足，而不是只考虑少数人的需求，造成持续拉大的贫富差距。土地增值收益分配应兼顾国家、集体和农民三者的利益，合理提高农民在土地增值收益中的分配比例，改变目前土地增值收益农民无份的状况。"共享"不仅仅是经济分配问题，更是社会文化问题，应保障权利、机会、规则、结果的公平性。对作为公共资源的土地资源的收益进行分配是财政调节收入分配的手段之一，也应该是实现全民共享和共同富裕的一种重要方式方法。其土地增值收益应实现全民共享，实现财富的公平分配，不应把失地农民排除在外。因此，在土地征收出让过程中，应有公平公开公正的规则使处于弱势地位的农民，有平等的权利、机会分享城市化增加的社会福利。具体表现在以下四个方面：

1. 权利公平

权利是由社会风俗、公共舆论、道德原则、法律法规等认定的合理、正当的利益、资格和自由。权利公平强调的是权利的正当性、非歧视性、不偏袒性、对等性。在土地征收补偿问题上，权利公平注重对每一个利益相关主体正当权利的尊重和维护，尤其是处于弱势地位的被征地农民，社会应赋予他们享有参与土地征收出让形成的土地增值收益公平分配的权利；应通过进一步完善征地程序，保障农民的知情权、参与权、表达权和监督权。同时，权利公平还强调权利的互相尊重与平等，个人的行为应有益于他人，至少不损害他人的正当权利。土地征收不应挂着“公共利益”的幌子偏袒任何一方，使失地农民的权利受到侵害，应保障其土地发展权。

2. 机会均等

机会可以解释为“社会成员生存与发展的可能性空间和余地”，也可以解释为“参加某种活动的权利”。在我国现阶段，机会均等要求社会提供或创造的生存、生活、发展、选择的时机和条件对于全体社会成员都是平等的。但是，由于个人天赋、后天努力的不同，这种均等也是相对的。在土地增值收益分配中，机会均等主要体现在两个方面：一是所有利益相关者有平等的参与土地征收活动的机会或权利，主要体现在土地资源利用方面；二是社会要赋予所有利益相关者平等的权利和机会去发展个人潜能，特别是使失地农民具有把握机会的能力或条件，主要体现在接受教育和培训、获得信息等方面。前者称为参与机会的均等，后者称为发展机会的均等。

3. 规则公平

规则具有公开性、普遍性和约束性；规则是规定和准则的公开化、具体化、制度化；规则普遍适用；规则需要大家共同遵守。规则公平，即社会要有一套合理的制度和章程，这套制度和章程由利益相关者共同协商制定并认可，它对每一个利益相关者都一视同仁。只有制定出公平的补偿、分配规则，并且按照规则对失地农民进行补偿和分配，才能保证收入和财富的来源正当，保证农民的贡献和所得相称，维护农民的基本权益。

4. 结果公平

收入和财富的分配是一种经济和社会行为。因此，所谓结果公平，是指必须综合运用多种手段途径，合理调节各利益主体的分配关系，使其既符合公正的要求，又达到相对平等或均衡的状态。维护和实现分配公平必须遵循三个原则：经济公平原则、政治公平原则和伦理公平原则。这三种原则相互作用，促成分配公平。经济公平是市场经济得以存在和发展的伦理基础。经济公平并不是收益的均衡享有，而是有差别的享有。因此，收益共享承认差异的存在，但强调差异的合理性，所谓合理就是要得到各利益主体的共同认可。政治公平是指在特定经济关系和利益关系的基础上，保障公民权利得到平等实现的政治形式。伦理公平原则是关乎弱者的原则，应通过三次分配给予弱者帮助，有助于互助友爱、共同富裕的良好风尚。

因此，构建留地安置政策下土地收益共享的分析构架，如图 5 - 3 所示。

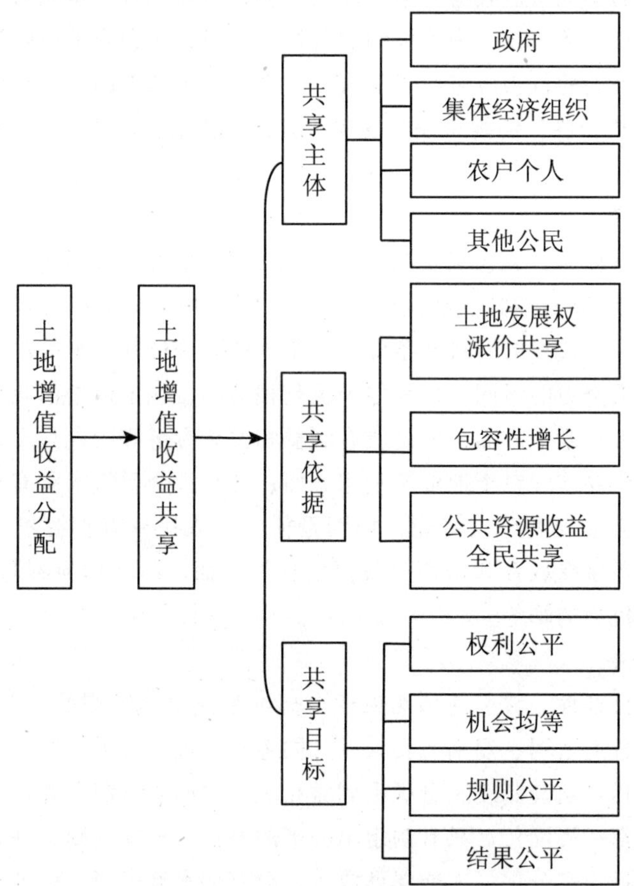

图 5 - 3　土地增值收益共享分析框架

二、留地安置及其类型

（一）留地安置的概念

留地安置政策虽然没有明确在我国法律法规中提及，但在 2014 年中央一号文件《关于全面深化农村实施加快推进农业现代化的若干意见》（以下简称“中央一号文件”）中首次出现留地安置。在补偿层面，中央一号文件指出，第一要从住房、社保、就业培训方面来补偿被征地农户，第二要因地制宜实施留地安置、补偿等多种方式，以保证农户长远生活需求。由此可得，中央政府已经意识到留地安置政策在土地征收中的重要地位。其实在早先已经有学者对留地安置进行了多方面的研究。

黄志华（2006）认为留地安置是我国在因公共利益进行土地征收时的创新举措，对于城市郊区的农村来说这是一种主导的方式，通过行政划拨交予村集体一定比例的留用地，用于建设企业、物流运送、存储分销或者是乡村旅游业的发展。留用地区别于征地补偿的地方就在于给予一次性补贴后，还能保障农户的长远利益。

陈泽环（2003）认为留用地安置是单纯货币安置的一种补充，可以使留地安置的农户和村集体进行生产经营类的工作，也可以叫作划地安置，即科学合理的选择出一定比例的土地，让农户和村集体将置换土地使用权获得的补偿费用用来进行第二、第三产业的开发，将补偿费用转化为再生性资产投资，可以使失地农户通过与产业性的物质资本相融合实现再就业，以此来解决农户的生计问题，保障长远生活水平。

李淑梅（2007）则认为留地安置也可以叫作开发性安置，拥有生产效益和社会保障的双重功能，可以将留用地建设用于不同功能的项目工程，是可以解决失地农户生活保障的一种方法。

学者们对留地安置的定义都大同小异，所谓的留地安置，是指在被征地范围内外，根据一定的留地指标交付给村集体组织相应的建设用地用于第二、第三产业发展，来保障农户的生产生活需要。留地安置的实质是从土地上来提高被征地农户的补偿水平，它作为征地过程中单一货币安置的创新，解决了被征地农户补偿标准过低、一揽子买卖的弊端，发挥了积极的作用，为推动城乡统筹发展提供了新思路。

（二）留地安置的类型

根据留地安置政策内容的不同，可以将我国留地安置政策分为五种类型即温州模式、杭州模式、咸嘉模式、金包银模式和惠州模式，不同类型的政策制定如表 5－3 所示。

总体来说，我国留用地的权属主要分为国有和集体两个类型，大部分采用留用地国有的方式，不管是何种权属类型，其目的都是保障农户和集体能够充分的利用留用地来提高其收入。留用地的开发模式有集体导向和政府导向两种。集体导向是具备一定经济地位的村集体选取不同的经营方式用于留用地的开发建设，如开发商业、工业和公益性设施；政府导向就是具体经济组织缺乏资金和良好的

表5-3　　留地安置基本类型比较

模式类型	杭州模式	温州模式	“金包银”模式	咸嘉模式	惠州模式
典型城市	杭州	温州	厦门	长沙	惠州
留地权属	国家所有	国家所有	国家所有	国家所有	城市规划区内为国有，规划区外无限
留地比例	被征地总面积的10%	可按7:3的比例分别用于第二、第三产业，一、二、三类地段面积分别为36平方米/亩、30平方米/亩、24平方米/亩；也可全部用于第三产，各类地段分别为45平方米/亩、40平方米/亩、35平方米/亩	被征地总面积的10%	生活安置留地指标每人55平方米；生产安置留地指标被征地总面积的6%～10%	土地被征完的，按征地面积15%，其中工商用地10%，住宅用地5%；征地面积小于50%或以前安排过留用地的，按征地面积的10%计算，其中工商用地8%，住宅用地2%
留地获取	协议出让	村集体无条件优先购买	协议出让	协议出让	协议出让
留地管理	由村集体经济组织进行管理	由村集体经济组织进行管理	由村集体经济组织进行管理	由村集体经济组织进行管理	由村集体经济组织进行管理
留地转让	严格禁止	无明文规定	严格禁止	严格禁止	严格禁止
留地用途	经营性房地产以外所有项目	可用于房地产开发	无严格规定	无严格规定	无严格规定
开发模式	村集体集中开发建设	村集体集中开发建设或指标分给村民由其自行开发	村集体集中开发建设	留地集中安置，综合开发	村集体集中开发建设；当村集体经济薄弱、留用地招商引资条件高、政府财力雄厚的地方，实行留用地返租政策

领导班子，所以需要政府提供人力、物力、财力等方面的支持，共同进行留用地的开发经营。即根据集体自身的实力情况选择不同的利用方式，其中出租经营因其投资小、收入稳定、风险较小得到普遍的采用。留用地的用途主要包括工业、商业、住宅和公共事业，其中公共事业主要是指利用紧邻大学城的优势建造学生宿舍和教学楼等进行出租，不管是任何用途其根本目的是进行租赁获得租金收益。其实大部分区域仅仅简单提出了政府征地过程中留用一部分土地给村集体用于第二、第三产业的发展，却没有详细制定政策，相对完善的也仅仅是对留用地的产权、面积和用途进行了规定，但仍然没有对留用地在流转、经营、违约后的处罚进行明确规范的研究。

尽管各地的政策涵盖的内容不同，也存在一定的瑕疵，但是，各地政策的最终目的都是为了在政策执行中保障农民和集体的权益，尽可能地提高农民和集体的福利水平。留用地安置政策作为一项反哺农村社会经济发展的举措，其目标是在保障城市建设和保护农户利益之间寻找一个平衡点，不仅要壮大农村集体经济和保障失地农户收入平稳增长，而且也要注重社会福利和资源的可持续利用，保障政府职能的高效。留用地安置政策不仅是一种行之有效的失地农户安置模式，也是保障失地农户长远生计的重要政策。

三、基于农户视角的留地安置政策土地收益共享水平评价——以杭州市三叉社区为例①

本部分将结合三叉社区留地安置土地增值收益分配的实际情况进行实证研究，首先分两个层次界定留地安置收益分配的主体，第一个层次是政府与集体之间的收益分配；第二层是集体经济组织与农民之间的收益分配。其次在分析各利益主体的行为动机和价值取向的基础上，探讨不同主体之间的互动方式和利益均衡关系以及各利益主体参与土地增值收益分配的权益类型。

（一）三叉社区留地安置及其土地收益分配现状

1. 三叉社区基本概况

三叉社区属于杭州市江干区四季青街道，位于杭州市东部，秋涛北路东侧，东邻新塘路，南接庆春东路，北挨凤起东路，地处钱江新城核心区块，辖区面积 1.5 平方千米，常住人口 4 568 人，常住户 1 061 户，外来人口 4 155 人，境外人

① 此部分内容作为课题研究阶段性成果发表在以下论文中：唐焱、张卫卫：《留地安置政策下农户的土地增值收益共享性研究——以杭州市三叉社区为例》，载于《中国土地科学》2016 年第 8 期。

员 46 人。

三叉社区前身是三叉村，撤村建居前的三叉村地处四季青城郊，占地共有 2 200 余亩，其中农用地 1 300 亩左右。在实施土地征收留地安置前，三叉村是典型的“菜篮子”村，集体土地大部分用于种菜、养鱼，还有部分为仓库、传统市场、若干制造类工厂，经济效益不高。村民生活状况也不甚理想。生活累、住的差、环境脏、收入低是三叉村民的真实写照。为了改变这一现状，1999 年杭州市执行《杭州市撤村建居集体所有土地处置补充规定》，实行了 10% 开发性安置用地政策，即按照征地面积的 10% 给予被征地村开发性安置用地，进行企业建设或标准厂房建设等。后来，该做法慢慢转变为现有的留地安置政策。三叉村抓住这一发展机遇，于 2002 年 5 月 10 日撤村建居，改称“三叉社区”，并于同年完成集体经济股份制改革，经济实体为三叉股份经济合作社。根据《四季青镇三叉村改制为股份经济合作社的实施方案及细则》（以下简称《方案及细则》），对当时所有在册农业人口、因升学服役等原因离开的农转非人员、已退休的原三叉村务农村民以及因婚嫁等原因转入的农业人口，根据其年龄段、参加农业劳动时间长短等自身特点设置了人口股和劳龄股，这成为农民参加合作社分红的依据。截至 2002 年 5 月 10 日，全村可享受人口股的有 2 544 人，折成人口股 2 299 人，可享受一次性补贴的有 1 344 人。可享受股东资格的农龄 27 272. 8 年，已退休人员农龄 14 632. 2 年，已退休农龄按《方案及细则》不进行量化，但可以享受每个月 900 元的养老保险补贴。

撤村建居 10 年来，三叉社区合理开发留用地项目，大力发展集体经济，从 2000 年开始，三叉村从所处的特殊地理位置出发，抓住区政府相关政策，按照城市建设规划及产业发展规划，逐步拆除了仓库、创建了市场，并将污染重的工厂搬迁到丁桥。撤村建居后，三叉社区充分抓住钱江新城建设机遇，利用 10% 留用地进行开发建设，大力发展楼宇经济，经过 10 年发展，三叉社区实现了从陈旧仓储、一产经济为主的“粗放型城郊村经济”向楼宇经济、现代商贸、传统市场、社区商业四位一体的“现代化都市型经济”的华丽转型：先后开发建设了三新大厦 · 乐购 Tesco 超市、银泰百货、三新银座 · 欧亚达家居广场、广新商务大厦、新业大厦、东部数码城 6 个留用地项目，总建筑面积约 27 万平方米。6 大项目均坐落在庆春商圈周边，与钱江新城近在咫尺，地理位置优越、商业氛围浓厚。目前均已投入运营，经济效益十分明显，6 个留用地项目年租金超过 1. 2 亿元，已经成为三叉社区集体经济发展的主要来源部分。截至 2015 年 8 月，社区直属企业有 3 家，租赁企业 21 家。租赁合同达到 208 份，物业出租面积达 36 万平方米，年租金超 2. 2 亿元。2013 年全社区可使用资金收入 2. 55 亿元，2003 年为 3 751 万元，2013 年是 2003 年的 6. 8 倍；2013 年三叉股份经济合作社股东人均分红达 23 850 元，2003 年人均分红 4 268 元，2013 年是 2003 年的 5.5 倍；2013 年三叉社区原股东家庭户均分红达 9.68 万元，2003 年全村 865 户家庭户均分红收入仅 1.16 万元，2013 年是 2003 年的 8.3 倍。由此可见，三叉社区留地安置项目有效保障了民生，取得了一定成果。

2. 留用地开发经营及土地增值收益分配现状

三叉社区主要通过商铺出租的形式经营留用地，因此留用地的经济效益主要来源于租金收益，其中 6 大留用地项目的租金收益是收益的主要来源。2012 年，6 个留用地项目年租金超过 1.2 亿元，上缴国家税收 2.13 亿元，如表 5 - 4 所示。

表 5 - 4　　　　2012 年 6 大留用地项目租金收益

项目名称	项目面积（平方米）	建筑面积（平方米）	政府税收收益（万元）	集体租金收益（万元）
三新大厦·乐购 Tesco 超市	24 000	57 710	12 995	1 500
银泰百货	17 666.67	51 264	5 216	2 600
三新银座	26 866.67	93 723	683	5 900
广新商务大厦	11 066.67	44 454.33	1 180	1 700
新业大厦	4 733.33	19 123	1 176	250
东部数码城	2 266.67	6 701	50	300
合计	86 600	272 975.3	21 300	12 250

资料来源：作者根据三叉社区村委会访谈数据整理。

三叉社区领导班子充分抓住钱江新城建设机遇，充分运用 10% 的留用地以大项目建设为推动力，投资 6.25 亿元相继开工建设了庆春广场二期工程、华东家电市场二期、三新金座、广新大厦、新业大厦、东方家私市场二期工程、三新银座 6 大留用地项目，总建筑面积达 27 万平方米。在项目建设的同时，社区领导班子为了抢占发展先机、引进优质项目，同时也是为了减少资金压力，坚持“边建设、边招商”的工作思路，做到项目建设完成，招商工作也落实到位。短短几年间，先后引进了乐购 Tesco 超市、银泰百货、欧亚达家居等国际国内知名品牌，截至 2012 年共引进 25 家国际国内著名企业和总部，总注册资金 4.5 亿元。6 大留用地项目均坐落在庆春商圈周边，与钱江新城近在咫尺，地理位置优越、商业氛围浓厚。目前均已投入运营，经济效益十分明显，目前已成为三叉社区集体经济发展的主要来源部分。

（1）留用地开发投资模式。三叉社区根据自身拥有资金状况及掌握的市场交易数据资料情况，通过社区干部和村民代表进行协商确定了自主开发和合作开发两种模式。自主开发的留用地项目有四个：三新大厦·乐购 Tesco 超市、银泰百货、三新银座·欧亚达家居和东部数码城；合作开发的留用地项目是广新商务大厦和新业大厦。

三新大厦·乐购 Tesco 超市是三叉社区第一个自筹自建、自主开发投入使用的留用地项目。该项目占地约 24 000 平方米，建筑面积 57 710 平方米，2007 年竣工投入使用，主楼共 19 层为写字楼，裙楼 4 层为乐购超市，大大方便了周边群众的日常生活，带来了人气和商机。2012 年，三新大厦项目上缴税收 12 995 万元，集体经济年租金收益约 1 500 万元，成为江干区第一个税收亿元楼宇。

银泰百货也是三叉社区自筹自建、自主开发的留用地项目。该项目占地 17 666.67 平方米，地上八层、建筑面积 51 264 平方米，2010 年竣工投入使用，是集购物、餐饮、娱乐于一体的大型百货商场，具有较高的品牌影响力。2012 年，银泰庆春店项目上缴税收 5 216 万元，集体经济年租金 2 600 万元，成为江干区第一个商业百货零售企业。

三新银座·欧亚达家居广场项目占地 26 866.67 平方米，地上 7 层，建筑面积 93 723 平方米，于 2007 年开工建设，采用自主开发的形式，并于 2010 年竣工投入使用。三新银座（资募大厦），是江干区首批打造的泛金融业的特色楼宇。欧亚达家居是国内知名的家居连锁商场，目前已成为杭州市东部高档家居采购集中点。2012 年，该项目上缴国家税收 683 万元，集体经济年租金 5 900 万元。

广新商务大厦项目占地 11 066.67 平方米，地上 26 层、建筑面积 44 454.33 平方米，采用的是合作开发的形式，2011 年竣工投入使用，是集商场、餐饮、办公功能于一体的商务办公大楼。2012 年，广新大厦上缴国家税收 1 180 万元，集体经济年租金收益约 1 700 万元，成为江干区首批以传媒企业为平台的特色楼宇。

新业大厦项目占地 4 733.33 平方米，地上 19 层，建筑面积 19 123 平方米，采用合作开发的形式，2011 年投入使用，为商场、办公一体的综合写字楼。2012 年，该项目上缴税收 1 176 万元，集体经济组织年租金收益约 250 万元。

东部数码城项目占地 2 266.67 平方米，建筑面积 6 701 平方米，采用自主开发的形式，于 2009 年竣工投入使用，致力于打造杭州市东部的数码产品中心，市场内各大数码品牌云集，购物便利，成为城东居民消费数码产品的首选之地。2012 年，东部数码城项目上缴税收 50 万元，集体经济租金收益约 300 万元。

（2）政府与集体之间的收益分配。土地增值收益产生的前提是土地作为生产要素投入经济领域所产生的收益再分配，合理分配土地增值收益的前提是清晰的土地产权关系；杭州市采用的是先将土地征收为国有后，再返还一部分国有土地给被征地的农村集体或农民用于生产经营。留用地所有权由集体转为国有，产权明晰，有保障，土地价格增加。三叉社区留用地开发政府主要提供的是让利于民的政策支持。主要体现在以下两个方面：

第一，征收的土地整片开发中能用于经营性开发的只占30%，其余的用于配套、拆迁安置、村留用地、道路、绿化。政府将区片土地配套开发好之后，10%的留用地的价值才能显现。这种固定资产投资虽然存在于留用地之外的周边土地，但会形成一定的辐射度，产生效益的外溢，从而使受益的留用地产生增值。

第二，杭州市政府也一直执行让利于民的政策。从留用地获取程序看，虽然留用土地是有偿使用的，出让金按规定计缴，但土地开发期间，市本级的收益全部返还给村集体，只需上缴省与国家的收益即可。从开发方式看，村集体选择自主开发的，通过协议出让的方式供地，并且出让金扣除上缴给国家和省里面的税费之后，全部返还给村集体使用；合作开发需要经过土地储备中心收储，然后通过招拍挂出让，出让金由房地产开发商先交，再返还给开发商。合作开发的村集体所占股份不得低于51%保障了村集体的主体地位。市政府每年在新增建设用地指标中拨出一块用于保障留用地项目。这一政策既保障了留用地的有序开发又大大降低了村集体的农地转用成本，给村集体建设资金筹集带来了很多的便利，减轻了其资金筹集压力，同时留用地开发收益全部留给村里，给村集体继续滚动开发让村民长期受益，给村民分红、保险、就业、就学带来了可能。

政府与集体之间的收益分配如图5-4所示。

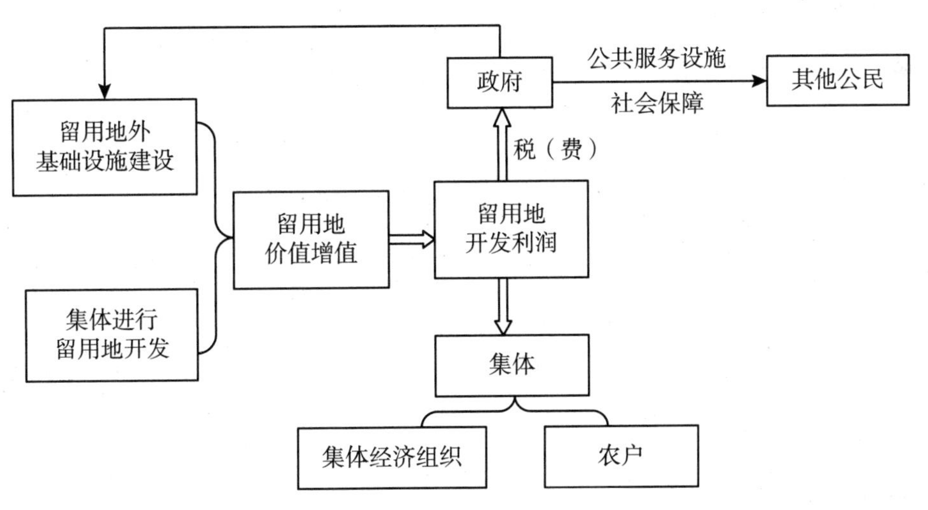

图5-4　政府与集体之间的收益分配

2012 年六个留用地项目集体年租金 1.2 亿元，其由集体经济组织和农民共享，上缴国家税收 2.13 亿元，为广大人民群众共享。政府与集体的收益比为 63.5∶36.5。留地安置政策让被征地村集体分享了土地开发权，改变了一次性货币补偿下土地未来的增值收益被征地集体无份的现状，保障了被征地集体的权益。

（3）集体经济组织与农民之间的收益分配。对于当年的收益分配，三叉社区考虑了自身的长远发展和国家、集体和农民之间的利益权衡，《方案及细则》规定当年收益在依法纳税后，提取 20% 当年收益作为公积金、20% 作为公益金、10% 作为福利基金、50% 用作股东红利分配。40% 的公积金、公益金既可以平衡在经济不好年份时村民的股份分红，同时也为集体经济组织创立实业打下基础。10% 的福利基金为退休人员从生活的各个方面提供保障，包括退休人员的工资、村民过世慰问费、退休医保补缴等 24 项保障，真正实现了老有所养。50% 的股东红利分配为村民更好的生产生活打下了坚实的基础。10 年来，三叉社区每年在参照《方案及细则》规定的基础上，根据当年留用地经营具体状况，进行集体和农户之间的收益分配，2003 ~ 2013 年，集体和农户的平均收益分配比例为 43∶57。2003 ~ 2013 年三叉社区具体收益分配如表 5 - 5 所示。

通过表 5 - 5 和图 5 - 5 可以看出，10 年来，三叉社区的留用地开发经营效益呈逐步提高的态势，2003 年为 1 998.82 万元，2013 年为 13 956.75 万元，约为 2003 年的 7 倍，村集体经济组织通过自主开发和合作开发长期持有自营物业得到了快速发展，培育了稳定的收入来源。稳定的收入来源使集体经济组织除给予农户股份分红之外，还在住房、社会服务、就业等方面对农户给予保障，如图 5 - 6 所示。

表 5 - 5　　三叉社区股份经济合作社 2003 ~ 2013 年收益分配

年份	总收入（万元）	总支出（万元）	净收益（万元）	收益分配				集体和农户分配比
				公积公益金（万元）	股东分红（万元）	年均参与分红人数（人）	年人均分红（元）	
2003	3 751.12	1 752.30	1 998.82	504.30	1 008.58	2 544	3 965	33∶67
2004	4 459.43	1 801.25	2 658.18	1 063.26	1 329.09	2 544	5 224	44∶56
2005	5 380.60	2 335.45	3 045.50	1 253.38	1 487.26	2 544	5 846	46∶54
2006	5 805.29	2 625.25	3 180.04	1 272.03	1 590.00	2 557	6 218	44∶55
2007	6 488.79	2 306.48	4 182.31	1 707.80	2 047.56	2 557	8 008	45∶55
2008	7 389.76	2 856.02	4 533.74	1 851.86	2 218.92	2 557	8 678	45∶55
2009	10 720.56	5 152.97	5 567.59	2 274.79	2 724.10	2 557	10 654	46∶54

续表

年份	总收入（万元）	总支出（万元）	净收益（万元）	收益分配				集体和农户分配比
				公积公益金（万元）	股东分红（万元）	年均参与分红人数（人）	年人均分红（元）	
2010	15 344.68	7 994.92	7 349.76	3 003.90	3 594.88	2 557	14 059	46:54
2011	18 542.25	9 522.92	9 019.33	3 687.29	4 410.22	2 557	17 248	46:54
2012	23 977.98	11 137.20	12 840.28	4 228.51	7 327.74	3 511	20 871	37:63
2013	25 591.95	17 026.36	13 956.75	5 582.70	8 374.05	3 511	23 850.9	40:60
合计	127 452.4	64 511.12	68 332.3	26 429.82	36 112.4	2 727	12 038.7	42:58

资料来源：《建设留用地项目　发展集体经济　造福社区居民——江干区四季青街道三叉社区十年发展经验交流汇报材料》，三叉社区村委会访谈取得。数据截至2013年。

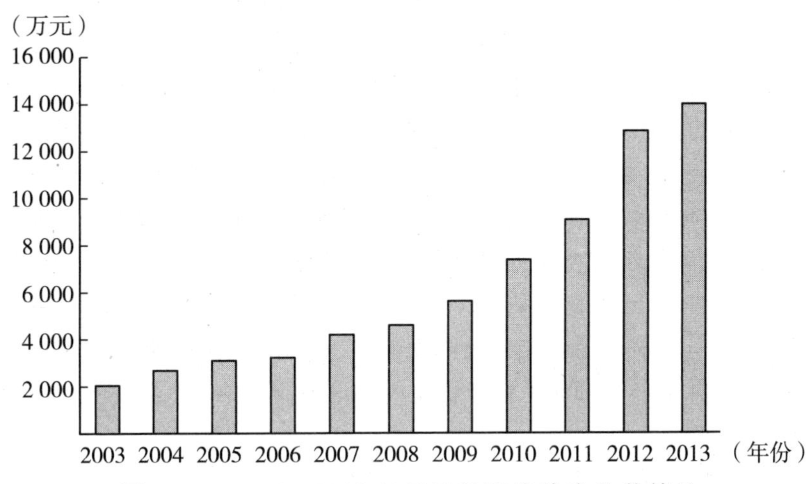

图5-5　2003～2013年三叉社区集体净收益统计

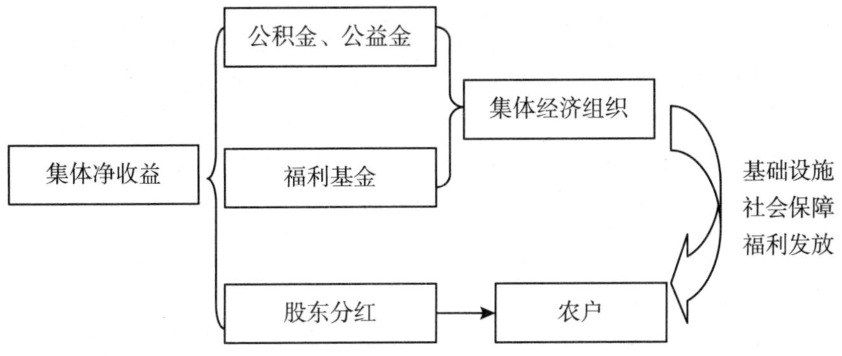

图5-6　集体经济组织和农户之间的收益分配

住房保障方面。2002~2006年，三叉社区投资4.6亿元建成总面积为28万平方米的三新家园，目前，全社区80%的回迁安置户已入住其中，大部分拆迁户均享受安置面积为240~300平方米左右的房屋，房屋售价为700~800元/平方米，而周围商品房价格早已超过20 000元/平方米。

社会保障与服务方面。三叉社区建立了完善的劳动保障体系，养老、医疗保险参保率达100%。针对居民日常看病支出中进入医保开支范围的自负、自理部分费用，社区给予二次报销（报销比例为50%~90%），癌症等特殊病例还可享受三次报销；自筹资金建造“三新幼儿园”，居民子女享受免费入托；此外，还建立了“老年公寓”“爱心食堂”“星光老年之家”，开办了“老年大学”等。重阳节为社区老年人发放节日福利，2013年发放重阳节补贴144万元，2010年至今累计发放530余万元。组织退休人员旅游并发放旅游费补贴，2013年共发放旅游费补贴606万元，2010年至今累计发放1 020余万元。此外，社区还投资400余万元用于小区健身设施、社区公共食堂等硬件设施建设。

就业保障方面。一是留用地项目和传统市场的发展繁荣，为社区居民提供了众多的就业机会，社区利用自身优势，启动“彩虹就业援助计划”，在招聘企业和失业居民中间充当“就业红娘”。二是为失业人员提供就业指导和技能培训，提高就业竞争力和自主创业能力。三是出台自谋职业补助等激励机制，鼓励居民自谋职业、自主创业、失地农民再就业。2013年起，还对自谋职业的股民中养老保险不在三叉股份经济合作社办理的，给予返还单位缴纳部分。2013年自谋职业奖励发放868万元，养老保险返还发放150万元。2010年至今两笔费用累计发放2 950余万元。社区劳动年龄段内股东1 784人，其中就业人员1 753人，失业人员31人，失业率1.73%，低于杭州市登记失业率3%。

（二）指标体系构建

前文对收益共享内涵和目标的界定为共享水平分析提供了一般框架，收益共享包含收益共享权利公平、收益共享机会均等、收益共享规则公平和收益共享结果公平四个维度。对共享水平的评估可以通过评估这些组成成分来实现。在讨论土地征收留地安置形成的土地增值收益共享水平这一议题时，对于农民来说，他们失去的不仅是土地本身，还有附着在土地上的财富和权利，如土地发展权、农民的就业权等诸多内容。表5-6详细考察了农民土地增值收益共享的四个方面。

表 5-6　　收益共享水平评价指标体系

目标层	准则层	指标层
农民土地增值收益共享	收益共享权利公平	农民知情权 A1
		农民参与权 A2
		农民利益表达权 A3
		公众监督权 A4
		农民集体取得了一定的土地开发权 A5
	收益共享机会均等	农民享有平等的就业机会 B1
		农民享有继续教育的机会 B2
		农民子女享有正式教育的机会 B3
		农民享有与城镇居民同等的养老保障机会 B4
		农民享有基本医疗的机会 B5
	收益共享规则公平	补偿标准市场化 C1
		集体资产管理制度规范 C2
		股权配置公平公正 C3
		股份管理制度规范完善 C4
	收益共享结果公平	人均纯收入 D1
		留用地收益 D2
		人均居住面积 D3
		社区环境有效改善 D4

1. 收益共享权利公平评价指标

农民收益共享权利公平，即被征地农民公平的享有参与土地增值收益分配方面的权利。具体表现为对土地征收补偿政策的知情权、参与土地增值收益分配的权利、对于补偿政策不满有要求听证的利益表达途径、对土地征收出让整个过程的监督权、同时还应保障农民的土地开发权，因此笔者选择农民知情权、参与权、利益表达权、公众监督权和一定的土地开发权五个指标。

2. 收益共享机会均等评价指标

农民收益共享机会均等，即被征地农民有平等的生存与发展的可能性空间和余地。应保障农民在失地后有平等的权利和机会去发展个人潜能，使农民个体具有把握机会的能力或条件，主要体现在接受教育和就业培训、医疗保健、信息获得等方面。因此，笔者选择农民平等的就业机会、享有继续教育的机会、子女享有正式教育的机会、同等的养老保障机会和基本医疗的机会五个评价指标。

3. 收益共享规则公平评价指标

农户收益共享规则公平，即留用地增值收益分配规则和准则的公开化、具体化、制度化，土地增值收益分配以被征地农民听得着、看得见的方式进行。应保障补偿按市价进行、股权配置对于每个农户来说是公平公正的、集体资产和股份管理制度规范完善，实时公开，农户对此了解熟悉认可。因此，笔者选取补偿标准市场化、集体资产管理制度规范、股权配置公平公正和股份管理制度规范完善四个评价指标。

4. 收益共享结果公平评价指标

农民收益共享结果公平，即农民在参与土地增值收益分配时付出和所得之间的公正合理，以及在收入和土地财富分配方面的相对平等和均衡，即分配公平。收入水平是财富公平分配的最直接表现，居住环境的改善也体现了农民失地后生活水平的提高。因此，笔者选取人均纯收入、留用地收益、人均居住面积和社区环境有效改善四个评价指标。

（三）土地收益共享水平的评价方法

运用模糊评价法从收益共享权利公平、收益共享机会均等、收益共享规则公平和收益共享结果公平四个方面分析留地安置政策下农户对于土地增值收益的共享水平。

1. 共享的模糊函数设定

将农户对于收益共享认知状况表示为模糊集 X，设留地安置政策下农户的共享水平为 X 的子集 W，则第 n 个农户的共享函数可表示为 $W^{(n)}=\{x, \mu_w(x)\}$，其中，$x\in X$，$\mu_w(x)$ 则是 x 对 W 的隶属度，$\mu_w(x)\in[0, 1]$，一般设定隶属度为 1 时共享水平处于绝对好的状态；为 0 时共享水平绝对差；等于 0.5 时其状态最模糊，不好也不坏，隶属度值越大表示农户的共享程度越高。

2. 隶属函数的设定

确定隶属函数是实际研究中运用模糊方法处理问题的关键。隶属函数的选择依赖于研究背景和指标的类型。本书中的变量类型有：连续变量和虚拟定性变量。

设 x_i 是由初级指标 x_{ij} 决定的农户共享水平的第 i 个共享子集，农户共享水平的初级指标为：$x_{ij}=[x_{i1}, x_{i2}, \cdots, x_{ij}]$。

当指标变量为连续值时，连续变量的隶属函数设定为：

$$\mu_w(x_{ij}) = \begin{cases} 0 & 0 \leqslant x_{ij} \leqslant x_{ij}^{\min} \\ \dfrac{x_{ij} - x_{ij}^{\min}}{x_{ij}^{\max} - x_{ij}^{\min}} & x_{ij}^{\min} < x_{ij} < x_{ij}^{\max} \\ 1 & x_{ij} \geqslant x_{ij}^{\max} \end{cases} \tag{5-1}$$

其中，$x_{ij}^{\max}$和$x_{ij}^{\min}$分别表示指标x_{ij}的最大和最小值。$x_{ij}^{\max}$表示如果农户家庭第i个共享子集中第j个指标的取值大于或者等于这个数，那么其共享水平肯定是最高的；$x_{ij}^{\min}$则表示如果指标值小于或者等于这个数，其共享水平肯定是最差的。$\mu_w(x_{ij})$值越大，说明共享程度越高。式（5-1）表示指标x_{ij}与共享水平呈正向相关关系，即x_{ij}的值越大共享水平越高。

在对共享水平进行评价时，所研究的内容常常无法得到定量的数据，只能通过定性描述，然后对研究对象进行不同程度的主观量化评价。本书对一种观点进行认可度评价时，利用李克特五分量表法把其设置为非常不满意、不满意、一般、满意、非常满意这5种状态。并对这5种状态依次赋值$x_{ij} = [x_{ij}^{(1)}, \cdots, x_{ij}^{(5)}]$，这些值等距分布，值越大表示共享程度越高。通常设$x_{ij}^{(1)} < x_{ij}^{(2)} < \cdots < x_{ij}^{(4)} < x_{ij}^{(5)}$，且$x_{ij}^{(l)} = L(L = 1, \cdots, 5)$。

这类虚拟定性变量的隶属函数可以定义为：

$$\mu_w(x_{ij}) = \begin{cases} 0 & 0 \leqslant x_{ij} \leqslant x_{ij}^{\min} \\ \dfrac{x_{ij} - x_{ij}^{\min}}{x_{ij}^{\max} - x_{ij}^{\min}} & x_{ij}^{\min} < x_{ij} < x_{ij}^{\max} \\ 1 & x_{ij} \geqslant x_{ij}^{\max} \end{cases} \tag{5-2}$$

计算公式（5-2）同连续变量，x_{ij}值越大，农户的满意程度越高，共享水平也越高。

3. 指标权重的确定

在得到初级指标隶属度的基础上，需要获取各指标的权重，进一步将隶属度加总成一个综合指标。一般而言，各指标对共享水平所起的作用各不相同，就需要根据理论和实际为各指标赋予不同的权重。权重决定了各指标在整体收益共享水平评价中的重要程度。权重选取的不同，得出的结论也会不一样。在共享水平研究中，假设隶属度不等的指标发生同等幅度的变动，隶属度较小的指标对共享水平的影响更大。

权重结构可以定义为：

$$w_{ij} = \ln\left[\frac{1}{\overline{\mu_w(x_{ij})}}\right] \tag{5-3}$$

其中，

$$\overline{\mu_w(x_{ij})} = \frac{1}{n}\sum_{p=1}^{n}\mu_w(x_{ij})^{(p)} \tag{5-4}$$

反映 n 个农户第 i 个共享子集中第 j 项指标的均值。式（5-4）可保证给予隶属度较小的变量以较大的权重，在共享水平评价时更关注获得程度较低的指标。

在获得初级隶属度和权重的基础上，就可以计算各共享指标的隶属度，使用式（5-5）加总公式：

$$f(x_i) = \sum_{j=1}^{k} \overline{\mu_w(x_{ij})} \times w_{ij} \Big/ \sum_{j=1}^{k} w_{ij} \tag{5-5}$$

其中，K 表示在第 i 个共享子集中包含 K 个初级指标。式（5-5）可保证在其他农户共享水平不变时，提高某单个农户的共享指标隶属度水平，农户整体的水平是增加的。

（四）数据获取与描述性分析

本书所用的数据来源于课题组 2015 年 8 月对杭州市三叉社区留地安置农户的随机抽样调查。本次调查共发放问卷 150 份，回收有效问卷 145 份，问卷有效率达 96.67%。

1. 家庭基本情况的描述性分析

从被调查者的年龄来看，最小的为 30 岁，最大的为 83 岁，平均年龄为 54 岁。各年龄段的分布为：35 岁及以下的占 8.3%；35～45 岁的占 12.4%；45～59 岁的占 47.6%；60 岁及以上的占 31.7%。样本年龄分布均值较高，其原因在于被调查地区青壮年白天大都在上班，留守在家的多为已退休农民。被调查者的受教育层次分布为：小学及以下所占的比例为 15.8%；初中所占的比例为 36.6%；高中所占的比例为 29%；大专及以上所占的比例为 18.6%，这与样本成员的年龄较大有直接的关系。具体样本特征如表 5-7 所示。

表 5-7　　样本个体及家庭特征描述

样本特征	分布情况	描述单位数	所占比例（%）
受访者性别	男	70	48.3
	女	75	51.7
受访者年龄	35 岁及以下	12	8.3
	36～45 岁	18	12.4
	46～59 岁	69	47.6
	60 岁及以上	46	31.7

续表

样本特征	分布情况	描述单位数	所占比例（%）
受访者受教育程度	小学及以下	23	15.8
	初中	53	36.6
	高中	42	29
	大专及以上	27	18.6

2. 农户对于收益共享认知状况的描述性分析

（1）农户对于收益共享权利的认知。农户对于土地增值收益共享权利的认知是指在留地安置政策下，农民对于自己权利是否得到保障的明确判断，它是农民权利意识的重要表现。农民的收益共享权利意识是农民收益共享实现的重要前提。

被访农户对于知情权的认可度较低，认为满意[①]的占被访农户的36.5%、认为一般的占20%、认为不满意的占43.5%，不满意者所占的比例高于满意者所占的比例，表明农户对于土地征收留地安置及其增值收益分配的知情权仍没有得到较好的保障；认为利益表达权得到保障的农户占被访者的25.5%、认为没有得到保障的占被访者的29%、认为一般的占被访者的45.5%，大多数农户都处于不好不坏的模糊状态，表明利益表达权也没有很好的实现通道；认为监督权得到保障的占被访农户的23.4%、认为没有得到保障的占42.8%、认为一般的占33.8%，表明监督权实现水平较低；认为农户参与权得到保障的占76.5%，9.7%的被访农户持反对意见、13.8%的被访者保持中立状态，满意的农户所占比例较高，表明农户参与权得到一定程度保障；对于土地开发权，认为得到保障的农户所占比例为75.2%、一般的占19.3%、没有得到保障的占5.5%，不满意的农户所占比例较低，表明六大留用地项目的开发建设使农户的土地发展权得到了一定程度的保障，如图5-7所示。

（2）农户对于收益共享机会的认知。农户对于收益共享机会的认知是指农户对于自身获得教育培训、医疗卫生、社会保障等机会的实际感觉和判断。通过对调研问卷的分析，笔者发现农户对于收益共享机会的认知程度处于较高状态，远大于其对收益共享权利的认知。对于平等就业机会，满意的农户占71.7%、一般的占29.7%、不满意的占7.6%；对于子女的受教育机会满意的占84.9%；对于基本医疗保障的机会满意的占74.5%；对于自身接受继续教育的机会满意的占

① 为了节省篇幅，描述性分析时，将李克特五分量表中的“非常满意”与“满意”合并为“满意”，将“非常不满意”和“不满意”合并为“不满意”。在后面的模糊评价时，则仍按五分计算。

86.9%；对于和城镇居民同等社会保障的机会满意的占52.4%；一般的占23.5%、不满意的占24.1%，表明农户对于社会保障不尽如人意，和城镇居民仍然存在一定差距，如图5-8所示。

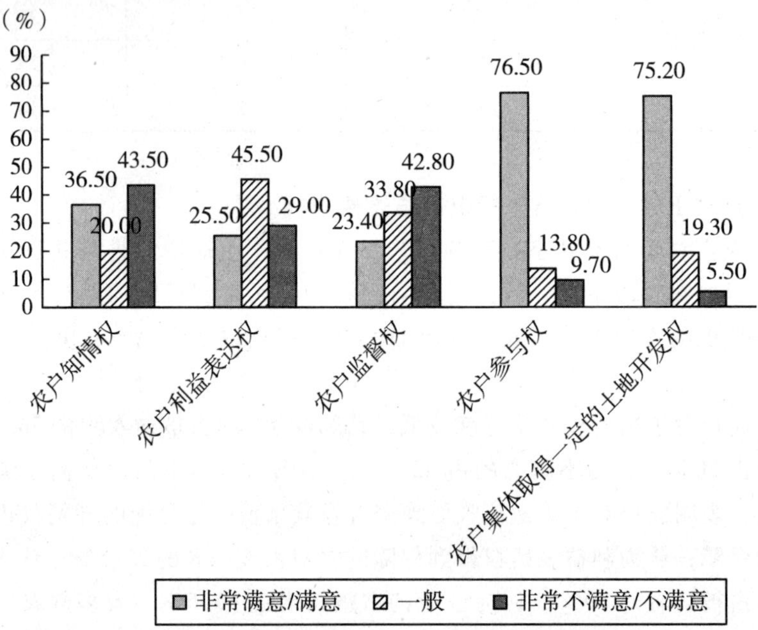

图5-7　农户对于收益共享权利认知状况分析

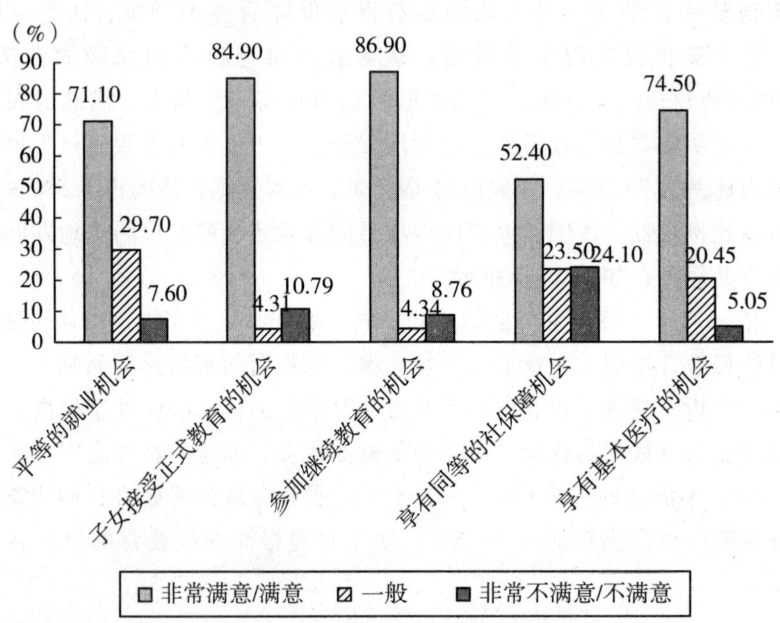

图5-8　农户对于收益共享机会认知状况分析

（3）农户对于收益共享规则的认知。农户收益共享规则的认知是指农户对留地安置产生的土地增值收益分配规则、标准与规范的认识，农户对收益共享规则的认知是保障收益共享机制运行的基础。通过对问卷的分析，我们发现对于按市价补偿这一规则农户的满意度处于较好水平，表示“满意”的农户占被访农户的54.5%，“不满意”的占25.5%，表示“满意”的农户是“不满意”农户的两倍多。对集体资产管理制度满意的农户占42.1%，不满意的农户占39.4%，两者相差不多，还有待于进一步完善让更多的农户达到满意状态。对于股权配置满意的农户占59%，不满意的占17.2%，不满意的主要是非股民，三叉社区股东资格确定及股份量化时间是2002年5月10日。随着股民与非股民的利益落差扩大，集体纠纷和矛盾纠纷问题也加大，对股份资产完善的呼声越来越高，主要问题在股东和非股东之间的利益均衡，如图5-9所示。

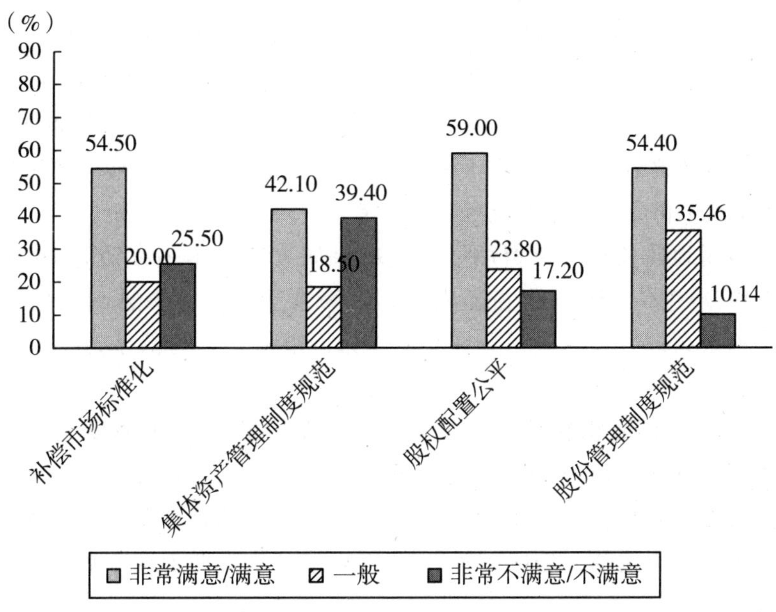

图5-9　农户对于收益共享规则认知状况分析

（4）农户对于收益共享结果的认知。农户对于收益共享结果的认知反映农户对收益分配结果的判断、评价和需求等价值意识。对于收益分配结果满意的农户占53%、不满意的占33%，中立的占14%，如图5-10所示。调查显示被访农户的人均纯收益为6.32万元/年，远高于杭州市农村居民人均纯收入2.36万元/年，甚至高于杭州市城镇人均纯收入4.46万元/年，但仍有1/3的农户处于不满意状态，主要在于股民与非股民的收益差距较大。

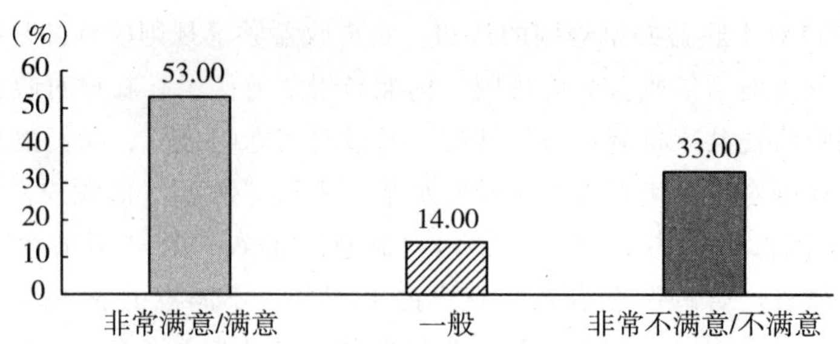

图 5-10　农户对收益共享结果认知分析

（五）评价结果及结果分析

1. 计算指标隶属度时对最大、最小值的选取

评价时，虚拟定性变量的隶属度最大值与最小值分别取自样本数据中李克特五分量表中的5分和1分；连续变量隶属度最大值与最小值的选择如下：

（1）人均纯收入在计算人均纯收入的隶属度时，以样本数据人均纯收入63 229元/年作为上限值，如果纯收入达到这个值，则认为其共享状况是好的，将当年杭州市城镇最低工资标准1 650元/月（19 800元/年）作为下限值，认为纯收入小于这个值，其共享状况处于绝对差。

（2）留用地收益在计算留用地收益的隶属度时，本书参照2014年三叉社区股民人均分红24 258元作为上限值，认为大于或等于该值，其留用地收益的共享水平是高的，将非股民分红0元作为下限值，认为低于这个值共享水平是低的。

（3）人均居住面积在计算征地前后人均居住面积的隶属度时，本书参照2014年农村人均居住面积67.9平方米作为上限值，认为超过和等于该标准，农民居住状况的共享水平是高的。最低标准采用杭州市房地产学会及房管局有关专家对“双困户”界定的人均使用面积10平方米，认为低于这个水平其住房状况就是差的。

2. 农户收益共享水平的评价结果及分析

从表5-8可以看出，留地安置后农户的收益共享水平模糊评价值为0.6030，表明在留地安置补偿政策下，农户对土地增值收益共享性整体处于中等偏上水平。

（1）收益共享权利公平性分析。从表5-8可以看出，收益共享权利公平的模糊值为0.4993。首先，由于留地安置政策实施延续时间长，不同时期对农户的安置补偿政策存在较大差异，实践中农户信息混乱、利益诉求差异较大且不能完

表 5-8 农户收益共享水平模糊评价结果

收益共享及其指标	变量类型	各评价指标值	
		隶属度	权重
1. 收益共享权利公平	—	0.4993	0.6904
农户知情权	Q	0.4276	0.8496
农户利益表达权	Q	0.4724	0.7499
公众监督权	Q	0.4310	0.8416
农户参与权	Q	0.6707	0.3994
农民集体取得一定的土地开发权	Q	0.7776	0.2516
2. 收益共享机会均等	—	0.7153	0.3350
农户享有平等的就业机会	Q	0.7190	0.3299
农民子女享有正式教育的机会	Q	0.7862	0.2405
农民享有继续教育的机会	Q	0.7897	0.2362
农民享有与城镇居民同等的社会保障机会	Q	0.6138	0.4881
农民享有基本医疗的机会	Q	0.7672	0.2650
3. 收益共享规则公平	—	0.6077	0.4980
补偿标准市场化	Q	0.6155	0.4853
集体资产管理制度规范	Q	0.5103	0.6727
股权配置公平公正	Q	0.7586	0.2763
股份管理制度规范完善	Q	0.6552	0.4429
4. 收益共享结果公平	—	0.6877	0.3744
人均纯收入	C	0.7600	0.2092
留用地收益	C	0.5672	0.5670
人均居住面积	C	0.8144	0.2053
社区环境有效改善	Q	0.7776	0.2516
总模糊指数	—	0.6030	—

注：变量类型中 C 表示连续变量、Q 表示虚拟定性变量。

全满足，影响了被访农户对知情权、利益表达权和监督权的认可程度，知情权的隶属度为 0.4276、利益表达权的隶属度为 0.4724、监督权的隶属度为 0.4310，均处于一般状况。其次，在实行留地安置时，三叉村改制为三叉社区股份经济合作社，农民可以获得人口股或农龄股，可以依据股份的多寡参与10%留用地开发经营后的收益，因此，评价显示农民参与权和集体土地开发权的隶属度分别为0.6707和0.7776，表明农民的参与权与集体土地开发权在较大程度上得到保障，这也得到实地调查数据的支持。

（2）收益共享机会均等性分析。表5－8显示，收益共享机会均等的模糊评价值为0.7153，农户收益共享机会的均等性整体处于较高状态。首先，平等就业机会、农民子女享有正式教育的机会、农民享有继续教育的机会三项的隶属度分别为0.7190、0.7862、0.7897。留地安置过程中，三叉社区通过就业培训与指导、出台多项配套政策帮助失地失业人员实现再就业；投资改善社区居民的受教育条件，实现社区居民子女免费入托，出台政策鼓励居民继续深造。实行留地安置后，三叉社区为居民提供与城镇居民同等的保障，使得该项指标的隶属度达0.6138。农民享有基本医疗的机会的隶属度达0.7672，社区对居民日常看病给予二次报销，癌症等特殊疾病还可享受三次报销等政策都提高了居民的医疗保障水平。

（3）收益共享规则公平性分析。表5－8显示，留地安置的收益共享规则的公平性评价值为0.6077。第一，补偿标准市场化隶属度为0.6155。留地安置政策下，农户的分红会根据留用地收益增加而增加，而非固定不变的一次性货币化补偿，提高了补偿的市场化程度。第二，集体资产管理制度规范的隶属度为0.5103，处于一般水平。调查中农户反映每年集体资产经营的收入与支出状况透明度不够，没有完善的制度约束。第三，股权配置公平公正的隶属度为0.7586，在体现收益共享规则公平性方面得分最高。三叉村改制时，根据农民年龄、性别、是否农业户口、就学参军、婚嫁等具体情况设置了人口股和农龄股，共享水平处于较高状态。第四，股份管理制度规范的评价值为0.6552。自改制始，形成了《四季青镇三叉村改制为股份经济合作社的实施方案和细则》《三叉村集体资产量化实施方案》，2013年又形成《三叉社区关于完善股份制实施方案及细则（草案）》《三叉社区关于完善福利和保障体系的若干规定（草案）》，并经股东代表大会审议通过，形成决议，通过规范完善的股份管理制度保障农户权益。

（4）收益共享结果公平性分析。表5－8显示，收益共享结果公平性的评价结果为0.6877，收益共享结果公平性得到一定程度保障。第一，三叉社区人均纯收入的隶属度为0.7600，处于较高的状态，被访农户的人均纯收入为6.32万元/年，远高于杭州市农村居民人均纯收入2.36万元/年，是其2.67倍，表明留地安置政策使农民的收入水平有了大幅度提高。第二，留用地收益分配的隶属度为0.5672，处于一般水平，主要是股东与非股东之间的利益落差随着股份分红逐年翻番而日益扩大。第三，人均居住面积的隶属度为0.8144，在所有评价指标中处于最高水平。2002 年，三叉社区推进农转居工程，到目前为止，全社区 80% 的回迁安置户已入住三新家园，大部分拆迁户均搬入 240 ~ 300 平方米的房屋。第四，通过撤村建居，社区环境得到有效改善，其隶属度为 0.7776，处于较高水平。

（六）结论

（1）留地安置政策改变了货币化补偿方式下被征地集体和农民无法分享城市化带来的土地增值收益的问题，提高了被征地村集体和农民在土地增值收益中的分配比例，一定程度上实现了对集体土地发展权的补偿，体现了政府对农民土地财产权利的重视。

（2）杭州市三叉社区的实证研究表明，留地安置政策下农户土地收益共享性总体上处于中等偏上水平，说明留地安置政策下农民参与土地增值收益分配的权利得到一定程度的保障。集体通过对留用地的开发投资建设，增强了被征地集体经济组织经济实力，培育了稳定的收入来源，不仅进一步增加了农民收入，还通过对留用地收益的再分配提高了农民的医疗和社会保障水平，改善了农民生活和教育环境，促进了农民城市就业等。这些显著地提升了留地安置政策下农户土地收益共享水平。

（3）农户视角下评价留地安置政策土地收益共享的四项指标中，农户收益共享权利公平性和规则公平性的权重较大，说明该两项指标是影响农户土地收益共享水平的重要因素，同时，四项指标中，农户收益共享权利公平性水平较低，而收益共享机会均等性、收益共享规则公平性和收益共享结果公平性水平较高。农户收益共享权利公平性水平较低，主要是由于农户对留地安置政策及留用地开发经营收益分配等方面的知情权、表达权、公众监督权没有得到很好的保障。需要注意的是，尽管农户收益共享规则公平性水平较高，但是由于集体资产经营管理透明度不够，制度规范约束力不强，影响了农户土地收益共享性整体水平的提高。

未来，要提高留地安置政策的制度绩效，必须规范土地征收留地安置程序，保障农民对留地安置政策包括留用地的开发模式、留用地开发经营的收入、支出与分配等的知情、参与、谈判、申诉与监督权利。集体在留用地经营收益分配、收支信息公开、透明方面及留用地资产经营管理制度健全及有效监督方面也有待进一步完善，要提高集体资产管理水平，规范管理制度，加强对留用地开发经营的分类管理和监督检查，制定完善的留用地项目收益分配管理和监督制度，做到公平公正，规范完善。

第四节 增量建设用地出让制度改革及收益共享路径

增量建设用地出让制度改革与土地征收制度具有紧密的内在联系。要从根本上解决强制性土地征收制度成本不断上涨的矛盾，必然要求允许农民适度分享土地增值收益，改革增量建设用地出让制度。同时，要从根本上建立起城乡一体的增量建设用地配置体系，也必然要求调整征地制度。改革的关键在于如何设计收益共享路径和制度体系，更加有效地配置土地资源，更好地保障农民合法、合理的土地权益，更加公平地分配工业化、城镇化带来的土地增值收益。第一，应该从土地非农化的治理结构入手，改进征地管理模式，提升农民在土地非农化过程中的诉求表达与利益谈判地位，并逐步建立起政府与农民合作模式。第二，从农民参与土地增值收益共享的现实要求出发，可进一步完善并推广留地安置等模式，为农民直接参与土地增值收益共享提供稳定的途径。第三，随着农民直接参与土地增值收益共享，国家和地方获取土地增值收益的方式将逐渐从直接主导、控制增量建设用地出让及“利润”到通过税收等方式间接地分享土地增值收益。第四，通过建设农村社区基础设施，完善农民社会保障机制，加强农民技术培训，能够在更大范围内实现土地增值收益的共享，更好地促进经济社会发展。

一、改革征地治理模式，提升农民土地征收补偿谈判能力

即使国家允许农民参与增量建设用地市场，但是在较长时期内，土地征收仍将大量存在。征地制度发展的历史表明，现行治理结构的社会成本高昂且不断上升。以提高征地补偿标准为代表的已有征地制度改革路径依赖特征明显，不仅没有从根本上解决问题，可能还在一定程度上加快了征地交易费用的上升速度。应从治理结构层面入手，探索从根本上有效控制交易费用和社会成本的土地非农流转制度。

（一）提升农民征地主体地位，引入政府—农民平等合作征地模式

提升政府—农民两类主体地位的平等性是征地制度改革的重要方向。城乡统筹发展涉及两大主体——政府与农民，但是在当前的制度安排下，政府居于主导地位推进城乡统筹发展的进程，农民处于被动地位，多是通过政府的强制措施来

调整自己的行为，主要表现为“强势政府”模式。目前，部分地区在征地工作开展中给予了农民充分的参与权与谈判权，征地工作必须通过农民同意后才可开展，出现了“弱势政府”模式。

不管采用哪种合作模式，只要征地中政府—农民的地位严重不平等，都容易导致社会成本明显上升，可能必须从治理结构层面进行改革才能有效降低征地的社会成本。从我国的征地制度发展过程分析可知，强势政府模式是征地制度中的主要方式，随着社会经济的发展，各个地区根据自身情况对征地制度进行了探索。无论是强势政府合作模式，还是弱势政府合作模式，都是在现行征地制度治理结构下逐步演化形成。合作模式的调整主要是对社会成本的产生环节与主体之间的负担进行了重置，社会成本本身并没有得到有效降低。只有从治理结构层面（征地参与主体、谈判地位、权利关系）进行改革，才能有效降低社会成本。从中国经济社会发展转型发展的总体要求来看，经济发展不能继续依赖通过政府垄断土地以及市场来压低工业用地价格刺激经济增长，或通过垄断抬高城市住房与商业用地价格短平快地获取大额财政收入。佛山市、上海市、杭州市等地开展的集体建设用地使用权流转试点，一个主要的共同点是提高了农民集体的主体地位，更多地让“市场之手”来协调土地资源配置，在社会稳定性与社会成本上的表现也更加优异。2016 年 4 月，财政部、国土资源部发布《农村集体经营性建设用地土地增值收益调节金征收使用管理暂行办法》，也正是对这一趋势的积极响应。

（二）建立更加透明、公正的征地程序与制度规范

农民缺少深度的参与权和公平的谈判权是现行征地制度的主要问题。要改变这一现状，应坚持政府引导而非政府强制，赋予农民公平的谈判权，保障农民的知情权、参与权、决策权和监督权。首先，应该建立稳定的对话谈判机制。在征收土地方案公告环节，应当在决定对土地实施征收之初及时地发布公告，认真听取当地居民的意见，向被征收地区居民具体说明征收方式、程序等，使利益相关的居民做到心中有数。在发布补偿安置方案环节，房屋补偿安置方案应单独制订并及时公布，明确征收补偿的范围、征收补偿的对象、房屋的用途、面积和权属、征收补偿的实施步骤、各项补偿补助费用预算、安置用房、周转用房或其他临时过渡措施的落实情况、征收补偿的方式与时限、征收补偿及评估委托合同等。其次，可采取“协同治理”的理念，由政府主导的“单边程序”向政府和农民共同主导的“双边程序”改进。征地过程中，涉及农民利益的相关文件，都应该以书面的形式送交每一位被征地农民，并根据实际情况提供必要的法律援助，在每一环节给农民较为充足的反应时间。如果双方就征地目的性、补偿方案

等存有争议且无法协商达成一致，应提交司法仲裁。最后，在征收范围、补偿安置方案的拟定环节，需引入公众参与机制，广泛征求群众意见，并将征求意见材料一同作为审批材料。只有集体土地征收政策和程序更加公开透明，保障农民的知情权、参与权和监督权，才能充分体现管理合理化和人性化，及时预防或化解矛盾。

在土地征收的纠纷协调中，现阶段采取的是发生重大争议时，由上一级政府裁决的机制。按照“任何人不得为自己案件的法官”的程序正义原则，政府部门应该退出土地征收裁决。建议引入人大决策或者司法机制，在发挥人大指导监督作用的前提下，借鉴国外经验设立独立于政府部门的由专业人士组成的土地征收裁决机构和价格评估机构或者设立土地法庭。将最后的裁定权赋予司法部门而不是行政管理部门（叶剑平，2010），也有利于加强对征地目的合法性的审查（张猛，2007）。司法机关介入征地过程不仅应对补偿是否合理进行必要审查，还应对征地的公益性和必要性是否充分进行审查。但是，如果司法机关介入的时机太晚，对农民利益的损害已经发生，必然会增加交易成本。当前司法机关一般是在土地征收决定已生效的情况下才介入。此时由于拆迁行为已经发生，损害后果已经无法避免，导致难以判决并撤销有关违法决定。

二、推广留地安置模式，让农民共享土地增值收益

政府垄断一级土地市场会因土地增值收益分配不公引发社会矛盾，若完全放弃征地制度，同样不利于国家的宏观调控以及对公共利益用地的需求。可打破“农村建设用地只有按照法律规定的征地程序，转为国有建设用地，才能合法地进入建设用地市场”这一制度安排，将征地范围严格限定在公共利益范围内，严格规范征地程序，结合市场情况合理制定土地价格。城市经营性建设用地不通过征地的方式获得，而应利用自由市场来交易，土地交易价格由农民或农村集体与用地需求单位根据土地市场供求关系进行市场化谈判而定。这样，不仅能够让农民共享土地增值收益，更能由市场决定土地资源的优化配置，减少额外的交易费用，降低社会成本。

（一）形成土地增值收益共享的社会共识

收益共享是在收入分配领域兼顾了公平层面的创新改革。土地增值收益共享是指相关利益主体在参与土地征收出让过程中形成的土地增值收益分配时，享有的权利、机会、规则、结果的公平合理程度。首先，土地增值收益共享的主体是社会共同利益的创造者，共享主体既包括直接创造土地增值收益的部门，也包括

间接创造土地增值收益的部门，具体而言，包括中央政府、地方政府、村集体、农民个体及其他公民。其次，土地增值收益共享的客体是土地征收出让过程中产生的土地增值收益，既包括土地使用者对土地直接开发投资带来的直接投资增值，也包括用途改变带来的效益性增值，还包括由于土地本身的稀缺性带来的稀缺性增值；最后，土地增值收益共享是在合理差异基础上的公平享有。收益共享并不等于收益的均衡享有，而是有差别的享有。收益共享承认差异的存在，但是要差异合理，即要得到各利益主体的共同认可。土地增值收益共享的目标是公平，即权利公平、机会均等、规则公平、结果公平。各个利益主体有平等的权利和机会来分享城市化带来的土地增值收益，尤其是处于弱势地位的被征地农民有平等的权利和机会分享城市化所带来的社会福利。

（二）完善并推广留地安置模式

留用地安置是对现行土地征收模式下土地增值收益分配方式的一种改革，实现了土地发展权的公私共享。征收使土地的产权主体由农民集体转变为国家，政府再凭借土地使用权招拍挂出让一次性获得几十年的土地租金。通过城市规划、土地利用规划的编制实施，城市基础设施建设，城市土地利用效率提高并使城市居民共享到城市发展红利。留用地安置模式在保障政府利益和城市发展的同时，解决了被征地农民的长远收益保障问题，使农民集体可以直接共享土地发展权及其收益。在留用地开发环节，一方面，集体投入资本等生产要素提高土地自身凝聚的劳动价值量；另一方面，政府基础设施建设投入使留用地及其周边土地区位条件得到明显改善，并给留用地带来辐射性增值，从而使留用地价值大幅提升，成为可以给农民带来持久经济收益的重要资产。

作为货币化补偿的补充形式，留用地安置补偿制度的积极意义在于：(1) 留用地安置政策的核心是让利于民，有效降低了征地的社会冲突，减少了征地交易成本，也在一定程度上解决了失地农民再就业问题，减少了社会稳定因素，促进了社会和谐。(2) 集体经济组织获得留用土地使用权后，通过对留用地进行自主开发或合作开发，形成可长期持有的自营物业，培育了总量可观、流量稳定的集体经济收入来源，壮大了农村集体经济组织的实力。(3) 村集体收入总量增长和稳定性改善为集体化解失地农民矛盾提供了重要的经济基础，集体可以通过改善住房条件、小区环境、养老条件等为农民牟取更多的福利，同时农民凭借成员权由村民转为股民，凭借股份定期获得集体经济福利分红，农民失地后的直接影响显著降低。(4) 留地安置在一定程度上实现了对农民和农民集体土地发展权的补偿，实现了土地发展权的“公私共享”，体现了政府对农民土地财产权利的重视。

目前，国家在部分地区开展留用地安置政策改革试点。由于该政策在现实中缺少完善明确的法律法规依据，大部分地区各自制定政策，具体做法和措施存在较大差别，在一定程度上影响了政策实施的规范性和效益水平。应从国家层面制定和完善留用地安置法律法规政策，细化和明确留用地的权属性质、可以选择的利用方式、留用地和适宜规模与比例、留用地制度的适用范围及审批流程、留用地的投资开发、资产管理、收入分配及福利共享方式等。我国征地制度在一定程度上破坏了土地市场潜在的均衡，造成农村集体经济福利损失，政府对集体土地入市的管理工作应从“介入经济关系”转向“只管理、不介入”，并引入竞争机制以改善农村集体经济福利（沈飞等，2004）。在法律和制度允许的前提下，可允许和鼓励农民与使用单位直接接触（吴群等，2008），减少国家这一“中介”，使征收过程由“农民—国家—使用单位”转变为“农民—使用单位”。

三、完善土地税制，增强政府间接共享土地增值收益能力

在现行制度下，地方政府土地收益来自通过征收和出让获得土地出让金与征地补偿之间的差值。增量建设用地出让市场成为地方政府获取高额土地收益的有力工具，在“替代”政府配置上却进展甚微。回归政府土地本位职能是破解中国土地管理困局的根本途径，而解决土地财政问题是关键。土地财政问题的解决需要综合的制度改革，但是只有通过改革给地方政府提供规模适宜且可持续的税收来源，才有可能通过法律和行政规制使地方政府逐步放弃对城市土地市场的直接干预，真正使市场在土地资源配置中发挥决定性作用。

（一）破解“土地财政”困局

政府的基本职能应该是提供公共服务，然而在中国现有体制下，地方政府表现出类似独立经济主体的“自利性”，通过“攫取之手”追求效用的最大化（陈抗等，2002），土地管理中政府越位和政府缺位并存。1994 年分税制改革以后，中国形成了一个财政收入权上收而支出权不断下放的财政体制格局。在财政压力日益显现的情况下，地方政府开始寻求将预算外和非预算资金作为财政增长的重点。低价征收农村土地，平整开发后以“招、拍、挂”等形式获取土地出让收入成为最易操作、成本最小、最容易出政绩的原始资本积累方式。在这一模式下，地方政府对土地出让金等收入产生巨大的依赖性，即“土地财政”问题。据统计，2001 ~2012 年 11 年间全国土地出让金年平均增长率高达 32.2%，而同一时期地方政府预算内财政收入的年平均增长率仅有 20.4%[①]。

① 资料来源：2002 ~2013 年《中国国土资源统计年鉴》、2002 ~2013 年《中国财政年鉴》。

由于地方政府在经济发展、政策实施和制度改革中的主体地位越来越突出，要解决土地增值收益分配的代际与代内公平问题，不能简单地寄希望于强化外部监督、加强农民（集体）土地产权或政府绩效评价体系改革等“外部约束”手段，而应该重视地方政府内部激励机制的调整。只有首先通过税制改革给地方政府提供了规模合理、可持续的土地税收收入，才可能通过法律和行政规制使地方政府逐步放弃对城市土地市场的直接干预，顺利地推进城乡一体化土地市场形成和新型土地增值收益共享机制建设。同时，相信随着中央政府改革决心和力度不断加大，失地农民与社会舆论对地方政府土地行为的约束与反制力将不断提升。当地方政府既能维持土地租税收入水平、又能降低社会压力和政治风险时，房地产税制改革将引发进一步的制度上的“帕累托改进”。在这一层面上，房地产税制改革的作用不仅仅是优化税制本身，更重要的是发挥破解当前因地方政府土地行为失范引起的土地治理困局“钥匙”的功能——激发中国土地治理结构优化的制度连锁反应。

（二）改革房地产税制

有学者指出，地方政府的土地收益应转变为以市场价值为基础的财产税征收，这样不仅可以遏制地方政府的“卖地”冲动，也可以促使其提升投资环境与服务水平，进而增加财政税收，更可以有效调控房地产市场和缩小贫富差距（周建亮，2012）。虽然现行的土地增值税仅用于国有土地使用权转让，但其确定的增值共享的原则和比例同样可适用于集体土地所有权转让。建立城市规划区内和城市规划区外不同机制，通过市场交易与税收调节形成合理的土地增值收益分配格局，政府可通过对城市规划区内农村建设用地征收土地增值税获得税收收入（宋伟，2014；廖鑫彬，2013）。政府通过税收的形式分享土地的增值收益，比通过压低补偿价格，直接剥夺农民的土地权益更符合法治的精神。应推进城乡一体化土地市场体系、土地出让制度和土地增值税等制度联动改革，以市场交易与税收调节相结合的形式，根据城市规划区内和城市规划区外的不同地理位置的集体土地，采取不同的机制，使地方土地财政收入向以可持续的房地产保有税、土地增值税等为主的结构转变，从内在机制上转变政府与农民的关系。2016 年财政部、国土资源部发布《农村集体经营性建设用地土地增值收益调节金征收使用管理暂行办法》中指出农村集体经营性建设用地入市或再转让须征收 20% ~50% 的土地增值收益调节金。调节金全额将上缴试点县地方国库，纳入地方一般公共预算管理。该政策明确了入市收入和成本核算方式，旨在建立兼顾国家、集体、个人的土地增值收益分配机制。为后续的征地制度等联动机制改革奠定了基础。

四、加大公共财政支农力度，拓宽农民共享土地增值收益的渠道

对于农民而言，失去土地就失去了最根本的就业岗位。由于文化素质和劳动技能普遍不高，参与市场竞争的能力较差，在其他工作岗位上的竞争一般处于弱势，大部分被征地农民的长远生计缺乏稳定的保障。近年来，国家和各地都在探索适合市场经济条件的安置方式和方法，各省（直辖市、自治区）相继颁发了规范被征地农民社会保障的文件。然而，被征地农民社会保障安置实践中出现了保障水平低、动态调整机制不健全、可持续性不足等问题，使社会保障安置的政策风险日益显现。各级政府需要进一步提高增量建设用地出让收益中用于农村建设和农村发展的比例，加大公共财政的支农力度，进一步拓宽农民共享土地增值收益的途径。

（一）加强安置小区基础设施建设

被征地农民大部分选择住房补偿安置方式，安置小区的建设更需要政府大力投入，缩小安置小区与其他城市居住小区的配套服务与物业管理差距。首先，集体经济组织在履行经济职能时，应兼顾被征地生活的大环境，引进专业的机构、组织对安置小区周边配套、卫生环境、住宅功能与风格等进行规划设计，高标准、严要求地建设农转居新型公寓，加快水、电、路、管网等基础设施配套，为失地农民营造洁净有序、服务完善的宜居环境。其次，加强公共服务建设，让失地农民能够充分享受政府提供的劳动保障、就业扶持、健康检查、成人教育、文化活动等惠民服务。最后，跟进公交、银行、商场等配套设施，以及教育、卫生、文化等公共资源的配置。由于被征地农民生活方式产生较大变化，政府还需要加强社区的精神文化建设。

（二）完善失地农民社会保障机制

长期以来，农村土地承载了社会保障功能，为农民提供了基本的就业与生存保障。征地使农民的收入和生活风险被彻底市场化，合理的安置方式必须有效应对被征地农民面临的市场化风险。其关键在于增强被征地农民的就业增收能力，实现对土地的有效替代。因此，应以被征地农民可持续生计为导向，以生活水平不降低为最低要求，以保障被征地农民合法利益为原则，结合被征地农民年龄、受教育情况、就业技能及意愿等，探索更加多元化的安置方式与方法。由于一些

农民参保意识较弱，构建合理的社会保障费用分担机制至关重要。政府应根据实际情况按照一定比例来筹集资金，与村集体建立起全覆盖的社会保障体系，部分分担村集体资金压力，提高被安置农户的幸福感，切实解决被安置农户的后顾之忧。按照个人缴费、集体扶持和政府资助相结合的筹资机制，建立被征地农户社会补助制度。

（三）加大对失地农民的再就业培训

从市场需求与失地农民特点出发，找准失地农民再就业的门槛与主要障碍，加大培训支持力度。当前，应重点实施“新”技能培训和新型农民科技培训，提高失地农民对制造业、服务业和现代农业劳动力需求的适应性，增加农民再就业机会。同时，将劳动力市场信息网络延伸到乡镇，建立城乡统一的劳动力市场信息网络，关注被征地农民的就业保障问题，通过税收减免等举措鼓励和引导企业吸纳更多地被征地农民实现再就业。

第六章

存量建设用地供给方式及收益分配改革研究

随着工业化、城镇化水平的提高，增量建设用地的有限供给已经难以满足我国经济社会发展对土地的需求，亟须通过存量建设用地的再开发来挖掘土地利用潜力，实现资源利用方式转变和经济发展机制创新的双重突破。存量建设用地再开发的过程中所产生的土地增值收益成为各方利益主体博弈的焦点。

存量建设用地是指在现有建设用地范围内，由于自然因素或经济活动所造成的闲置未利用或利用不充分，不能充分体现土地利用价值，具有潜在开发利用价值的宗地（刘怡等，2011）。按照权属差异，存量建设用地包括国有存量建设用地和集体存量建设用地。因此，本章围绕国有和集体存量建设用地两方面，首先分析了存量建设用地供给方式及收益分配的现状及特征，其次从理论和实证角度评价存量建设用地供给的绩效、揭示增值收益分配状况，最后提出相应改革思路。

第一节　存量建设用地供给方式及收益分配的现状及特征

一、国有存量建设用地供给及收益分配的现状和特点

我国国有存量建设用地分为空闲、部分利用土地和未充分利用土地。在城镇

化加速发展的关键阶段，未充分利用土地的研究对于城市土地集约利用水平的提高、城市土地供需矛盾的缓解具有重要作用（刘怡等，2011）。因此，本章国有存量建设用地的研究对象为未充分利用土地，主要为城镇存量建设用地中布局散乱、利用粗放、用途不合理、建筑危旧的，权属清晰、不存在争议的城镇低效用地。当前，围绕土地资源节约集约利用和可持续发展的诉求，全国各地都在积极开展城镇低效用地再开发工作，其中，棚户区改造、低效工业用地退出等是实现国有低效建设用地再开发利用的重要举措。因此，本书拟以棚户区改造和低效工业用地退出作为主要研究对象。现阶段，我国国有存量建设用地呈现出绝对规模较大、用途类型区域分异显著；供给方式趋于多样化，与各类用地特点相匹配；收益分配机制逐渐完善、公众参与程度提高等现状和特点。

（一）国有存量建设用地绝对规模较大、用途类型区域分异显著

2016 年 11 月《国土资源部关于印发〈关于深入推进城镇低效用地再开发的指导意见（试行）〉的通知》对城镇低效用地改造范围作出了界定："国家产业政策规定的禁止类、淘汰类产业用地；不符合安全生产和环保要求的用地；'退二进三'产业用地；布局散乱、设施落后，规划确定改造的老城区、城中村、棚户区、老工业区等，可列入改造开发范围。现状为闲置土地、不符合土地利用总体规划的历史遗留建设用地等，不得列入改造开发范围"。据统计，全国城镇建设用地中的低效用地占比达40%以上；城镇工矿建设用地中处于低效利用状态的用地规模约 5 000 平方千米，占全国城市建成区的 11%（袁崇法，2014）。

不同地区根据自身实际情况对城镇低效用地进行了具体的内涵界定和全面的调查认定。总体上，各地区城镇低效用地的结构类型分布存在较为明显的差异，地方政府也针对自身的城镇低效用地的突出问题采取了不同的处置措施。其中，东北三省作为老工业区，存在大量基础设施落后、安全隐患突出、居住环境恶劣的棚户区，因此，我国棚户区改造从 2005 年开始首先在东北三省实施，计划利用 3～5 年时间让 200 多万居民全部迁入新区，至 2008 年中央将国有林区（场）棚户区（危机房）、国有垦区危房、煤矿棚户区改造也并入改造内容，棚户区改造扩大至全国各地，计划 2008～2012 年改造各类棚户区 1 260 万户。上海、北京、广州等地区经济发展较快、城镇化水平较高以及建设用地供需矛盾激烈，存在较多高能耗、高污染的低效工业用地，并且具有资源高度集中的特点。因此，这些地区率先进行了工业用地退出，主要采用创意产业模式和自主改造模式等。随着工业用地退出规模不断扩大，全国各地均实施了"退二进三""腾笼换鸟"等政策，并逐渐形成了适合地区发展的低效工业用地退出模式。

（二）国有存量建设用地供给方式趋于多样化，与各类用地特点相匹配

国有存量建设用地再开发处置方式包括了协议收回和依法转让、自主改造和收购储备、限期开发和兼并重组、协议置换等（张勇等，2018）。国有存量建设用地再开发的运行模式也由单一的政府主导模式转变为市场与政府相结合的多元化模式。但由于各地发展水平和城镇低效用地结构类型存在差异，不同地区、不同类型城镇低效用地再开发的运行模式也各具特色。其中，以棚户区、老工业区等为主要改造对象的辽宁省，更多地选择由政府收购储备后再进行成片改造开发，充分发挥了政府的主导作用；以旧城镇、旧厂房等为主要改造对象的广东省和浙江省，更多地选择由集体经济组织和其他市场主体参与改造开发，充分尊重了集体经济组织较强的权利意识和自行改造意愿（刘新平等，2015）。为了更好地推进城镇低效用地再开发，国家强调在改造过程中要加强多元主体参与，鼓励原国有土地使用权人进行改造利用，2016 年 11 月国土资源部出台的《关于深入推进城镇低效用地再开发的指导意见（试行）》提出，"原国有土地使用权人可通过自主、联营、入股、转让等多种方式对其使用的国有建设用地进行改造开发"。

在国家政策的支持下，不同类型城镇低效用地的再开发模式得到了创新和拓展。在棚户区改造方面，再开发模式主要包括开发商主导模式，政府主导和开发商参与模式等。其中，以开发商为主导的棚户区改造模式指的是由开发商主要负责棚户区房屋拆迁、补偿和支付过渡期费用，由政府部门负责相关配套基础设施的建设，项目土地采用毛地出让方式；而以政府主导和开发商参与的棚户区改造模式指的是由政府部门负责棚户区房屋拆迁、补偿、支付过渡期费用以及负责相关配套基础设施的建设，项目土地采用净地出让方式。在低效工业用地退出方面，再开发模式主要包括政府收购、自主改造、创意产业、公私合营等。其中，政府收购模式指的是由政府土地储备机构主要负责，工业用地需要纳入土地储备，然后由国土资源管理部门进行统一供地；自主改造模式指的是房地产开发商或企业可以申请自主改造、单独开发，不需要纳入政府统一储备；创意产业模式指的是在创意产业园区内，企业在不改变土地产权关系、不改变房屋建筑结构、不改变土地用途性质的前提下发展现代服务业；公私合营模式指的是由政府部门和企业共同成立投资发展公司，对具有较强历史保护价值和区位优越的旧工业区进行保护性修复和重新开发的运行模式。

（三）国有存量建设用地供给收益分配机制逐渐完善、公众参与程度提高

国有存量建设用地供给的收益分配主体主要包括地方政府、房地产开发商、原有土地使用者等。国家政策强调进行城镇低效用地再开发，要“协调好政府、改造方、土地权利人等各方利益，实现共同开发、利益共享”（《关于深入推进城镇低效用地再开发的指导意见（试行）》）。在传统的政府主导城镇低效用地再开发模式中，地方政府的土地出让收入和房地产开发商的投资收益是土地增值收益的主要组成部分，而原有土地使用者难以直接分享再开发产生的土地增值收益，仅能够依照法律规定获得相应的房屋和土地补偿（唐健，2013）。随着城镇低效用地再开发运行模式更加多元化，原国有土地使用权人被赋予更多的再开发权能，城镇低效用地再开发收益分配格局也得到了调整，改变了政府分享较多土地增值收益而原土地使用权人分享较少土地收益的分配格局，这种转变更有利于提高市场主体参与城镇低效用地再开发的积极性。从不同地区的政策设置来看，广东省改进了“招拍挂”出让规则，规定需要搬迁的国有企业用地在当地政府依法收回后采取“招拍挂”方式出让的，在扣除土地补偿等相关费用后的土地出让纯收益，可以按照不超过60%的比例专项用于支持企业发展（刘新平等，2013）。辽宁省对棚户区改造项目用地采用无偿划拨的供给方式，或者将获取的土地出让金全部返还用于支持棚户区改造项目，有效缓解了棚户区改造项目的资金难题（卜鹏飞、倪鹏飞，2012）。浙江省2014年出台的《浙江省人民政府关于全面推进城镇低效用地再开发工作的意见》提出，“对城镇低效用地再开发涉及城市公共基础设施建设的，应从土地出让金中安排相应的项目资金予以支持。对依法收回、收购存量建设用地用于再开发的，在依法补偿的基础上，可给予原土地权利人一定数量的奖励，具体标准由各市、县（市、区）政府结合当地实际制订。”江苏省2016年出台的《省政府办公厅关于促进低效产业用地再开发的意见》则提出，“低效产业用地退出改造完成后，要及时将再开发基本情况、资金安排使用和收益分配等进行公示，接受监督。”

二、集体存量建设用地供给及收益分配现状和特点

我国集体存量建设用地主要包括经营性建设用地、农村居民住宅用地、乡（镇）村公益事业用地和公共设施用地。改革开放以来我国农村存量建设用地供给呈现流转规模不断扩大，各地发展程度不一致；流转模式从单一化向多元化转

变；流转收益分配逐渐向集体和农民倾斜等现状和特点。

（一）集体存量建设用地流转规模不断扩大，各地发展程度不一致

我国集体存量建设用地的流转范围由单一实物流转扩大至“指标流转 + 实物流转”，且集体存量建设用地流转规模不断扩大。从全国层面来看，2006 ~ 2011 年全国城乡建设用地增减挂钩试点省（直辖市、自治区）由 6 个增加至 29 个；2006 ~ 2009 年国土资源部批复的城乡建设用地增减挂钩指标规模也由 4 922. 93 公顷扩大至 26 850 公顷。从省级层面来看，截至 2010 年底，江苏省“万顷良田建设”工程共有 47 个试点地区，涉及全省 13 个省辖市 42 个县（区），通过省国土资源厅审核的试点工程建设总规模为 59 887. 66 公顷，可新增耕地面积达 8 807. 35 公顷，可盘活建设用地面积 6 282. 20 公顷。在 2008 ~ 2011 年间，重庆市“地票”的成交宗数和规模由 2008 年成交宗数 1 宗、成交面积 73. 33 公顷；2009 年成交宗数 52 宗、成交面积 826. 67 公顷不断扩大至 2010 年成交宗数 86 宗、成交面积 14 800 公顷；2011 年成交宗数 80 宗、成交面积 3 526. 67 公顷。

我国集体存量建设用地的实物流转和指标流转在各地的发展步伐不一致，存在明显的地域差异性。在实物流转方面，各地集体存量建设用地流转覆盖范围不同，其中，广东省在全省范围内 21 个地级市均开展了集体建设用地流转；江苏省在全省范围内将部分地级市作为流转试点，主要包括苏南地区 5 个地级市、南通市、海门市和宿迁市等，这些地区中苏南地区集体建设用地流转市场化程度较高；安徽省芜湖市虽然是国土资源部批准的第一个集体建设用地流转试点，但是多年来流转交易的市场化程度不高。在指标流转方面，一是各地区集体存量建设用地整理规模和范围不同，其中，重庆市的农村建设用地整理以零星分散推进为主，主要针对的是已在城镇购买住房的农户，采用以宅基地置换货币形式腾退农村建设用地；江苏省实施的“万顷良田建设”以整村推进为主，大部分农民以置换集中居住区公寓房的形式腾退宅基地。二是各地区指标交易范围不同，从 2011 年实施城乡建设用地增减挂钩的 29 个试点省（直辖市、自治区）来看，东部地区如江苏、广东、浙江等省份乡（镇）第二、第三产业发展较快以及建设用地供需矛盾激烈，指标交易一般在镇级层面开展；而西部地区如重庆市、四川省成都市等地区打破县域层面的限制成立土地产权交易所在市域范围内流转；其余大部分试点省（直辖市、自治区）则在县级层面开展指标流转。

（二）集体存量建设用地流转方式从单一化向多元化转变

集体存量建设用地流转方式由单一的入股、联营方式转变为出让、转让、出租和置换等多种方式。集体存量建设用地流转模式也由单一的政府主导模式向政

府主导模式、政府与市场并重模式和市场主导模式等多种模式转变。

1978～1983 年集体建设用地只能以征地方式由地方政府主导用于非农业建设；随后 1984～2002 年集体建设用地流转由自发、隐形状态向有限管制过渡，这一阶段大部分地区如福建省古田县、河南省安阳市、安徽省芜湖市等集体建设用地流转仍以地方政府主导为主，只有广东省佛山市南海和顺德区以及江苏省昆山市探索了市场化主导的集体建设用地流转模式，即农民或村集体以土地资产股份量化的形式将土地或厂房直接出租给企业；2003 年以来集体建设用地流转进入试行阶段，2008 年国家发布的《中共中央关于推进农村改革发展若干重大问题的决定》中要求："逐步建立城乡统一的建设用地市场，对依法取得的农村集体经营性建设用地，必须通过统一有形的土地市场、以公开规范的方式转让土地使用权，在符合规划的前提下与国有土地享有平等权益"，同时出台"三集中""城乡建设用地增减挂钩"等政策允许集体建设用地包括宅基地在内通过整理、复垦、异地置换，这表明集体建设用地的流转逐渐向市场靠拢，如重庆市"地票"交易、湖北省荆门市沙洋县出让制、成都市郫县农民集体自主型流转等均以市场主导模式为主。

（三）集体存量建设用地流转收益分配逐渐向集体和农民倾斜

1984 年以前集体存量建设用地流转形式主要为实物征收方式，大部分土地增值收益由地方政府攫取，少部分土地增值收益由农民和集体经济组织获取。此后，随着集体建设用地的自发流转和试点工作的推进，各地陆续出台了《集体建设用地使用权流转改革管理办法》，明确规定了土地流转收益在不同利益主体之间的分配比例，集体建设用地流转收益分配逐渐向集体组织和农民个体倾斜。同时 20 世纪 90 年代末指标流转的产生以及 2004 年国家对集体建设用地指标流转的承认使其流转时更加尊重农民意愿，切实提高农民的生活水平。以广东省为例，2005 年出台的《广东省集体建设用地使用权流转管理办法》中明确规定，集体土地流转中取得的土地收益，50% 以上应当专款用于本集体经济组织成员的社会保障安排；随后 2010 年广东省"三旧改造"政策提出，如果征收村集体建设用地实施旧村改造进行经营性开发的，土地权属人与政府以新用途土地市场价格按照最高不超过 6∶4 分成，对于"三旧改造"中的农村集体建设用地，无论土地性质是否改变，如果土地开发使用权主体仍为原村集体，那么在符合城市规划的前提下，允许土地按城市规划用途进行开发使用，政府不收取改变土地用途的土地出让金（中国土地矿产法律事务中心调研组，2011）。

第二节　国有存量建设用地供给方式及收益分配

本节主要基于城市棚户区改造和工业用地退出两个方面探讨国有存量建设用地供给方式及收益分配。

一、城市棚户区改造及收益分配①

（一）城市棚户区改造土地增值收益形成机制

本部分以土地产权理论、生产要素理论和公共物品供给理论为基础，构建城市棚户区改造过程中土地增值收益形成机制的理论分析框架，并结合松原市的具体改造案例，全面揭示城市棚户区改造过程中土地增值收益的形成机理和实现过程。

1. 城市棚户区改造土地增值收益形成机制的理论分析框架

（1）城市棚户区改造过程中土地增值收益的形成机理。弗雷福格（Freyfogle，2007）认为土地增值主要来源于以下三个因素：一是土地自然属性，如土壤构成、气候条件、区位变化等；二是土地权利人的投资改良，如施肥、土地平整等；三是社会因素，如国家政策调整、人口聚集、城市规划、城市化发展等。基于此，我们梳理了城市棚户区改造中土地增值收益的来源，构建了城市棚户区改造过程中土地增值收益形成机理的分析框架，如图 6－1 所示。

（2）城市棚户区改造土地开发过程与土地增值收益的形成。土地增值收益产生于棚户区改造的具体实施过程中，包括土地征收和房屋拆迁、五通一平及基础设施建设、土地出让和房地产开发等主要环节。

土地征收和房屋拆迁中的土地增值。土地征收和房屋拆迁过程中的土地增值主要来源于两个方面：一是土地产权的变更。土地征收中土地的产权从集体所有变为国有，带来土地价值的增加。二是土地规划用途的变化、规划容积率的增加。房屋拆迁后，居民集中上楼居住，可以腾出大量的建设用地。这些建设用地

① 本节内容主要基于课题培养的研究生硕士学位论文《城市棚户区改造过程中土地增值收益分配机制研究——以吉林省松原市为例》（颜玉萍，2015），以及期刊论文：魏子博、颜玉萍、石晓平、孙洁：《城市棚户区改造土地增值收益分配机理研究——基于吉林省松原市的改造案例》，载于《中国土地科学》2017 年第 8 期。

可以通过使用权转让用于价值更高的用途，土地利用强度也随之增加。城市棚户区改造中土地征收和房屋拆迁中的土地增值是宅基地补偿价格与改造前土地和房屋价格的差值。

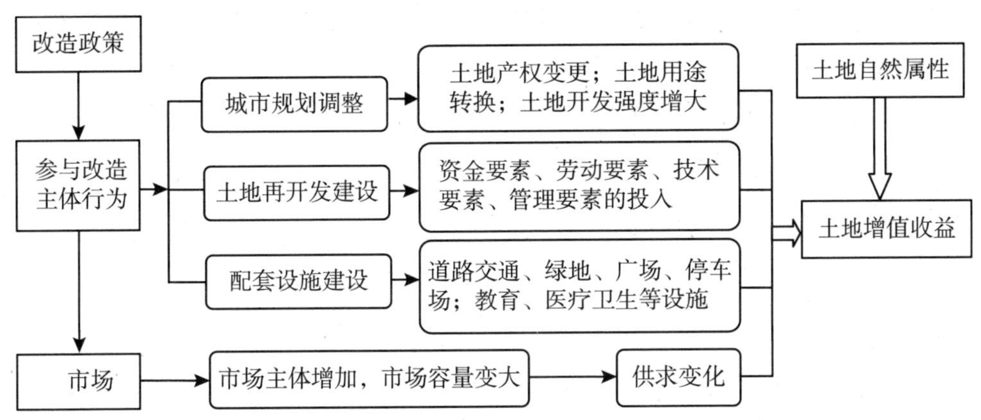

图 6-1　城市棚户区改造过程中土地增值收益的形成机理

配套设施建设和土地出让中的土地增值。土地出让过程中的土地增值主要来源于两个方面：一是土地开发资本、劳动等要素投入。进入土地储备中心的生地经过五通一平及相关配套基础设施建设之后成为待出让的熟地，直接或间接增加了土地的价值。二是土地规划用途的变化、土地容积率的增加、土地供求关系变化等社会因素。配套设施建设和土地出让中的土地增值是土地出让价格与土地征收、房屋拆迁补偿以及配套设施建设成本之间的差值。

房地产开发中的土地增值。房地产开发商将待开发市地转化为成熟的房地产产品主要是人工增值的过程。开发商投入了大量的资本、劳动等要素，属于对土地进行连续追加投资从而使土地的价值增加。此外，房地产开发中也存在影响房地产市场供求关系的土地自然增值。房地产开发中的土地增值是房地产销售利润，即开发商出售房屋所得的房地产价格中的土地部分。其中，开发费用主要包括建筑安装成本、基础设施建设费用、资金利息及社会平均利润等。

2. 城市棚户区改造土地增值收益形成机制的实证检验

基于以上的理论分析，本部分结合吉林省松原市××棚户区改造项目对城市棚户区改造中土地增值收益的形成机制进行实证验证。

（1）改造案例。××棚户区改造项目开始于 2013 年 8 月，属于松原市新一轮城市棚户区改造项目。项目位于松原市江北地区，距市中心较近，区位优势十分明显，周围配套设施基本齐全。改造前，政府对城市规划做了调整，将土地用途改为商住结合用地，土地容积率也提高到 2.5。项目采用了政府主导、开发商参与的改造模式。项目区土地是以净地的形式通过挂牌出让给房地产开发商。具体情况如表6-1所示。

表6-1　　　　改造项目区基本情况

指标名称	单位	指标值
项目区占地面积	平方米	174万
其中：集体土地占地面积	平方米	74万
国有土地占地面积	平方米	100万
项目区拆迁户数	户	2 275
其中：集体土地上征收户数	户	139
国有土地上征收户数	户	2 136
项目区距市中心距离	千米	2
改造前容积率	—	0.25
改造后容积率	—	2.5
改造前土地用途	—	农用地、居住用地、工企用地
改造后土地用途	—	商住结合用地
项目区房屋征收面积	平方米	46.3万
其中：集体土地上居民房屋征收面积	平方米	2.9万
国有土地上居民房屋征收面积	平方米	40.6万
国有土地上工企单位房屋征收面积	平方米	2.8万

资料来源：2015年松原市棚户区改造房地产开发商部分问卷。

（2）土地增值过程分析。根据上述理论分析，主要对城市棚户区改造中土地征收和房屋拆迁、配套设施建设和土地出让、房地产开发等环节中的土地增值收益形成进行分析。

土地征收和房屋拆迁环节土地增值收益形成。政府通过土地征收，将项目区中74万平方米集体土地转变为国有土地，这部分土地作为新增城市建设用地进入城市土地市场，土地供给量增加。土地征收环节的土地增值表现为棚户区居民得到的征收补偿。然而，由于拆迁环节采取房地一体的补偿模式，该项目给居民的征收补偿主要体现在房屋拆迁环节获得的补偿。通过房屋拆迁，项目区腾出了174万平方米建设用地，可供利用的建设用地面积为150万平方米，其中安置回迁居民所需的安置房用地12.52万平方米。房屋拆迁环节的土地增值主要来源于土地规划用途和开发强度的改变。土地征收和房屋拆迁环节的土地增值主要表现在被拆迁户获得拆迁补偿。项目区征收居民房屋户数2 275户，房屋征收面积

46.3万平方米。拆迁户获得的货币补偿金额约86 400万元，回迁居民获得回迁楼面积31.3万平方米，按照4 000元/平方米折合成货币形式为125 200万元，过渡期期间还可获得租房补贴和越冬采暖费补贴。

配套设施建设和土地出让环节土地增值收益形成。土地前期开发中，政府主要对道路交通、居民饮用水、生活广场等基础设施做了投资建设，对土地进行了五通一平建设，使土地达到可供开发利用的状态。该项目中，土地前期开发政府的成本为：基础设施配套费平均为300元/平方米，项目前期费用平均为155元/平方米。政府投资直接改善了棚户区土地的利用条件，同时提高了该区域的环境条件和居住条件。土地出让环节的土地增值主要来源于我国建设用地有偿使用的制度背景，属于社会因素带来的土地增值，表现为土地出让金。该项目中，政府将腾出的137.48万平方米的建设用地以挂牌方式出让给房地产开发商，获得土地出让收益2 500元/平方米，合计为343 700万元。

房地产开发环节土地增值收益形成。房地产开发环节土地增值收益一方面来源于生产要素投入增值，另一方面来源于自然及社会因素带来的土地增值。开发商对出让获得的建设用地进行商品房和商铺的开发建设。项目区新增总建筑面积375万平方米，扣除回迁安置房31.3万平方米，商品房343.7万平方米，其中商企34.3万平方米，商品住宅309.4万平方米。商品住宅平均售价为4 000元/平方米，商铺平均售价为6 000元/平方米，获得144.34亿元的销售额。扣除社会平均利润15.46亿元，增值收益128.88亿元。土地价格等于房地产价格扣除建筑物价格。该项目建安成本平均为2 044元/平方米，建筑物价值为76.65亿元，土地增值为52.23亿元。

3. 结果分析

通过分析该改造案例中土地的具体开发过程，可以发现，松原市城市棚户区改造中土地增值收益主要表现为土地征收和房屋拆迁环节的补偿、土地挂牌出让环节的土地出让收益、房地产销售环节的房地产销售收入这三种主要形式，土地增值收益在各个环节的分布并不均衡。

影响土地增值收益形成各因素的作用效果也不一致。城市规划调整、生产要素投入、配套基础设施建设以及房地产市场变化在房地产开发环节中的作用效果最为显著；与居民利益密切相关的土地产权因素，在土地征收和房屋拆迁过程中的作用效果并不明显；而土地产权变更在土地出让环节中的土地增值更为明显；土地区位条件等自然因素、城市规划调整、市场供求变化等社会因素在土地征收和房屋拆迁环节中的作用效果远远低于这些因素在土地出让过程，尤其是房地产销售过程中的作用。

（二）城市棚户区改造土地增值收益的分配机制

本部分以土地增值收益来源为基础构建理论分析框架，并结合吉林省松原市棚户区改造的具体实践，探讨现行土地增值收益分配机制中存在的不足之处，为建立公平合理的土地增值收益分配机制提出改进建议。

1. 土地增值收益分配机制的理论分析框架

根据上述土地增值收益形成机制的分析可知，地方政府、房地产开发商和棚户区居民在土地增值收益形成过程中发挥了各自的作用，因此，他们是土地增值收益的分配主体。城市棚户区改造产生的土地增值收益应根据其不同的形成机理，按照生产要素投入贡献原则和社会公平原则，实行差别化的分配机制（刘守英等，2013；华生，2014；程雪阳，2014）。

对于生产要素投入产生的增值收益，按照贡献原则进行分配。(1) 对于地方政府来说，通过在棚户区及其周边地区建设相关配套基础设施，对棚户区土地产生正的外部效应，使土地价值增加。政府通过土地出让金的形式获得相应的增值收益。(2) 对于房地产开发商来说，在城市棚户区改造中通过投入资本等生产要素对土地进行连续追加投资，使凝聚在土地上的价值增加。开发商通过房地产销售利润的形式获得相应的增值收益。

对于棚户区居民让渡土地所有权或土地使用权带来的增值收益，其分配依据主要是借鉴学者们关于土地产权理论的研究成果。棚户区居民通过集中上楼居住，腾出了大量的建设用地，这是土地增值收益形成的前提条件，是棚户区居民为土地增值收益形成所做的贡献。根据集体土地所有权、国有土地使用权的“产权”实质（陶然等，2014），加之土地特有的资产积蓄功能、增值保值功能以及土地的保障功能，棚户区居民应该获得公平公正的补偿。本书认为“公平补偿”指的是按照土地征收时的市场价格进行补偿（程雪阳，2014）。同时，考虑到城市棚户区居民群体的特殊性，公平补偿机制还应该包括给低收入居民提供就业培训等社会保障措施。

对于土地自然因素以及城市人口增加、产业集聚等社会外部因素带来的土地增值收益，本书认为应该由社会公众共同分享。政府作为全民的代表可以以税收的形式分享这部分增值收益，但政府也应该以公共服务和社会保障的形式返还社会。

2. 松原市土地增值收益分配的实证分析

(1) 松原市城市棚户区改造中土地增值收益分配格局。在城市棚户区改造土地增值收益形成机制的分析基础上，结合松原市的相关改造政策以及改造过程，可知棚户区居民、城市政府、房地产开发商是土地增值收益分配的直接利益主体。

棚户区居民在土地征收、房屋拆迁过程中获得经济补偿或房屋产权调换，我们将这部分土地增值界定为土地增值Ⅰ（下同）。城市政府在土地出让环节获得土地出让金，我们将这部分土地增值界定为土地增值Ⅱ。房地产开发商在商品房销售环节获得销售收入，我们将这部分土地增值界定为土地增值Ⅲ。

棚户区居民的收益。棚户区居民（被拆迁户）获得的收益形式主要是货币补偿或产权调换，或者是两者兼有的形式。货币补偿形式下，评估费用由政府承担，货币补偿参照市场价浮动上涨。房屋产权调换补偿形式下，回迁居民可以获得回迁楼的房屋产权证。回迁楼建设期内，居民享受租房补贴和越冬采暖费补贴。除了经济上的补偿，居民（包括棚户区周边居民）还可以获得由于居住环境和住房条件改善带来的无形的增值收益，但是目前还没有很好的测算方法测算这部分无形增值。因此，土地增值Ⅰ主要表现为土地征收和房屋拆迁的补偿与改造前土地价格和房屋价格的差值。

土地增值Ⅰ=被拆迁户实际获得的补偿－改造前房地产价格

地方政府的收益。地方政府获得的收益形式主要是土地出让金。同时，在房地产开发环节还可以获得各项税费收入，税收主要包括：耕地占用税（存在征收集体土地的情况）、土地契税及印花税、建安税、房地产销售各种税收。此外，由于松原市五通一平及配套设施建设的主体是城市政府。因此，土地出让环节的土地增值主要是政府获得的土地出让金及相关税费与政府前期开发成本的差值。

土地增值Ⅱ=土地出让成交价款+各项税费收入
－土地前期开发费用－实际支付的征地补偿

房地产开发商的收益。松原市针对房地产开发商制定了大量的优惠政策，房地产开发商除了获得房地产销售利润，在棚户区改造过程中还可以享受很多优惠政策。针对开发商主要的优惠政策：一是土地优惠政策，城市棚户区改造涉及回迁房和公益性用房、基础设施用地的，可以以划拨方式取得土地；二是回迁楼的行政事业性收费全免，包括供热、供水、供暖的管线等基础设施费用，经营性费用按政策减免50%，基金收费全免，合计减免金额为169.92元/平方米。因此，房地产开发环节土地增值主要表现为房地产销售价款扣除取得土地的价款、建筑安装成本及相关税费、社会平均利润的差值。

土地增值Ⅲ=房地产销售价款－购买土地的价款
－建筑安装成本及相关税费－社会平均利润

（2）改造中各利益主体收益情况分析。本书选取松原市城市棚户区改造的两个案例，具体测算并分析改造中各利益主体的收益分配情况。

案例一：LX 小区综合楼项目

LX 小区综合楼项目开始于 2007 年，至 2009 年结束。项目区总面积 38 560 平方米。区位条件较好，距离市中心约 2 千米。项目区土地性质为国有土地，腾空土地面积 38 560 平方米。松原市第一轮棚户区改造主要是开发商主导模式，完全由开发商负责房屋拆迁、补偿及过渡期费用的支付，政府负责配套基础设施的建设，采用毛地出让的方式。该项目区土地改造利用情况如表 6 - 2 所示。

表 6 - 2　　LX 项目区土地改造利用情况统计

名称	项目区土地总面积	招拍挂土地面积	回迁楼占地面积	基础设施占地面积	土地储备面积	保障房建设面积
面积（平方米）	38 560	38 560	3 284	18 343	0	0
占项目区土地总面积的比例（%）	100.00	100.00	8.52	47.57	—	—

资料来源：2015 年松原市棚户区改造针对房地产开发商部分的问卷。

土地增值Ⅰ的测算：本书中居民的补偿未扣除改造前可能存在的出租房屋的租金收入，因为项目采用的是市场价格补偿，且松原市城市房屋租金水平较低。回迁安置的居民可以获得产权证，改造后的房屋依然可以用来出租，且由于居住条件和环境的改善，租金水平还会进一步上涨，过渡期的租房收入损失也可以得到抵消。本书将居民获得的土地增值直接界定为居民获得的拆迁补偿收益。该项目因为不涉及农村集体土地，因此不存在对农民的补偿。居民获得的国有建设用地上房屋征收补偿标准为 1 250 元/平方米，安置房以 65 平方米的小户型为主，为多层建筑。征收居民房屋户数 190 户，征收房屋建筑面积为 17 130 平方米。产权调换的补偿标准为 1:1，回迁楼建筑面积 9 852 平方米。98 户选择货币补偿、92 户选择产权调换。其中，货币补偿 909.75 万元；产权调换补偿获得安置房面积 9 852 平方米，且可以获得产权证，若折成货币形式，居民获得安置房价值为 1 773.36 万元。另外，过渡期费用包括租房费用和越冬采暖费，以每户 5 口人计算，过渡期费用为 62.56 万元。因此棚户区居民共计获得 2 745.67 万元的补偿。

土地增值Ⅱ的测算：政府获得的土地出让金为 439 万元。获得各项税费收入，包括建安税 168.05 万元（按建安成本的 3.83% 缴纳，由建筑商缴纳）、土地契税及印花税 22.17 万元、相关费用 346.98 万元、营业税及附加 492.09 万元，合计 1 029.29 万元。基础设施投入成本 751.92 万元。因此政府获得的土地增值收益为 716.37 万元。

土地增值Ⅲ的测算：房地产开发商获得的可销售商铺、商品房面积共38 900平方米，改造后商铺和商品房平均销售价格为2 300元/平方米，获得销售收入8 947万元。在开发成本方面，开发商进行房地产开发的建安成本4 387.68万元；土地契税及印花税是土地出让总价款的5.05%，为22.17万元；营业税、城市维护建设税和教育费附加税率合计为房地产价格的5.5%，为492.09万元；回迁楼部分，免缴省和市政府有权决定的各项行政事业性收费、减半征收经营性收费，政府性基金全免；住宅小区开发行政事业性收费减免30%，经营性收费减免20%，总缴纳费用为346.98万元；支付棚户区居民的拆迁补偿费用和过渡期费用972.31万元；支付土地取得费439万元。此外，还应扣除社会平均利润1 465.25万元。因此，开发商获得的土地增值收益为821.53万元。

案例二：HP小区综合楼项目

HP小区综合楼项目开始于2013年，至2015年结束。项目区总面积58 000平方米，区位条件较好，距离市中心约1千米。项目区土地性质为国有土地。松原市新一轮棚户区改造主要是政府主导、开发商参与模式，由政府负责房屋拆迁、补偿、过渡期费用的支付及配套基础设施的建设，采用净地出让的方式。项目改造前为居住用地，改造后为商住结合用地。该项目区土地改造利用情况如表6-3所示。

表6-3　　　　HP项目区土地改造利用情况统计

名称	项目区土地总面积	招拍挂土地面积	回迁楼占地面积	基础设施占地面积	土地储备面积	保障房建设面积
面积（平方米）	58 000	13 000	4 000	8 000	33 000	0
占项目区土地总面积的比例（%）	100.00	22.41	6.90	13.80	56.90	—

资料来源：2015年松原市棚户区改造房地产开发商部分问卷。

土地增值Ⅰ的测算：该项目不涉及农村集体土地，因此不存在对农民的补偿。居民获得的国有建设用地上房屋征收补偿标准为4 800元/平方米，安置房户型有47平方米、55平方米、72平方米、91平方米、108平方米多种类型，为多层建筑。征收居民房屋户数73户，征收房屋建筑面积为10 728平方米。产权调换的补偿标准为1:1.2，回迁楼建筑面积11 200平方米。9户（12%）选择货币补偿、64户（88%）选择产权调换。其中，货币补偿金额669.44万元；产权调换补偿下，获得安置房面积11 200平方米，且可以获得产权证，折成货币形式，居民获得安置房价值4 144万元。过渡期费用包括租房费用和越冬采暖费，合计 168 万元。因此棚户区居民一共获得 4 981. 44 万元的补偿。

土地增值Ⅱ的测算：政府获得的土地出让金为 1 500 万元。各项税费收入，包括建安税 330. 91 万元（按建安成本的 3. 83% 缴纳，由建筑商缴纳）、土地契税及印花税 75. 75 万元、相关费用 275. 52 万元、营业税及附加 880 万元，合计 1 562. 18 万元。基础设施投入成本 1 740 万元。支付棚户区居民的拆迁补偿费用和过渡期费用 837. 44 万元。因此，政府获得的土地增值收益为 484. 74 万元。

土地增值Ⅲ的测算：房地产开发商获得的可销售商铺、商品房面积共 32 000 平方米，改造后商铺和商品房平均销售价格为 5 000 元/平方米，获得销售收入 16 000 万元。在开发成本方面，开发商进行房地产开发的建安成本为 8 640 万元；土地契税及印花税是土地出让总价款的 5. 05%，为 75. 75 万元；营业税、城市维护建设税和教育费附加税率合计为房地产价格的 5. 5%，为 880 万元；回迁楼部分，免缴省和市政府有权决定的各项行政事业性收费、减半征收经营性收费；住宅小区开发行政事业性收费减免 30%，经营性收费减免 20%，总缴纳费用为 275. 52 万元；购买土地价款 1 500 万元。此外，还应扣除社会平均利润 2 501. 68 万元。因此，开发商获得的土地增值收益为 2 127. 05 万元。

（3）松原市土地增值收益分配案例的结果分析。土地利用情况分析。如表 6 - 2 和表 6 - 3 所示，松原市在第一轮改造开发商主导的模式下，项目区改造后回迁楼占地面积占项目区土地总面积的比例为 8. 52%，基础设施建设占地面积占项目区土地总面积的比例为 47. 57%，改造腾出了大量的建设用地。开发商将腾出的建设用地主要用于商品房的开发建设。在第二轮改造政府主导的模式下，采用净地出让的方式将项目区 22. 40% 的土地出让给开发商，剩下的土地中，6. 90% 用来建设回迁楼、13. 80% 用于基础设施建设。同时，政府将一半以上的土地进行了储备。

但可以发现，居民的回迁楼占地面积普遍偏小，均低于项目区土地的 10%，而且，改造后松原市政府没有进行保障房的建设，这不利于解决农民工的住房问题。此外，由于改造后环境条件的改善，租房成本的增加进一步加重了农民工这一低收入群体的居住成本，从而无法享受城市棚户区改造带来的利益，被排除在了利益分享之外。

土地增值收益分配的测算结果分析。根据松原市两个改造案例土地增值收益分配情况的测算结果（如表 6 - 4 所示）来看，棚户区居民的收益都是最高的，房地产开发商次之，政府收益最低。这比较符合棚户区改造政策的预期，棚户区改造是一项名副其实的民生工程。

表 6-4　改造案例土地增值收益分配比例

项目名称	改造时间	土地性质	改造模式	土地总增值（万元）	单位面积土地增值（元/平方米）	土地增值收益分配比例（居民：政府：开发商）（%）
LX 小区综合楼	2007～2009 年	国有土地	开发商主导	4 283.57	1 110.89	64.10:16.72:19.18
HP 小区综合楼	2013～2015 年	国有土地	政府主导、开发商参与	7 593.23	3 037.29	65.60:6.38:28.02

注：土地总增值 = 棚户区居民所获土地增值 + 政府所获土地增值 + 开发商所获土地增值。

本书实地调研受条件限制，缺少对棚户区居民（被拆迁户）改造之前土地收益情况、因拆迁造成的其他损失的调查，因此计算出的棚户区居民的收益偏高。另外，两个改造案例都是按照市场价格对居民进行补偿的，体现了公平分配的要求，因而居民获得的收益是最高的。

改造模式对地方政府和开发商的收益影响比较大。两种改造模式下，收益情况变化最大的是政府，开发商主导改造模式下的收益是政府主导改造模式下的收益的 2.6 倍左右。然后是房地产开发商，政府主导改造模式下的收益是开发商主导改造模式下的收益的 1.5 倍左右。但开发商收益的计算可能存在偏高的情况，因为房地产销售价格并不是市场均衡价格，可能存在由于城市政府强推棚户区改造造成商品房供大于求的市场不均衡情况。

不同阶段的土地增值收益总量也存在差别，这与松原市房地产市场价格的不断上涨是密切相关的。受松原市房地产价格影响，居民选择补偿方式也存在差异。LX 小区项目选择产权调换补偿的居民大概有 48% 左右，随着房价的不断稳步上涨，棚户区居民看到了商品房存在的巨大的利润空间，HP 小区项目中 88% 左右的居民选择了产权调换的补偿方式。

（三）城市棚户区改造及收益分配小结

1. 城市棚户区改造土地增值收益形成机制的研究结论

本书以土地产权理论、生产要素理论、公共物品供给理论为基础，构建了城市棚户区改造土地增值收益形成机制的理论分析框架，并以松原市改造案例对理论框架进行了验证。主要结论如下：

城市棚户区改造中土地增值收益的主要来源：一是地方政府城市规划调整、土地产权变更、土地用途改变和土地开发利用强度增强。二是城市政府在棚户区土地上建设相关配套基础设施带来了土地增值。三是房地产开发商通过资本等要素的连续追加投入实现了土地增值。四是城市棚户区土地的区位优势吸引了开发商对棚户区土地的需求，在供小于求的情况下土地价值增加。五是由于城市人口增加、产业集聚等因素，城市土地价值也普遍增加。

总体而言，城市棚户区改造过程中的土地增值收益，首先来源于土地开发利用过程中地方政府和房地产开发商生产要素的投入，直接和间接地带来土地价值增加；其次来源于棚户区居民土地所有权和使用权的转移，带来可供利用土地面积的增加；最后来源于土地自然因素、城市规划调整以及城市人口增加、产业集聚等社会外部因素带来的土地价值增加。

2. 城市棚户区改造土地增值收益分配机制的研究结论

本书在系统梳理土地增值收益形成机制的基础上，根据城市棚户区改造中土地增值收益的不同来源，运用生产要素理论、土地产权理论，结合土地自然属性和社会影响因素构建了土地增值收益分配机制的理论分析框架，并结合松原市不同改造阶段的具体案例，从理论和实证两个层面对土地增值收益分配进行了研究。主要结论如下：

城市棚户区改造产生的土地增值收益应该按照贡献原则和社会公平原则等实行差别化的分配机制，改造产生的土地增值收益主要按照各利益相关主体的贡献程度进行分配，棚户区居民获得公平补偿，地方政府获得土地出让金，房地产开发商获得房地产销售利润；对于土地自然因素和城市人口增加等社会外部因素带来的土地增值部分，应该以合理征收税收的形式实现“部分涨价归公”，归社会公众享有。城市棚户区的不同改造模式可以直接影响土地增值收益的分配格局和分配结果。此外，当前城市棚户区改造中土地增值收益分配机制仍然存在不合理现象，如没有进行保障房的建设等。

二、工业用地退出及收益分配[①]

（一）工业用地退出模式及绩效评价

1. 工业用地退出模式制度安排及其特征

现有制度环境下，我国城市中心区工业用地退出主要有以下四种模式：政府收购模式、自主改造模式、创意产业模式和公私合营模式。本部分将简要介绍各模式的运行和流程，以便于后面的绩效比较。

① 本部分内容主要基于课题培养的研究生硕士学位论文《城市中心区工业用地退出机制研究——以江苏省江阴市为例》（徐青，2014）。

（1）政府收购模式。以土地储备为主要手段的政府收购模式的实施主体是隶属于国土资源管理部门的土地储备机构。对工业用地的收购首先需要将其纳入年度土地储备计划，其次还需要编制项目实施方案，最后获得同级地方政府的批准。具体收购中，土地储备机构先要与土地使用权人关于土地收购补偿价格达成一致，随后才能签订土地使用权收购合同。对成功完成收购程序后的土地，由土地登记机关办理注销土地登记手续后纳入土地储备，在进行必要的前期开发（道路、水电等基础设施建设）后，即可纳入土地供应计划，由国土资源管理部门统一组织供地。

（2）自主改造模式。工业用地退出的自主改造模式是指在城乡规划框架内的地块，可以单独开发的，并且无须纳入政府统一储备的，企业可以申请自主改造，但是不能改造为商品房。一个典型的例子是南京市化建产业（集团）有限公司的玄武区珠江路地块。该地块约 3 000 平方米，原为生产厂房，企业改制后，原企业不再使用。根据南京市有关规定，在项目、规划审批后，国土部门为其办理了改变用途和改变用地条件的有关手续，通过协议出让的方式，将土地用途调整为科研用地，化建产业集团按工业用地和科研用地的市场地价差额补缴了土地出让金。

（3）创意产业模式。2005 年 11 月，上海市经济委员会牵头、上海市创意产业中心编制的《上海市“十一五”创意产业发展规划》（以下简称《发展规划》），标志着我国开始探索鼓励利用旧厂房发展创意产业。《发展规划》鼓励采用“三不变”的办法开发老旧厂房，即创意产业园区的土地产权关系不变（仍然作为划拨用地）、房屋建筑结构不变（只能改建不能重建）、土地性质不变（产权凭证上仍然是工业用地）。随后，国务院于 2008 年颁发的《国务院办公厅关于加快发展服务业若干政策措施的实施意见》肯定了划拨取得的旧厂房可以在不改变产权性质的前提下发展创意产业等现代服务业的做法。至此，在不变更产权的前提下利用划拨工业用地发展创意产业的模式被许多城市广泛采用，工业用地利用效率因此得到了大幅度的提升。

（4）公私合营模式。公私合营模式是指对于有较强历史保护价值、区位条件优越，但是基础设施较落后、环境破败的旧工业用地，政府和企业共同成立投资发展公司，风险共担、利益共享，对企业原有的历史建筑进行保护性修复、重新开发，从而实现旧厂房文化价值显化和土地利用效率提升的一种工业用地退出模式。其中的一个典型案例是南京市的“晨光 1865”项目，该项目是秦淮区和中国航天科工集团下属南京晨光公司联手，利用晨光厂位于城区原有老厂区和工业建筑群打造的现代科技创意产业园。目前，园区已经从闲置老厂区蜕变成了科技人文绿色园区，国内多家知名的综合性创意研发中心和高端产业聚集于此。

图6－2对四种模式的流程做了简要的概括。四种模式的目的都是实现工业用地使用用途的转变，且政府在退出过程中都发挥了作用。政府收购模式中政府的作用最大，涉及从收购到出让的全过程。然后是公私合营模式，政府通过参与公司的经营管理实现对退出的管理，政府的参与也使公司具有了自行编制改造方案并批准的权利。接着是自主改造模式，政府通过规划批准的形式对退出进行管理，并且获得出让金差价。创意产业模式中政府的参与程度最低，只是将对申请改造为创意产业园的企业进行挂牌登记，以方便后期入驻企业的工商登记和管理。

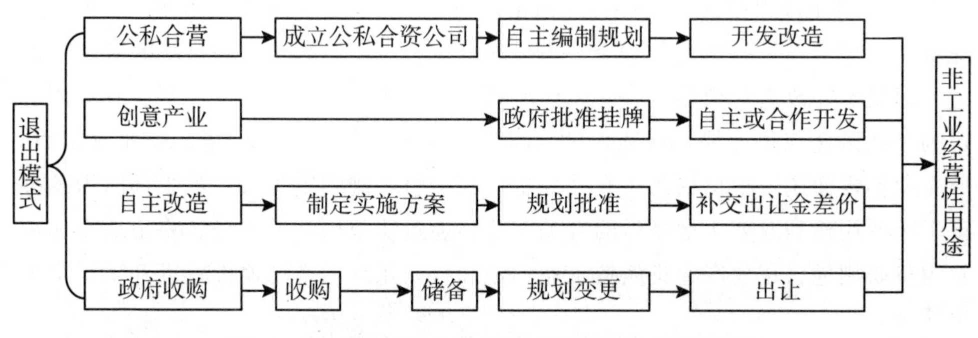

图6－2　四种工业用地退出模式的主要流程

2. 不同退出模式的绩效比较

制度安排的总体绩效包括效率、公平和适应性。考虑到数据的可得性，本书仅是对工业用地退出模式制度安排的总体情况进行了比较。同时，为使结论更加详细和具有说服力，本书也基于间接绩效标准对工业用地退出模式制度安排的收益成本进行了详细分析，对其基本功能的体现情况进行了评估，以达到制度绩效评估的目的。

具体地，本书设定总体绩效标准3项指标，间接绩效标准21项指标（埃莉诺·奥斯特罗姆等，2000），对上述四种工业用地退出模式的制度安排进行评估。本书将总体和间接绩效标准中的指标用低（L）、中（M）、高（H）三个水平进行打分，分别确定各个安排的绩效情况。此外，为分析方便，本书用A代表自主改造模式；用B代表创意产业模式；用C代表公私合营模式；用D代表政府收购模式。

（1）间接绩效标准。制度创新收益。发展权收益包括用途增值和强度增值。A和D两种制度安排均实现了工业用地用途的转变，获得了用途增值和强度增值，土地利用效益明显提升，在发展权收益指标上得分为H；B和C两种制度安排在土地性质没有改变的情况下实现了土地实际用途的改变，比原来的土地利用效益高，但是由于用途受到限制，获得了一部分用途增值，因此低于用途正式转变的土地利用，实现了部分受限制的发展权收益，因此在该项指标上得分为 M。

与旧制度相比，尽管新的制度安排可能不具有效率等方面的优势，并不能做大“蛋糕”，但新的制度安排可能会使经济当事人的某一方面利益有所增加，这种增加无疑是经济当事人分配性努力的结果，这种收益可归之为来自分配方面的收益（钱忠好，1999）。在分配性收益方面，四种制度安排也存在明显差异：A 使政府获得了不同用途之间的基准地价差额，即用途增值和强度增值，企业在不损失原有产权的前提下获得了招拍挂溢价，得分为 H；B 中的发展权收益大部分被企业获得，但这部分收益只包括用途增值，得分为 M；C 通过建立公私合营公司实现了开发收益在企业与政府之间的共享，得分为 M；D 将大部分发展权收益留在了政府部门，企业只得到土地现状价值，因此得分为 L。

制度安排成本。一是补偿成本。A 和 B 均由企业自主进行改造，产权主体并未发生改变，政府不仅不需要给予补偿，还可以收取补缴的土地出让金，因此得分为 L；C 需要政府投入资金和行政资源用于原有工业用地的改造，投入这部分资源相当于政府对企业的补偿，但是该部分补偿远低于政府收购的补偿成本，因此得分为 M；D 需要根据土地房屋的评估价格给予补偿，而且常常需要与企业进行长久的谈判，因此得分为 H。二是整理开发成本。A 和 D 均需要对土地进行同样的整理开发，对于存在工业污染的土地需要支付较高的整理开发成本，因此得分均取 H；B 和 C 均不涉及土地房屋的拆除重建，只需在原有房屋结构基础上进行修整即可使用，因此得分定为 L。三是交易成本。产权界定成本，城市土地的产权体系完整，不管是保持工业用地产权主体不变的 A、B、C，还是收回土地后重新出让的 D，其产权界定都很清晰，因此四者得分均取值 L。四是协调成本，由于 A 和 B 不涉及对土地产权的收购，政府只要负责实施方案的审核与监督即可，因此两者的协调成本较低，得分为 L；C 由于涉及政府和企业在合营公司中权利和义务的分配，事关双方的切身利益，因此需要进行反复的谈判，协调成本稍高，得分为 M；D 中的收购谈判环节是矛盾最突出的环节，企业往往会尽力争取自身利益的最大化而与政府进行旷日持久的谈判，有的甚至能持续多年，因此该模式的协调成本最高，得分为 H。信息成本、策略成本在四种制度安排中相差不会很大，本书将其全部定为 L。

风险。一是政府承担的财务风险。A 与 B 均不需要政府投入，因此得分为 L；C 中需要政府投入一定的资金和资源成立公私合营公司，但是投入规模不大，因此得分为 M；而在 D 中，政府需要投入大量的资金用于收购补偿和土地整理开发，且资金回收周期较长，因此得分为 H。二是企业承担的财务风险。A 中的改造主体为企业，企业的财务风险较高，因此得分为 H；B 和 C 虽然需要企业投入一定的资金用于改造修缮，但是投入规模不大，财务风险相对也处在中等水平，因此得分为 M；D 中的企业不需要先期投入资金，财务压力在政府身上，因此企业风险得分为 L。三是资本融通性。A 和 D 中改造后的土地都具有完整的土地产权，因此通过抵押获得资本融通的能力较强，得分为 H；B 和 C 中工业用地土地产权性质没有发生改变，产权的流转也被限制，资本融通性本应得分为 L，但是由于存在项目抵押的形式，可以把场地租金作为抵押物，因此其资本融通性可以得分为 M。

制度的激励行为功能。一是收益成本的比较。单从成本收益情况来看，A 获得的收益是较大的，虽然 A 的土地整理成本也不小，但是补偿成本和交易成本低的优势使其获得的收益更多，企业承担的风险则被土地的资本融通性所抵消，从而使得 A 的总体成本收益最优，因此得分为 H；B 的收益仅次于 A，且各方面的成本都很低，因此其得分也为 H；对 C 来说，其成本和收益均处于中等水平，因此其总体情况应该为 M；D 的收益处于中等水平，但是较高的成本（补偿成本、整理成本和交易成本）使其总体效果只能达到 L。因此，从收益成本的角度来看，A 更能激励企业采取工业用地退出的行为，B 也有类似的效果，C 的效果一般，D 的激励效果差强人意。二是企业权利保障。A 和 B 均是在企业自愿的前提下开展工业用地退出，企业原有的专用性投资得到了有效的保护，权益得到了保障，因此得分为 H；C 由于引入了政府部门参与企业的管理，一定程度上造成了企业决策权的弱化，但是其权利却得到了加强，因此得分为 M；D 中企业权利容易受到侵犯，既有政府管理行为对企业的日常经营进行干扰以影响工业用地退出，又有在实施退出后企业原有的投资得不到有效的利用和保护，这两点均使得企业权利的保障弱化，因此得分为 L。

制度的约束行为功能。一是对企业行为的约束。对企业行为进行约束的是 A 和 B，A 利用城市规划和年度计划来约束企业的自主改造行为；B 则规定了企业利用划拨工业用地发展创意产业的前提是保持产权主体、房屋结构和土地用途不变，因此两种制度安排的企业行为约束得分为 M。二是对政府行为的约束。对政府行为约束较为严格的是 D，政府必须要以协商的形式与企业达成收购协议，政府的强制搬迁权利被限制在城市规划机构和地方法院，因此政府行为约束得分为 H。

利益平衡性。A 中的收益分配情况较均衡，政府获得用途增值和强度增值，企业获得招拍挂溢价和投资性增值，因此得分为 H；B 中的企业获得了大部分的用途增值收益，政府几乎没有参与分配，因此得分为 L；C 中的退出收益由政府和企业共享，因此得分为 H；D 中的发展权收益大多为政府获得，得分为 L。

综合性。一是开发整体性。A 和 B 的开发都是以企业为单位，布局分散，整体性差，因此两者均得分为 L；C 针对的主要是成片的有历史文化价值的建筑群，因开发整体性较高，但是对周边基础设施的完善有所欠缺，因此得分为 M；D 一般根据工业用地的收储情况实施区域改造，而城市中心区工业用地本身布局就比较分散，因此开发整体性较低，但是政府主导的工业用地退出往往会与周边旧城改造结合在一起，因此提高了开发的整体性，得分为 M。二是政府对地区的主导作用。政府的主导作用与政府的参与强度密切相关，A、B 中政府参与程度低，得分为 L；C 中政府的作用与企业相当，得分为 M；D 中政府参与强度最大，得分为 H。

可行性。一是可操作性。A 的可操作性主要受制于国家禁止协议出让经营性用地的政策限制，广州市有土地节约集约利用试点城市的政策条件，因而可以实行自主改造，在其他地区的推广会与法规冲突，因此得分为 L；B 和 C 的制度安排有国家政策的规范，因此可操作性较高，但是创意产业对人才资源的高度集中化要求以及历史文化建筑的稀缺导致其难以大范围推行，因此得分为 M；D 是我国大多数城市实行的制度安排，相关的制度法规较完善，因此得分为 H。二是企业接受程度。A 对企业承担财务风险的要求较高，而很多退出企业都是风险厌恶型的，只有少数大型企业能够对旧工业用地进行长周期的投资和改造，因此总的来看，A 在该项的得分为 M；B 不需要企业投入过多的资金即可实现，对企业要求较低，因此接受程度较高，得分为 H；C 和 D 都有政府相当程度的参与，企业特别是中小企业具有对政府收购的偏好，而大型企业的态度则处于中立，因此 C 和 D 均可以得分为 M。三是适用范围。A 的制度安排虽然与现有法律有冲突，但是其制度需求在很多城市都存在，适宜采取该制度的企业数量较多，适用范围较大，因此得分为 M；B 和 C 中存在对创意产业类现代服务业的依赖，但是其对发展环境要求高，因此这两个制度安排的适用范围有限，得分应为 L；D 的制度安排在我国广泛存在，显然，其得分应为 H。

（2）总体绩效标准。按照效率与公平统一的目标要求，借鉴奥斯特罗姆评价基础设施制度安排的评价标准，本书从经济效率、公平及适应性三个方面制定工业用地退出制度安排绩效评价的总体绩效标准。

经济效率。四种制度安排都推进了资源重新配置，使土地流向了效率更高的使用者手中。A 的改造后收益较高，其推动工业用地退出的成本也较低，考虑风险的影响后，自主改造实现了较高的经济效率，得分为 H；同样，B 的收益虽然次于 A，但是其成本更低，面对的风险也在可控范围内，因此其得分也应为 H；C 的收益、成本、风险均处于中等，最后实现的效果接近 M；D 中工业用地退出的收益并不高，付出的成本却是高昂的，不仅补偿和整理成本较高，交易成本也是推动成本上升的主要因素，综合来看，D 的经济效率应为 L。

公平。工业用地退出制度安排的公平分为利益平衡性和综合效益两方面。A

的制度安排较好地兼顾各方面的收益取向，使工业用地退出的各参与主体都能参与利益的共享，但是由于其改造主体的局限性，对综合效益的实现处于劣势，综合考虑两方面影响后，其得分应为 M；B 的利益平衡和综合效益均不能得到很好的实现，收益偏向企业一方，对区域综合效益的提升也有限，因此其得分为 L；C 能很好地实现企业与政府的收益平衡，对区域的综合效益也有可观的提升，因此其在公平性的得分应为 H；D 中政府强势参与是区域综合效益得以实现的重要保障，但是其在利益平衡方面存在对发展权收益的垄断，因此其得分应为 M。

适应性。工业用地退出制度的借鉴需要考虑是否适应当地的经济社会发展。A 的制度安排与现有法律法规存在冲突，使得可操作性降低，但是企业对该制度的需求较高且能够在较大范围内实施，其得分为 M；B 的可操作性一般，也有较高的企业接受度，但是由于创意产业发展环境的制约导致其适用范围较窄，因此其得分为 M；C 存在与 B 类似的问题，有一定的可操作性，但是适用范围较窄，再加上政府对企业经营管理的参与，使企业接受程度进一步降低，其得分为 M；D 的适应性是最高的，是当前制度环境作用于工业用地退出的结果，可操作性强，适用范围广，唯一的缺点可能是企业接受程度较弱，不过不影响其得分为 H。

不同地区制度安排比较的得分如表 6－5 所示。

表 6－5　　　　不同地区制度安排比较绩效

间接绩效标准	A	B	C	D
制度创新收益：				
发展权收益	H	M	M	H
分配性收益	H	M	M	L
制度创新成本：				
补偿成本	L	L	M	H
整理开发成本	H	L	L	H
交易成本：				
产权界定成本	L	L	L	L
协调成本	L	L	M	H
信息成本	L	L	L	L
策略成本	L	L	L	L

续表

风险：				
政府承担的财务风险	L	L	M	H
企业承担的财务风险	H	M	M	L
资本融通性	H	M	M	H
制度功能的体现与完善：				
制度的激励行为功能				
收益成本的比较	H	H	M	L
企业权利保障	H	H	M	L
制度的约束行为功能				
对企业行为的约束	M	M	L	L
对政府行为的约束	L	L	L	H
均衡性与综合性：				
利益平衡性	H	L	H	L
综合性				
开发整体性	L	L	M	M
政府对地区的主导作用	L	L	M	H
可行性：				
可操作性	L	M	M	H
企业接受程度	M	H	M	M
适用范围	M	L	L	H
总体绩效标准				
经济效率	H	H	M	L
公平	M	L	H	M
适应性	M	M	M	H

（3）不同退出模式的绩效。如表6－5所示，政府收购模式更有利于社会公共利益的实现，有利于政府调控目标的实现，在现有制度环境下也是适应性最强的制度安排，但是对政府的考验也非常大，不仅要承担较大的财务风险，还要承受日渐上涨的补偿成本和交易成本，特别是高企的交易成本严重影响了政府收购模式效率的实现。

相比之下，自主改造模式充分调动了企业参与工业用地退出的积极性，退出的效率较高。虽然该模式对地区的综合效益提升不大，主要集中在有利可图的项目，对偏远地区或公益性质的改造很少涉及，但因收益分配均衡从而公平性中等。制度借鉴的适应性是该模式最主要的问题，需要做好退出的规划引导和监督工作。

创意产业模式中，工业用地改造后的收入主要以出租为主，小于商服用地的收入，但是其用途转变的成本最小，因此收益与自主改造模式相当。该模式优于自主改造模式的地方在于国家的政策支持，使其可以在全国范围内开展。但是，由于创意产业对城市发展环境有较高要求，需要周边有良好的交通设施以及丰富的人才资源，布局有限，只有在北京、上海、广州、杭州等资源高度集中的城市能大量开展，因此该模式在适应性方面处于中等水平。况且，该模式在收益分配方面缺少均衡性，对地区综合效益的改善作用有限，导致该模式公平性较低。

公私合营模式的公平性在四种模式中是最高的，既能很好地实现收益在企业、政府之间的均衡分配，又能对地区的发展带来显著的效益提升。公私合营需要政府投入一定的资金和行政资源，但是产生的效益却处于中等水平，导致总体效率不突出。较多的政府资源需求也在使得模式的适应性较弱，再加上对开发地区的基础条件要求较高，进一步限制了其适应性。

（二）江苏省江阴市工业用地退出的制度安排及其评价

1. 研究区域介绍

江阴市地处长江下游，与靖江市隔江相望，中间以长江公路大桥相连，南近太湖，与无锡市惠山区有锡澄高速公路相接，东接常熟市、张家港市，西连常州市。江阴市是长江沿岸重要的制造业基地，不仅是充满活力的现代化港口城市，是区域性的商贸、物流、金融、信息、服务中心和交通枢纽，也是山水历史文化名城。

改革开放40年来，江阴市的经济发展取得了巨大成就。江阴市的土地只有全国的0.01%，却创造了全国0.5%的GDP，0.35%的财政收入，拥有全国1%的大型上市公司。2%的中国500强企业来自江阴市，2.4%的中国民营企业在江阴市得到了发展。1978年，江阴全县[①]的地区生产总值为4.33亿元，三次产业占GDP比重分别为26∶55∶19。2012年底，全市GDP达2 535亿元，增长了580倍，按可比价计算年均递增15.8%，第三产业占比高达41.17%，顺利实现了向

① 1983年前江阴县属苏州地区。

现代化城市的转变，高效农业、先进制造业和现代服务业得到了前所未有的发展。

（1）江阴市城市工业用地与三产用地变化趋势。《江阴市城镇布局规划（2006）》确定了城市中心区的范围，包括澄江街道、夏港街道、南闸街道和云亭街道共四个街道。规划城市总用地198平方千米，其中城市建设用地120平方千米，人均建设用地120平方米。中心城区作为江阴市域的政治、经济、文化、商贸中心，是全市发展基础最佳、城市化程度最高的地区，具有多样性和综合性的城市职能，经济实力、城市规模等方面具有一定的凝聚力和辐射力。江阴市小城镇经济发展迅猛，城区经济中心度仅为15.74%，城区与所属的小城镇具有齐头并进之势。在利用外资等指标上，小城镇比城区更具优势。

江阴市城市建成区的面积自2004年后逐渐稳定，增长速度逐年下降，年均增加面积仅0.71平方千米。城市建成区扩张速度的减缓为江阴市城市中心区土地利用结构调整提供了机会，政府开始转变低效粗放的土地利用方式，大力开展土地节约集约利用工作，城市中心区的工业用地退出工作由此成为江阴市土地利用的重点工作之一。

城市建设用地面积也表现出同样的趋势，增长率逐年下降，由2003年最高22.99%减少至2011年的0.57%，甚至在2012年出现了城市建设用地面积的负增长。随着城市建设用地增长速度地减缓，城市土地利用结构也在发生变化。工业用地总面积逐步减少的同时，占城市建设用地的比率也由2003年的21.96%逐步降低至2011年的13.91%。三产用地（包括居住用地、公共设施用地和仓储用地）占地面积稳步上升，逐渐由24.21平方千米增长至36.66平方千米，三产用地比率也由51.61%逐渐提高至56.14%。2012年居住用地出现了大幅度的减少，导致三产用地比率骤降，工业用地在少量增长的情况下却出现了比率的大幅度上升，这其实是区划调整所导致的，并不能反映江阴市真实的用地变化情况，因此不多做讨论，如表6-6所示。

表6-6　2003~2012年江阴市城市工业用地与三产用地变化趋势

年份	城市建设用地面积（平方千米）	城市工业用地面积（平方千米）	城市三产用地面积（平方千米）	工业用地比例（%）	三产用地比例（%）
2003	46.91	10.30	24.21	21.96	51.61
2004	51.58	9.82	28.60	19.04	55.45
2005	58.61	10.39	31.53	17.73	53.80
2006	61.07	10.46	32.82	17.13	53.74

续表

年份	城市建设用地面积（平方千米）	城市工业用地面积（平方千米）	城市三产用地面积（平方千米）	工业用地比例（%）	三产用地比例（%）
2007	62.60	10.48	33.89	16.74	54.14
2008	64.17	10.58	34.88	16.49	54.36
2009	64.68	9.71	35.84	15.01	55.41
2010	64.93	9.31	36.28	14.34	55.88
2011	65.30	9.08	36.66	13.91	56.14
2012	50.00	9.35	21.25	18.70	42.50

资料来源：2004～2013年《江阴统计年鉴》。

（2）江阴市工业用地退出压力。对于江阴市这样的苏南发达地区，粗放式的土地利用方式已经难以为继，加快土地利用方式由增量开发为主向存量用地挖潜转变，推进土地节约集约化利用已迫在眉睫。江阴市推动城市中心区工业用地退出主要有以下方面的压力：

新增建设用地指标紧缺，耕地保护压力大。按照土地利用总体规划，至2020年江阴市还有3万亩的建设用地指标可供使用，而整个江阴市1年的用地量将近1万亩。自1996～2005年，江阴市耕地面积由52 137.52公顷减少至38 271.05公顷，减少幅度达26.60%。同时，人均耕地面积也由1996年的0.68亩下降为2005年的0.53亩，下降比例为22.06%。对比联合国0.8亩的人均耕地警戒线，江阴市的土地资源承载力遭遇严峻的挑战。面对巨大的建设用地指标缺口和耕地保护任务，江阴市只能通过盘活存量土地、积极向上级争取计划外指标和城乡建设用地增减挂钩来弥补指标差额。然而，计划外指标的申请受制于项目库中优质项目的数量，有足够的优质项目才能顺利申请到指标；同时，随着苏北地区经济的快速发展，当地政府开始注重保护自己的发展空间，近年来耕地占补平衡指标省内跨地区交易越来越困难。

农民维护土地权益的法律意识增强，征地难度增加。随着网络媒体的普及，农民对土地使用权的法律保护意识得到强化，维权意识增强，原先的征地模式难以推行，导致政府依靠征地获得低价建设用地的路径已经行不通。近期的群体性上访事件中60%与土地有关，而且土地纠纷已经成为税费改革后农民上访的头号焦点，占社会上访总量的40%，其中每年因为征地拆迁引发的纠纷在400万件左右，补偿纠纷占土地纠纷的84.7%（刘守英，2013）。

（3）江阴市工业用地利用存在的问题。江阴市工业用地利用存在的主要问题有以下几个方面：

低效用地多，存量开发潜力大。第一，江阴市建设用地结构不合理，工业用地比例偏高；第二，江阴市产业类型偏“重”，市域范围内的主要产业类型是纺织、冶金、装备制造、化工等高污染产业，工业蔓延对环境产生的压力巨大；第三，江阴市的工业布局较为分散，工业空间无序式蔓延扩张；第四，江阴市的工业用地整体效益偏低，容积率较小，部分区域还存在着用地闲置和浪费现象。

城区工业污染大，城市生态环境恶化。随着城市居民生活水平的提高，人民群众对城市生活环境的要求逐步提高，城市中心区工业企业生产带来的环境问题逐渐成为群众投诉的热点。此外，江阴市的各项污染指标也高于苏南地区或者江苏省的水平。

综上所述，江阴市城市发展现状不容乐观。一方面后备新增建设用地的储量捉襟见肘，通过征地获得新增建设用地的路径难以持续；另一方面，江阴市区存在大量低效用地，存量挖潜空间广阔。此外，城市环境随着经济发展也在持续恶化，居民生活环境受到严重威胁。

工业用地退出对江阴市经济发展具有非常积极的意义。第一，工业用地的退出可以增加城市中心区土地供给，为产业升级腾出空间，在一定程度上缓解江阴市的用地压力。第二，工业用地的退出有利于优化城市产业结构，推动产业结构调轻调绿，为江阴市应对长三角一体化、锡澄一体化打好基础，全面提升江阴市在区域竞争中的竞争力。第三，在工业用地的退出机制中引入市场手段，吸引社会和民间投资，可以稳固提升城市固定资产投资水平，为经济增长提供新的增长点。第四，工业用地的退出可以解决传统工业用地地区城市功能落后、居住环境差和公共服务配套设施落后等问题，有助于城市功能的完善、城市格局的优化和历史文化的保护，提高城市居民的归属感。因此，工业用地退出已经成为缓解江阴市土地利用困境、促进江阴市经济建设的重要途径。

2. 江阴市工业用地退出政策的演变

2001 年，国务院发布了《国务院关于加强国有土地资产管理的通知》，江阴市随后成立了土地储备中心，开始推行土地的收购储备，以盘活存量建设用地。2002 年，江阴市开始实行工业用地退出。当时并没有正式的政策文件，实际操作中对于新规划用途为经营性用地的工业用地，收购价格按照新规划用途土地评估价减去出让规费后的 60% 给予土地补偿，40% 作为市政府土地收益，地上部分建筑物不做补偿；对于规划为道路等公共基础设施用地的，土地按照 10 万元/亩的价格收购，地上部分按照房屋估价报告补偿。此外，对部分国有企业和改制企业的搬迁还给予了政府补贴，在整体补偿中占较大的比例。

自 2005 年正式实施“退二进三”以来，江阴市共出台了三个主要的工业用地退出政策文件（如表6-7所示）。此外，还有一系列城区企业退城搬迁的配套政策，包括《关于部门联动依法监管强力推进城区企业退城搬迁工作的意见（试行）》《江阴市国有土地上房屋征收评估办法》《关于调整并公布江阴市城区房屋征收（拆迁）装潢和其他附属物补偿价格的通知》等。

表6-7　　江阴市工业用地退出政策汇总

年份	政策	简称
2002	无正式政策文件	—
2005	《江阴市人民政府关于城区工业企业“退二进三”工作的实施意见》	《退二进三》
2007	《江阴市人民政府关于城区工业企业“退城入园”工作的补充意见》	《退城入园》
2012	《中共江阴市委江阴市人民政府关于加快城区工业企业退城搬迁的意见（试行）》	《退城搬迁》

与工业用地退出相关的三个文件中，《退二进三》是基础，《退城入园》是对《退二进三》的补充和规范，《退城搬迁》在前面两个文件的基础上加大了搬迁奖励的额度和搬迁实施的执行力度，三个文件一起形成了江阴市现有工业用地退出的实施规范。三个文件中最主要的不同是搬迁奖励和搬迁方向两部分。刚开始实行《退二进三》的时候没有搬迁奖励，《退城入园》开始有占工业用地评估价30%的搬迁奖励，《退城搬迁》则在上述奖励的基础上再给予土地评估价50%~80%的奖励，但获得《退城搬迁》奖励的前提条件是不再在江阴市范围内新征用土地，这个奖励简称“不新征用地奖”。因此，《退城入园》搬迁奖励的主要目的是为了鼓励企业搬迁，而《退城搬迁》的“不新征用地奖”除了鼓励企业搬迁，更主要的目的是鼓励企业自谋出路、异地发展，也就是说鼓励企业搬迁后不再在江阴市域范围内用地。

江阴市实行工业用地退出以来始终采用单一的政府收购模式，没有制度安排层面的创新。单一的政府收购模式虽然推动了江阴市一定数量的工业用地退出，但是在实施过程中也带来了一系列难以解决的问题和效率损失。

3. 江阴市工业用地退出的政府收购模式分析

（1）政府收购模式带来的资源重新配置。2002年，江阴市开始对老城区范围内的企业进行搬迁，到2005年共搬迁大小企业76家，收购土地1 789亩，拆迁房屋451 020平方米，支付搬迁补偿资金11.18亿元，土地成本为62.5万元/亩。

到了2005年，江阴市出台《退二进三》并开始正式实施工业用地退出。当时，江阴市的用地指标还不是很紧张，因此政府对退出企业会提供安排用地的优惠政策。企业除了在搬迁中可以自主选择安置区域外，还可以享受优先供地的优惠，即享受“市国土行政管理部门优先落实年度企业搬迁开工建设必须的用地指标，并下达到各承接工业集中区，确保企业顺利搬迁”的优惠[①]。为了使企业相对集中、产业相对集聚，江阴市还在徐霞客镇征用730多亩地专门用于企业集中安置，按纺织、机电、轻工、冶金等划分行业专区，引导城区工业企业向该集中区转移。

2007年江阴市出台的《退城入园》在原有拆迁补偿的基础上实施搬迁奖励。面对这项优惠政策，市区企业响应并不积极，该奖励政策也没有取得预想中的结果。

表6-8　2002~2012年江阴市中心区部分工业用地退出情况

年份	退出企业数量（家）	宗地数（宗）	土地面积（亩）	补偿金额（万元）
2002	11	—	397.21	26 233.37
2003	15	—	384.97	17 087.36
2004	8	—	166.53	9 829.37
2005	9	7	134.20	6 005.23
2006	6	5	572.81	39 568.91
2007	3	—	33.90	4 819.45
2008	7	6	101.83	7 378.68
2009	7	7	77.32	8 788.55
2010	6	10	57.98	3 750.93
2011	2	1	22.39	837.64
2012	119	108	2 363.02	459 502.08
总计	193	144	4 312.16	583 801.55

注：2002~2012年共有246家单位、企业退出，但由于仅获得部分样本数据，因此表格中统计的单位、企业总数少于下文中提到的246家。

资料来源：根据江阴市土地储备中心提供的2002~2012年部分企业收购样本整理所得。

① 《江阴市人民政府关于城区工业企业“退二进三”工作的实施意见》，http：//www.jiangyin.gov.cn：88/websites/_ext/wzjq/xxgk/detail_xxgk.jsp？id=14bf3o19dzieo。

到了2012年，随着经济发展方式的转型，产业结构调整工作的快速推进，江阴市逐渐认识到城市低效用地对城市经济转型升级以及城市功能完善产生的阻碍。为了应对越来越激烈的区域竞争，江阴市在《退城搬迁》中提出了原则上对退城工业企业不再供地，货币化、市场化安置“退城搬迁”企业的安置政策。根据2012年的企业搬迁工作结果来看，工业用地退出取得了卓越的成绩，如表6-8所示。2012年1月至2013年3月，已经拆迁119家大小企业，土地面积2 363.02亩，房屋建筑面积73万平方米，补偿总金额约46亿元。

据不完全统计，江阴市在2002年至2012年这11年间，共搬迁了单位、企业246家，拆迁房屋面积159.52万平方米，收购土地5 437.41亩，投入搬迁补偿资金71亿元，为改善居住环境，提高生活质量和企业技改扩能、转型升级、壮大发展以及江阴市的城市经济发展作出了应有的贡献。退城搬迁缓解了江阴市用地紧张的局面，在一定程度上促进了城市建设用地的集约节约利用和结构转变。

虽然三个政策文件出自不同时期，反映了各个时期的制度环境。但是它们都是采取地方政府主导、市场手段配置的方式实行工业用地退出，属于“政府收购——公开出让”的治理结构，下面主要从收购补偿和退出土地运作两个方面进行说明。

在收购补偿方面，《退二进三》规定对列入计划的“退二进三”搬迁企业的土地和厂房，由市土地储备开发中心统一收购补偿；收购补偿价格按照《江阴市城市房屋拆迁管理实施办法》《江阴市市区集体土地房屋拆迁管理实施办法》的规定，经有资质的中介机构评估，审核后由市土地储备开发中心与企业签订土地、厂房收购补偿协议，并按收购补偿协议约定支付收购补偿款；原属镇（村）所有的资产，由市土地储备开发中心与所在镇（村）签订搬迁企业土地、厂房收购补偿协议；企业因搬迁而造成的设备搬迁损失费、停产停业损失费等，按《江阴市人民政府关于治理整顿砖瓦窑业的实施意见》规定予以补偿。

在《退城入园》中，也规定了由市土地储备中心来组织评估以及与搬迁企业签订协议，具体规定为“市土地储备中心根据年度搬迁计划，组织对搬迁企业土地、房产和设备搬迁损失的评估，以评估报告确定的收购补偿数额为依据，与企业协商初步确定整体收购价格并将协商结果报市工业企业《退城入园》工作领导小组审核，经批准后与搬迁企业签订搬迁收购补偿协议”。

《退城搬迁》对收购补偿没有做特别规定，以前述文件的规定为准。但由于江阴市在2011年末建立了新的土地储备体系，组建了市人民政府土地储备委员会，其下所属的市人民政府土地储备中心成为土地储备（包括企业搬迁）新的责任主体和实施主体。

总的来说，在收购补偿方面，土地储备中心是主要的组织实施者，由其组织评估机构对搬迁企业的土地、厂房进行评估，随后根据评估报告与企业谈判并签订协议。

在退出土地运作方式上，《退二进三》和《退城入园》统一规定企业搬迁后腾出的土地由市土地储备中心按规定进入土地市场公开出让。退出土地的运作流程是先把企业“退二进三”搬迁后腾出的土地，交给市土地储备开发中心，纳入储备土地；随后，根据土地出让计划和市场需求情况，对符合城市规划可进行经营性用途开发建设的土地，按规定进行公开出让，用于经营性开发；同时，也鼓励有条件的“退二进三”搬迁企业，按土地公开出让规定，积极参与城区土地的综合开发。但是在实际操作过程中，由原企业参与重新开发退出土地的情况较少发生。

（2）江阴市政府收购模式的缺陷。政府过度参与工业用地退出形成效率损失。政府收购模式在一定程度上解决了江阴市中心区工业用地配置中的市场失灵问题，但是一味地采取这种模式会降低市场力量在资源配置中的作用，导致土地资源利用效率的损失。在市场条件下，企业在原地的生产无利可图时会选择迁移，工业用地则由政府收回或将厂房流转。由于巨额的迁移成本都需要企业自己来承担，即使企业的日常经营处于亏损状态，企业通常也不会轻易作出迁移的决定。当然，企业也不会允许亏损一直持续下去，达到一定程度的时候就会选择迁移，企业从开始亏损到最后选择迁移之间的过程称为亏损容忍区间。如果在这期间政府宣布对其进行收购，由于政府收购提供的补偿往往大于将土地交给政府和厂房流转带来的收益，大大减少了企业支付的迁移成本，这时企业会将亏损容忍区间延长，直到与政府达成收购协议。企业亏损容忍区间的延长增加了土地资源低效利用的持续时间，相当于抑制了工业用地配置效率的提升；同时，原本能够以较低价格收回的工业用地转变为需要通过收购实现，增加了工业用地退出的成本。

退出模式单一，资金压力大。工业用地退出可以采取自主改造、创意产业、公私合营、政府收购等多种模式，但江阴市工业用地退出一直都采取单一的政府收购模式。该模式在城市建设初期提供了足够多的廉价建设用地资源，但随着城市土地价值的上涨，该模式在实现城市中心区工业用地退出的过程中逐渐显现出局限性。更重要的是，在这种模式下，政府需要投入大量的资金用于退出企业补偿和毛地开发整理。在整体改造的区域，政府不仅要支付企业的补偿和安置费用，还要投入大量资金用于道路、绿地、水电等公共基础设施的建设，造成巨大的财政负担。

政府调控手段低效。江阴市现有的工业用地退出中主要采用了两种政府调控手段。第一，提高补偿金额，满足企业的要求。这不仅会影响未退出企业的补偿预期，无形中给予未退出企业补偿金额会不断提高的判断，同时还会引起已退出企业的不满，因此提高补偿价格对工业用地退出的整体影响是弊大于利的。第二，干预企业日常生产活动以迫使企业妥协。政府非正式手段干扰企业日常运营主要体现在联合执法的强度和频率上，频繁的检查和审查加重企业日常运营的负担，减少企业利润，从而迫使企业退出。然而，在政府与企业谈判的过程中，企业由于拥有土地使用权而占有谈判的主动权，加之近期城市房屋拆迁制度的改革，更是增加了政府与企业谈判从而就工业用地退出达成一致的难度，因此该方法对城市中心区工业用地退出的推动效果有限。

专项规划缺乏、引导功能不足。江阴市的工业用地退出虽然在城市总体规划中设定了退出目标，但是在总体上缺乏专项规划，退出目标难以细化实施，没有阶段性的近、中、远期规划方案，也很少明确工业用地退出后的规划用途，缺乏引导作用，所以设定的工业用地退出目标往往难以达成，损害了规划的公信力和权威。专项规划引导的缺乏，在一定程度上导致了江阴市工业用地退出无序和进度缓慢的问题。

权益保障不完善、权属不明晰。江阴市现有的工业用地退出中，因为政府和企业的补偿价格不一，政府普遍按照土地的原用途进行评估，而企业则根据商业用途进行评估，工业用地和商业用地两者的基准地价差距悬殊导致双方会在补偿金额方面存在较大的分歧，加大了谈判的难度。已有利益和优势的存在与搬迁后的不确定性，使得企业搬迁意愿不强，甚至存在抗拒心理，使得谈判难以进行。此外，在江阴市目前需要退出的企业多为改制企业，有大量的员工需要安置，但江阴市现有的土地退出机制缺乏配套的保障机制，不能妥善地解决好员工安置问题，加大了谈判的难度与阻力。而且，江阴市乡镇企业发展历史悠久，村集体与企业之间关系错综复杂，难以厘清，产权不明晰对企业和集体的权益分配造成严重影响。

（三）工业用地退出及收益分配小结

本书以效率、公平和适应性为主要绩效标准，构建了 21 项间接绩效标准对工业用地退出四种模式进行了绩效比较。结果表明：

以江阴市为例，采用政府收购模式在产业用地退出初期产生了一定的效果，不仅实现了土地利用效率的提升，也通过经营性用地的招拍挂增加政府的收入。然而，随着土地收购的程序逐渐规范，市场机制逐渐显现，政府低价收购企业用地，再以市场价售出以获得差价的收购模式难以推进。收益分配不均衡，企业参与积极性低，谈判协商的交易成本高，需要政府投入更多的资金、资源，而得到的效果却不理想，使得政府收购模式的效率低下。在市场化改革逐渐深化的今天，单纯依靠政府收购模式实现产业用地退出的道路已难以为继，退出模式需要创新。新的模式或制度安排不仅要有效实现产业用地的退出，又要实现收益分配的均衡性和综合效益的最大化。自主改造模式、创意产业模式、公私合营模式等工业用地退出模式成为市场化改革过程中的新选项。

此外，目前工业用地退出还存在专项规划缺乏、引导功能不足、权益保障不完善、权属不明晰等问题。

第三节　集体存量建设用地供给方式及收益分配

本节集体存量建设用地的实物流转以广东省“三旧”改造为分析对象；指标流转以增减挂钩指标市场化交易为主要特征的重庆市“地票”交易为分析对象。

一、广东省“三旧”改造及收益分配

（一）广东省“三旧”改造的形成机制①

本书以新制度经济学的相关理论为基础，构建制度创新的理论分析框架，结合广东南海联滘地区具体案例，从外部环境变化和集体行动两方面揭示广东省“三旧”改造制度创新的产生原因和实现过程。

1. 制度创新理论分析框架

制度创新是一种效益更高的制度替代另一种制度的过程（卢现祥、朱巧玲，2007）。然而，受到制度供给者的有限理性和资源稀缺性的影响，制度供给是有限的。随着外部环境变化，现行制度安排下的潜在收益不断积累，激励当事人进行制度创新；在此过程中，参与主体根据各自的目标采取集体行动，进行社会福利分配的重新调整，最终实现有效的制度创新。

---

① 本部分内容主要基于课题培养的研究生硕士学位论文《建设用地集约利用制度创新的理论解释及绩效评价——以广东省“三旧”改造为例》（郭晓丽，2014），以及期刊论文：郭晓丽、冯淑怡、吕沛璐、刘子铭：《建设用地节约集约利用的制度创新和理论解释——以广东省佛山市“三旧”改造为例》，载于《资源科学》2014 年第 8 期。

（1）外部环境变化与制度创新需求的产生。根据制度变迁理论，当现行制度安排受到要素和产品相对价格、宪法秩序、信念变化、其他制度变迁（钱忠好、曲福田，2006；国彦兵，2006；卢现祥、朱巧玲，2007；Bromley，D. W，1989；Bromley，D. W，2006）等的扰动或冲击时，制度由均衡转变为非均衡，原有制度框架下的潜在收益不断积累，行为主体产生制度创新的需求，同时，法律、政治等外在性变化影响制度环境，形成制度创新的空间，为相关利益集团实现外部利润的再分配创造条件（任辉、吴群，2012）。可以说，制度变迁产生于对新的经济条件和机会的自动反应或者外部强制。因此，宏观社会经济环境的变化将产生制度创新的动力。

（2）集体行动与制度创新的实现。制度变迁过程中，具有不同偏好、利益和政治力量的主体联合起来形成具有同盟性质的行动团体（曼瑟尔·奥尔森，1995），并根据新的经济社会条件和机会确定目标和态度，以制度变化有利于自身需要为目的进行相互作用，推动制度变迁的发生。

2. 实证分析——以广东南海联滘地区为案例

为探究“三旧”改造制度创新的形成机制，本书以广东南海联滘地区作为典型案例，运用制度创新理论分析框架，从激发和实现两个方面系统阐述其产生的制度环境及具体实现过程。

（1）联滘地区“三旧”改造概况。联滘地区位于广州和佛山两大城市的中心位置，水陆交通便利，是市、区、镇“三旧”改造的重点项目区域。在取缔工业区内废旧塑料行业的基础上，自2007年起，由政府主导，对该区域内旧村居和旧厂房进行改造。由镇政府注资成立项目开发公司，进行土地基础设施建设和经营管理，整合租赁集体土地，并将其转租给开发商使用。主要涉及农民土地200亩，经置换成连片土地后由政府征用；其余土地通过租赁方式获得，以公共设施、商住开发等为主。

（2）联滘地区“三旧”改造制度创新的外部环境变化。

第一，土地要素相对价格的变化。经过30多年工业化、城镇化的加速发展，联滘地区土地供需形势日益严峻。新增建设用地的供应不足导致土地要素越来越稀缺，迫使当地政府寻求能够提高土地利用率从而扩大建设用地供给的制度创新。同时，由于市场经济的逐步完善，土地的资产属性得以显现，越来越强调通过市场手段促进土地要素合理流动来提高资源配置效率。

第二，产权结构的变化。1992年联滘地区进行了土地股份合作制的改革试验，在集体土地所有权和使用权分离的基础上，将承包权和经营权进一步分开，实现了集体土地权益在集体和农民之间的共享。土地股份合作制解决了承包制下土地产权不清的问题，在保持土地产权完整性的同时进一步提高了土地产权的完全性，降低了土地交易的风险成本（冀县卿、钱忠好，2009；冀县卿、钱忠好，2010）。同时，通过建立土地股份合作社，将分散在农民手中的土地集中起来，实施统一规划、管理和经营，农民集体以土地入股或将其开发为标准厂房出让出租，村集体成员按股获得相应的资产增值和盈利收益。

第三，政策、法律限制的变化。广东省于 2001 年在佛山市顺德区率先展开集体建设用地使用权流转试点，到 2005 年，根据广东省《广东省集体建设用地使用权流转管理办法》进行全面推广。在长期的实践过程中，联滘地区不仅积累了相关经验，土地权利人也形成了一定的集体土地市场化意识和能力。

第四，集体信念的变化。改革开放以来，佛山市外延式扩张的发展方式在带动当地经济迅速增长的同时，也产生了一系列资源环境问题，如建设用地供给日趋不足、城乡布局粗放、环境脏乱等。根据中央政府的发展要求，以及对资源环境约束认识的逐步加深，各行为主体的信念开始改变。当地政府日益重视建设用地资源的合理开发和高效利用，城乡居民对居住和生活环境的要求也随着生活水平的提高而不断升级。

（3）联滘地区“三旧”改造制度创新的集体行动。“三旧”改造的实现依赖于地方政府、开发商、村集体（村民）等主体的相互作用。基于此，本书在描述各主体效用目标函数和互动关系的基础上，结合联滘地区广佛智城项目，深入剖析三大主体通过集体行动实现利益调整和重新分配的具体过程。

三大主体的目标函数和互动关系。根据布罗姆利（Bromley）的观点，集体行动不仅是为了提高生产效率和简单地进行收入分配，也包括对经济机会有目的的重新配置以及经济优势的重新分配。“三旧”改造过程中，三大行为主体的目标函数可分为提高经济效率和收入水平的有形收益，以及改善环境条件、城乡面貌和维护社会稳定的无形收益。具体而言，地方政府通过“三旧”改造，挖潜存量建设用地以满足经济发展对土地资源的需求，获取土地改造后的增值收益，同时还要考虑全社会的综合利益，实现城市社会和环境效益的改善，维护社会和谐稳定；开发商追求自身经营利益最大化，通过对条件优越土地的高强度开发获取高额利润，并期望地方政府提供产业、税收等优惠政策以及相应的补贴；村集体（村民）一方面希望分享土地增值收益，获取长期稳定的收入来源，生活水平得到提高；另一方面则要求生活环境和居住条件能够有所改善。

三大主体的行为选择及收益分析。第一，地方政府。镇政府通过组建广佛商贸城发展有限公司，租赁村集体土地，进行统一规划开发，再转租给开发商使用，并承担项目招商引资、规划建设风险。在此过程中，地方政府的收益主要包括三方面：一是政府获取开发商缴纳的土地租金和税收；二是通过推动地区产业结构优化升级，一定程度上缓解了建设用地供应紧张的问题；三是“三旧”改造还产生了一系列社会、环境效益，如为当地农民提供了大量就业机会、改善城市面貌和生活环境等。第二，开发商。在广佛智城项目中，开发商从政府手中租赁集体土地进行开发利用，其收益一方面来源于土地开发的增值收益；另一方面则表现为企业集群效应，政府通过吸引配套服务的企业，形成地区专业分工，节省了市场交易费用，对企业的长期发展具有很大促进作用。第三，村集体（村民）。广佛智城改造项目中，村集体（村民）将集体土地租赁给政府成立的公司，其租期 38 年，到期后由村内决定是否延期租赁。在此过程中，收益主要包括：一是土地增值收益，表现为政府向村集体支付的土地租赁金，村集体（村民）可以获得长期稳定的土地股份分红；二是企业入驻提供了大量的就业机会，有助于其生活水平的提升；三是居住环境优化和生活质量提高，有助于改善居民居住条件和保障身体健康。

（二）广东省“三旧”改造的模式选择及收益分配

我们 2013 年对广东省佛山市“三旧”改造进行了实地调研，发现在改造过程中主要形成了政府主导、政府与市场合作、集体主导以及集体与市场合作四种模式。为此，本书以广东南海联滘村、禅城区石头村和禅城区石湾镇三个“三旧”改造项目区为案例对比分析不同“三旧”改造模式下的收益分配。

1. 政府主导模式：联滘地区“三旧”改造

联滘地区“三旧”改造项目，是对旧厂房、旧村居的改造。2007 年，南海区和大沥镇两级政府下决心取缔废旧塑料加工行业，高标准、高起点对联滘地区实施“三旧”改造，改造为广佛国际商贸城。该片区位于佛山市南海区东部，紧邻 321 国道和桂和路。项目占地面积 1 800 余亩，涵盖了国有建设用地、集体建设用地、农用地以及一部分违法用地，其中国有土地面积约 80 亩，其余土地均为集体所有。该项目采用了政府主导的改造模式，具体由镇政府注资成立项目开发公司，负责完善基础设施建设以及土地的经营、管理，并承担项目开发风险。

这种模式实现了地方政府、村集体、村民业主和开发商等多方共赢（如表 6－9 所示），既减少了村集体的开发风险，又保障了土地的长期利益和短期利益并存；并且政府主导有助于加速土地拆迁的进度，促进项目招商引资等后期工作的进行。

表6－9　　联滘地区“三旧”改造项目各利益主体间关系

利益主体	行为选择	利益分配
地方政府	镇政府成立公司，整合租赁村集体的土地，并将土地转租给开发商使用；承担主要的开发风险	向村集体支付土地租赁金，同时可以获取开发商缴纳的土地租金
村集体	将土地租赁给政府成立的公司	改善了村庄面貌，获取土地出租收益
村民业主	选择将土地交给村集体进行统一对外租赁	居民生活环境得到改善，同时可以获取长期的土地租赁收益
开发商	从政府租赁土地，进行项目开发，租期为38年	以每月8元/平方米左右的价格支付土地租赁金

2. 村集体与市场合作模式：禅城区石头村“三旧”改造

2006年，石头村“旧村改造”工程全面启动，该村地处佛山市规划中心组团的中央商务区，区位条件相当优越，土地发展潜力巨大。其中的滨海御庭商住项目，整合8个经济社200多亩土地，土地收归国有后，由村集体拍卖得到，进行开发利用，政府返还土地出让金的40%以上。建成后总建筑面积为38万平方米。项目开发时，由村集体将土地作价入股，由开发商进行出资开发的形式建造。

该项目是由村集体与市场合作模式进行改造，即“村集体将土地作价入股、引入开发商联合开发改造”的模式，既实现了村民业主的短期收益：居住条件、生活环境的改善，又保障了其长期稳定的收益：临街商铺的租金收益如表6－10所示。

表6－10　　石头村“三旧”改造项目各利益主体间关系

利益主体	行为选择	利益分配
地方政府	政府提供政策支持，并进行一定的引导	返还给村集体土地出让金40%以上；城市市容市貌改善；税收增加
村集体	村集体拍卖得到整合后收归国有的集体土地。组织进行前期的拆迁工作，并将土地作价入股，引入开发商投资	改善村容村貌；收取临街商铺租金收益，一部分用于村内日常开销；另一部分用于村内村民的分红

续表

利益主体	行为选择	利益分配
村民业主	村民投票通过项目开发，并配合拆迁安置、物业置换工作	生活环境得到改善；按拆迁房屋面积1∶1置换物业，物业管理费由村集体缴纳，每户1个免费车位；并且参与村集体商铺出租收益分红
开发商	开发商出资利用村集体土地，建设临街商铺和商品房住宅，其中一部分高层住宅用于拆迁补偿安置	对拆迁住户进行住房补偿；获得剩余住宅和临街商铺的销售收益

3. 政府与市场合作模式：禅城区石湾镇“三旧”改造

禅城区石湾镇的“三旧”改造项目即佛山国际家居博览城，是对城中村的改造，该项目以政府与市场合作模式进行开发改造，即“政府引导、市场主导”的模式进行。2007年佛山国际家居博览城项目开始启动。该区域在改造之前是由旧厂房、车间、仓库与旧民宅、出租房等混合交错组成的“杂住区”。项目总体规划用地面积622亩，总建筑面积200万平方米。项目用地先通过拆迁所有旧厂房、旧建筑物业，再进行土地整合与改造，通过公开挂牌流转方式取得土地使用权。

这种模式实现了地方政府、村集体、村民业主和开发商等多方共赢（如表6－11所示），村民业主短期可以得到居住环境的改善，长期可以获取土地租金收益。

表6－11　石湾镇“三旧”改造项目各利益主体间关系

利益主体	行为选择	利益分配
地方政府	给予政策引导和扶持，允许集体建设用地进行出租流转；引入民间资本，由开发商直接运营改造工程	依法收取相关管理成本和税费
村集体	进行土地整合，拆迁安置村民，保障村民的土地产权利益	收取土地租金，预计每年将达4 000万元；并且从第四年开始，地租以每年3%递增

续表

利益主体	行为选择	利益分配
村民业主	自主选择拆迁、安置，并投票决定将土地租赁给开发商使用	短期利益为居住环境得到改善；长期利益为可以获取土地租金收益
开发商	租赁集体土地，进行土地开发利用	向村集体支付土地年租金，获取土地开发增值收益

（三）广东省"三旧"改造的绩效评价

1. 理论模型选择

综合考虑数据可获得性和"三旧"改造分年度（分批次）逐步推广的特征，本部分借鉴双重差分模型（DID）的估计方法，同时应用 EKC 模型、C－D 生产函数构建经济计量模型，在县级市（区）级层面检验"三旧"改造对耕地资源保护、建设用地高效利用的作用。

（1）DID 理论模型。双重差分模型（DID），又称倍差法，是通过外生政策变量所带来的横向单位和时间序列的双重差异辨识公共政策的"处理效应"（周黎安、陈烨，2005）。即将随机抽取的样本分为处理组（政策对象）和对照组（非政策对象），分别计算其在政策或项目实施前后同一指标的变化量，上述二者的差值（倍差值）即为实际的政策效果（道格拉斯·C. 诺斯，2002）。本书中政策的实施存在分批次（分年度）的特点，故可以采用适用于多期数据的 DID 模型考察政策的实施效果及其效果持续性，设定模型如下：

$$Y_{it} = \alpha_0 + \alpha_1 X_{it} + \alpha_2 M_{it} + \mu_t + \alpha_i + \varepsilon_{it} \quad (6-1)$$

式（6－1）中，Y_{it}表示地区 i 在 t 时期的考察指标值，α_0 表示常数项，X_{it}表示地区 i 在 t 时期是否参与政策实施，α_1 反映政策的净效果；M_{it}为一组可观测的影响考察指标 Y_{it}的控制变量，α_2 为该变量组的估计系数集合；μ_t 为时间 t 的虚拟变量，反映时变不可观测因素效应；α_i 表示不随时间变化的个体特征；ε_{it}为随机扰动项。

（2）EKC 理论模型。现有研究表明，经济增长与耕地面积变化存在长期均衡和短期失衡的关系（陈利根、龙开胜，2007；黄忠华等，2009），且二者关系类似于倒"U"型的环境库兹涅茨曲线（曲福田、吴丽梅，2004），即耕地资源的消耗量起初随着人均 GDP 的提高而逐渐增大，当到达某一阈值后便随着人均 GDP 的增长而逐渐降低（蔡银莺、张安录，2005；李永乐、吴群，2008）。

在此基础上，本书试图构建 EKC 理论模型测算政策实施的资源节约效果，即检验其是否真正实现了耕地资源的合理保护和建设用地规模的有效控制。同时，借鉴前人的研究成果，将经济增长对耕地资源变化的影响分解为规模效应、结构效应、减污效应和政策效应，其中，减污效应又可以分为供给和需求两个角度。据此，构建经济增长对耕地资源消耗影响的理论模型：

$$Z = f(X, G, S, J) \tag{6-2}$$

式（6－2）中，Z 表示耕地变化情况，用以反映耕地资源消耗和建设用地规模控制水平；X 表示政策效应，本书中，政策制度创新的推广实施表征政策效应，G、S、J 分别表示规模效应、结构效应、减污效应（减污的努力程度）。

（3）C－D 生产函数理论模型。本书运用 C－D 生产函数形式构建理论模型测算政策制度创新实施的经济促进效果，自变量除了包括土地、劳动力等常规投入外，还将政策制度变量纳入模型，具体方程如下：

$$Q = g(X, I) \tag{6-3}$$

式（6－3）中，Q 表示单位土地产出；X 表示政策效应，具体解释同上；I 表示土地、资本、劳动力等投入。

2. 资源节约效果评价的实证检验

（1）模型识别与估计方法。模型识别。基于 EKC 模型，“三旧”改造制度创新的资源节约效果评价表达式如下：

$$Z_{it} = \gamma_0 + \gamma_1 X_{it} + \gamma_2 G_{it} + \gamma_3 S_{it} + \gamma_4 J_{it} + \varepsilon_{it} \tag{6-4}$$

式（6－4）中，i 代表第 i 个样本个体，t 代表时间。Z_{it} 表示 t 时期样本 i 耕地资源消耗量；X_{it} 为是否参与“三旧”改造的虚拟变量；G_{it}，S_{it} 和 J_{it} 是一系列影响 Z 的控制变量，其中 G_{it} 表示样本 i 在 t 时期的规模效应，S_{it} 表示样本 i 在 t 时期的结构效应，J_{it} 表示样本 i 在 t 时期的减污效应；γ_0 为常数项；γ_1 的估计值表征样本 i 在试点实施第 t 年的效果；γ_2，γ_3 和 γ_4 分别为样本的规模效应、结构效应和减污效应；ε_{it} 为随机扰动项。

估计方法。本部分研究所涉及的数据，包括广东省广州市 2007～2011 年 12 个县级市（区）的相关社会经济数据，来源于《广州统计年鉴》《广州市土地利用总体规划（2006～2020）》和广东土地利用变更调查。相关经济指标均采用 2007 年不变价以消除价格因素影响。为得到对参数 γ_1 的一致性估计，本书同时使用固定效应模型和随机效应模型对式（6－4）进行估计，以比较结果的稳健性。

（2）变量选取与定义。本书以耕地资源消耗量表征“三旧”改造制度创新的资源节约效果，主要是指当年建设占用耕地面积（如表 6－12 所示）。

表 6－12　　资源节约效果评价模型的相关变量定义与预期影响方向

变量名称	单位	定义	预期影响
被解释变量（Z）			
耕地资源消耗量	公顷	当年建设占用耕地面积	
解释变量			
政策效应（X）			
“三旧”改造项目参与	0/1	是否参与“三旧”改造，1＝是；0＝否	－
参与改造第 1 年	0/1	是否参与的第 1 年，1＝是；0＝否	－
参与改造第 2 年	0/1	是否参与的第 2 年，1＝是；0＝否	－
参与改造第 3 年	0/1	是否参与的第 3 年，1＝是；0＝否	－
参与改造第 4 年	0/1	是否参与的第 4 年，1＝是；0＝否	－
规模效应（G）			
人口密度	人/公顷	常住人口/土地面积	＋
结构效应（S）			
第二产业占 GDP 比重	%	第二产业增加值/GDP	＋
减污效应（J）			
人均 GDP	万元/人	GDP/常住人口	－

在解释变量中，以“是否参与‘三旧’改造”反映广州市 12 个县级市（区）的实际参与情况，于该区参与试点项目的当年和此后取值为 1，否则为 0。另外 4 个指标变量表示效果的持续性，分别为“参与改造第 1 年”（1＝是；0＝否）、“参与改造第 2 年”（1＝是；0＝否）、“参与改造第 3 年”（1＝是；0＝否）、“参与改造第 4 年”（1＝是；0＝否），其中参与的第 1 年就是改革当年。由于“三旧”改造是通过低效存量建设用地二次开发来实现建设用地集约利用，有利于减少耕地资源的占用，因而上述变量对样本耕地资源消耗量的预期影响为负。

规模效应主要指经济或人口规模效应。本书将耕地资源消耗视为一种污染，以建设占用耕地面积表示，选择人口密度反映经济活动强度和规模，预期对耕地消耗的影响为正，即人口规模越大，耕地损失越大。结构效应指经济结构变动对耕地数量变化的影响。本书选取第二产业增加值占 GDP 比重作为结构指标，预期对耕地资源消耗产生正效应。减污效应即收入效应，反映在耕地供给和耕地需求两方面。本书以人均 GDP 度量减污效应，预期对耕地消耗的影响为负。

此外，由于样本区域全部位于广州市，在政策环境、地理位置和市场条件等方面差异不大，故不设置地区虚拟变量；同时，“三旧”改造进程、第二产业占比和人均 GDP 在一定程度上反映了时变因素和技术进步，因而未引入时间变量。

（3）描述性统计分析。表 6-13 描述了上述变量的一些基本特征，参与模型估计的样本共 60 个，包括广州市 12 个县级市（区）5 年的面板数据。总样本的平均耕地资源消耗量为 112.23 公顷，纵观 5 年的变化情况发现，建设占用耕地面积总体上呈逐年减少趋势，特别是 2010 年缩减幅度最大，达 35.6%。

表 6-13　　资源节约效果评价模型中相关变量的描述性统计

变量名称	2007 年	2008 年	2009 年	2010 年	2011 年	总样本
样本数量（个）	12	12	12	12	12	60
	平均值（标准差）					
被解释变量（Z）						
耕地资源消耗量（公顷）	155.17 (192.38)	156.67 (240.60)	140.83 (199.2)	66.00 (68.49)	42.50 (43.56)	112.23 (169.37)
解释变量						
政策效应（X）						
“三旧”改造项目参与（1=是）	—	0.25 (0.45)	0.33 (0.49)	0.67 (0.49)	0.83 (0.39)	0.42 (0.50)
参与改造第 1 年（1=是）	—	0.25 (0.45)	0.08 (0.29)	0.33 (0.49)	0.17 (0.39)	0.17 (0.38)
参与改造第 2 年（1=是）	—	—	0.25 (0.45)	0.08 (0.29)	0.33 (0.49)	0.13 (0.34)
参与改造第 3 年（1=是）	—	—	—	0.25 (0.45)	0.08 (0.29)	0.07 (0.25)
参与改造第 4 年（1=是）	—	—	—	—	0.25 (0.45)	0.05 (0.22)
规模效应（G）						
人口密度（人/公顷）	67.54 (93.04)	70.84 (96.35)	74.67 (100.25)	79.18 (104.92)	79.04 (104.32)	74.25 (96.55)
结构效应（S）						
第二产业占 GDP 比重	0.47 (0.26)	0.46 (0.25)	0.45 (0.25)	0.45 (0.25)	0.45 (0.25)	0.46 (0.24)
减污效应（J）						
人均 GDP（万元/人）	9.40 (8.49)	10.00 (9.03)	10.52 (9.50)	11.17 (10.08)	12.00 (10.83)	10.62 (9.33)

政策变量中，由于广州市的“三旧”改造是从2008年开始的，故2007年的5个政策变量均为零。2008年是“三旧”改造的第1年，12个县级市（区）中共有3个区参加试点，项目参与比例为25%，因此项目参与变量和参与改造第1年变量均为0.25。2009~2011年是“三旧”改造推广的第2~4年，每年分别有1个、4个和2个县级市（区）加入，所以三年里，项目参与变量的平均值为33%、67%和83%。

（4）模型估计结果与分析。本书分别使用随机效应模型和固定效应模型对资源节约效果方程（6-4）进行估计，结果显示，固定效应模型没有通过F检验，故选择随机效应模型（如表6-14所示）。从卡方值可以看出，该模型中各解释变量对建设占用耕地面积的共同影响是显著的。表中第（1）列考察“是否参与‘三旧’改造”对样本耕地资源消耗量的影响，第（2）列的核心变量是“参与改造的第 t 年”（$t=1$、2、3、4），以衡量“三旧”改造制度创新资源节约效果的时间趋势，评价其效果的持续性。

表6-14　　资源节约效果评价模型的估计结果

解释变量	被解释变量 Ln 耕地资源消耗量	
	(1)	(2)
政策变量（X）		
“三旧”改造项目参与	-0.13 (0.38)	—
参与改造第1年	—	-0.32 (0.45)
参与改造第2年	—	0.16 (0.50)
参与改造第3年	—	0.47 (0.70)
参与改造第4年	—	-1.34 (0.80)*
规模效应（G）		
Ln 人口密度	-0.14 (0.38)	-0.12 (0.40)
结构效应（S）		

续表

解释变量		被解释变量 Ln 耕地资源消耗量	
		(1)	(2)
第二产业增加值占 GDP 比重		3.94 (2.59)	3.99 (2.72)
减污效应（J）			
Ln 人均 GDP		-1.36 (0.52)***	-1.35 (0.55)***
	常数项	5.11 (1.79)***	5.02 (1.88)***
	样本数量	60	60
	县级市（区）个数	12	12
	R - squared	0.48	0.52
	Wald chi 值	22.49	25.50
	Prob > chi2	0.0002	0.0006

注：*、**、*** 分别表示在 10%、5% 和 1% 的统计水平上显著，括号内为基于稳健标准差（Robust Standard Eorror）计算的 Z 统计量。

政策变量中，“是否参与‘三旧’改造”对耕地资源消耗的影响为负，但结果并不显著；而且在政策推广实施的前三年，效果也并不明显，直到第四年，改革的成效才逐步显现（在 10% 水平上通过显著性检验），主要原因可能在于改造项目从启动到完成再到投入使用的过程使其对耕地资源消耗的影响具有滞后性。可见，“三旧”改造对于控制建设用地扩张侵占耕地资源具有一定的作用。

人均 GDP 代表收入水平，反映在耕地资源的供给和需求两方面。从结果来看，人均 GDP 对耕地资源的消耗具有负面影响，在 1% 水平上通过显著性检验，表明随着经济的发展，居民收入水平不断提高，对耕地资源保护提出了更高的要求，同时，经济增长带动的技术进步也有利于充分利用地上地下空间，在一定程度上减少了建设占用耕地的数量。

3. 经济促进效果评价的实证检验

（1）模型识别与估计方法。

模型识别。基于 C - D 生产函数，构建“三旧”改造制度创新经济促进效果评价模型，表达式如下：

$$\mathrm{Ln}Q_{it} = \beta_0 + \beta_1 X_{it} + \beta_2 \mathrm{Ln}(Land_{it}) + \beta_3 \mathrm{Ln}(Capital_{it}) + \beta_4 \mathrm{Ln}(Labor_{it}) + \lambda_{it} \quad (6-5)$$

式（6-5）中，i 代表第 i 个样本个体，t 代表时间。Q_{it} 表示 t 时期样本 i 单位建设用地第二、第三产业增加值；X_{it} 为 t 时期样本 i 是否参与“三旧”改造的虚拟变量；$Land_{it}$，$Capital_{it}$，$Labor_{it}$ 分别表示 t 时期样本 i 的土地、资本、劳动力等生产投入品；β_0 为常数项；β_1 的估计值表征样本 i 在项目试点第 t 年的实施效果；β_2，β_3 和 β_4 分别代表各种投入要素的影响；λ_{it} 为随机扰动项。

估计方法。与资源节约效果评价一致，本书所涉及的数据来源相同，也选取随机效应模型和固定效应模型对方程（6-5）进行估计。

（2）变量选取与定义。本书以单位建设用地第二、第三产业增加值表示建设用地的产出效率，反映其经济促进程度，并以 2007 年为不变价消除价格因素的影响（如表 6-15 所示）。

表 6-15　经济促进效果评价模型的相关变量定义与预期影响方向

变量名称	单位	定义	预期影响
被解释变量（Q）			
单位建设用地二、三产业增加值	亿元/平方千米	第二、第三产业增加值/建设用地面积	
解释变量			
政策变量（X）			
“三旧”改造项目参与	0/1	是否参与三旧改造，1 = 是；0 = 否	+
参与改造第 1 年	0/1	是否参与的第 1 年，1 = 是；0 = 否	+
参与改造第 2 年	0/1	是否参与的第 2 年，1 = 是；0 = 否	+
参与改造第 3 年	0/1	是否参与的第 3 年，1 = 是；0 = 否	+
参与改造第 4 年	0/1	是否参与的第 4 年，1 = 是；0 = 否	+
投入变量（I）			
土地投入（*Land*）	平方千米	年末建设用地面积	-
资本投入（*Capital*）	亿元	资本存量	+
劳动力投入（*Labor*）	万人	第二、第三产业从业人员	+

政策变量中，用于反映广州市 12 个县级市（区）“三旧”改造实际参与情况的变量包括“是否参与‘三旧’改造”“参与‘三旧’改造的第 1 年”“参与‘三旧’改造的第 2 年”“参与‘三旧’改造的第 3 年”“参与‘三旧’改造的第 4 年”，其赋值与资源节约效果评价一致。由于“三旧”改造是通过低效存量建设用地二次开发来提高建设用地的利用效率，因而上述变量对单位建设用地第二、第三产业增加值的预期影响为正。

生产要素投入包括土地、劳动力和资本。其中，土地投入以年末建设用地面积表示；劳动力投入即第二、第三产业从业人员，为年末全社会从业人员扣除农林牧渔业从业人员；资本投入指固定资本存量，反映积存的实物资本，2005 年广东省固定资本存量 7 982.13 亿元（1952 年不变价）（张军、吴桂英，2004），换算为当年价 33 688.82 亿元。据此推算出当年广东省投资系数（资本产出比）约为 1.49。假设当年各县级市（区）的投资系数相同（姜海、曲福田，2009），估算出 2005 年广州市 12 个县级市（区）的固定资本存量。在此基础上，根据永续盘存法计算出 2007～2011 年广州市各县级市（区）的固定资本存量，表达式如下：

$$K_{i,t} = K_{i,t-1}(1 - \delta_{i,t}) + I_{i,t} \quad (6-6)$$

其中，i 指第 i 个县级市（区），t 为第 t 年，K 表示资本存量，I 为当年全社会固定资产投资（按固定资产投资价格指数折算为不变价），δ 为经济折旧率（$\delta = 9.6\%$）。

预期各投入要素对单位建设用地第二、第三产业增加值有积极作用。

此外，与“三旧”改造的资源节约效果评价一致，由于样本地区之间在政策环境、地理位置和市场条件等方面差异不大，未设置地区虚拟变量；同时，“三旧”改造的推进在一定程度上反映了时变因素和技术进步，因而未引入时间变量。

（3）描述性统计分析。

表 6－16 描述了上述变量的一些基本特征，参与模型估计的样本共 60 个，包括广州市 12 个县级市（区）5 年的面板数据。表征经济促进效果指标的单位建设用地第二、第三产业增加值在 2007～2011 年间呈现出递增趋势，分别为 8.19 亿元/平方千米、9.05 亿元/平方千米、9.76 亿元/平方千米、10.85 亿元/平方千米和 12.00 亿元/平方千米，平均涨幅在 10% 左右。

表 6－16　经济促进效果评价模型中相关变量的描述性统计

变量名称	2007 年	2008 年	2009 年	2010 年	2011 年	总样本
样本数量	12	12	12	12	12	60
	---平均值（标准差）---					
被解释变量（Q）						
单位建设用地二、三产业增加值（亿元/平方千米）	8.19 (10.74)	9.05 (12.18)	9.76 (13.73)	10.85 (15.59)	12.00 (17.36)	9.97 (13.70)
解释变量						
政策变量（X）						

续表

变量名称	2007 年	2008 年	2009 年	2010 年	2011 年	总样本
“三旧”改造项目参与 (1 = 是)	—	0.25 (0.45)	0.33 (0.49)	0.67 (0.49)	0.83 (0.39)	0.42 (0.50)
参与改造第 1 年 (1 = 是)	—	0.25 (0.45)	0.08 (0.29)	0.33 (0.49)	0.17 (0.39)	0.17 (0.38)
参与改造第 2 年 (1 = 是)	—	—	0.25 (0.45)	0.08 (0.29)	0.33 (0.49)	0.13 (0.34)
参与改造第 3 年 (1 = 是)	—	—	—	0.25 (0.45)	0.08 (0.29)	0.07 (0.25)
参与改造第 4 年 (1 = 是)	—	—	—	—	0.25 (0.45)	0.05 (0.22)
投入变量 (I)						
土地投入（平方千米）	133.21 (87.28)	138.50 (89.23)	143.74 (90.86)	146.05 (90.70)	147.23 (91.04)	141.75 (86.89)
资本投入 (亿元)	824.90 (530.78)	910.00 (605.42)	1 036.38 (715.44)	1 191.01 (824.79)	1 330.44 (888.93)	1 058.55 (724.39)
劳动力投入 (万人)	49.16 (31.87)	53.02 (37.82)	55.06 (38.01)	59.36 (41.33)	56.42 (35.39)	54.61 (35.91)

政策变量中，5 个“三旧”改造政策变量的描述性统计与上述分析一致。2007 ~ 2011 年，12 个县级市（区）中，项目参与变量的平均值分别为 0.25、0.33、0.67 和 0.83；到 2011 年，项目参与第 1 年为 0.17、参与第二年为 0.33、第三年和第四年分别为 0.08 和 0.25。

（4）模型估计结果与分析。根据 Hausman 检验结果，拒绝优先选择随机效应模型的原假设，故本书主要针对方程（6 - 5）的固定效应模型估计结果进行讨论，如表 6 - 17 所示。表 6 - 17 中第（1）列考察“是否参与‘三旧’改造”对样本区域单位建设用地第二、第三产业增加值的影响；第（2）列的核心变量是“参与‘三旧’改造的第 t 年”（$t = 1$、2、3、4），以研究“三旧”改造制度创新经济促进效果的时间趋势，衡量其效果的持续性。结果显示，两组方程均通过 F 检验，说明该模型中各解释变量对单位建设用地产出的共同影响是显著的。

表 6 - 17　　经济促进效果评价模型的估计结果

解释变量	被解释变量 Ln 单位建设用地二、三产业增加值	
	(1)	(2)
政策变量（X）		
“三旧”改造项目参与	0.11 (0.03)***	—
参与改造第 1 年	—	0.09 (0.03)***
参与改造第 2 年	—	0.14 (0.04)***
参与改造第 3 年	—	0.12 (0.05)**
参与改造第 4 年	—	0.12 (0.07)*
投入变量（I）		
Ln 建设用地面积	-0.72 (0.16)***	-0.77 (0.18)***
Ln 固定资本存量	0.59 (0.07)***	0.58 (0.07)***
Ln 二、三产业从业人员	0.05 (0.08)	0.06 (0.08)
常数项	0.84 (0.70)	1.13 (0.89)
样本数量	60	60
县级市（区）个数	12	12
R - squared	0.83	0.84
F 值	53.18	29.93
Prob > F	0.0000	0.0000

注：*、**、*** 分别表示在 10%、5% 和 1% 的统计水平上显著，括号内为基于稳健标准差（Robust Standard Eorror）计算的 t 统计量。

从 C - D 生产函数的估计结果可以看出，5 个“三旧”改造政策变量均通过显著性检验，且系数较为接近，影响方向与预期一致，其中“参与改造的第2年”对单位建设用地产出率提高的效果最为明显（系数为0.14），在1%水平上通过显著性检验。

常规生产要素投入品控制变量中，建设用地投入对单位面积产出的影响显著为负，与预期相同，其要素贡献率为23%，表明建设用地规模的持续扩张反而不利于土地产出效率的有效提高，与现有研究中土地边际产出率降低的结论一致；资本要素对单位建设用地第二、第三产业增加值的贡献率最大，达58%，在1%的水平上通过显著性检验，显示出该地区的发展方式正从单纯依赖土地投入逐步转向资本密集型；劳动力对产出有正效应，但效果并不显著，可能的解释是研究所使用的面板数据只有5年，第二、第三产业从业人员数量变化并不明显。

（四）广东省“三旧”改造及收益分配小结

1. 广东省“三旧”改造形成机制的研究结论

本部分运用新制度经济学的相关理论，结合广东省佛山市南海区联滘地区“三旧”改造的具体案例，从制度创新的激发和实现两个方面出发，全面解释广东省“三旧”改造制度创新的形成机制。主要结论为：土地要素相对价格、产权结构、政策法律限制和集体信念等外部环境变化，诱使地方政府、开发商、村集体（村民）等相关行为主体以自身利益最大化为原则对制度安排进行修正，由此产生了“三旧”改造制度创新的需求。“三旧”改造的实现过程依赖于地方政府、开发商、村集体（村民）等主体的相互作用。三大主体根据各自目标采取集体行动，进行利益的调整和重新分配，并最终达到一种相对稳定的均衡状态。

2. 广东省“三旧”改造模式选择及收益分配的研究结论

本部分以佛山市南海区联滘村、禅城区石头村和禅城区石湾镇三个“三旧”改造项目区为案例对比分析不同“三旧”改造模式下的收益分配。通过研究，可以看出：在佛山地区，村民业主既能够获得短期收益，又能够获得长期收益；地方政府在保障其短期收益不减少的情况下，村民业主、村集体又可获得长期稳定的财产性收益。政府通过参与土地出让收益的分配和税收，作为其收入来源。

3. 广东省“三旧”改造绩效评价的研究结论

本部分以广东省“三旧”改造为例，选取样本区域广州市12个县级市（区）5年的面板数据进行实证检验，全面衡量“三旧”改造的实际效果，主要结论如下：从资源节约效果评价模型的回归结果来看，“三旧”改造对于控制建设占用耕地资源具有一定的作用。从经济促进效果评价模型的回归结果来看，“三旧”改造的实施有助于样本区域单位建设用地第二、第三产业增加值的提高。

二、成渝地区城乡建设用地增减挂钩及收益分配[①]

（一）重庆市“地票”交易的创新机制

我国城乡建设用地增减挂钩政策正式出台后，中央政府以试点先行的形式在全国范围内逐步推广增减挂钩政策。随着增减挂钩政策的不断深化，有少数试点区域打破了传统增减挂钩模式的实施框架，对指标周转模式进行了全面的创新，其中最为典型的就是以构建增减挂钩指标市场化交易平台为主要特征的“地票”交易模式。本书选取了重庆市“地票”交易模式为典型案例，对“地票”交易模式的产生背景和操作形式进行详细的阐述。

1. “地票”交易模式出现的背景

重庆市地域广阔，集大农村、大库区、大山区和民族地区于一体，是我国中西部地区唯一的直辖市。直辖20余年间，重庆市经济快速发展，产业结构不断升级，城镇规模持续扩大。城镇化和工业化虽然带来了地区的繁荣发展，但在整体经济快速发展的背后，一些问题日益凸显：一是区域发展不均衡，经济发展呈现两极化；二是城乡发展不平衡，城乡二元结构矛盾突出；三是区域间、城乡间建设用地供需矛盾突出，耕地保护压力不断增大。因此，如何有效统筹区域间、城乡间发展，在保护耕地资源的前提下，保障整体经济的稳步增长成为重庆市进行改革创新的着眼点和源动力。

在上述背景下，重庆市于2006年提出“一圈两翼”发展战略。其核心思想是，根据各区县资源禀赋的差异，将重庆市38个区县分别划分为一小时经济圈、渝东北翼和东南翼三个区域，形成一个具有明显集聚效应、规模经济和竞争优势的城市群。2007年，国务院又批准重庆市成为统筹城乡综合配套改革试验区，这为重庆市进一步深化“一圈两翼”发展战略，全面推动城乡制度改革创造了良好的外部环境。为了更好地实现“一圈两翼”发展战略，寻找城乡统筹改革的突破口，重庆市于2008年申请并被批准成为我国第三批增减挂钩试点省（市）。随着“一圈两翼”、统筹城乡发展战略的不断深化和增减挂钩政策的试点实施，重庆市政府率先进行了土地制度改革。2008年11月，重庆市政府出台《重庆农村土地交易所暂行管理办法》，并于12月正式成立重庆市农村土地交易所，创新地

---

① 本部分内容主要基于课题培养的研究生博士学位论文：《我国城乡建设用地增减挂钩政策的演化机理、创新模式及其实施效果评价研究——以“地票”交易模式为例》（顾汉龙，2015）；研究生博士学位论文《我国建设用地总量控制和市场配置研究》（王博，2016）。

推出了以“地票”交易为主要特色的增减挂钩模式。自此，“地票”交易作为一种新型的增减挂钩模式正式出现。

2. “地票”交易模式的运作形式

本书将以重庆市“地票”交易模式为对象，对“地票”交易模式的运作形式进行详细的分析。

（1）“地票”交易的内涵及模式运作流程。“地票”是指农村建设用地复垦产生的有偿用地指标，本质上是一种城乡建设用地增减挂钩指标。在重庆市“地票”交易模式下，“地票”指标可以在重庆市农村土地交易所这一市场化平台上进行公开交易，当交易成功后，“地票”指标即从农村拆旧区流入城镇建新区，从而实现了“地票”指标的城乡置换。

根据《重庆农村土地交易所暂行管理办法》对“地票”交易实施的基本条件和操作程序的介绍，“地票”交易模式的基本操作程序可总结为三个阶段如图 6-3 所示。

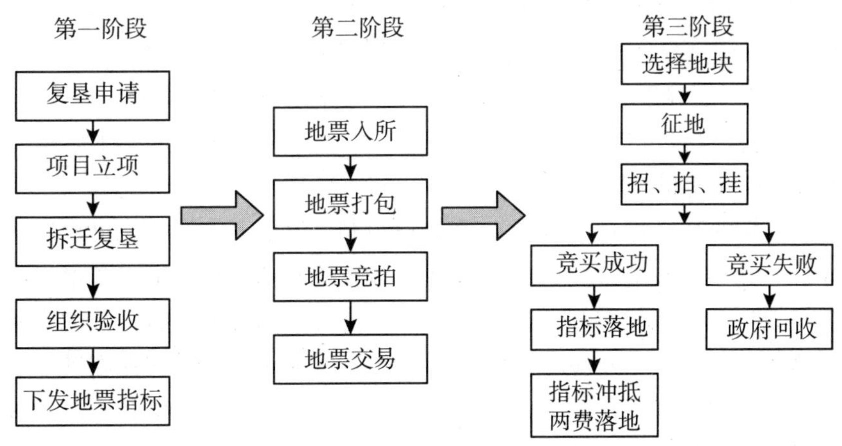

图 6-3　重庆市“地票”交易模式运作流程

第一阶段，“地票”指标的获取。首先，符合条件的农村土地权利人（包括农村集体经济组织、农民家庭及拥有土地权属的其他组织）可以根据自身需求，将闲置的农村建设用地向区县国土部门提出复垦申请；其次，当该地区申请进行复垦的农村建设用地达到一定规模后，区县国土部门则会将前期申请复垦的地块组建成一个“地票”项目，并开始对申请复垦的地块和农村土地权利人的资格进行审核，并对符合复垦条件的农村建设用地予以批准并进行复垦；最后，由市国土部门对该项目进行验收，验收合格的地块下发“地票”凭证。

第二阶段，“地票”指标的交易。获得“地票”的土地权利人首先会将“地票”委托给区县国土部门，区县国土部门在“地票”数量达到一定规模后，将“地票”指标投放到重庆市农村土地交易所；其次，重庆市农村土地交易所的工作人员将投入到本所的零散“地票”指标进行打包并定期组织公开拍卖。最后，在拍卖过程中，出价高者购得“地票”指标，成交后的全部“地票”价款在扣除政府复垦成本、融资成本和管理成本后全部返还给农村土地权利人作为补偿。

第三阶段，“地票”指标的使用。购得“地票”的土地权利人首先在全市规划区内（建设留用区）选择拟落地地块；其次，对于新地块，政府按照征地流程对其进行征收。然后，通过招拍挂方式出让土地，购得“地票”的权利人需在此轮竞购中获胜，“地票”指标才可以落地，否则将由政府原价收回。最后，当“地票”指标落地后，“地票”冲抵新增建设用地有偿使用费和耕地开垦费。

（2）典型案例分析——新华乡（大田等四村）“地票”交易项目。黔江区作为渝东南地区，是重庆市最早推行“地票”交易的区县之一。自 2008 年起，黔江区共实施 401 个“地票”项目，累计复垦耕地面积达 23 601 亩，占整个重庆市的近 15%。本书以黔江区新华乡“地票”交易项目为例，对重庆市“地票”交易的具体实施过程进行详细的描述。

项目区概况。项目区位于黔江区新华乡，共涉及大田村、中安村、梨子村和艾子村 4 个村。项目包括 24 个地块，56 个复垦点。项目区总面积为 56.72 亩，由拆旧复垦区和建新区两部分组成。

项目实施的具体操作方式。一是自愿申请，政府审核。从 2008 年重庆市正式推行“地票”交易模式以来，黔江区各级政府就开始大力宣传增减挂钩政策及“地票”交易的实施形式。新华乡政府通过定期开展对村干部的集中培训学习，然后再由村干部开展对全村村民的宣传，使“地票”交易在基层农户中具有较高的认知度。正是由于有效的宣传工作，项目区有条件的农户积极参与项目的申请。在项目立项之前，大田村、中安村、梨子村和艾子村共有 80 余户农户申请复垦宅基地，经过各村村委会对申请农户基本条件的初步审核和黔江区土地整治中心的复查，共有 56 户农户符合复垦条件。在确定了符合条件的农户后，区县土地整治中心赴现场对项目所涉及的地块进行权属确认，并对该项目进行立项。经过确认，该项目总面积为 56.72 亩，共涉及 24 个地块，56 个复垦点。

二是对项目区进行复垦，下发“地票”指标。在项目立项后，黔江区土地整治中心通过招投标的方式选择了重庆市四环生态农业开发公司作为项目的施工单位。复垦前，由施工单位对地块进行测量，以明确土地权属、利用现状，并编制项目实施方案；复垦中，由施工单位对房屋进行拆迁并对土地予以平整。复垦工作完成后，按“初步验收—竣工验收—验收确认”的程序组织项目验收并下发

“地票”指标。

三是耕地综合管理。黔江区国土局及时对验收合格的新增耕地进行土地变更调整和土地变更登记。复垦后新增的耕地土地所有权仍归农村集体，经营管理权优先分配给原土地权利人，原土地权利人不继续在本村生活和居住的，由集体经济组织统一收回进行再分配。同时，新华乡政府还规定，复垦新增耕地必须进行耕种，不得撂荒，并同各集体经济组织签订了复垦地块管护利用责任书。

四是“地票”指标市场化交易。首先，复垦工作完成并验收通过后，黔江区土地整治中心将所得的56.72亩“地票”指标和该区同期其他“地票”项目指标进行整合，统一投入农村土地交易所。其次，重庆市农村土地交易所的工作人员根据近期全市范围内“地票”指标的投入情况将“地票”指标打包，并举行公开拍卖。新华乡“地票”项目的56.72亩“地票”指标经过公开拍卖，最终以20.6万元/亩的价格成交。最后，购得“地票”的企业则会在全市范围内选择符合规划条件的区域使用该“地票”指标。

五是失地农民自行安置、市场补偿。《重庆农村土地交易所暂行管理办法》中明确规定，申请复垦的农户必须具有其他稳定居所，并且规定区县国土部门在项目最初立项审核时对复垦农户的稳定居所证明进行审核。因此，“地票”项目并不对失地农民进行集中安置。在新华乡申请复垦的56户农户中，有35户农户已在城镇购买新的住房，另外21户则已经和亲戚共同居住。农民获得的补偿款是“地票”成交价款在扣除复垦成本、融资成本和管理成本后的85%，另外15%则给予集体经济组织用于新农村建设。在新华乡“地票”交易项目中，“地票”成交单价价款为20.6万元/亩，扣除各项成本3.7万元/亩后，还剩余16.9万元/亩，复垦农户获得其中的85%，也就是14.38万元/亩，农村集体经济组织获得2.52万元/亩。

六是“地票”价款直拨。为保障农民和集体及时、足额获取“地票”收益，在“地票”价款的拨付过程中，重庆市采用了价款直拨的方式，即农村土地交易所直接委托银行将农户和集体经济组织应得价款直接拨付到农户自身账户，资金并不流经其他政府机构。

3. “地票”交易模式的主要特征

通过对重庆市“地票”交易模式的内涵、运作流程和具体操作方式的详细描述，“地票”交易模式的主要特征总结为以下四个方面：

（1）构建了指标的市场化交易平台。通过前文对重庆市“地票”交易模式操作流程的总结可以发现，“地票”交易模式中的核心机构为“地票”指标的市场化交易平台——重庆市农村土地交易所。整个模式通过搭建农村土地交易所这个市场化的指标交易平台，有效地将“地票”交易模式的三个核心环节即“地票”指标的产生、“地票”指标的交易与“地票”指标的使用联系在了一起（如图6-3所示）。

(2) 构建了失地农民的市场化安置补偿体系。在重庆市“地票”交易模式下，原有房屋拆迁复垦后，政府部门并不需要对失地农民进行安置。另外，失地农民作为“地票”指标的提供者和受益者，充分地参与到了“地票”交易过程中，并通过价款直拨的方式获得了市场化的补偿。

(3) 构建了源头管控的耕地保护机制。在进行“地票”指标交易之前，原有农村建设用地就已经复垦完成并通过验收，这就极大地降低了城乡建设用地置换过程中的耕地保护风险，从源头上对耕地资源进行保护。

(4) 实现了“地票”指标跨区域、大范围的流动。在重庆市“地票”交易模式中，全市范围内符合条件的农村土地权利人均可以在市场上出售“地票”指标，而购得“地票”的土地权利人被允许在全市规划范围内自由选择落地区域。

4. “地票”交易模式下的土地增值收益分配

“地票”交易通过存量建设用地指标的城乡置换，显化了存量建设用地的价值，当“地票”指标成功交易后，“地票”指标的价值以“地票”成交价款的形式显化。根据《重庆农村土地交易所暂行管理办法》《重庆市国土房管局关于调整地票价款分配及拨付标准的通知》以及《关于规范地票价款使用促进农村集体建设用地复垦的指导意见》等相关文件的规定，地票的成交价款在扣除地方政府的复垦成本、融资成本和管理成本后，按照85:15的比例分别分配给农户和农村集体经济组织。根据《重庆市国土房管局关于调整地票价款分配及拨付标准的通知》规定，复垦成本标准为1.5万元/亩，项目管理成本1.1万元/亩，融资成本1.1万元/亩，文件中还确定了农户和农村集体经济组织获得地票成交价款的最低保护价格，分别为12万元/亩和2.1万元/亩，若地票成交价款达不到最低保护价格则由政府补齐差价。

通过指标的交易和落地，“地票”这种存量建设用地指标实现了两次溢价，一次是在“地票”指标的交易环节，另一次则是在“地票”指标的落地环节（如图6-4所示）。在“地票”指标的交易环节，原有的农村建设用地复垦指标以票据化的形式由农村土地权利人出售给城镇土地使用主体，而农村土地权利人则获得了一定比例的指标成交价款。而在“地票”指标落地环节，购得“地票”的城镇土地权利人在支付了土地出让金后最终将“地票”指标落地使用，而这部分溢价的土地增值收益则全部归地方政府所有。可见，现阶段，农户和农村集体经济组织仅分享到了初次溢价即“地票”指标交易环节的土地增值收益，而二次溢价即“地票”指标落地环节产生的土地增值收益则并没有分享到，因此，目前

"地票"交易模式仍然是延续了政府主导的土地增值收益分配方式。

图6-4 地票交易模式下土地增值收益实现过程

（二）成都市城乡建设用地增减挂钩收益分配案例分析

成都市的集体建设用地流转以确权赋能为重要前提，通过占补平衡、城乡增减挂钩和集体建设用地直接招拍挂等多种形式，积极探索增加农村和农民分享城市化土地增值收益的有效途径。

1. 土地占补平衡与收益分配——新津县普兴镇袁山村项目

（1）案例简介。袁山社区属于成都市新津县普兴镇村庄整理项目涉及的三个村之一（其余两个为柳江村、天鹅村），属于浅丘地形。这个土地整治项目是成都市为实现占补平衡，于2007年投资完成的，社区占地5万多平方米，建筑面积2万余平方米，人均占用集体建设用地由160平方米减少为70平方米，目前社区共有127户458人居住。袁山社区将由于土地整理新增的53万多平方米土地流转给了青花椒基地业主，将2.67万平方米集体建设用地抵押贷款并入股原獭兔养殖企业，建成了全省规模最大的獭兔养殖基地。村集体不仅每年都可以获得流转土地租金和入股分红，而且还通过獭兔养殖、兔皮加工、青花椒基地解决了社区140多名劳动力就业。

（2）流转增值收益分配主体及分配情况。通过村庄整理，袁山社区凭借新增的约53万平方米耕地，从成都市获得了每平方米33元共计1 760万元的土地整理专项资金。这笔资金的很大一部分以拆迁补偿费的形式直接转移支付给当地农民。补偿分为两部分：一部分是房屋拆迁补偿，其标准是6 000元/人；另一部分是地上附属物补偿，包括青苗、树木等，人均补偿5 000元。有了这两笔补偿费，一般农户只要再加几千元就可盖起新房。通过土地增减挂钩流转，成都市政府获得了建设用地指标，而农民则改善了居住条件，并增加了有效耕地面积及其相应的土地流转收入。

2. 城乡建设用地增减挂钩与土地收益分配——郫都区[①]唐元镇长林村

（1）案例简介。成都市郫都区是成都市第一个城乡建设用地增减挂钩项目区。项目的拆旧区位于郫都区唐元镇长林村，占地面积约152.93万平方米，其

① 原成都市郫县，2016年撤销郫县设立成都市郫都区。

中约25%为农村建设用地；全村共有411户1 434人，人均建筑用地255平方米。通过拆旧建新，共建成三个新村居住区，占地7.48万平方米，人均建设用地面积减少为79.4平方米。由此，全村净增耕地17.54万平方米。腾退出来的农村建设用地指标被置换到靠近郫都区城区的犀浦镇和友爱镇，即项目的"建新区"。因而，郫都区政府可以在"当年农地转用指标"之外，增加征地17.53万平方米，作为经营性用地公开拍卖。城镇建新区的拍卖所得共11亿元（每平方米拍卖均价6 296.85元）。所得收入扣除了支付给拆旧区和建新区农户的补偿费用（先由财政垫付）以及缴纳的相关税费后，为项目区净收入，纳入土地财政的收入，用于地方城市和工业发展的投资。

（2）土地收益分配主体及分配情况。土地增值收益分配主体包括中央政府、市政府、郫都区人民政府、拆旧区农户和建新区农户。分配情况如表6－18所示。

表6－18　城乡增减挂钩集体建设用地流转增值收益利益主体及收益分配情况

利益主体	名称	标准	总价款
拆旧区农户	住房拆除补贴	楼房230元/平方米，平房160元/平方米，一般房屋80元/平方米	5 500万元
	集中居住配套设施建设	—	
	水工建筑整治	—	
	土地复垦	—	
建新区农户	土地补偿费	30元/平方米	8 000万元
	住宅补偿	人均可免费获得35平方米建筑面积外，每人还有5平方米的额外安置房指标，但要以300元/平方米的价格购买，人均超过40平方米的部分按市价购买。	
	青苗补偿	—	
	拆迁过渡补助	每月200元	
中央政府	税收	1.2亿元	3.95亿元
	土地出让金	2.75亿元	
市政府	耕地保护基金	0.55亿元	1.65亿元
	社保住房基金	1.1亿元	
区政府	土地出让金	4亿元	4亿元

拆旧区农户得到补偿款 5 500 万元。以其提供的建设用地指标计算，每平方米 300 元，包括旧房拆除补贴（楼房 230 元/平方米，平房 160 元/平方米，一般房屋 80 元/平方米）、集中居住配套设施建设、水工建筑整治、土地复垦。

建新区农户得到 8 000 万元征地补偿款，包括：土地补偿，每平方米 30 元，扣除社保后发放；住宅补偿，除免费获得人均 35 平方米（建筑面积）外，每人还可以以 300 元/平方米的价格购买 5 平方米的额外安置房指标，人均超过 40 平方米的部分按市价购买；青苗补偿，原租种几十亩花木，拆迁过程中补偿共计 20 万元。拆迁过渡期间，政府给每人每月 200 元补助，在外租房。

建新区被征地获得 11 亿元的土地出让金。中央政府共获得 3.95 亿元，包括 1.2 亿元税收和 2.75 亿元的土地出让金；市政府获得 1.65 亿元，包括 0.55 亿元耕地保护基金，1.1 亿元社保住房基金；区政府获得近 4 亿元纯收益。

3. 集体土地招拍挂流转与收益分配——成都市锦江区

（1）案例简介。成都市锦江区的 3 个乡 11 个村集体共有 7 021 户农户，土地面积总共 17.28 平方千米，坐落在成都“198”范围内，具有优越的区位优势。锦江区采取了“大集中、大统筹、大流转”的模式进行村庄和土地整理整治。具体做法为：首先原来的农村集体与农民个人出资合股成立 11 个村级集体的股份公司，再联合出资注册成立农锦集体资产经营管理有限公司（简称“农锦公司”）。其次将集体建设用地清产核资确权到组——初次委托给农锦公司进行集体建设用地的整理、整治——二次委托给区农投公司进行融资、整治以及土地招拍挂，通过土地流转交易中心将集体建设用地的开发经营权流转到产业项目业主。最后土地流转收益扣除农投公司、农锦公司相应成本后由新型集体经济组织按股权进行分配。

按照上述集体建设用地流转程序，锦江区对集中居住区内的 300 余家企业进行拆除，对零星散居的 4 500 余户农民进行宅基地置换，分别安置到石胜、大安两个新型农村社区，总共整治出了 190.87 万平方米的建设用地。其中，新型社区占地面积 24.13 万平方米，拟完成建筑面积 145 万平方米，安置农民 2.2 万人。节余出来的 166.74 万平方米土地通过招拍挂实现集体建设用地使用权的上市流转，由农民直接获得集体土地使用权的出让收益。

（2）流转增值收益分配主体及分配情况。

集体建设用地流转后的增值收益因为没有向政府上缴税费，所以主要在农锦公司和农户之间分配。具体地，流转收益扣除成本后全部由农锦公司分配，农锦公司按各新型集体经济组织的集体建设用地指标比例进行分配，50% 作为农民社保、40% 作为农锦公司发展之用、10% 作为现金分红给参与的农户。农户除了获得10%的流转收益外，还获得其他四个方面的收益：一是入住新型社区后，富余的住房可用于出租；二是新型社区为每个农民配套建设10.5平方米商业用房，由集体经济组织统一出租经营，收益按股分配；三是农地流转收益；四是土地规模流转后，农民不再直接从事农业生产，而是在企业就业，年均务工收入可达6 000元以上。

（三）重庆市“地票”交易的实施效果评价

1. 评估思路及理论模型选择

（1）评估思路。“地票”政策起始于增减挂钩政策，其政策设计的目的一方面是与原有的增减挂钩政策保持一致，即为缓解经济发展的土地需求与耕地保护之间的矛盾，将流出区（拆旧区）的复垦指标与流入区（建新区）的用地指标相互挂钩，保障区域整体耕地动态平衡的同时，补充满足城市区域经济建设的用地需求，对应于资源节约与经济促进两个方面；另一方面是突破传统增减挂钩项目固定范围内“拆旧区”和“建新区”点对点的置换方式，通过构建指标交易平台（农村土地交易所）实现对城乡建设用地指标跨区域、远距离、大范围的配置，从而进一步提高区域整体的建设用地利用效率。因此，对重庆市存量建设用地市场化配置改革政策实施效果进行客观综合评价，不仅需要判断跨区域的指标市场化配置这一创新是否行之有效，也需要考虑政策实施在现实中是否也达到了资源节约与经济促进两个原有政策设计目的。

鉴于此，本书拟通过分别研究“地票”流出是否减缓重庆市耕地损耗速率①，“地票”流入是否促进区域经济增长两方面，验证“地票”政策实施是否达到资源节约和经济促进的政策设计目的，由此综合评价重庆市存量建设用地市场化配置改革的政策效果。

按照上述的研究思路，对重庆市各区（县）参与“地票”项目的情况进行梳理。研究发现，无论是“地票”流出还是“地票”流入，在研究期（2008～2013年）内都是分批次推进的，都有部分区（县）自始至终未参与项目（如表6-19所示）。该种数据结构可以把参与地票项目视为一种“准自然实验”并对其效果进行估计。

① 由于数据可获性的原因，无法估计“地票”流入区因为指标增加而造成耕地被占用的损失情况，因此仅评价流出部分可能会高估其资源节约效应。但是因为“地票”政策的流出指标与流入指标严格挂钩，并且采用“先补后用”的做法，因此，如果能够证明“地票”流出确实有效减缓区域耕地的损耗，那么即使后期“地票”流入会导致耕地减少，其损耗数量也不会超过对应的复垦数量，“地票”流出已经提前保障了区域耕地总量的动态平衡，因而，在一定程度上就可以说明“地票”政策达到了原先增减挂钩保证“耕地数量不减少”的政策设计目的。

表 6-19　　2008～2013 年重庆市各区（县）参与地票流出与地票流入统计

	实验组（参与）	控制组（未参与）	地区总数
“地票”流出	城口县[a]、垫江县[a]、奉节县[a]、开县[a]、梁平县[a]、万州区[a]、巫溪县[a]、云阳县[a]、忠县[a]、彭水县[b]、石柱县[b]、黔江区[b]、武隆县[b]、秀山县[b]、酉阳县[b]、巴南区、北碚区、璧山县、涪陵区、合川区、江津区、九龙坡区、綦江区、荣昌县、铜梁县、潼南县、巫山县、永川区、渝北区	大渡口区、大足区、江北区、南岸区、南川区、沙坪坝区、渝中区、长寿区、丰都县[a]	38
“地票”流入	大渡口区、涪陵区、合川区、江北区、江津区、九龙坡区、南岸区、南川区、荣昌县、沙坪坝区、铜梁县、永川区、渝北区、长寿区、巴南区、北碚区、璧山县、万州区[a]、巫山县[a]、巫溪县[a]、梁平县[a]、丰都县[a]、石柱县[b]	城口县[a]、垫江县[a]、奉节县[a]、开县[a]、云阳县[a]、忠县[a]、彭水县[b]、黔江区[b]、武隆县[b]、秀山县[b]、酉阳县[b]、大足区、渝中区、綦江区、潼南县	38

注：上标 a 为渝东北地区，上标 b 为渝东南地区，其余为“一小时经济圈”地区。按照《重庆市统计年鉴》划分标准，将重庆市共划分为“一小时经济圈”地区、渝东北地区和渝东南地区三个部分，其中“一小时经济圈”地区包括渝中区、江北区、沙坪坝区、九龙坡区、大渡口区、南岸区、巴南区、渝北区、北碚区、永川区、江津区、合川区、南川区、涪陵区、长寿区、潼南县、铜梁县、大足区、荣昌县、璧山县、綦江区；渝东北地区包括：万州区、城口县、巫溪县、巫山县、开县、云阳县、奉节县、梁平县、忠县、垫江县、丰都县；渝东南地区包括黔江区、秀山县、酉阳县、石柱县、彭水县、武隆县。

（2）理论模型选择。综合考虑数据可获得性和重庆市“地票”交易模式的实施存在分批次（分年度）的特点，本书借鉴双重差分模型（DID）的估计方法，同时应用 EKC 模型、C-D 生产函数构建经济计量模型，在区（县）级层面检验重庆市“地票”交易模式对耕地资源保护（资源节约）和建设用地高效利用（经济促进）的作用。由于模型选择与广东省“三旧”改造的绩效评价模型相同，因此，此处对双重差分模型（DID）、EKC 模型和 C-D 生产函数的具体解释不再赘述。

本书模型估计中所使用的经济人口数据主要来源于《重庆市统计年鉴》（2008～2014）、《中国区域经济统计年鉴》（2008～2014），土地相关数据主要由重庆市国土资源和房屋管理局提供；为满足统一口径，本书的土地利用类型以全国土地分类（过渡期间适用）为基准，2009 年后的第二次全国土地调查数据依据土地类型对应关系进行统一转换；进出口外贸额按照当年美元兑人民币的平均汇率进行折算；涉及的价值数据都被换算为 2007 年的不变价格。

2. 资源节约效果评价的实证检验

（1）模型识别。基于 EKC 模型，地票流出对区域耕地损耗速率影响（资源节约效果评价）的表达式如下：

$$Z_{it} = \gamma_0 + \gamma_1 X'_{it} + \gamma_2 G_{it} + \gamma_3 S_{it} + \gamma_4 J_{it} + \gamma_5 D + \varepsilon'_{it} \tag{6-7}$$

式（6-7）中，i 代表第 i 个样本个体，t 代表时间。Z_{it} 表示地区 i 在 t 时期的耕地损耗速率，γ_0 为常数项，X'_{it} 表示地区 i 在 t 时期是否参与地票流出，γ_1 反映其净效果；G_{it}，S_{it}，J_{it} 分别表示地区 i 在 t 时期的规模效应、结构效应和减污效应，γ_2，γ_3，γ_4 分别表示对应效应的影响；D 表示地区虚拟变量，反映地区之间自然环境、地理位置、政策环境等方面的差异，γ_5 代表个体不随时间变化的特征；ε'_{it} 为随机扰动项。

（2）变量选取与定义。变量 X'_{it} 选择以"是否参与'地票'流出"反映重庆市所辖区（县）的实际参与情况，该区（县）参与"地票"流出的当年和此后取值为 1，否则为 0，反映参与"地票"流出的净效果；另外 5 个指标表示效果的持续性，依次为参与项目的第 1 年至第 5 年（1 = 是；0 = 否），其中参与第 1 年就是参与项目当年。由于"地票"模式的流出部分主要是鼓励农户将自家多余、闲置或废弃的农村居民点用地复垦为耕地后置换成"地票"指标进行交易，相当于提前补充了足额甚至富裕的耕地数量，从整个区域层面来看，有利于减缓重庆市整体的耕地减少速度，因此，预期上述 6 个变量对于耕地损耗速率影响方向为负。

规模效应 G_{it} 选择地均 GDP 作为表征，反映区域经济活动的强度与规模，预期对耕地损耗速率产生正向作用，即区域经济活动规模越强，占用耕地的速度越快。结构效应 S_{it} 选择第二产业增加值占 GDP 的比重作为表征，反映经济结构变动对耕地规模变化的影响，预期对耕地损耗速率的影响为正。减污效应 J_{it} 即收入效应，一般从需求和供给两个视角来看，一方面反映人们对于耕地保护的需求；另一方面表示政府对耕地保护能力的供给，现有研究通常采用人均 GDP 作为减污效应指标（罗小娟等，2014），本书将同时代入其平方项对是否存在拐点进行检验判断。

考虑到重庆市区域内部各区（县）的差异性，除了上述解释变量外，加入地区虚拟变量 D，用以反映地区之间自然环境、地理位置、政策环境等方面的差异。本书以《重庆统计年鉴》中的划分为标准，设定重庆市"一小时经济圈"地区为对照组，渝东北和渝东南两个地区为虚拟变量。预计渝东北地区和渝东南地区相对“一小时经济圈”地区更能减缓区域整体的耕地损耗速度，预期符号为负。模型相关变量的名称、定义及其预期影响方向如表6－20所示。

表6－20　资源节约效果评价模型的相关变量定义与预期影响方向

变量名称	单位	定义	预期影响
被解释变量（Z）			
耕地损耗速率	%	当年建设占用耕地速率	
解释变量			
政策变量（X）			
是否参与“地票”流出	0/1	是否参与地票流出，1＝是；0＝否	－
参与第1年	0/1	是否参与的第1年，1＝是；0＝否	－
参与第2年	0/1	是否参与的第2年，1＝是；0＝否	－
参与第3年	0/1	是否参与的第3年，1＝是；0＝否	－
参与第4年	0/1	是否参与的第4年，1＝是；0＝否	－
参与第5年	0/1	是否参与的第5年，1＝是；0＝否	－
规模效应（G）			
地均GDP	万元/公顷	区域GDP/区域面积	＋
结构效应（S）			
第二产业比重	%	第二产业增加值/GDP	＋
减污效应（J）			
人均GDP	元/人	区域GDP/区域常住人口	＋/－
地区虚拟变量（D）			
渝东北地区	0/1	1＝渝东北地区	－
渝东南地区	0/1	1＝渝东南地区	－
样本总数			
n＝210			

（3）资源节约效果评价结果分析。本书使用F－统计量和Hausman检验方法进行检验，结果显示固定效应模型比随机效应模型更适合本书的面板分析。然而，关于方程的估计，还需密切关注是否存在自相关和异方差问题，因此，分别采用Wooldridge检验、Breusch－Pagan LM检验与似然比检验（LR test）对面板数据进行组内自相关、组间截面相关与异方差的检验，结果显示存在一阶自相关和组间截面相关，个体间误差项亦存在异方差。因此，本书将方程（6－8）转换为对数形式后，采用更加有效的分析方法——可行的广义最小二乘法（FGLS）

进行估计，并对组内自相关与组间截面相关进行同时修正。

估计结果如表6-21所示，政策变量中，“是否参与地票流出”通过显著性水平检验，并且作用方向为负，与预期相符，说明相比其他未参与“地票”流出的区（县），在控制其他变量不变的条件下，参与“地票”流出确实会减少区域的耕地损耗速率。虽然“参与第1年”变量没有通过显著性水平检验，但是影响方向显示为负，并且自第2年后，参与“地票”流出的政策变量显著为负且绝对值逐年递增，表明在其他条件不变的情形下，参与“地票”流出对于降低重庆市整体的耕地损耗速率，提高耕地资源节约程度具有较为明显的效果，与预期设想相符。

表6-21　　　　资源节约效果评价模型回归结果

解释变量	被解释变量：耕地损耗速率	
	Ⅰ	Ⅱ
政策变量（X）		
是否参与“地票”流出	-0.007 (-2.90)***	
参与第1年		-0.002 (-0.49)
参与第2年		-0.007 (-2.06)**
参与第3年		-0.014 (-4.01)***
参与第4年		-0.015 (-3.28)***
参与第5年		-0.019 (-3.07)***
规模效应（G）		
Ln地均GDP	0.01 (4.75)***	0.01 (4.02)***
结构相应（S）		
第二产业比重	0.01 (0.39)	0.01 (0.30)
减污效应（J）		

续表

解释变量	被解释变量：耕地损耗速率	
	I	Ⅱ
Ln 人均 GDP	0.02 (0.34)	0.06 (0.81)
Ln 人均 GDP 的二次项	-0.002 (-0.44)	-0.003 (-0.83)
地区虚拟变量（*D*）		
渝东北地区	-0.01 (-1.62)*	-0.004 (-0.98)
渝东南地区	-0.004 (-0.82)	-0.01 (-1.16)
常数项	-0.09 (-0.26)	-0.28 (-0.80)
区县个数	35	35
样本数量	210	210
Wald chi2	144.95***	155.90***

注：①括号中为 *t* 值；②*、**、*** 分别代表 10%、5% 和 1% 显著性水平；下同。

反映规模效应的地均 GDP 对耕地损耗速率的影响显著为正，与预期一致，表明单位面积经济活动规模越大，对于城镇建设的需求也越强，因而建设占用耕地的速度也越快。表征结构效应的第二产业比重对耕地损耗速率没有明显影响，但影响方向与预期相符，也与郭晓丽（2014）的研究结论一致。减污效应中，人均 GDP 及其二次项的作用符号符合倒“U”形态，说明伴随着经济增长，耕地损耗速率在一定时期内可能会有先增大后减小的趋势，与曲福田（2004）等所提出经济增长与耕地非农化的库兹涅茨曲线假说相符，但是两个变量在回归中没有通过显著性水平检验，可能的原因是研究所采用的数据时间跨度较短。

对于两个地区虚拟变量，其中渝东北地区变量通过 10% 的显著性水平检验，并且作用符号为负，与预期相符，渝东南地区变量虽然没有通过显著性检验，但是对重庆市耕地损耗速率也表现出负向的作用关系，说明由于资源禀赋、经济水平、社会发展等区域性因素，渝东北与渝东南两个地区在减缓耕地损耗速率的程度上可能都要高于“一小时经济圈”地区，这也与前述两个地区为“地票”流出主要区域的现实情况相符，其富余的农村建设用地资源及其较大的复垦潜力，使得当地农户更倾向于将闲置多余的居民点复垦变为“地票”指标进行交易，从而减缓了区域整体的耕地损耗速度。

3. 经济促进效果评价的实证检验

（1）模型识别。基于 C－D 生产函数，地票流入对区域经济发展影响（经济促进效果评价）的表达式如下：

$$\mathrm{Ln}Q_{it} = \beta_0 + \beta_1 X''_{it} + \beta_2 \mathrm{Ln}(Land_{it}) + \beta_3 \mathrm{Ln}(Capital_{it}) + \beta_4 \mathrm{Ln}(Labor_{it}) + \beta_5 O_{it} + \beta_6 T + \beta_7 D + \lambda''_{it} \quad (6-8)$$

式（6－8）中，Q_{it}表示地区 i 在 t 时期的第二、第三产业增加值；β_0 为常数项；X''_{it} 表示地区 i 在 t 时期是否参与“地票”流入，β_1 反映其净效果；$Land_{it}$，$Capital_{it}$和 $Labor_{it}$分别表示地区 i 在 t 时期内的土地、资本和劳动力的投入水平，β_2，β_3 和 β_4 表示对应投入的估计系数；O_{it}表示地区 i 在 t 时期的经济开放程度，β_5 为其估计系数；T 为时间虚拟变量，β_6 反映技术变化效应；β_7 反映地区间的差异；λ''_{it}为随机扰动项。需要注意的是，考虑到“地票”流入政策变量可能也会影响土地、资本和劳动力等投入情况，即模型中可能存在内生性问题，导致最后估计结果有偏，因此，借鉴林毅夫等（1994）的方法，构建一个供给反应函数，以分析“地票”流入政策对经济影响的无偏估计，具体形式如下：

$$Q_{it} = \beta_0 + \beta_1 X''_{it} + \beta'_2 O_{it} + \beta'_3 T + \beta'_4 D + \lambda'''_{it} \quad (6-9)$$

（2）变量选取。政策变量 X''_{it} 选择以“是否参与‘地票’流入”反映重庆市所辖区（县）的实际参与情况，取值规则与“地票”流出中的政策变量 X'_{it} 相同。由于“地票”流入一般是为经济发展势头旺盛的城市地区弥补用地缺口，因此，预期政策变量对于第二、第三产业增加值影响方向为正。投入变量主要包括土地、资本和劳动力三种基本要素投入，其中，土地投入 $Land_{it}$使用年末建设用地面积作为评价指标；资本投入 $Capital_{it}$是指固定资本存量，反映积存的实物资本，依据张军等（2004）的永续盘存法进行计算获取，劳动力投入 $Labor_{it}$以第二、第三产业从业人员表示，由于从统计年鉴上难以获得各产业从业人员数量，故选择年末全社会从业人员扣除农林牧渔业从业人员作为劳动力投入的代理变量，预期三种要素的投入对于第二、第三产业增加值均起正向作用。此外，本书中借鉴覃成林等（2009）的研究成果，采用外贸依存度指标来衡量重庆市各地区的经济开放程度 O_{it}，预期经济开放程度越高，越有利于区域经济增长，即预期外贸依存度对第二、第三产业增加值作用为正。

关于时间变量，2008～2013 年取值分别为 0、1、2、3、4 和 5，用以表征技术进步等因素的影响。此外，考虑到重庆市区域内部各区（县）的差异性，除了上述解释变量外，加入地区虚拟变量 D，用以反映地区之间自然环境、地理位置、政策环境等方面的差异。本书以《重庆统计年鉴》中的划分为标准，设定重庆市“一小时经济圈”地区为对照组，渝东北和渝东南两个地区为虚拟变量。预计两地区在促进第二、第三产业增加值方面要弱于“一小时经济圈”地区，预期符号也为负。模型相关变量的名称、定义及其预期影响方向如表 6 - 22 所示。

表 6 - 22　经济促进效果评价模型的相关变量定义与预期影响方向

变量名称	单位	定义	预期影响
被解释变量（Q）			
第二、第三产业增加值	万元	第二、第三产业增加值	
解释变量			
政策变量（X）			
是否参与“地票”流入	0/1	是否参与地票流入，1 = 是；0 = 否	+
参与第 1 年	0/1	是否参与的第 1 年，1 = 是；0 = 否	+
参与第 2 年	0/1	是否参与的第 2 年，1 = 是；0 = 否	+
参与第 3 年	0/1	是否参与的第 3 年，1 = 是；0 = 否	+
参与第 4 年	0/1	是否参与的第 4 年，1 = 是；0 = 否	+
参与第 5 年	0/1	是否参与的第 5 年，1 = 是；0 = 否	+
土地投入（*Land*）			
建设用地规模	公顷	年末建设用地面积	+
资本投入（*Capital*）			
固定资本存量	万元	固定资本存量	+
劳动力投入（*Labor*）			
第二、第三产业劳动力	人	第二、第三产业从业人员	+
经济开放程度（O）			
外贸依存度	%	区域进出口贸易总额/区域 GDP	+
地区虚拟变量（D）			
渝东北地区	0/1	1 = 渝东北地区	-
渝东南地区	0/1	1 = 渝东南地区	-

（3）经济促进效果评价结果分析。本书经过检验仍然采用可行的广义最小二乘法（FGLS），并对其组内自相关与组间截面相关进行同时修正。估计结果如表 6 - 23 所示，四个模型的 Wald chi2 值均较大并通过显著性检验，说明各模型拟合情况较为理想。其中，政策变量在 C - D 函数和供给反应函数中的系数较为接近，说明可将政策变量视为外生。此外，虽然“是否参与‘地票’流入”变量没有通过显著性检验，但是其作用符号为正，与预期一致。从效果持续性来看，政策变量从第二年起开始显著为正并且效果逐步加强，说明“地票”流入确实能

够促进重庆市的经济发展，对于“参与第 1 年”变量不显著，且符号为负，其主要原因可能在于虽然区域当年“地票”指标已经流入（即落地），但其建设项目从启动到完成再到投入使用往往需要 1 年左右的时间，届时才能真正体现出地票流入对区域经济发展发挥的正向作用，因而对第二、第三产业增加值的影响表现出滞后性。但整体来看，“地票”的流入对于重庆市的经济发展还是起到一定促进作用。

表 6 - 23　　　　经济促进效果评价模型回归结果

解释变量	被解释变量：Ln 第二、第三产业增加值			
	C - D 函数		供给反应函数	
	Ⅰ	Ⅱ	Ⅰ	Ⅱ
政策变量（*X*）				
是否参与“地票”流入	0.01 (0.80)		0.01 (0.48)	
参与第 1 年		-0.01 (0.53)		-0.02 (0.65)
参与第 2 年		0.03 (2.29)**		0.04 (2.58)***
参与第 3 年		0.05 (3.27)***		0.06 (3.02)***
参与第 4 年		0.08 (4.07)***		0.07 (2.43)**
参与第 5 年		0.07 (2.04)**		0.06 (1.89)**
土地投入（*Land*）				
Ln 建设用地规模	0.12 (5.95)***	0.10 (4.97)***		
资本投入（*Capital*）				
Ln 固定资本存量	0.67 (26.27)***	0.71 (24.99)***		
劳动力投入（*Labor*）				
Ln 第二、第三产业劳动力	0.002 (0.14)	0.01 (0.56)		

续表

解释变量	被解释变量：Ln 第二、第三产业增加值			
	C－D 函数		供给反应函数	
	Ⅰ	Ⅱ	Ⅰ	Ⅱ
经济开放程度（O）				
外贸依存度	0.05 (4.14)***	0.06 (3.11)***	0.10 (4.91)***	0.13 (5.44)***
时间变量（T）				
时间变量	0.02 (3.22)***	0.03 (4.55)***	0.13 (34.80)***	0.12 (22.13)***
地区虚拟变量（D）				
渝东北地区	－0.24 (－11.01)***	－0.22 (－8.80)***	－1.75 (－9.94)***	－1.48 (－11.94)***
渝东南地区	－0.40 (－14.37)***	－0.37 (－11.76)***	－1.48 (－37.44)***	－1.45 (－23.74)***
常数项	2.95 (7.55)***	2.42 (5.11)***	14.47 (564.01)***	14.38 (588.99)***
区县个数	35	35	35	35
样本数量	210	210	210	210
Wald chi2	8 677.43***	7 735.73***	3 296.97***	2 422.41***

注：①括号中为 t 值；②*、**、*** 分别代表 10%、5% 和 1% 显著性水平；下同。

三种基本生产投入要素变量中，虽然劳动力投入（第二、第三产业劳动力）变量没有通过显著性检验，但是其符号为正，与预期一致。土地投入（建设用地规模）、资本投入（固定资本存量）两个要素对区域第二、第三产业增加值的作用都显著为正（通过 1% 的显著性水平检验），符合预期，对应的弹性系数分别为 0.10 和 0.71。资本投入（固定资本存量）对第二、第三产业增加值的影响弹性系数更大，表明重庆市的发展方式呈现出从传统“以土地谋发展”向资本密集型转变的良好态势。

此外，经济开放程度（外贸依存度）变量在 4 个模型中符号均为正，并通过 1% 的显著性水平检验，说明区域的经济开放程度越高，越有利于促进区域经济发展。时间变量在各模型中均显著为正，说明技术进步促进了区域经济发展。两个地区虚拟变量均对重庆市的第二、第三产业产值呈负向影响（通过 1% 水平的显著性检验），说明相比于“一小时经济圈”地区，渝东南地区和渝东北地区第

二、第三产业产值较小，这也从侧面验证了"一小时经济圈"地区是"地票"指标流入主要区域的现实情况，其需要谋求更多的计划外指标（"地票"指标）满足其强烈的土地需求，从而保障区域经济的快速发展。

（四）成渝地区城乡建设用地增减挂钩及收益分配小结

1. 成渝地区"地票"交易创新机制的结论

相比于传统指标周转模式，"地票"交易这种新型增减挂钩模式最突出的实施特征在于构建了一种趋于市场化的治理结构，主要体现为：一方面，"地票"交易模式突破了传统指标周转模式下项目区内流动的限制，最终实现了增减挂钩指标"跨区域、大范围"的自由流动；另一方面，"地票"交易模式进一步强化了失地农民的市场主体地位，构建了一种农民自行安置、市场化补偿的安置补偿体系，打破了传统指标周转模式下政府统一补偿安置的实施框架。

2. 成都城乡建设用地增减挂钩收益分配案例分析的结论

成都市通过确权赋能，占补平衡、城乡建设用地增减挂钩和集体建设用地直接招拍挂，积极尝试并寻找增加农村和农民分享城市化土地增值收益的实现途径。

3. "地票"交易实施效果评价的结论

基于DID理论与方法并有机结合EKC模型与C－D生产函数，分别构建资源节约效果评价模型与经济促进效果评价模型，并运用重庆市2008～2013年35个区（县）的面板数据进行实证检验。研究结论如下：

（1）从资源节约效果评价模型的回归结果来看，参与"地票"流出对重庆市耕地损耗速率影响显著为负，并且在改革效果的持续性方面，政策变量回归系数的绝对值逐年递增，政策效果不断加强，表明在其他条件不变的情形下，地票政策对于减缓重庆市整体的耕地减少速度，提高区域耕地资源节约程度具有较为明显的效果。

（2）从经济促进效果评价模型的回归结果来看，虽然"是否参与'地票'流入"没有通过显著性水平检验，但是其作用符号为正，符合预期，从效果的持续性来看，自参与第2年起政策变量系数开始显著为正（均在5%水平上显著），说明地票流入确实能够促进第二、第三产业产值的增加，对于"参与第1年"变量不显著，且符号为负，可能的解释在于地票指标流入（落地）再到项目实际建成的时长使其对第二、第三产业产值的影响具有滞后性，但整体来说，地票政策在一定程度上确实有利于提高重庆市的经济发展。

第四节 存量建设用地供给及收益分配改革思路

一、国有存量建设用地供给及收益分配改革思路[①]

（一）制定国有存量建设用地供给专项规划，加强规划引导

规划在国有存量建设用地供给过程中扮演着关键的导向作用。以工业用地退出为例，工业用地怎么退，退出后改造为何种用途，工业用地退出的各个参与者均可以从规划中获知，从而有效降低工业用地退出的不确定性，减少交易成本，提高工业用地退出效率。同时，规划还是政府调控工业用地退出的有效工具，所有的退出项目必须要在规划确定的范围内开展，从而避免工业用地退出项目遍地开花的问题，有效控制自主改造项目的盲目性对工业用地退出的影响，促进工业用地退出重点项目的优先开展、有序推进。

（二）因地制宜，采取多元化存量建设用地供给模式

存量建设用地供给模式的选择与地方政府的财政能力密切相关。在棚户区改造方面，对于资金需求较多的项目，可以采用与房地产开发商合作改造的模式，降低改造风险。对于一些小型改造项目，一方面可以尝试政府主导改造的模式；另一方面也可以充分借鉴台湾地区的“市地重划”以及“区段征收”的改造经验，积极探索政府引导的棚户区居民自主改造的模式。

存量建设用地供给模式的选择也取决于不同的规划用途。在工业用地退出方面，对于区位较好，且规划用途为商品房以外的经营性地块，可以鼓励企业自主改造，补缴不同用途基准地价差价后补签或重签土地出让协议；对于规划为公共基础设施用地的地块，可以采取政府公益征收的方式收购地块，按照同地段商业用地基准价格计算补偿款，增强企业参与的积极性；其余的可以按照现有的政府收购——公开出让模式进行运作。

---

① 本部分内容主要基于课题培养的研究生硕士学位论文《城市中心区工业用地退出机制研究——以江苏省江阴市为例》（徐青，2014）；研究生硕士学位论文《城市棚户区改造过程中土地增值收益分配机制研究——以吉林省松原市为例》（颜玉萍，2015）。

（三）重视原土地权利人的权益保障，建立增值收益共享机制

重视原土地权利人的权益保障，建立增值收益共享机制对于激励原土地权利人参与国有存量建设用地供应非常重要。以台湾地区为例，"市地重划"采取了更偏向原土地所有权人的利益共享机制，政府只分享少部分的收益以实现资金平衡，而原土地所有权人分享土地增值收益的大部分。如广州市规定可以按照土地出让成交价的60%，或者按照土地出让纯收益的40%加上原址用地、房屋及设备收购评估价格计算补偿款，对退出企业的补偿不再只按照现状用途进行补偿，企业可以获得较大份额的土地增值收益，大大提高了企业获得的补偿金额，从而减少了与企业谈判的难度。

（四）完善国有存量建设用地供给的配套保障措施

城市棚户区改造过程中需要完善配套保障措施。城市棚户区改造可以腾出大量的建设用地，城市政府可以建设部分保障性住房用于安置原棚户区中的低保户以及长期居住在城市棚户区中的流动人口。这一方面扩大了棚户区改造的受益范围，提升了城市政府在社会公众心目中的地位；另一方面很好地解决了城市流动人口的居住问题，有利于流动人口的管理以及社会治安的稳定。

工业用地退出过程中也需要完善配套保障措施。一是建立工业用地退出的经济、社会、环境效益评估机制，从而更有效地实现工业用地退出，达到经济、社会、环境效益的最大化。包括退出前对地块当前效益的评估，退出中各参与主体的效益评估以及退出后取得的各方面效益的综合评估。二是建立工业用地退出过程中的监督反馈机制，包含政府内部上下级之间的监督反馈、政府与企业之间的监督反馈和城市居民对政府和企业两个参与主体的监督反馈。

二、集体存量建设用地供给及收益分配改革思路[①]

（一）加强集体存量建设用地供给规划

规划在集体存量建设用地供给过程中具有至关重要的导向作用。以广州市

① 本部分内容主要基于课题培养的研究生博士学位论文《我国城乡建设用地增减挂钩政策的演化机理、创新模式及其实施效果评价研究——以"地票"交易模式为例》（顾汉龙，2015）；研究生博士学位论文《我国建设用地总量控制和市场配置研究》（王博，2016）；研究生硕士学位论文《建设用地集约利用制度创新的理论解释及绩效评价——以广东省"三旧"改造为例》（郭晓丽，2014）。

"三旧"改造为例，广州市以现有"三旧"改造规划为基础，结合广州市社会经济发展的现实目标需求，制订了"三旧"改造的中长期总体规划和年度实施计划，并强制要求所有的改造项目都要纳入年度实施计划，政府负责项目实施进度的管理，调控存量土地供给的规模和时序，保证土地供应市场的稳定。以重庆市"地票"交易为例，重庆市也应基于建设用地"总量控制"的管理框架，编制"地票"供求平衡专项规划，科学测算"地票"的供给潜力，合理确定"地票"的供给规模、时序以及配置格局。

（二）构建和完善集体存量建设用地市场配置体系，充分发挥市场在资源配置中的决定性作用

集体存量建设用地的供给，应按照党的十八届三中全会提出的"发挥市场在资源配置中的决定性作用"原则，构建和完善相应的土地要素市场配置体系，充分发挥市场的供求机制、价格机制和竞争机制的作用，从而促进集体存量建设用地资源要素合理流动，优化和提升土地整体的配置效率。如"三旧"改造通过构建以地方政府、村集体、村民业主、开发商等"主体"相互作用的利益关系，有效吸纳了社会和民间资本，成功利用固定资产拉动了投资。而且，"三旧"改造项目启动快，且不受用地指标的约束，市场的作用更加显化，集体存量建设用地能短时间、低成本、高效率地进入用地市场，充分满足了城市建设发展的需要，提高了资源配置效率。如重庆市"地票"交易通过搭建农村土地交易所这个市场化的指标交易平台，有效地将"地票"交易模式的三个核心环节即"地票"指标的产生、"地票"指标的交易与"地票"指标的使用联系在一起。"地票"指标市场交易机制通过发挥市场作用显化用地真实需求，引导指标再配置，从而提高了建设用地的配置效率。

（三）建立更加公平、合理的集体存量建设用地增值收益分配制度

集体存量建设用地的供给需要建立更加公平、合理的集体存量建设用地增值收益分配制度。"三旧"改造中，地方政府通过政策优惠和补贴鼓励支持开发商对集体存量建设用地进行二次开发并获取利润回报，同时吸引相关配套服务营造集群效应，为企业发展创造更大的空间；而对于村集体（村民），政府实行土地股份制改革，进一步放开对集体建设用地流转的限制，使村集体（村民）可以通过集体土地入股或租金收入获得持续稳定的长期收益。

"地票"交易在构建增减挂钩指标市场化交易平台的基础上，进一步革新了失地农民的安置补偿形式，强化了农民的市场主体地位，赋予了农民更多地参与

权。农民获得的补偿款，是“地票”成交价款在扣除复垦成本、融资成本和管理成本后的85%，另外的15%则给予集体经济组织用于新农村建设。同时为保障农民和集体及时、足额获取“地票”收益，在“地票”价款的拨付过程中，重庆市采用了价款直拨的方式。

（四）厘清政府与市场的关系和职能，实行政府与市场合理并行的管控理念

应该改变现行政府过度干预的操控理念，通过厘清政府与市场的关系与职能，选择和实行政府与市场合理并行的管控理念，即政府着力于宏观层面的指导与调控，将资源的微观配置交于市场机制，并通过相应的制度建设与机制完善，避免政府越位、缺位、错位等问题，发挥其对市场机制的引导、规范、监管和服务等作用，从而在实际管理中克服市场的自发性和盲目性，弥补“市场失灵”和“政府失灵”问题。

广东省“三旧”改造中，地方政府的政策和行为对“三旧”改造的影响非常重要。一方面，“三旧”改造需要由政府主导，制定规划引导市场，全面加强经济调节、市场监管、社会管理和提供公共服务功能；另一方面，政府也要鼓励市场、社会广泛参与“三旧”改造，并且适时参与市场调控，以避免“市场失灵”等。重庆市“地票”交易中，地方政府通过构建重庆市农村土地交易所这个市场交易平台，充分发挥市场作用，让市场决定指标是否产生、指标的价格以及指标的流向，而区县国土部门则主要负责“地票”相关知识的宣传并以代理人的角色为农村土地权利人服务，政府职能从“主导”向“引导”转变，市场在其中发挥了重要的作用。

第七章

典型国家和地区公共土地利用与土地收益管理的经验借鉴

一些国家和地区在长期发展和实践过程中已经建立起了较为成熟完善的公共土地利用与土地收益管理制度体系。根据中国大陆地区改革土地出让制度和创新收益共享机制的现实需要，本章重点剖析德国、美国和中国台湾地区的土地税收、存量土地再开发和土地生态补偿三项制度，总结上述国家和地区在增量和存量土地利用以及土地收益的初次分配、再分配和代际分配方面的经验。基于此，本章提出了创新中国大陆地区公共土地利用与土地收益管理的政策启示。

第一节　典型国家和地区经验借鉴的视角

一、中国大陆的困境与创新需求

现行的土地利用和管理制度支撑了30多年来中国大陆地区经济的高速发展，但也引致了土地收益共享的困境。不同区域和不同社会群体之间在土地收益分配上存在不公平现象（姜和忠和徐卫星，2011）。政府通过垄断农村土地向城市流转的过程，获取了大量土地增值收益，用于城市发展；而农民仅获得了较少的征地补偿，不能合理分享被征收土地的增值收益，进而拉大了城乡差距（林瑞瑞等，2013；刘守英，2014；黄小虎，2015）。政府、市场、农村集体经济组织和农民在农村集体建设用地流转过程中面临利益分配问题；同时，因为规划和用途管制导致的不同用途土地的价值差异也会引发土地使用者的利益矛盾（夏方舟和严金明，2014）。另外，土地开发过程中，土地的生态服务等功能在市场中没有以价格的形式体现出来（许恒周等，2011）。用地者无须担负土地开发的社会成本，而农民等土地收益分配中的弱势群体却承担了土地利用变化造成的自然环境因素改变甚至是环境破坏等生态成本。从而，更加剧了土地资源的粗放和低效利用以及土地收益分配失衡。

对此，自党的十八届三中全会以来，中央提出要“建立兼顾国家、集体、个人的土地增值收益分配机制，合理提高个人收益；推进城乡要素平等交换，保障农民公平分享土地增值收益，赋予农民更多财产权利；加快房地产税立法并适时推进改革；加快生态文明制度建设，实行资源有偿使用制度和生态补偿制度”等一系列改革的目标要求。这些改革目标的实现离不开我国土地利用和土地收益管理制度的创新。围绕这一创新需求，有针对性地借鉴其他国家和地区在公共土地利用与土地收益管理方面的先进经验，有助于进一步明晰当前我国大陆地区土地收益共享机制的改革路径。

二、典型国家和地区公共土地利用与收益管理的关键制度

一些国家和地区在长期发展过程中已经建立起了比较完善的公共土地利用与土地收益管理的体制机制。具体来看，公共土地利用管理可以分为增量土地利用管理和存量土地利用管理（如图7-1所示）。农地非农化等引起土地用途变化、转变增量土地资源利用格局的土地开发活动是增量土地利用管理的主要对象。存量土地再开发和存量土地交易等盘活存量、提高存量用地配置效率的活动是存量土地利用管理的主要对象。

不论是增量土地利用还是存量土地盘活都会改变资源配置结果，进而在不同程度上引致土地增值。而对土地收益的合理分配正是典型国家和地区土地利用和管理制度的关切所在。它又可以分为三个层次，即初次分配、再次分配和代际分配（如图7-1所示）。实际上，如果能够促进土地收益在上述三个层次的公平合理分配，就可以实现土地收益在不同主体之间的共享，充分体现本书主张的以土地产权、生产要素、公共服务、代际代内生存与发展权为依据，以配置效率、财富分配公平和资源可持续性利用为原则的土地收益多主体共享的理念。而这同样是许多国家和地区土地收益管理的出发点和落脚点。

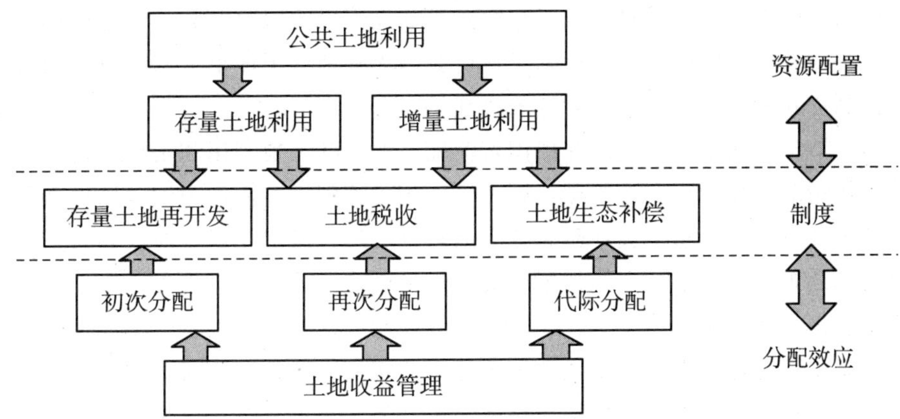

图 7-1 典型国家和地区经验借鉴的视角

典型国家和地区的公共土地利用与土地收益管理体系复杂，制度种类繁多，本章无法面面俱到。因此，依据土地利用管理的两个方面和土地收益管理的三个层次，本章选择土地税收制度、存量土地再开发制度和土地生态补偿制度作为主要研究对象（如图 7-1 所示）。其中，存量土地再开发可以盘活存量、提升土地资源配置效率，是优化土地收益初次分配格局的重要手段。土地税收制度的管理对象既涵盖了增量和存量土地，同时也是土地收益再分配的主要工具，能够促进社会财富分配公平。土地生态补偿制度则主要控制增量土地的开发利用行为，是促进土地利用优化和收益共享的新机制。该制度要求土地开发者将一部分土地收益用于弥补土地利用变化对生态环境造成的负面影响。而对生态环境的保护和土地利用格局的优化将影响后代人的福利。所以，该制度关乎资源的可持续性利用，是促进土地收益在代际间公平分配的关键机制。很明显，这三项制度都是本书所提倡的土地收益共享形式的具体表现。

另外，德国与我国的土地—人口密度相近（德国为 231 人/平方千米；中国为 136 人/平方千米），同我国有着相似的土地资源利用情境。美国是世界上最发达的国家，且国土面积与我国相当。我国台湾地区与祖国大陆同根同源，具有相近的社会、经济和人文环境。可见，就我国大陆地区实际而言，上述国家和我国台湾地区的经验具有较大的可比性和借鉴价值。

因此，本章将重点研究德国、美国和中国台湾地区的公共土地利用与收益管理制度，以期能回答下列问题：土地税收制度、存量土地再开制度和土地生态补偿制度是如何运行的？上述制度的实际效果又如何？中国大陆可以从中获取哪些经验与启示，以推动土地出让制度改革与收益共享的机制创新？为了回答上述问题，本章将以德国、美国和中国台湾地区为例，通过剖析土地税收制度、存量土地再开发制度和土地生态补偿制度来展现典型国家和地区公共土地利用与土地收益管理的制度架构、变迁过程、运行模式及其在促进土地收益共享等方面的优劣势等。进而总结其中的经验与启示，探讨我国大陆地区土地出让制度改革及收益共享机制创新的路径。本章的后续安排如下：

第二节，概述德国、美国和中国台湾地区的公共土地利用和土地收益管理制度的总体情况，作为研究的基础。第三节，阐述德国、美国和中国台湾地区的存量土地再开发制度，重点关注制度建立的背景、运行模式、成本与收益分配机制以及实际效果。第四节，介绍德国、美国和中国台湾地区的土地税收制度，重点关注制度建立的背景、演变历程、主要内容和制度绩效。第五节，关注德国和美国的土地生态补偿制度，揭示土地生态补偿的实质，分析制度建立的背景、变迁过程、运行机制以及面临的风险与挑战。第六节，是本章的研究结论，将系统总结典型国家和地区的公共土地利用和土地收益管理的经验与启示。

第二节　典型国家和地区公共土地利用和土地收益管理制度概述

一、德国

德国的土地所有制以私有制为主体，也存在公有的土地包括联邦政府所有、州和地方政府所有等。土地利用规划是德国土地利用和管理的依据。德国的《联邦建设法典》在法律上确立了德国规划体系，规定了规划的原则和程序（Henger and Bizer，2010）。在此基础上，各州均有地方性的规划法规。地方的规划法规既符合联邦法律，又体现了各州的实际，能统筹安排区域内的各项建设和土地利用。德国的土地利用规划是一种空间规划。它是由联邦范围内的土地利用规划、各州的州域规划、各专区的区域规划和各市镇的建设规划四个层次组成。州、地区和市是制定规划的实体。德国的规划具有分权式的特征，规划编制是一个“上下结合”的过程。上层的规划应当适应下层规划的现实需要；相应地，下层的规划必须遵守上层规划的基本原则（Schmidt and Buehler，2007）。

德国强调可持续的土地利用，严格实施土地用途管制制度。《联邦建设法典》明确规定要节约集约用地，生态用地、农业用地只有在必要的时候才能转变为建设用地。而且，德国土地利用管制还反映出一个共识，即提高居民的生活品质（Lightt，1999）。近来，德国政府提出减少农地资源向居住和交通用地的转变，也即争取从目前的每天 114 公顷减少至 2020 年每天 30 公顷。德国的汉诺威（Hannover）和黑森（Hessen）等一些地区还要求市镇政府提出具体的量化指标并确定土地开发的最大规模（Henger and Bizer，2010）。

从本章关注的三项制度来看，分区整理是德国存量土地再开发的主要形式。它是指政府整合分散零碎的私人地块并进行统一开发。然后，再依据规划重新分配土地。原土地所有者依然拥有土地，最终的开发利用权仍归原土地所有者所有。分区整理是实施建设规划和提高存量土地利用效率的有效途径。同时，它也能确保土地再开发的收益在各主体间公平分配。德国的土地税收制度可以追溯到 19 世纪中叶，是调节土地收益分配、促进社会财富公平分配的主要工具。当前，德国关于土地税收制度改革的讨论相当激烈，引人关注。为了保护生态环境、促进土地合理利用，德国建立起了土地生态补偿制度，要求开发者在对自然环境造成了影响后必须采取适当的补偿措施以保护环境和维护生态平衡。经过长期的发展变迁，德国的土地生态补偿制度逐渐演变成了以法律为保障、以规划为基础、重视公众参与、市场化运作且更具灵活性的生态账户模式。德国的生态账户模式促使用地者承担了生态补偿的成本，保护了生态环境，造福后代人。它还显化了生态环境的潜在价值，为各利益主体积极参与生态补偿、优化土地利用提供了经济激励。进而成功实现了土地资源的可持续利用和代际间的土地收益共享。

二、美国

美国的土地所有制是一种多元化的土地所有制。其中，私人所有的土地约占 58%，主要分布在东部；联邦政府所有的土地约占 32%，主要分布在西部；州及地方政府所有的土地约占 10%（李茂，2009）。法律明确规定了联邦、州、县、市在土地管理方面的权责，确保联邦与地方各司其职（李明，2010）。

美国建立起了多层次、综合性的土地利用规划体系，从源头上规范增量和存量土地的利用与管理行为。美国的土地利用规划体系分为总体规划、专项规划和用地增长管理规划三类以及区域级、州级、亚区域级、县级、市级五个层次。美国的土地利用规划具有坚实的法律基础。联邦政府有针对性地制定了法律法规和政策，用于引导和规范地方的土地利用及规划管理（李茂，2009）。同时，美国还建立起了严格的土地用途管制制度。美国土地用途管制的主要措施包括：依法要求地方政府在规划中划定与本地区的经济发展情况和土地利用现状相适应的城市增长边界，控制城市规模；以更有效率地提供公共设施原则，确定土地开发活动的时序与区位，抑制因不成熟的开发行为引致资源浪费等负面影响；对地方政府发出的建筑许可进行总量控制，以减缓城市人口增长速率；制定农业区划，借助土地发展权交易机制来保护农业用地等（魏莉华，1998）。

城市更新是美国存量土地再开发的典型制度。它重新规划城市的衰败地区，采取保护、维修、拆迁或重造等方式优化城市中的产业和人口分布，推动城市物质环境现代化，以更好适应经济和社会发展的需求。美国城市更新的运行模式多样，促成了利益相关者的集体行动，其成本分担与收益分配兼顾了效率与公平。当前，美国已经没有独立的土地税收制度。美国的土地税收属于一般财产税，采用房产和土地合并征收的模式。美国的财产税以取之于民、用之于民的方式发挥土地收益再分配的功能，促进土地收益共享和收入分配格局优化。同德国类似，美国建立起了以湿地银行为代表的土地生态补偿制度。湿地银行机制既保证了湿地补偿的效果，起到优化土地利用的作用；也体现了“污染者付费”的原则，有利于公平合理地分配和分担湿地开发利用后的增值收益及其成本，让增值收益惠及后代人。

三、我国台湾地区

我国台湾地区的土地所有权形式表现为私有和公有并存，土地私有制占据主导地位。台湾地区对私有土地的利用管理重点在于对土地权能加以一定的限制，包括对私有地权取得范围、取得面积和私有地权处分的限制等。由于公有土地的面积呈日趋减少之势，台湾地区土地利用与土地收益管理的主要对象是私有土地（廖显赤，1996）。与德国和美国类似，土地利用规划和用途管制也是我国台湾地区土地利用管理的基础。

台湾地区的土地利用规划体系和土地用途管制紧密结合，可以分为四个层次（许坚，2006）：一是台湾地区土地综合开发计划；二是东、南、中、北四个地区的区域计划；三是各县、市的综合发展计划；四是在各市、县内，制订都市计划管理都市土地，对非都市土地而言，按照区域计划或非都市土地使用计划划分土地使用区及各种用地。进一步地，都市土地用途管制是通过将都市土地划分为各种使用区，再对每种分区设置不同的使用和管制项目、性质以及建筑强度，并通过建筑控制与工商管理，实现都市整体的规划目标。台湾地区对非都市土地的用途管制更为严格。非都市土地在使用分区规划和土地使用分区图的基础上还要设定各种用地方案（陆冠尧等，2005）。

就本章的研究重点而言，市地重划是台湾地区存量土地再开发制度的主要表现形式。它是指由某一地区的土地产权人先提供土地，让专业机构采用科学方法把当地规划不尽合理、零散且低效利用的土地依法加以重新整理，并开展基础设施建设，使每宗土地大小适中、形状规整、便于开发；然后，先预留公共设施用地，再把重划土地按事前约定的比例在原土地产权人中分配，由原产权人根据规划自行建筑房屋或用于其他用途。经过长期探索和实践，我国台湾地区的市地重划制度日臻完善。它既提高了存量土地利用的质量和效益，又有力推动了土地增值收益在不同主体间的合理共享。台湾地区的土地税收制度是一种复合型的税收制度，包括了地价税、土地增值税、空地税、荒地税等。台湾地区的土地税收制度体现了“规定地价、照价征税、涨价归公”的原则，总体上起到了调节土地收入分配的作用，推动了社会财富分配的合理化。

第三节　典型国家和地区的存量土地再开发制度

一、德国的分区整理

早在19世纪，德国就出台了《土地整理法》。然而，德国的土地整理长久以来属于农地整理，有明确法律规定的建设用地整理（即分区整理）则始于20世纪初（谈明洪和吕昌河，2005）。《联邦建设法典》规定，在建造规划的控制范围内，无论是已开发的土地还是未开发的土地，都允许通过分区整理进行重新组织，使之成为适于建设开发的地块。而且，在根据开发规划重新分配土地后，原土地所有者依然拥有土地，并享有最终的开发利用权（Konursay，2004）。简而言之，所谓分区整理就是将农村土地整理的方法运用到城市存量建设用地上，整合分散零碎的私人地块并进行统一开发，以便实施城市建设规划。

（一）基于集体行动的分区整理

1. 利益主体的分工与合作

在德国，分区整理项目的实施是以利益相关者的集体行动为基础的。分区整理的参与者包括：土地产权人、市镇政府、公共机构（如负责提供当地基础设施的机构）及其他利益相关者。地方政府在分区整理过程中发挥着重要作用。政府应编制专门的分区整理规划。同时，关于分区整理组织管理和决策责任也属于由地方政府授权成立的分区整理委员会（Muller-jokel，2004）。委员由5人组成，即律师、土地评估者、土地调查者和两名地方议员。该委员会的基本任务是作出土地整理的有关事项的决定，但通常不直接出面与土地整理的参加者接触和协商。一般是在市镇政府中设立整理委员会办公室，负责起草和准备资料，由办公室的工作人员与有关权利人进行接触，协商整理中所涉及的各种问题。

土地所有者也积极参与分区整理的过程中。在关于分区整理的总体原则、土地所有者所投入地块的市场价值等的协商谈判中，不同利益诉求都能得到充分考虑和讨论。在分区整理委员会作出分区整理规划后，土地所有者一般都能在规划中获得他们所要求的权益。一般情况下，土地产权人愿意通过贡献一部分自己土地的方式来获得政府提供的土地改良投入。原则是土地产权人重新分配到的改良后土地的市场价值至少不低于改良前其所拥有的土地的市场价值。而土地产权人放弃的土地将免费提供给政府作为公共设施建设用地（Muller-jokel，2004）。

2. 集体行动的形成

根据《联邦建设法典》的规定和长期实践，德国形成了一套完整的分区整理的集体行动组织程序，共分为五个阶段：

第一，地方权力机构（通常是市镇议会）讨论和表决开展土地整理决议。第二，分区整理委员会要根据整理决议，发布整理决定，明确整理区域的每一宗地，并进行公示。第三，公布现状图和现状标记，明确各地块的位置、形状、利用现状和权属关系。第四，经过反复讨论和协商制订整理规划。第五，公布和实施整理规划。参与整理的权利人无异议或不申请法院裁决后，整理规划正式生效，分区整理活动正式开始。

需要注意的是，在分区整理的过程中有两大要点（Konursay，2004）：一是信息公开和土地所有者的参与。在分区整理规划制订过程中，土地所有者可以详细地表达他们的利益诉求以及实现这些诉求的可能性和障碍。二是所有的地块都要被评估两次，包括土地整理前的价值和土地整理后的价值。通过评估，土地所有者的收益分配方案将得以确定。

（二）分区整理的利益格局

德国的分区整理注重市场主体间的平等协商，通过一套制度化的成本分担与收益分配机制来构建公平合理的利益分配格局，促进分区整理引致的土地增值收益共享，为利益相关者的集体行动创造激励。

1. 成本分担

政府在分区整理前后对土地进行两次市场价值的评估。这种评估可以通过公立的或者私人所有的土地估价公司进行。根据评估前后的价值差异，政府和土地产权人通过协商，确定土地整理后重新分配给土地产权人的土地面积。对于土地产权人来说，其利益与整理前相比至少保持不变；对于政府而言，一般能够弥补90%以上的土地改良投资，甚至有盈利的可能（Muller-jokel，2002）。

当然，有的市级政府要求土地产权人在贡献土地的基础上再贡献一部分资金来弥补政府的改良成本。还有的地方政府尝试鼓励所有的土地所有者能投入更多的土地或资金。例如，让拥有2 000平方米的土地所有者X可以分得原有土地总量的50%（超过既定的分配比例），即1 000平方米；同时要求X投入100欧元/平方米来支持规划的实施和公共设施的建设（Muller-jokel，2002）。不过，整理过程中的大多数费用仍由市镇政府承担。此外，政府也可按照自愿原则将有关事务委派给第三方私人投资机构进行。

2. 收益分配

分区整理后进行土地（收益）分配的方式比较复杂。在阐释收益分配方式之前，有必要解释与之相关的概念，即整理面积和分配面积。整理面积是指位于整理区域内的全部土地的总面积。从整理面积中，要预留交通用地、绿化用地及环保用地等公共开发用地，并交给市镇政府用于公共设施建设。此外，市镇政府投入的土地不参加整理后的分配和补偿。分配面积是指整理面积中扣除公共开发用地面积后的剩余部分。分配面积根据用途和建设规划划分为新的建设用地，分配给整理区域内的土地产权人。在原有建设用地范围内进行的再开发性的整理项目中，提取公共开发用地的比例应控制在整理面积的10%。

具体的分配程序如下：首先，从整理面积中扣除用于道路、绿地和其他公共设施用地。其次，在分配面积中，每一个土地产权人将根据其原土地面积或者土地价值而分到一定比例的整理后的土地。如果还有剩余的土地，则归市镇政府所有，用于弥补市镇政府的成本。最后，根据每个产权人的土地投入，同时基于新的建筑规划，编制新的土地区划（规划）初稿。这个规划初稿会征求所有土地产权人的意见。在经过数次讨论和修改后，新的宗地边界将被划定、相关的补偿或者债务也将被清算。此时，这个规划基本成型，但在递交到相关机构审批前还需要进行最后的公示。

举例来说，假设规划调整和分区整理开始之前，A拥有一块1 000平方米的土地，其市场价格为1 000平方米×5欧元/平方米=5 000欧元。A参与分区整理的投资为1 000平方米×200欧元/平方米 = 200 000欧元。分区整理后，土地的市场价格增至350欧元/平方米。假设按计划，A可以得到600平方米的建设用地，价值600平方米× 350欧元/平方米 = 210 000欧元。在这种情况下，土地所有者A支付210 000欧元－200 000欧元=10 000欧元作为获得该建设用地的补偿。所以，地方政府可以获得剩下400平方米的建设用地和A支付的10 000欧元的补偿金。可见，土地所有者和地方政府都在此次分区整理中获益了。土地所有者A获得了改良的建设用地，地方政府不费成本地获得了用于基础设施建设的地块以实现城市规划。但是，也可能会出现不同的分配结果。假设A倾向于获得更多的建设用地，如800平方米的建设用地，那么他要支付800平方米×350欧元/平

方米 - 200 000 欧元 = 80 000 欧元。或者，A 倾向于获得更少的建设用地，比如 400 平方米的建设用地，那么他会获得地方政府额外的补偿金，即 200 000 欧元 - 400 平方米 × 350 欧元/平方米 = 60 000 欧元。地方政府则获取了 600 平方米的建设用地（Muller-jokel，2004）。

二、美国的城市更新

美国的城市更新始于大规模清除贫民窟的运动。1937 年出台的《住宅法》提出对有能力买房建房的民众给予抵押贷款；对于既买不起也建不起房的，则由政府实施公共住房计划，推倒贫民窟，为之提供公共住房。1954 年美国修改了既有的城市更新政策，着力加强私人企业的作用和公众参与，以提高城市更新的效率（曲凌雁，1998）。20 世纪 70 年代以来，联邦政府实施“城市复兴”政策，各州以减免税收、发放债券、贴息贷款及控制土地交易价格等措施促进了城市中心区及商业区的再开发（杨静，2004）。总体而言，美国城市更新的主要任务是借助存量土地再开发来改善当地的基础设施、优化生活环境、提升居住品质、增强区域发展活力。

（一）多元化的运行模式

组织与管理模式的多元化是美国城市更新的突出特点。公私合作和社区居民自组织是其中的典型运行模式。

1. 公私合作模式

美国城市更新的一种典型运行模式是公共部门与私人部门的相互协作（Public Private Partnership，PPP）。公私合作模式减少了公共部门对于存量土地再开发活动的过度干预。该模式改变了传统的政府提供规划、投入资金、实施管理的角色。基于市场机制，建立起了政府与开发商、社区居民等利益相关者之间的伙伴关系。美国城市更新中的公私合作模式主要表现为两种形式：

第一，税收增值融资（tax incremental financing，TIF）。它是指地方政府在特定地区吸引私人投资，促进地区的再开发。税收增值融资通过发行城市债券并将筹得的资金用于改善公共设施，或直接向私人开发商贷款进行区域再开发。城市债券和贷款通过财产税收入来偿还（McGreal et al.，2002）。例如，芝加哥（Chicago）为了鼓励开发商投资、对特定区域进行再开发，当地政府以向开发商贷款和向开发商发放债券的形式承担该区域再开发的部分成本（如道路等公共基础设施建设），并承诺以再开发完成后该区片的财产税来偿还开发商提供的贷款或兑现债券。芝加哥税收增值融资关注的重点是物质环境层面（基础设施、建筑物、环境整治等）的城市更新，特别是商业区的综合整治。得益于税收增值融资模式，芝加哥内城得到了复兴，城市形象得到提升。

第二，商业发展区域（business improvement district，BID）。它是一种基于商业利益自愿联合的地方机制，依靠征收地方税和自行吸引其他组织机构的投资为特定地区的存量土地开发提供资金（Ward，2007）。以密尔沃基（Milwaukee）内城商业发展区域为例，该商业发展区域成立于 1998 年，是威斯康星州（Wisconsin）最大的商业发展区域。它由该区内的不动产所有者自愿组成。它的目标是保持本区域的竞争力、为区域内的商业活动创造一个安全、整洁的环境。该商业发展区域覆盖 120 个街道，超过 400 个纳税不动产。该商业发展区域的理事会由 19 个成员组成，具有广泛的代表性。他们分别代表大规模多租户办公楼所有者、中小规模多租户办公楼的所有者、单租户办公楼的所有者、旅馆的所有者、免纳税但又出资的不动产所有者以及其他类型不动产的所有者。商业发展区域的日常事务由执行主任和执行委员会负责（由副主任、秘书、会计、助理秘书组成）。2008 年，该商业发展区域的预算超过 300 万美元，其中的 285 万美元来自应纳税的不动产，剩余的来自免税的不动产（如学校、教堂、制造厂等）。超过 65% 的预算被用于商业发展区域的两大项目，即公共服务改进和环境整治。剩余的预算被用于广告、营销、吸引劳动力等增强商业发展区域商业活力的项目。密尔沃基内城商业发展区域的运行成果显著。2008 年该商业发展区域内的土地和房屋的评估价值保持在 20 亿美元以上（Word，2007）。

2. 社区居民的自组织

美国的城市更新实践中还出现了社区居民自组织的运行模式。该模式以居民自治为基础，首先由社区居民自行组建社区开发合作组织（community development corporation，CDC）及理事会，其次自行制订再开发规划并交由政府规划部门批准，最后自行融资实施土地再开发。该模式的主要特点是：建立利益相关者间的共识和伙伴关系；从长远发展角度进行规划设计与建设，改善当地的基础设施、配套设施以及整体的物质环境，包括公共和私人建筑、路标、公共空间、店面、停车设施、街道、景观等，并对它们进行维护；增强当地经济发展活力，吸引新投资，提高经济活动多样性（Kirkpatrick，2007）。

以加利福尼亚州（California）奥克兰市（Oakland）的弗鲁特韦尔（Fruitvale）社区改造项目为例，2000 年弗鲁特韦尔社区内有 49% 的家庭年收入不足 3 万美元，34% 的居民参加了加利福尼亚州的福利救济项目。为了避免因政府、开发商主导的城市更新项目导致本社区大量低收入居民被迫迁出原有的居住区造成社区消亡，社区居民自行建立了社区开发合作组织来整合土地，实施本区域的城市更新。该社区开发合作组织由社区成员管理和控制，鼓励社区成员参与。组织理事会的成员具有多样性，涵盖不同族裔、不同性别和不同收入阶层的人员。理事会负责组织的日常运营。社区开发合作组织的资金主要来源于银行投资。例如，当地的城市银行投入了2 700万美元。当然，也有一些基金会出资支持社区开发合作组织的运转。需要指出的，银行与社区开发合作组织之间的特殊关系，银行往往将社区开发合作组织视为借款者而非合作伙伴。因此，社区开发合作组织的城市更新决策和行为往往受到银行的干预，逐利导向明显。城市更新中社会服务和配套设施的建设和完善往往与房地产开发项目相结合。

弗鲁特韦尔社区更新的经济效益显著。2004年更新项目完成后，该区域的财产税收入增加了40%以上，其增长率居奥克兰市首位。居民住宅销售价格的中位数值提高了43%，为该社区所属县的次高增长率。同时，弗鲁特韦尔社区创造的消费税还位列奥克兰市第二。商业区的空置率也从1999～2000年的50%下降至1%，并为当地居民提供了500个就业岗位。但是，日益上涨的房地产价格和不断下降的住房空置率也表明，正在有大量外来的富裕阶层进入该社区。长此以往，由于原社区居民收入增幅低于房价和其他生活成本的上涨幅度，他们将难以承担城市更新后高涨的房价和生活成本，而最终被迫迁出该社区。因此，社区开发合作组织可能最终也无法达成它的初衷，弗鲁特韦尔社区或难逃消亡的命运（Kirkpatrick，2007）。

（二）城市更新的分配效应

从初次分配的角度看，美国城市更新的成本与收益分配同样也做到了兼顾效率与公平。不论是公私合作还是社区自组织的模式都调动了利益相关者参与城市更新的积极性和主动性，既降低了由政府单方面推行土地再开发计划引致的执行和监督成本，又减轻了政府的财政负担，让开发商、商业区业主等私人部门和社区居民等承担了部分融资责任。进而提高了城市更新的效率。当然，私人部门和社区居民也分享了城市更新所带来的土地增值收益。开发商的房地开发项目得以实现，并通过销售经营房地产获益；商业区重现昔日的繁荣景象，业主的收入增长，经营状况好转；社区居民的居住环境明显改善，不动产价值提升，并且有的居民还获得了工作岗位。

进一步地，美国的城市更新通过存量土地再开发带动整个区域的经济社会发展，既美化了城市，又完善了城市的生产生活和服务功能。方便和舒适的城市生活吸引了更多的居民，有利于城市规模扩大和消费需求增长。从而有效增进了原业主、开发商、社区居民、地方政府等多个主体的共同利益。

三、我国台湾地区的市地重划

我国台湾地区自20世纪50年代以来，经济发展迅速，人口不断向城市集聚，城市土地问题日益突出。对此，台湾地区依托市地重划来实现存量用地再开发，以优化城市土地资源配置，改善城市面貌，提升居住环境和生活品质，促进城市健康和可持续发展。市地重划是指根据城市发展需要，由特定地区的土地产权人提供土地资源，专业机构采用合理的规划方法重新整理当地布局不尽如人意、零散且低效利用的土地，并建设基础设施，使每宗土地大小适当、形状整齐、易于开发利用。然后，先预留一定的公共用地，再将整理后的土地按事前约定的比例分配给原产权人，由他们依照城市规划自行建筑房屋或做其他使用（Hsu and Hsu，2013）。

（一）"共性"与"个性"兼备的运行模式

1. 基本程序

经过多年的发展和完善，我国台湾地区已建立起了一套完整的市地重划组织与管理的程序，体现着各种具体运行模式的"共性"特征。

第一，选定市地重划的项目区。第二，主管部门制订市地重划计划，并报请上级部门核定。第三，计划经核准后，发布市地重划的计划，进行公示并通知土地权利人（Lin，2005）。第四，地价评估与土地分配方案设计，拟定各产权人应分得的土地区位、形状和面积，并绘制土地分配图。第五，实施市地重划工程。第六，地籍整理，更新地籍簿册。第七，土地分配、清偿及财务结算，以清偿的方式来平衡各方利益（Lin，2005）。

2. 地方主导和产权人自组织模式

我国台湾地区的市地重划可以细分三种运行模式。一是，地方选择或指定适当的地区进行市地重划（何庆，2001）。可以说，该模式是一种地方主导的市地重划，地方是重划项目的发起者、投资者和管理者。台中市1990~1992年实施的大规模市地重划就是一个典型案例。台中市的市地重划涉及土地面积350余公顷，其中公有土地约52公顷，私有土地约300公顷，未登记土地约1.5公顷，涉及产权人为2 466人。整个项目由地方的都市发展局负责规划设计和施工，公共设施用地及工程费用则由土地产权人按受益比例分担。重划后，对土地分配面积进行公示，土地所有权人可在公示期内，提出异议申请调整或处置。历时两年的开发建设使台中市无偿取得道路、广场、学校、市场、公园等公共设施用地超过150公顷，而且节省经费145.9亿元新台币。此外，市地重划后给城市提供建筑用地超过200公顷。这次大规模的市地重划使被改造地区的地价显著上升，原土地产权人的土地增值部分足以弥补其失去的土地的原价值和重划所支出的费用（李志超和周世烨，2000）。

二是，土地产权人申请优先开展市地重划。土地产权人出于优化该区域内的土地资源配置、改善居住环境等目的，在区域内半数以上的私有土地产权人或其所有土地面积超过区内全部私有土地面积一半者表示同意的前提下，可以申请地方政府核准后优先实施市地重划（曾国钧，2009）。

三是，奖励土地产权人自行开展市地重划。重划区内半数以上的私有土地产权人或其所有土地面积超过重划区私有土地总面积半数以上者表示同意，并经主管机关核准，可以由土地产权人自行开展市地重划。地方也会给予一定的奖励措施，比如市地重划的低息贷款、免收或减收地籍整理费及其他费用、地方政府配合优先配套重划区及其相关地区的公共设施、免征或减征地价税等。该模式的目的是调动土地产权人的积极性，运用民间资源，扩大市地重划的实施范围，加速促进城市存量土地的再开发（许松和赖佳琴，2009）。

可见，后两种市地重划均是由土地产权人自组织实施，包括重划区选定、资金筹集、土地分配方案制订、工程施工建设等。地方主要发挥引导支持和监管职能。1999年台湾地区大地震后，台中市班本街区的改造重建就采用了社区自办的模式并得到了本地的支持。班本街区共有5万人，110多栋居民住宅和商铺。在地震中，有一半以上的房屋被毁。土地更加细碎化和无序化。基础设施也无法满足居民日常生活和抗灾救灾之需。居民自行组织了土地再开发委员会来实施再开发规划，完成灾后重建。根据规划，整个街区被划分成重建区和恢复区。通过有序的市地重划，当地新建了中央广场用于发展商业，改扩建停车场来解决以往突出的停车问题。不过，该项目在推进过程中也遭到了部分土地产权人的反对。他们不愿意与其他土地所有者合作，而要求独立重建自己的房屋，不参加市地重划。尽管如此，仍有75%以上的产权人同意参与市地重划，进行土地再开发（Chang，2001）。

（二）追求公平性的利益分配

1. 成本分担

市地重划是以“使用者付费”与“受益者负担”两大原则为基础建立的存量土地再开发机制。市地重划的“使用者付费”原则是指由于重划区内的公共设施是供区内全体土地产权人使用的，土地所有者应当相应的支付公共建设费用。再者，原土地产权人重划后所分得的土地因公共设施改善带动地价上涨，使区内土地所有者都受益颇丰。基于“受益者负担”原则，各土地产权人理应按受益的比例来承担土地增值的成本。

据此，现行的所谓《平均地权条例》就明确规定，重划区内供公共使用之道路、沟渠、儿童游乐场、邻里公园、广场、绿地、小学、中学、停车场、零售市场十项用地，除原公有道路、沟渠、河川及未登记地四项土地抵充外，其不足土地及工程费用、重划费用与贷款利息，由参加重划土地所有权人按其土地受益比例共同负担（许松和赖佳琴，2009）。

2. 收益分配

市地重划还遵循了土地增值收益“公私共享”的基本原则。它按照原土地产权人拥有的土地总价值不减少的准则进行土地增值收益分配。对原产权人来说，一方面通过保有部分增值土地、获得公共服务改善和一定年期的土地税收减免等方式分享土地收益；另一方面通过共同负担公共投资改良所需的土地和资金支付了土地增值的成本。这些都有利于收益分配格局的均衡化。对地方而言，市地重划可以无偿获得大量的公共设施建设用地，实现城市再开发和社区居住环境优化，还无须负担巨额的财政支出，进而以低成本的方式增进了社会福利。

四、小结

在德国的分区整理制度下，土地所有者在参与完成分区整理后依然可以分得土地。这就为分区整理的参与者预留了一定利润空间。这也正是地方政府资助存量用地再开发和激励土地产权人的关键。从地方政府的角度看，分区整理不仅使之不再必须采取土地征收的方式推进存量用地再开发，还为政府获取土地用于公共设施建设创造了条件。可以说，分区整理是把各行为主体的执行者、受益者和成本承担者角色统一起来的有效途径。它有力推动了建设规划和存量土地再开发项目的实施，提高了土地资源的配置效率。同时，从看似复杂但兼顾各方利益的收益分配方式可以看出，分区整理做到了以土地产权和生产要素的归属为依据来分配土地增值收益，促进土地再开发后的增值收益在土地产权人与政府及其代表的社会公众之间的共享。因此，就土地收益的初次分配而言，分区整理兼顾了效率与公平。

美国城市更新的直观效果是优化了城市用地结构，促进了城市土地资源的利用效率提升，创造了新的社会财富。尤其是内城原有的工商业中心的功能得以提质升级，第三产业进一步扩大，进而让城市空间资源得到有效利用，并有助于城市经济结构优化和彻底改变内城衰败的趋势。城市更新还能深挖城市用地潜力，城市区域分工也更为鲜明。住宅区、工业区和商业区布局更为合理，有利于城市产业的专业化和社会化、增强大城市的聚集效益，推动城市繁荣。另外，诚如前文所述，城市更新也创新了成本分担方式，坚持“谁投资、谁受益”，推动了存量土地再开发引致的增值收益在各利益主体间的共享。不过，美国的城市更新也存在着不足之处。例如，再开发项目完成后，低收入居民几乎没有选择机会，而只能搬到另一个廉价的住宅区，居住状况并无多大的改变。同时，新建的高质量住房的高租金和高售价让原住户望尘莫及，导致许多更新后的社区都与弗鲁特韦尔社区一样面临着消亡的潜在威胁。实际上，这反映出美国当前的城市更新模式在促进土地收益共享方面的“盲区”，即弱势群体的生存与发展权难以得到有效保障。

我国台湾地区市地重划的经验显示，重划后的地区的平均地价较重划前上涨幅度约为 2～4 倍。按照土地产权人可保留 55% 的土地面积的通行比例计算，其土地财产的价值在重划后不仅没有减少，反而有一定幅度的增加（黄卓等，2014）。当地通过对重划地区的整理建设，在提高地区土地价值的同时也获得了更丰厚的税收，还带来了城市美化、公共服务质量改善、居民生活水平提高、社区未来经济发展前景向好等诸多无形价值。可见，市地重划既提高资源配置效率、增加土地价值和土地产权人的财富，又节省当地财政支出，还促进城市健康和可持续发展。进而，确保了存量土地再开发的质量和效益，有力促进了土地收益在不同社会群体间的共享。但是，市地重划在实施过程中也出现了一些矛盾与问题。例如，重划区内公共设施用地的不足部分需要由相关的土地产权人按受益比例来负担。但是，重划区内的主干道路并非全是重划区居民在使用，就此而言该规定显然不够合理。此外，市地重划的规则却要求项目区的居民自行提供学校等其他公共设施的用地和资金，这与其他由当地提供的地区的居民相比显然有失公平。

在中国大陆地区日益严峻的土地资源与环境约束下，实施“三旧”改造、集体经营性建设用地入市、宅基地退出与更新等存量土地再开发，已经成为改革中国大陆地区土地出让制度的重要政策取向。它有助于盘活存量、挖掘建设用地潜力、优化城乡土地利用的空间格局，从而提升土地资源的配置效率，符合土地资源“供给侧”结构性改革的要求。存量土地再开发涉及土地增值收益的初次分配，应当兼顾效率与公平，既要做大“蛋糕”又要分好“蛋糕”。典型国家和我国台湾地区存量土地再开发的经验表明，应当更加注重行政当局、土地产权人、企业等多主体的广泛参与，先着力优化土地资源配置的空间格局，提高土地利用效率，进而促进土地增值。然后，再根据正式规则和规范化的程序在不同行为主体间分配再开发的成本和土地增值收益，在多主体间实现利益的合理共享，充分兼顾效率与公平。

第四节　典型国家和地区的土地税收制度[①]

一、德国的土地税收制度

德国是联邦制国家，税收收入在联邦、州和市镇三个层级之间进行分配。从全国层面看，地方税（土地税和地方交易税）在总税收收入中所占的比重不足10%。2007年的统计数据显示，土地税收入仅占全国总税收收入的2%。然而，从地方层面看，土地税约占市镇政府税收收入的20%～25%，是地方政府主要的收入来源之一。它是地方政府提供公共服务（如道路建设、防火、文教事业等）的重要经济来源（Karl，2012）。

（一）土地税收制度的变迁脉络

德国土地税收制度的建立源于"涨价归公"的基本理念，即土地的价值增值得益于社会发展进步，其增值应该归公。德国的现代土地税收制度可以追溯到19世纪中叶（Karl，2012），在这个漫长的过程中其内容随着经济社会发展的需要也几经调整。尤其是近年来出于对作为计税依据的不动产价值评估上的争议，德国联邦宪法法庭于2006年甚至裁定现行的土地税制缺乏公平性，有悖于宪法的基本精神，要求对现有的土地税收制度进行重新完善（Voss，2009）。从而，推动了多样化的土地税制改革方案的出台。

德国对土地税制改革的讨论业已超过35年，但至今仍未达成一致的改革方案（Spahn，2003）。目前，主流的改革方案可以分为三类，即以不动产市场价值为基础的土地税、以不动产规模为基础的土地税和综合性的土地税。下面我们将具体介绍德国现行的土地税收制度及其改革方案的主要内容。

（二）土地税收制度的现状及改革探索

1. 现行的土地税收制度

德国现行的土地税分为A和B两类。土地税A的课税对象是农业和林业地

① 本节部分内容作为课题阶段性研究成果发表在以下论文中：王荣宇、谭荣：《德国土地税收制度及其改革探索的启示：基于土地收益共享的视角》，载于《中国土地科学》2015年第12期。

产。土地税 B 的课税对象是可开发的土地或已开发完成的土地及地上房屋（Weiss，2004）。在德国，不动产的产权人应定期向不动产所在地的市镇政府缴纳土地税。

不动产的评估价值是德国土地税的计税依据。其中，土地税 A 评估价值的测算依据为土地产出价值。它由国家统一的土地评估调查评定的产值确定。土地税 B 的评估价值参照此类不动产的市场价值来确定（Spahn，2003）。按规定，评估价值每 6 年应更新一次，以确保课税对象的税负能与其市场价值相协调（Voss，2009）。

德国的土地税率分为基础税率和稽征税率。基础税率按不动产用途确定，各地均相同。其中，农地和森林的税率为 0.6%；独户房屋的税率为 0.26% 或 0.35%；双户房屋的税率为 0.31%；其他类型的不动产税率为 0.35%。稽征税率由德国各市镇政府来确定，地域差异明显。例如，慕尼黑（München）的稽征税率高达 490%，但一些欠发达市镇的稽征税率仅为 240% ~350%（Färber et al.，2013）。

德国的土地征税过程包括四个步骤。第一，由财税部门确定不动产的评估价值。第二，用评估价值乘上基础税率得到标准税价。第三，再由市镇政府按标准税价乘上自定的稽征税率计算应纳税款。第四，纳税人根据市镇税务部门的税单缴税即可（Spahn，2003）。

然而，由于德国更新不动产评估价值的工作量大、周期长、行政成本高，评估价值实际上以 1964 年（东部地区以 1935 年）的评估结果为准。如今，该估值平均只占不动产市场价值的 5%（Karl，2012）。这种实际规则与成文规则的偏差导致土地税负分配有失公平，削弱了土地税收的再分配功能，不能实现公共服务的供给成本与所得利益的合理分担与分享，进而阻碍了土地收益共享和社会财富的合理分配。

2. 土地税收制度的改革构想

德国土地税收制度改革的三大方案具体内容如下：

方案一，以不动产市场价值为基础的土地税。该方案把土地和地上房屋作为课税对象，以不动产的市场价值作为计税依据并用基准价值来表示。在征税评估时会综合考虑各种影响因素，使基准价值最贴近市场交易价格（Färber et al.，2013）。为了提高土地利用率、避免土地闲置，方案调整了基础税率并引入百分数。其中，未开发利用土地的百分数为 100%，基础税率为 0.1%；已开发利用土地的百分数为 70%，基础税率为 0.05%。方案还引入了年限折扣系数来体现建筑年期对房屋价值的影响。自建筑物竣工之年起，每年计税时的折扣系数在上年的基础上递增 1%，但最大值不超过 50%。方案保留了现行土地税制中的稽征税率。具体的计税公式如下（Voss，2009）：

土地税（欧元/年）= 土地基准价值（欧元/平方米）× 土地面积（平方米）× 百分数
× 基础税率 × 稽征税率 + 建筑物基准价值（欧元/平方米）
× 建筑面积（平方米）× 年限折扣系数（%）× 基础税率 × 稽征税率

方案二，以不动产规模为基础的土地税。该方案把土地和房屋的面积作为主要计税依据，而不考虑不动产的市场价值差异。因此，它避免了烦琐的价值评估环节，简化了税收程序（Karl，2012）。该方案用等价数值和高度系数替代现行土地税制中的基础税率（Färber et al.，2013）。其中，住宅、非住宅、土地的等价数值分别为0.2欧元/平方米、0.4欧元/平方米、0.02欧元/平方米。高度系数的计算方法则如表7-1所示。但是，该方案仍沿用土地稽征税率。

表7-1　　高度系数

建筑高度	系数
≤5米	1
>5米≤10米	2
>10米≤15米	3
>15米≤19米	4
>19米≤22米	5
超过22米后，每3米	+1

该方案的设计者认为，土地税是产权人享受地方公共产品应当支付的价格。不动产的规模越大（非住宅和建筑高度高的不动产规模一般较大），其公共产品的消费量越大，理应缴纳更多的税款。所以，等价数值因不动产的类型而异；高度系数则从建筑高度的角度来体现不动产的规模特征。具体的计税公式如下（Färber et al.，2013）：

土地税（欧元/年）= 等价数值（欧元/平方米）× 土地面积（平方米）
× 稽征税率 + 等价数值（欧元/平方米）
× 建筑面积（平方米）× 高度系数 × 稽征税率

方案三，综合性的土地税。综合性的土地税是前面两种改革方案的综合。它的最大特点是：在对土地课税时，以土地的市场价值作为计税依据并以基准价值来表示；在对地上房屋课税时，以房屋的建筑面积作为计税依据。方案的设计者认为，根据“涨价归公”的理念，理应把土地的市场价值作为计税依据。而土地之上的建筑物价值提升是产权人自己投资的结果，不应以其市场价值作为计税依据。不过，他们又持有与方案二的支持者类似的观点，故而提出按面积大小对建筑物课税（Färber et al.，2013）。该方案采用土地基准价值和等价数值作为主要的计税参数。其中，住宅和非住宅的等价数值分别为0.2欧元/平方米和0.4欧元/平方米。另外，在对土地课税时，还引入了转换因子（设定为0.05%）来代替现行土地税制中的基础税率和稽征税率。不过，在对地上房屋课税时，仍沿用稽征税率。具体的计税公式如下（Färber et al.，2013）：

土地税（欧元/年）= 土地基准价值（欧元/平方米）× 土地面积（平方米）
× 转换因子 + 等价数值（欧元/平方米）
× 建筑面积（平方米）× 稽征税率

针对现行土地税收制度引致的收益分配困境，各改革方案都尝试通过调整计税依据或引入新的计税参数等实现税负的公平分配和土地收益共享。但是，各改革方案的预期分配效应并不相同。

首先，不同税收规则引致的不同区位不动产的土地税负分配效应有别。方案一和方案三均以不动产的市场价值作为计税依据。区位条件越优越，不动产的市场价值越高，获得的土地收益越大，其承担的土地税负也就越多，具有公平性。但是，方案二仅以不动产的规模作为征税依据，存在局限性。在不动产规模相同的条件下，区位条件差、市场价值低的不动产却要与区位条件好、市场价值高的不动产承担相同的土地税负。

其次，不同税收规则引致的基础设施的受益者与非受益者之间的土地税负分配效应也存在差异。方案一基于不动产的市场价值征税。不动产市场价值作为一项综合性指标能够体现基础设施对土地收益的影响。因此，该方案可以让得益于基础设施优化的产权人承担更多土地税负，支付相应的公共产品供给成本，体现了税收的公平性。方案二和方案三均把不动产的规模作为主要的计税依据。这是设计者出于在产权人之间公平分担公共服务供给成本的考虑，符合税负公平分配的要求。但是，不动产规模是方案二的唯一计税依据。在相同的不动产规模条件下，处于基础设施条件整体较低地区的不动产却要与位于基础设施条件整体较高地区的不动产承担同样的土地税负，显然有失公平。方案三以土地的市场价值作为另一计税依据来体现基础设施条件差异引致的土地收益及其税负差别，更为合理。

二、美国的财产税制度

美国也是联邦制国家，联邦、州、地方三级政府共同分享税收权力。但是，美国没有单独开征土地税或房产税，而是将之合并在财产税大类中加以征收。在美国，财产税主要由地方政府（市、县、镇、学区等）根据各州的税法来征收，是地方政府最主要的税种和重要的财政来源。美国的财产税已有数百年的历史。各州财产税法律条款都已经过多次修订和完善，相对比较健全，从征税范围、估价方法、税率确定到税收征管和争议处理等各个环节都有法可依（王德祥和袁建国，2010）。下面将通过介绍美国的财产税制度来展现美国土地税收的特点及运行机理。

（一）财产税制变迁的“三个阶段”

美国财产税制度的演变大致可以分为三个阶段：

第一阶段，从单一式土地税到复合式财产税制。美国早期财产税的征税对象以土地为主。进入18世纪，随着经济的发展，财产种类日益增多，美国开始对纳税人拥有的所有不动产和动产课税。从此，一般财产税取代了原来的个别财产税（王坤和倪红日，2005）。

第二阶段，财产税制的曲折发展。于20世纪30年代爆发的经济危机造成诸多拖欠财产税的现象，还出现了纳税人暴力反抗政府出售被没收的逾期付税的财产的情况。对此，州政府不得不设置额外的优惠政策，减轻中低收入、老人和残疾人业主的税负（王智波，2009）。20世纪后半期，特别是70年代的通货膨胀导致房产价格不断上升、收入增长停滞，财产税成为居民沉重负担。人们对财产税指责日益强烈。1978年加利福尼亚州通过“人民倡议限制财产税”宪法修正案。此后，其他各州纷纷效仿。截至2006年，只有5个州没有明确的财产税限制措施。这些限制措施包括对财产税的税率限制、冻结财产税收增长、对财产评估价值增长的限制等（王德祥和袁建国，2010）。

第三阶段，财产税制的“进退两难”。2008年的金融危机让美国再次出现了抗税风潮。财产税的去留成为州议会的辩论主题，大幅度削减财产税成为政府的被迫选择。但是，政府一旦满足居民的诉求就会导致地方公共支出减少。地方支出减少后又会使公共服务水平下降。这些问题使得地方政府在财产税改革上左右为难，无所适从（Alm et al.，2011）。

（二）财产税的制度设计

美国的财产税由各州自行立法，地方可以根据财政预算来确定税率、减免税政策等。此外，地方政府拥有州赋予的征税权力。因此，财产税制度在美国的各个州之间存在较大差异，并且即便在一个州内，各地方政府的财产税收情况也可能千差万别。不过，各地的财产税制度都具有共同的构成要件，即征税对象、税基及其评估方法、税率、计税与征管程序。

1. 征税对象

居民的各种财产都是美国财产税的课税对象。各州在征收财产税时一般遵循不动产和个人财产分类征收的原则。个人财产是指动产，如家具设备、日用品和用具等。各州一般规定对个人家庭使用的个人财产按照法规进行相应的扣除。如此一来，财产税的课税对象就集中到不动产上。其中，住宅和商业不动产是美国财产税的最主要课税对象（White and Murdock，1998）。

举例来看，在乔治亚州（Georgia），除非法律有特殊的规定，否则土地和建筑物一类的不动产都要课税，而且房产证等长期用于借款的抵押和契约也要征税；在加利福尼亚州（California），除州立法或联邦立法另行规定外，所有房产均为征税对象（张斌，2013）。

2. 税基及其评估方法

美国财产税的税基可以分为三类。第一，以不动产的当前市场价值为基础。所谓市场价值指买卖双方在不相关联、没有买卖压力情况下的财产交易价格。第二，以购买或建造时价值和有限的增长幅度为基础。因为不动产的价格增长速度较快，常常超过纳税人的收入上涨速度。在评估比例和税率保持不变的情况下，不动产拥有者的税负压力将呈增大趋势。为了把税负压力控制在纳税人的承受范围内，美国的一些州以不动产购买或建造时的价值和有限的增长幅度作为财产税征收的基础。第三，以使用价值为基础。农业用地通常根据其在农业方面的使用价值作为财产税征收的基础。使用价值的评估一般以土地当年用于农业的租金价值或用于农业的资本化收入为基础。而农业用地的评估价值通常明显低于它的市场价值和作为农业用地的真实价值（柳德荣和柳琪，2011）。

在财产税的征收过程中，各地专门的评估机构按照当地政府规定的税基对各类财产进行价值评估的结果称为公平市场价格。不过，税务部门并不根据公平市场价格征税，而是把其乘以估价折价比率得到估计价值。估计价值才是税务部门征收财产税时所依据的税基价值（方建国和梁瑞明，2006）。

3. 税率

美国财产税的税率因地区而异，实行区域差别化税率。例如，加利福尼亚州（California）规定财产税税率由地方政府根据各级预算按年度确定，一般稳定在1%，但如有需要则会在原基础上提高税率；马萨诸塞州（Massachusetts）规定财产税的税率由当地政府依据财政收入预算和房产评估价值确定，当地政府会根据房产的价值每年对税率进行调整，即房产价值过高，会适当降低税率；反之亦然（张斌，2013）。

尽管如此，美国各地的财产税税率的选择都遵循“量出为入”的基本原则。地方财产税的税率通常根据地方的支出水平在地方政府的常规预算程序中确定。

也就是，首先确定一年的总支出，其次确定需要通过财产税筹集的收入，将财产税筹集的收入除以应税财产的评估价值即求出当年的税率（Dyea and McGuireb，1997）。

4. 计税与征管程序

美国各地的财产税计征一般都遵循以下程序：第一，确定应税财产的公平市场价值；第二，用公平市场价值乘以给定的估价折价比率得到评估值；第三，根据当地的税法确定减免价值；第四，用评估值减去减免价值后生成应税价值；第五，将应税价值乘以法定税率得到应纳的房产税税额；第六，税务部门将计算出的纳税金额告知纳税人，纳税人照单纳税（周毅，2011；任强，2015）。

以乔治亚州的士麦那镇（Smyrna）为例，某家庭的住宅评估所得的公平市场价格为225 000美元，且当年士麦那镇的财产税税率为2.722%。该家庭年缴财产税计算如下：估计价值为225 000美元×40%（估价折价比率）=90 000美元；扣减家庭财产免税额（法定为10 000美元）后的应税价值为90 000－10 000＝80 000美元；年应纳税额为80 000美元×2.722%＝2 177.6美元（方建国和梁瑞明，2006）。

三、我国台湾地区的土地税收制度

我国台湾地区把土地各税种归入财产税类，并在财产税类中突出了土地税，建立起了一套富有特色的土地税收制度（詹云燕，1997）。

（一）土地税收制度的起源与基础

台湾地区的土地制度是以平均地权为重点，但并不意味着土地均分，而是提出以土地价值为基准，采用课税的办法达到地尽其利和收益共享的目标。简单地说，就是"规定地价、照价征税、涨价归公"（Lin，2010）。其中，根本点是规定地价，照价征税指的是征收地价税，涨价归公则是征收土地增值税。由此可见，台湾地区的土地税收作为再分配的政策工具在促进土地收益共享方面的作用。

我国台湾地区土地税收的制度变迁主要表现为土地税收相关规定的修订与删改。台湾地区有关土地税的规定主要有三部。一是1930年制定，后经1946年和1975年修正的所谓"土地法"中的第四编"土地税"。二是1977年制定，后经1979年修正的所谓"土地税法"。三是1954年制定经数次修正的所谓"平均地权条例"中的第二章"照价征税"和第四章"涨价归公"。其中，所谓"土地法"和所谓"土地税法"的许多内容已经过时，且存在诸多自相矛盾之处。因而，现在台湾地区的财税管理机构主要依据 1954 年制定的相关规定来征收土地税（萧承勇，2000）。

此外，台湾地区在全面实施平均地权之前，只在已经实施平均地权的都市区开征地价税，其余广大尚未实施平均地权的非都市区则征收田赋（尤克介，1997）。然而，由于农地田赋的税收收入低、课征费用高，加之政府其他的税收收入较为充裕，台湾地区于 1987 年起就已停征田赋。

（二）土地税收的制度安排

台湾地区的土地税收制度体系完善，包括了地价税、土地增值税、空地税、荒地税等。从税收再分配的功能来看，地价税与土地增值税是台湾地区推动土地收益共享的关键税种。因此，本部分将从征税对象、税基与征税依据、税率、计税与征管程序四个方面来介绍地价税与土地增值税的制度设计。

1. 征税对象

概括地讲，地价税和土地增值税的征税对象都是私人所有的土地。其中，地价税是台湾地区土地税中的最根本大税，整个土地税体系以地价税为支柱（杜雪君等，2008）。它对应课征田赋者外的已规定地价的土地征税。但由于目前台湾地区已经停征田赋，地价税的征税对象扩展至各类土地。

土地所有者的土地增值部分需征收土地增值税（叶少群，2006）。土地增值税的设计者认为，土地增值是人口增加、交通建设、资源开发、公共设施完善等因素所造成的，属社会大众共同改良的结果，而不是主要因土地所有者个人投资所形成的。按照台湾地区提倡的民生主义原则，土地增值理当归全体居民共有。

2. 税基及其评估方法

征收地价税和土地增值税都以土地价格为基础。征税所需的土地价格由政府组织专门的机构评估，即政府规定地价。规定地价可以分为每年公告一次的公告现值和每三年公告一次的公告地价。税务机关按公告现值征土地增值税，按公告地价征地价税。公告地价强调以收益价格评估来反映真实的地价税税基。但实践中往往以公告现值的一定成数估计，或以前次公告地价加成估计（Lin，2010）。

台湾地区建立了一套健全的税基评估程序（尤克介，1997）。第一，调查行政辖区内最近一年土地买卖价格或收益价格；第二，依据调查结果，划分地价区段，并估计区段地价后，提交地价评议和标准地价评议委员会评议；第三，报上级机关核查，计算宗地单位地价，即为公告现值或公告地价；第四，分别于县（市）政府、地政事务所及乡（镇、市、区）公告栏或明显处发布公告地价与公告现值。

3. 税率

地价税运用累进税率及加征空地税来调节土地收益分配，优化土地资源配置，防止土地垄断与投机。其中，累进税率分为七级。低于累进起点地价时按基本税率1.5%征税；高于累进起点地价在500%以上者，以每超过5%为一级距，每一级内各就其超过部分逐级加征1%，至最高税率达7%为止（许合进，1999）。另外，对自有住宅用地、工业用地、公共设施保留地、公有土地采用优惠税率；对超过期限未使用的私有空地加征应纳地价税税额2～5倍的空地税（叶少群，2006）。土地增值税的税率也采用累进税率，分为40%、50%、60%三档。同时，对自用住宅采用优惠税率；对改良荒地与重划土地采用改良利用优惠税率；被征收土地的采用征地优惠税率。而且，对土地投机一经查实则加重税率（许合进，1999）。

4. 计税与征管程序

地价税按照每一土地所有权人在每个直辖市或县辖区内所拥有的土地的地价总额来计征。税务机关根据纳税人申报的地价来征收地价税。另外，纳税人申报的地价不应低于行政当局公告地价的80%，申报地价超过行政当局公告地价的，按纳税人申报地价计征，申报地价超过政府公告地价120%的，按公告地价的120%为申报地价。纳税人不申报的，以公告地价的80%作为申报地价。因此，在现实中地价税的课税地价通常为公告地价的80%（常新，2007）。具体的计税公式如下：

应征税额=课税地价（未超过累进起点地价者或超过累进起点地价在500%以内者）×税率（1.5%）

应征税额=课税地价（超过累进起点地价在500%以上者）×税率（1.5%）+累进税价（以每超过5%为一级距，每一级内的超过部分按1%的税率逐级加征，至最高税率为7%）

土地增值税按取得土地至转让土地时的土地涨价总额来计征。土地涨价总额是指土地转让时的现值减去土地取得时的价值，再扣除纳税人已支付的改良土地费用。土地转让时的现值由纳税人申报，但税法规定纳税人申报的转让现值不得低于公告现值（常新，2007）。具体计税公式如下：

应征税额=土地涨价总数额（超过原规定地价或前次移转时申报现值未达100%者）×税率（40%）

应征税额=土地涨价总数额（超过原规定地价或前次移转时申报现值在100%以上未达200%者）×税率（50%）－累进差额（原规定地价或前次移转现值×0.1）

应征税额=土地涨价总数额（超过原规定地价或前次移转时申报现值在200%以上者）×税率（60%）－累进差额（原规定地价或前次移转现值×0.3）

台湾地区土地税收的征管流程较为简便。第一，土地管理部门将征税对象的资料传递给税务机关；第二，由纳税人自主申报；第三，税务机关将纳税人申报资料与土地管理部门传递的资料进行比对核定，计税应纳税款；第四，纳税人照单缴纳税款即可。

四、小结

德国现行的土地税收制度表明，一成不变的不动产评估价值及其所反映出来的实际规则与成文规则的偏差会造成土地税负分配失衡，制约土地税收调节土地收益分配的绩效。德国土地税制的改革方案则表明，单纯的以不动产规模作为征税依据的改革方案并不能有效地实现土地税负的公平分配。它使得土地增值的受益者截留了更多的土地收益，对土地收益共享的推动作用有限。相反地，更具综合性的税收规则以公共服务的供给和受益为依据，通过税负的公平分担来调节土地收益分配，让土地增值的受益者以纳税的形式向社会贡献一部分的增值收益并承担相应的增值成本，推动了土地收益共享，促进了社会财富的公平分配。

我国台湾地区的土地税收制度基本起到了调节土地收入分配的作用，改善了既有的社会财富分配格局。一方面，土地税收是台湾地区税收收入的重要来源之一，当地合理利用土地税收入造福于民。例如，台湾地区现行的所谓“平均地权条例”明确指出施行涨价归公之收入，以供育幼、养老、救灾、济贫、卫生、扶助残障等公共福利事业，兴建住宅，征收公共设施保留地、兴办公共设施及推展台湾地区居民教育之用（萧承勇，2000）。这体现了“涨价归公、地利共享”的原则。另一方面，地价税和土地增值税都采用累进税率。土地所有者占地越多，地价额越高或土地增值越大，税率越高，税负越重。而这些税收收入又用于社会公共福利事业，有利于实现土地收益在不同社会群体间的共享。然而，台湾地区的土地税收相关规定仍存在一定局限性。例如，地价税税率偏低，土地增值税税率偏高，该课税方式未必能兼顾公平与效率；公告地价、公告现值偏低，且缺乏评估的理论依据，难以为土地课税确定合理依据，有碍于土地税收有效发挥再分配功能；由于只要不出售房地产就不必缴纳土地增值税，土地所有者为避税而不交易土地，长此以往则有悖于“地尽其利、地利共享”的税收原则。

美国的财产税以取之于民、用之于民的方式发挥土地收益再分配的功能，推动土地收益共享。地方政府立足于当地社会发展与公共服务的现实需要，因地制宜确定税收规模。并且，将所收财产税用于对公民财产的安全保护、教育事业、市政设施建设、卫生服务和治安公共建设和社会福利等方面，力争满足纳税人的公共利益诉求。美国的财产税制度在促进以社会财富分配公平为原则的土地收益共享方面存在着固有局限。一是横向间的不公平性。一方面，在低收入阶层的消费中，不动产消费所占的比重比富裕阶层大，即房价收入比表现为富裕阶层低而低收入阶层高。所以，低收入者的实际财产税负可能比高收入者高得多；另一方面，富裕阶层缴纳的财产税的绝对数额相对大于低收入阶层。因此，地方公共财政支出也更多地向富裕阶层聚居的社区倾斜，未必能缩小现存的社会差距。这就限制了财产税促进土地收益共享的范围和程度。二是纵向间的不公平性。财产税的税负同房地产的当期价值相挂钩而与纳税人的当期收入并不匹配。加之，囿于决策者的有限理性和决策环境的复杂性，既定的财产税限制措施不一定能发挥应有功效。因而，在纳税人的当期收入不足以支付财产税时，其不动产的所有权就会面临威胁。这正是民众要求改革甚至废除财产税的呼声高涨的重要原因。

反观中国大陆地区的实际，与受预算严格约束的土地税收不同，地方政府在土地出让金的分配和使用方面有较大的灵活性和自主权，可借此分享大量土地收益再用于城市建设等，造成土地收益共享的一阶困局。从长期看，有别于逐期征收的土地税收，土地出让金是一次性收入，只能有偏地反映区位、基础设施及其背后的公共服务投入对土地收益的静态影响。随着经济社会的发展，一些地区的不动产价值及土地收益得以提升。这些因社会进步带来公共服务投入增加所引致的土地增值收益本应由全体社会成员共享但却为部分既得利益者所独占，形成了土地收益共享的二阶困局。此外，随着构建城乡统一建设用地市场的改革向纵深推进，农村土地特别是集体经营性建设用地将逐渐实现与国有土地“同地同权同价”以及“同等入市交易”，同样会在城乡之间和农村内部引致土地增值收益分配问题。而在农村集体经营性建设用地改革试点中所征收的土地增值收益调节金只可作为一种过渡性和临时性措施，亟须规范化和制度化，建立起土地收益再分配的长效机制。

第五节　典型国家的土地生态补偿制度

一、土地生态补偿：资源可持续利用和收益共享的新机制

增量土地利用往往伴随着土地用途改变，难免会造成生态环境服务价值的变化。为了保护生态环境、促进土地资源的可持续性利用，理应要求土地开发者对这种生态环境服务价值的变化进行补偿。土地生态补偿自然会产生成本，进而影

响土地收益分配。

具体而言，土地生态补偿要求土地开发者在获得土地收益之时，也要支出一定比例的收益用于改善当地生态环境、维护生态平衡，以达到促进资源可持续性利用之效。换言之，区域内的土地生态价值不仅不会因土地利用变化而降低，甚至还会有所提升。良好的生态环境能够提高当地居民的生活品质和不动产价值。所以，当地居民也就在实质上分享了土地开发带来的增值收益。类似地，从全社会的角度看，土地生态补偿使得部分土地收益用于支付高品质的生态环境这种公共物品的供给成本，借此让全体社会成员都能共享土地收益。更进一步，土地生态补偿所实现的生态环境保护和土地利用格局优化“功在当代，利在千秋”。换而言之，它可利用当代的土地收益为后代人创造一个高品质的生存环境，从而实现以生存与发展权为依据、以资源可持续性利用为原则的代际间土地收益共享。

由此可见，土地生态补偿是一种实现土地资源可持续性利用并促进土地收益共享的新机制。德国的生态账户和美国的湿地银行正是当今世界典型的土地生态补偿制度。两国的政策实践展现了土地生态补偿在促进土地可持续性利用和收益共享方面的显著成效，值得借鉴。

二、德国的生态账户

自 20 世纪 70 年代开始，土地生态补偿就是德国规划者的关切所在。同时，由于土地利用矛盾日益突出，生态保护和生态补偿也逐渐引起了国家层面的关注。近年来，德国提出要减少农地非农化的数量，也就是从 2004 ~ 2007 年的每天 114 公顷减少至 2020 年的每天 30 公顷（Henger and Bizer，2010）。这表明不仅农地非农化现象在当今德国仍时有发生，而且土地生态补偿也是德国实现农地占补平衡的重要手段。经过长期的实践，德国逐渐探索形成了以法律为保障、以规划为基础、重视公众参与、市场化运作的土地生态补偿制度，即生态账户模式。

《联邦自然保护法》是德国土地生态补偿制度的坚实法律基础。该法案明确要求用地者的土地开发和补偿行为必须满足影响减轻规制（impact mitigation regulations，IMR）的要求。在长期的实践过程中，德国执行影响减轻规制要求的管理模式逐渐由严格的层级式管理转变为更具灵活性的生态账户模式。可见，德国土地生态补偿的制度变迁过程以及生态账户的制度创新具有重要借鉴价值。

（一）从“分级补偿”到“生态账户”

德国生态账户模式的前身是分级补偿体系。自 1976 年《联邦自然保护法》

出台以来，影响减轻规制及“补偿原则”就成为规划部门评估特定活动的环境影响并据此进行土地开发项目审批的最重要和最有效的工具。该原则的核心就是用地者在影响自然环境后必须采取适当的补偿措施来保护环境和维护生态平衡（Kiemstedt et al.，1996）。开发者必须遵循分级补偿体系来采取相关措施弥补开发活动的副作用（Wende et al.，2005）。也就是，开发者应当先尽力避免开发活动对自然环境的负面影响；在这种影响不可避免的情况下，开发者应该采取措施减轻这种负面影响；如果无法减轻这种负面影响，那么开发者才可以选择进行生态补偿。

进一步来看，该阶段的土地生态补偿主要包括恢复性补偿和替代性补偿两种形式（Rundcrantz and Skärbäck，2003）。其中，恢复性补偿具有优先地位。它致力于减轻因建设等开发活动对项目区造成的破坏，恢复生态原貌。不过，当面对土地开发引致的难以恢复的生态损失时，替代性补偿就成了不二选择。它致力于另行选址对那些难以减轻或恢复的土地开发负面效应进行补偿。然而，由于自然环境的地区异质性，难以确定统一的补偿标准，在实践中就会导致土地开发者的补偿行为良莠不齐。个别的、分散的土地生态补偿行为也不利于整个区域生态环境的统筹管理。另外，严苛的要求和烦琐的程序超出了土地开发者的可接受度。这些都导致土地生态补偿的实际效果并不尽如人意。为了应对上述问题，也为了提高土地生态补偿的实效和灵活性，德国于1998年修订了《联邦建设法典》，又于2002年和2009年两次修订了《联邦自然保护法》（Wende et al.，2005）。生态账户正是在此背景下产生的。

（二）“生态账户”的运行机制

在德国，建立生态账户体系的程序由各州的法律规定，例如，记录、事先评估恢复性和替代性补偿手段的适宜性；批准建立账户和账户内指标交易的要求；将土地生态补偿的责任转移至已经提前开展了补偿项目的机构。然而，由于管理模式、评价标准和补偿手段的多样性，我们难以从全国层面分析研究生态账户模式。不过，各地的生态账户又存在一些共性特征。这些共性特征恰好揭示了生态账户模式的运行机制。

1. 概述

生态账户模式由三个关键要素组成：一是生态补偿用地资源区，即适宜开展补偿项目的地块集合（flächenpools）；二是交易媒介，如生态指标；三是生态账户。简而言之，只要在生态补偿用地资源区内的任一宗地完成了补偿项目，覆盖整个区域的生态账户就积累了可供交易的生态指标，具体来说：

生态补偿用地资源区由诸多适合进行补偿活动的地块组成。它们一般是依据德国各州的景观规划确定的具有生态价值增值潜力的地块。当然，这些地块的确定要经过详细的调查、规划和适宜性评价。生态补偿用地资源区整合了个别的、零散的生态补偿项目，是构建生态账户的物质基础。一旦制定了景观规划，该地区生态账户的总体规模也就确定了。这是因为生态补偿用地资源区的范围是根据景观规划来确定的（Kopka et al.，2010）。

德国许多州的生态账户规模通常以生态指标的数量来衡量。具有不同生态价值的地块的生态指标数量也不同。如果土地生态补偿项目提高了土地的生态价值，生态价值的增值部分就可以转换为生态指标并存入一个地区或市镇的生态账户之中（Ekardt and Hennig，2013）。实际上，生态账户类似于传统的银行账户，开展生态补偿获取的生态指标就暂存其中。在进行土地开发活动时，应根据项目的生态影响大小扣除生态账户中相应数量的生态指标。生态指标可以通过市场化交易用于弥补土地开发项目的负面效应以保持生态平衡。但是，这并不是一个完全自由开放的交易市场。由于各州独立建立生态账户，指标的计算、补偿项目的质量评价标准都不同，生态指标无法跨州交易。而且，各州还被景观规划划分为具有不同功能的自然区，因此生态指标也不能跨区交易。此外，生态账户还需要在地方环保部门登记。

生态账户的经营管理主体比较多样，涵盖地方政府、用地者、第三方机构等。一般地，地方政府是景观规划的制定者，从而确定了生态账户的运行基础。同时，地方政府还是生态补偿活动的监管者，自行或委托第三方组织进行补偿项目验收，然后按照生态补偿项目带来的土地生态价值增幅向项目实施者发放等额的生态指标。当然，地方政府也可以开展自己的补偿项目，然后通过出售积累的生态指标来获益。用地者可以开展生态补偿或者通过购买生态指标来满足影响减轻规制的要求。第三方机构也能开展补偿项目积累生态指标，再与用地者交易指标并从中获益。

2. 案例：巴登－符腾堡州的生态账户体系

巴登－符腾堡州（Baden－Württemberg）的德廷根（Dettingen）市政府经营着自己的生态账户。它通过以下四步来建设和管理生态账户（Küpfer，2008）：第一，制订景观规划；第二，获得生态补偿用地并组建生态补偿用地资源区；第三，综合运用多种手段开展生态补偿项目；第四，生态指标的计算、交易与生态账户的收支平衡。市政府的景观规划确定了可用于补偿项目的具有成为高品质生境潜力的土地作为补偿用地，再对选定的补偿用地进行进一步的调查并制订详细的补偿规划方案。由于大部分的补偿用地属于私人所有，需要得到土地产权人的许可，故而政府还要制订合适的谈判策略以降低土地取得成本。第五，在开展了补偿项目将补偿用地转变为高品质生境后，就可以获得生态指标。

表 7－2 展示了一个土地开发项目的生态指标计算过程（Küpfer，2008）。根据当地规定，生态指标的数量多寡因土地利用类型的生态价值而异。其跨度从价值 1 个指标的沥青地到价值 64 个指标的湿地不等。由于土地利用方式的转变提升了干草地的生态价值，生态补偿工程的实施者获得了 1 200 000 个生态指标并将其存入自己运营的生态账户。占用牧场来建设居住区引致了土地生态价值下降。为此，用地者需要有偿购买 100 000 个生态指标以维护生态平衡。双方完成交易后，还有 1 100 000 个生态指标继续保留在卖方的生态账户内供下次交易使用。

表 7－2　　　　巴登－符腾堡州的生态账户运作案例

影响：把一片牧场开发为居住区（1 公顷，60% 的沥青地/建设用地，40% 的私家花园）	
开发前的生态价值（牧场价值 13 个指标/平方米 ×10 000 平方米）	130 000 个指标
开发后的生态价值（沥青地价值 1 个指标/平方米 ×6 000 平方米 + 私家花园价值 6 个指标/平方米 ×4 000 平方米）	30 000 个指标
生态平衡 1	－100 000 个指标
生态补偿措施：把 8 公顷密集型利用的干草地转变为非密集型利用	
补偿前的生态价值（密集型利用的干草地价值 4 个指标/平方米 × 80 000 平方米）	320 000 个指标
补偿后的生态价值（非密集型利用的干草地价值 19 个指标/平方米 × 80 000 平方米）	1 520 000 个指标
生态平衡 2	+1 200 000 个指标
净收入	+1 100 000 个指标

三、美国的湿地银行

20 世纪 70 年代之前，为了推动经济发展，美国政府鼓励湿地开发。但是，随着全社会生态保护意识的增强，肆意开发利用湿地的行为日益受到限制。从 20 世纪 70 年代开始，美国从鼓励湿地开发利用逐步转变为重视湿地保护（李华琪，2014）。

1972 年美国颁布实施的《清洁水法》第 404 条正式对湿地利用做出了附加规定，即湿地开发者必须实施生态补偿来弥补土地开发对湿地带来的损害，以维持全国湿地的总量和功能平衡。这就是所谓的湿地开发补偿。它是一种缓解土地开发对湿地数量与功能产生的负面效应的强制性措施（Robertson and Hayden，2008）。自此，美国在湿地保护的实践中进行了多种制度创新。其中，湿地银行尤为引人注目，得到政府和民间环保组织的普遍认可和推广。

（一）湿地银行制度的产生、发展和成熟

美国湿地银行的制度演变历程大致可以分为三个阶段：

第一，湿地银行的产生。起初，按照《清洁水法》第404条的规定，由湿地开发者自行补偿开发行为对湿地产生的副作用的成功率并不高，甚至引起了湿地的退化和破碎化。于是，政府和社会开始讨论采用一种新模式来更有效地执行《清洁水法》的规定。在此期间，联邦公路管理局兴建了许多湿地项目来弥补因修建公路造成的湿地损害。这些项目作为对已经出现或即将出现的湿地损害的补偿储备，形成了美国湿地银行的雏形（Weems and Canter，1995）。早期的湿地银行是一种单用户模式。开发者设立湿地银行是为了对自身开发过程中可能对湿地造成的影响进行事先补偿。

第二，湿地银行的发展。20世纪80年代以来，从隶属政府的港口发展局、州运输管理部门到私人石油公司都建立起了单用户模式的湿地银行，通过“取用”已经“存入”银行的相应数量的湿地指标来抵销其开发行为对湿地产生的负面影响，从而承担《清洁水法》第404条规定的湿地开发补偿责任。20世纪90年代，美国颁布了《建立、使用和运作湿地补偿银行指导书》，对湿地补偿银行机制做了详细规定，成为湿地银行建立和运转的主要法律依据（邵琛霞，2011）。这一时期，美国湿地银行的商业化进程加速。多用户模式的商业化湿地银行数量激增。此类湿地银行通过出售湿地指标，为各种开发项目提供湿地补偿服务来获利。据统计显示，截至2005年美国已有70.4%的湿地银行是私人经营的营利性企业（缪若妮等，2014）。

第三，湿地银行的成熟化。作为湿地保护的主管部门，美国陆军工程兵团和美国环境保护署于2008年联合通过了水资源损害缓解与补偿的最终规则，确立了湿地开发补偿的三种机制，即湿地开发者自行补偿、湿地银行补偿和湿地替代费补偿。另外，这一规则规定在进行补偿之时，应当遵循如下优先顺序：湿地银行补偿优于湿地替代费补偿，湿地替代费补偿优于湿地开发者自行补偿（Bendor et al.，2008）。从而为湿地银行制度走向成熟化提供了内在动力。目前，湿地银行产业在美国已经相当成熟、完善。据统计，2009年全美共有797个湿地银行。截至2013年已有超过1 800个银行网点，湿地指标市场每年交易额接近30亿美元（缪若妮等，2014）。

（二）湿地银行的机制设计

湿地银行在运行方式上同传统的银行非常相似。只不过湿地银行是用湿地指

标的数量来表征存款和取款。湿地指标是一种计量单位（如生态系统服务量、区域面积等），代表着湿地银行对该区域进行补偿后所累积的生态系统服务价值（Stein et al.，2000）。湿地指标的产生可以通过修复、创建、优化或保留湿地的方式进行。修复是指恢复受损湿地的功能和特性。创建是指在原先不存在湿地的地域新建人工湿地。优化是指加强或者改善现有湿地的某些功能，如改善水质、提高蓄洪能力、改善物种栖息地等。保留是指通过建立合适的机制永久保存一些极具生态价值的湿地。保留方式的使用是有条件的，即该片区的湿地能提供重要的生态功能，并且有受到破坏的威胁。其中，修复是第一选择，与创建相比其成功的可能性更大，而且对其他资源的影响也更小；与优化和保留相比，其潜在的水资源功能收益更大。

湿地银行指标交易的实质是法律责任的交易，是开发者将补偿责任通过交易转移给银行经营者。开发者可以从湿地银行购买相应数量的湿地指标以补偿开发项目所引致的湿地数量和功能损失。需要注意的是，湿地银行的指标交易必须具备一定条件。开发行为所带来的影响应处于该湿地银行的服务区域内。而服务区是政府的湿地保护主管部门（陆军工程兵团）在颁发给该湿地银行的批准文书中指定的地理区域。在本区域中开发行为所造成的影响仅能用本区域内的湿地银行的湿地指标来进行抵销，而不能跨区域补偿。这有助于保证各湿地银行所提供的生态系统服务能有效地补偿土地开发行为对特定自然区域所带来的负面影响（Weems and Canter，1995）。依照法律规定，湿地银行将永久性地管理其所有的用于补偿的湿地。不过，在现实中，经主管部门批准，湿地银行在出售其所拥有的所有指标后，长期管理的责任可以转移给其他主体，如政府部门、非政府组织或私人土地管理者。湿地银行所有者只需对长期管理的资金作出适当安排即可（Burgin，2010）。

湿地银行的主办者可以是政府部门、私人营利性组织、非营利性组织或政府部门与私人部门的联合等，实际的运营管理模式也具有多样性。以路易斯安那州（Louisiana）道达尔菲纳埃尔夫（Fina LaTerre）湿地银行为例（Environmental Law Institute and the Institute for Water Resources，1994），该银行的创办者是私人企业，即道达尔菲纳埃尔夫公司。该公司自 1988 年起就开始经营管理这个湿地银行，以缓解、补偿油气开采及其他活动对湿地的负面影响。国家鱼类与野生动物保护局负责指标交易的监督和管理。该部门记录了每笔交易的指标支出情况以及交易后的银行账户指标存量。陆军工程兵团负责监管湿地银行运行的全过程。该银行的首次指标交易开始于 1987 年，截至 1994 年共开展了 14 个项目。其中，占用或受影响的湿地面积小于 88 英亩的，按 1∶1 补偿；大于 88 英亩的按 2∶1 补偿。银行按 24 美元/个出售湿地指标。该银行累计用超过 15.89 万英亩湿地指标补偿了被占用或受影响的7 729英亩湿地。

再例如，蒙大拿州（Montana）交通部门湿地银行就是由政府机构直接经营管理的。建立该银行的目的在于缓解或补偿蒙大拿州境内高速公路建设占用湿地或对湿地造成的负面影响。银行的服务区为整个蒙大拿州。蒙大拿州交通部门是湿地指标的生产者。并且由专门的技术委员会根据土地开发项目的个案情况确定湿地占用和影响补偿的指标交易比例。陆军工程兵团和蒙大拿州的环境部门共同负责湿地银行运行的全程监管。该银行的首次指标交易开始于1989年，至1994年大约开展了50个指标交易项目。该湿地银行主要采用修复方式积累湿地指标。此外，银行还与国家鱼类与野生动物保护局和蒙大拿州渔业、野生动物和公园管理局合作优化水禽栖息地保护区内的浅沼泽而获得了25个指标；优化梅特卡夫（Lee Metcalf）野生动物保护区内的湿地获得了20~25个指标。然而，截至1992年8月，因为高速公路项目的建设，该银行账户已经出现了68个指标的赤字（Environmental Law Institute and the Institute for Water Resources，1994）。湿地指标账户的赤字说明了此种集运营与监管为一体的由政府部门主办的湿地银行存在的固有弊端。

四、小结

湿地银行制度是美国在增量土地管理中实现以资源可持续利用为原则的土地收益共享的重要工具。

一方面，湿地银行保证了湿地补偿的效果，起到优化土地利用的作用。在湿地银行机制下，专业的湿地保护人员和设备可以确保湿地补偿的有效性。而且，银行在指标购买者的开发活动对湿地造成影响前就已成立，消除了开发初期可能出现的湿地价值的短暂损失。湿地银行还能够将大量小规模的、分散的湿地合并成较大块的湿地，能够产生更好的生态效果（Robertson & Hayden，2008）。

另一方面，湿地银行同样体现了“污染者付费”原则，有利于公平合理地分配和分担湿地开发利用后的土地增值收益及其成本，更好地保障后代人的生产与发展权。湿地开发者通过有偿购买湿地指标或自行组建湿地银行积累湿地指标用于湿地开发补偿来承担因开发湿地获得的土地增值收益的成本。另外，实施湿地补偿带来的生态效益是一种公共物品，存在正外部性，常常面临供给不足的困境。而湿地指标的出售者则获得了保护生态环境的经济收益，进而调动了理性的经济主体参与公共物品供给的积极性。这实际上是将湿地开发产生的部分增值收益用于生态建设，维护和实现当代人和后代人的生存与发展权益，因而湿地银行制度也促进了代际间的土地收益共享。

但是，湿地银行制度也面临着一些风险与挑战。例如，不少研究显示，即使湿地功能能够完全永久的恢复，湿地功能还是有流失，并且湿地基本上都是处于一个大的水系之中，即使本地的水循环获得恢复，但其在地区水循环中的作用却难以恢复（Bendor，2009）；对于一直享有受损湿地的生态服务功能的主体来说，他们原来享有的湿地资源减少了，处于受损湿地所在地的公众可能会为全国湿地生态改善承担更多的成本，而他们得到的直接补偿却很少甚至没有得到补偿。

德国的生态账户模式基本达到了土地生态补偿的预期效果。一方面，用地者利用获得的土地收益，通过购买生态指标等方式承担了生态补偿的成本；另一方面，德国的生态账户通过指标的市场化交易显化了生态环境的潜在价值，为各利益主体积极参与生态补偿、优化土地利用提供了经济激励。而且，生态指标数量直接影响运营生态账户的经济效益，并与补偿项目的质量直接挂钩。因此，为了积累更多的生态指标，获取更大的经济收益，生态账户的经营管理者自然有保质保量地开展生态补偿工程、促进土地利用合理化的动力，进而节约了政府强制执行的成本。这就保障了高品质的生态环境此种公共物品的有效供给，从而不仅保障了自然资源的可持续性利用，还维护了代际代内的生存与发展权，进而实现了当代人和后代人之间的土地收益共享。

但是，德国的生态账户依然面临着一些威胁与挑战，制约了其促进代际间土地收益公平分配的效果。首先，一些补偿项目完成后，由于缺乏有效的后续养护和管理，出现了补偿功效不可持续的问题。而且，不论是恢复性还是替代性的补偿手段都难以完全弥补因生物的栖息地被占用而给生物多样性造成的损失。因为一些特殊的动植物物种和地方性的生物栖息地与生物群落是不可能被复制的（Quétier and Lavorel，2011）。这就意味着后代人未必能真正享有高品质的生态环境。其次，一些地方未必总是能从生态账户机制中获益。因为，如果当地的生态指标价格过高，势必会增加开发者的投资成本。这会降低该地区对外来投资者的吸引力，使之在区域竞争中处于劣势。长此以往，当地的经济社会发展速度会有所减缓，间接地对当地居民的远期收益产生负面影响。

现阶段，中国还尚未出现真正意义上的土地生态补偿制度。耕地占补平衡或耕地保护补偿基金等关注的是土地开发占用耕地及其背后的土地收益分配，但忽略了土地利用变化对其他地类和整个生态系统的影响。因此，中国在探索土地出让制度及收益共享机制创新路径之时，还应当准确把握建设生态文明的社会发展新趋势，更加关注土地出让导致的土地利用变化所带来的生态环境效应，以及生态环境的非市场价值。通过建立土地生态补偿制度，推动土地开发的外部成本（负收益）内部化，进而统筹处理好代际间的土地收益共享问题。

第六节　典型国家和地区公共土地利用和土地收益管理的经验与启示

一、经验总结

（一）公平合理分配成本与收益的存量土地再开发制度

德国、美国和我国台湾地区的存量土地再开发制度的共同特点是先以经济激励促进土地产权人广泛参与再开发来提高土地资源配置效率，再以土地产权和生产要素归属为依据来实现土地再开发的成本与收益的公平合理分配，进而增进土地收益共享。

德国的分区整理发挥了地方政府的组织领导功能，引导存量土地再开发项目区内的土地所有者自愿提供土地，整合地权，实施再开发。从而，节约了政府征收土地开展再开发项目的成本，进一步提高了存量土地资源的配置效率。项目完成后，政府依据事前由各利益主体商定的土地分配方案，按照项目实施前土地所有者投入的土地面积、价格、价值等合理分配再开发完成后业已升值的土地，确保土地收益共享。美国的城市更新显示了公私合作和社区自组织等多样化管理模式的优势，强调“谁投资、谁受益”，让不少已经衰败的旧城区获得了新生。类似地，我国台湾地区的市地重划根据“使用者付费”和“受益者负担”的准则分配存量土地再开发的增值收益和增值成本，调动了利益主体参与土地再开发的积极性。

（二）调节土地收益分配格局的土地税收制度

德国、美国和我国台湾地区的实践经验表明，土地税收可以调节土地收益分配，促进以社会财富分配公平为原则的土地收益共享。而具体的税收规则设计能否保证土地税负的公平分配是实现土地收益共享的关键。不同的税收规则会通过土地税负在社会群体之间的差别化配置来实现不同程度的土地收益共享。公平合理的土地税收规则以公共服务的供给与受益为依据，能够让每个不动产的产权人都缴纳与其土地收益规模相当的税款，合理承担土地增值的成本。然后，地方政府再按照财政预算以公共财政支出的形式利用这部分土地收益保障和改善民生，最终让社会大众共享土地收益，优化社会财富的分配格局。

德国土地税制改革就缘于过时的税基评估价值引致的税负分配失当所造成的土地收益共享困境。因此，各种改革方案都力求通过调整计税依据或引入新的计税参数等实现税负的公平分配。美国的财产税制度强调“取之于民、用之于民”，以不动产的公平市场价值作为计税依据，各地方按照量出为入的原则确定税率，同样是为了公平合理分配税负，进而推动土地收益共享。我国台湾地区的土地税收制度讲求“规定地价、照价征税、涨价归公”，开征地价税和土地增值税，并采用超额累进税率。这实际上也是为了让土地收益的既得利益者提供相应比例的收益用于社会公益事业来承担土地增值的社会成本，并调控土地收益差距。

（三）追求代际间互利共赢的土地生态补偿制度

纵观德国和美国的土地生态补偿制度，不难发现土地生态补偿制度设计的关键就是在增量土地利用过程中注重对环境的保护和自然资源的可持续性利用，以代际代内的生存与发展权为依据，并遵循“污染者付费”和“保护者受益”的原则分配土地增值的成本与收益，推进土地收益在代际间共享。

在生态账户和湿地银行模式下，农地非农化、建设占用湿地等土地开发、新增建设用地的行为所造成的负面生态影响得到了应有的补偿缓解，有助于可持续利用土地资源。土地开发者利用其所获得的土地收益，通过购买生态指标、湿地指标或自行组建生态账户、湿地银行等方式承担了生态补偿和增量土地利用引致的土地增值的成本，保障了良好的生态环境、高质量的湿地等公共物品的供给。这些公共物品引致的正面生态效应将惠及后代人。因此，后代人也就以享有高品质的生存环境的形式共享了前代人因土地开发所带来的土地收益。

二、对中国大陆地区的启示

（一）完善存量土地再开发制度，优化土地收益初次分配格局

从中国大陆地区实践来看，存量盘活的备选模式众多，关键是要选择阻力小、成本低、效益好的土地再开发模式，充分发挥市场机制和公众参与的作用，调动各利益相关者参与再开发项目的积极性和主动性，提高存量土地再开发的效率。同时，存量盘活的模式选择与之后的收益分配密切相关。应当通过市场主体的平等协商形成公平合理的收益分配规则，增强行为主体间的利益一致性，增进

存量土地再开发的收益共享。而这势必会提升存量土地再开发的制度绩效。

（二）健全土地税收制度，发挥好土地收益再分配功能

中国大陆地区有必要以土地税负公平合理分配为核心，健全土地税收制度，用税收“取之于民、用之于民”的刚性约束来确保那些源自社会发展进步的土地收益能真正惠及社会大众。土地税收规则设计应确保土地税负分配的公平性，发挥好收入再分配作用。中国大陆地区首先应当整合性质相同、功能重叠的与土地相关的各税种，避免重复征税。基于此，从课税对象、计税依据、计税参数和税率等方面入手，优化土地税收规则设计，增强规则的综合性，兼顾城市国有土地和农村集体土地的共性与差异，特别是要考虑公共服务投入等社会经济因素对土地收益分配的显著影响。从而确保社会不同群体间的税负公平分配和土地收益共享。

（三）构建土地生态补偿制度，实现土地收益的代际间共享

中国大陆地区要以建设生态文明为目标，加快构建土地生态补偿制度，作为土地出让的非市场收益共享和成本分担机制，以促进土地资源的可持续性利用和土地收益共享格局优化。一方面，要完善相关法律法规，在《中华人民共和国环境保护法》《中华人民共和国土地管理法》等相关法律法规中明确土地生态补偿的总体要求、基本原则和方法等，确定政府、土地使用者等确保一定区域内土地生态价值不降低的主体责任。同时，尽快配套违法制裁措施并严格依法执行，增强法律的威慑力和约束力。另一方面，充分发挥市场作用，搭建土地生态补偿的指标交易平台。这是实现以资源可持续性利用为原则的代际间土地收益共享的关键。它既能凸显土地生态服务功能这种公共物品的经济价值；还能强化合理利用土地资源的经济激励和约束，让自利的市场主体有积极性去实施生态补偿而非选择“搭便车”。进而，在无形中完成了土地收益从土地使用者等既得利益群体向受到土地开发影响的社会大众及后代人的转移，达到代际间收益共享的效果。

（四）循序渐进，不断夯实土地利用与土地收益管理机制创新的制度基础

应当看到，典型国家和地区的公共土地利用与土地收益管理制度都离不开土地产权、土地规划等坚实的基础性制度支撑。着眼长远，中国大陆同样需要夯实土地利用与土地收益管理机制创新的制度基础，为土地收益共享创造良好的制度环境。例如，要进一步明晰土地产权。特别是要明确收益权的归属和相应的责任

与义务，为实践中的利益纠纷解决、土地收益共享和成本分担提供法理依据和可靠的正式制度保障。要逐步改进传统的土地规划体系。推动指标规划向空间规划转变，或至少将指标与空间区位相挂钩，加大规划信息公开和规划过程中的透明度，以减少信息不对称带来的隐性违规等机会主义行为。进而明确政府的规划管制权责以及产权人的土地利用权利和义务，真正让土地规划成为土地利用与土地收益管理的有效依据。

第八章

我国土地出让及收益共享的制度保障与政策设计

我国土地资源由国家和集体所有，是全体社会成员共同享有的公共资源。土地出让通过产权分割和市场交易将土地使用权赋予特定使用人，为土地公共资源配置提供了新的途径。从资源价值角度而言，土地出让价格越高，意味着土地价值越能得到体现，可用于社会成员分配的土地收益也就越多。但我国土地出让收益分配饱受政府收益居多，农民收益极少，公共服务支出不足等负面评价的困扰，收益分配难以体现全民收益共享的目标。因此，如何改革现有的土地出让制度，在兼顾效率与公平的前提下，促进土地资源高效配置，合理分配出让收益，缩小城乡收入差距，实现公共服务均等化成为当前亟须解决的问题。本章在剖析土地出让制度问题的本质的基础上，建立土地出让制度改革的基本理论框架，然后结合土地出让制度改革实践方案探讨具体改革要求，从市场、政府和相关配置措施等层面提出我国土地出让及收益共享的具体制度保障与政策设计。

第一节　我国土地出让制度问题的本质

我国土地出让制度正式建立于20世纪90年代，是土地资源市场配置、有偿使用的重要方式。作为我国改革开放和发展过程中的一项制度创新，土地出让具有“财政、调控和产权”三大功能（靳相木、丁静，2010），既通过产权交易将土地使用权赋予特定使用人，明确土地开发利用中的权、责、利（黄贤金等，2013），又能以土地投入实现地方政府招商引资及其多样化竞争（颜燕等，2013；罗必良、李尚蒲，2014；杜雪君、黄忠华，2015），自实施以来有力地促进了经济和财政收入增长、城市化工业化发展（黄贤金等，2013；王玉波，2013；雷潇雨、龚六堂，2014；杜雪君、黄忠华，2015），成效显著。不过，土地出让制度在为公共资源配置提供新途径，极大地提升国有土地资源配置效率的同时，仍然面临一系列问题。

首先是地方政府垄断土地一级市场供给，土地出让价格与房地产价格、建设用地规模关联带来的负面效应使出让制度饱受非议。一方面，尽管研究认为高房价并非由高地价和出让方式决定（况大伟、李涛，2012），但土地出让、城市建设和房地产价格的自我强化也是不争的事实（郑思齐等，2014）。随着商住用地"招拍挂"出让"地王"频现，房地产价格自然会水涨船高，当前高房价与出让制度确实具有直接联系；另一方面，虽然地方政府高价出让商住用地、低价出让工业用地被认为是增加地方财政收入的有效策略（雷潇雨、龚六堂，2014；李学文、卢新海，2012；彭山桂等，2015），但地方政府可以在垄断的土地市场上策略性地设置出让价格和规模（王贤彬等，2014），实施土地出让策略和引资策略（唐鹏等，2014），无疑会为追求经济利益最大化而有针对性地紧缩或者放松商住用地和工业用地供给，导致地方政府间土地出让的过度竞争（罗云辉、林洁，2003）。在高房价和土地供给失衡双重压力下，房地产消费者福利水平因房价畸高而严重减损，社会经济产出和经济收入分配受到巨大影响（王贤彬等，2014），加之地方政府大量圈占土地导致城市空间过快蔓延、土地资源不够节约集约等问题（黄贤金等，2013），土地出让制度引起的负面效应被严重夸大。

其次是土地出让带来巨额出让金收入，引发地方政府过度依赖"土地财政"，出让收益分配不公平导致社会风险引起广泛忧虑。21 世纪以来，我国土地出让的市场化带来数目不菲的收入（匡家在，2009），这一高额收益正好可以弥补地方经济建设所需资金与本级财政收入的差额（李涛、王晓青，2012），成为地方政府"土地财政"的主要来源。虽然土地出让收入属于国有资产收益（朱道林等，2012），但受地方政府"土地财政"路径依赖性以及出让收入制度不完善的影响，土地出让收支的公共性目的并未实现（谭术魁等，2012）。研究表明，长期以来土地出让金主要用于城镇基础设施建设，公共服务和社会保障的投入和支持力度较弱，造成服务供给滞后和不足（张向强、姚金伟、孟庆国，2014）。出让收益分配和管理的不科学则导致农民利益被损害（赵燕，2010），用于农村的支出被忽视，城乡差距被人为拉大（唐鹏、石晓平，2012）。同时，出让收入使用缺乏长远安排，基本当期收入当期使用，甚至透支未来支撑眼前发展（张志宏，2013），损害以后各届政府收益共享的权利，造成官员任职期间分配不均衡（王美涵，2005），引起代际收益分配的不公（张鸣明、朱道林，2005）。因此，现行土地出让制度被认为是造成财产性土地财政问题的内在制度原因（朱道林等，2012），不仅诱发地方政府短期行为和土地违法行为（龙开胜，2013），带来财政风险和社会风险（白宇飞，2011；张志宏，2013），更是威胁地方经济持续稳定发展（童伟，2008；孙克竞，2014）。

最后是土地出让制度的关联制度广泛，改革需突出重点和综合性，但现有改革目标和政策工具比较片面，难以解决出让全局问题。土地出让涉及产权、市场、政府、财政、税收等广泛领域，对经济、社会和民生具有重要影响。上文提及的“地王”频现、房价高企、收益分配不公平的刻板印象，减弱了社会公众对土地出让制度绩效的现实感观。当前土地出让制度改革已经不能局限于解决制度设计某一方面的缺陷，需要容纳更多社会发展目标，以响应当前经济社会发展和制度变革需求。为此，政府以及基层实践部门从土地“招拍挂”改革及收益再分配、城市和农村存量建设用地盘活、市场化出让等方面进行了大量探索，相关文献从土地出让的市场化、规范化和收益公平分配，政府财政机制、政绩考核机制与产业结构优化、土地征收改革等层面进行了深入探讨（陶然等，2007；黄贤金等，2013；张志宏，2013；孙克竞，2014；彭山桂等，2015；刘戒骄，2015）。但这些实践探索和理论探讨主要源于对高房价、公共服务支出不足等焦点问题的极其重视，很少关注出让制度设计的内部架构所决定的必然结果，以至于土地出让面临的问题是否由现行制度安排所导致没有得到明确回答，土地出让制度的科学评价标准并未很好建立，改革措施能否对症下药存在较大疑问。由此可见，如果土地出让制度改革忽略全局，仅成为解决某些基础制度如产权、收益分配制度不完善等带来的不利后果的因应工具，毫无疑问将偏离制度改革初衷，难以取得理想效果。

上文表明，土地出让中存在资源配置效率和收益分配公平损失是显而易见的，土地出让制度改革势在必行。根据上文及前面章节的分析，将土地出让制度面临的问题归纳为两个方面，一是现行制度安排下的土地资源配置效率与出让收益分配公平问题；二是出让制度改革对于解决现有问题的效果问题，这些问题均与公平和效率直接相关。尽管作为非再生的紧缺资源与各界利益攸关的土地，效率和公平的协调非常重要但往往极其困难（秦晖，1998），土地出让同样也会受到公平和效率冲突的影响。特别是当前出让土地的高地价与低价征收、高房价、公共服务供给不足之间的矛盾甚至使土地出让制度面临合理性上的怀疑，由此导致关于出让制度的社会评价多数会呈现这样一种逻辑：出让价格体现的出让收益最大化被视为影响全体社会成员公共福利损失的重要原因，土地出让效率和收益分配公平被混为一谈。由此进一步总结，土地出让制度问题的核心是以出让收益为表征的资源配置效率和以收益共享为表征的分配公平的冲突问题，出让制度改革本质上是效率和公平的权衡问题。并且在出让制度改革过程中，必须阐明问题产生与生产关系变革、管理制度调整和经济发展的关系以及不同层次问题的解决途径（张俊山，2012）。下文将从理论和实践两方面剖析土地出让制度安排所决定的效率和公平结果，为土地出让制度完善和收益共享提供依据，提出相关对策建议。

第二节　改革框架：土地出让制度构成及其效率、公平结构

土地出让权利客体的载体是建设用地，具有资源和资产双重属性，权利交易则受法律管制和契约约束。据此，围绕资源特性、法律制度和交易合约三个层次，构建土地出让与效率、公平的逻辑关系框架。第一个层次是资源特性，考察建设用地的资源属性所决定的出让效率与公平目标，探讨土地出让的资源基础；第二个层次是法律制度，从出让交易的核心规则考察效率与公平取向，这一层次具有法律强制性，难以改变；第三个层次是交易合约，从自愿、自由度较大的合约角度认识出让效率、公平的具体实现。在此基础上，试图总结整合资源、法律和合约三要素的整体框架，为土地出让制度改革研究提供理论依据。

一、资源特性与出让效率、公平目标

资源特性是自然资源具有的经济学属性（郭守前，2004），是人们实现其资产价值必须予以充分认识的属性（巴泽尔，1997）。国有建设用地资源是自然产物经过人工改造的结果，具有土地资源面积可测量、边界可确定、位置固定等普遍属性，为土地分割出让奠定物理基础。在自然属性基础上，资源的经济特性决定土地出让效率与公平目标。

（一）公共资源与效率、公平目标

经济学上的公共资源是指具有利用上的非排他性和竞争性的物品。我国土地的社会主义公有制框架下，国有土地是全体社会成员共同享有的生产资料，土地所有权由全体社会成员共同享有，理论上全体社会成员均有权利用该资源，不具排他性；但土地利用因资源稀缺而存在竞争关系，一部分人使用土地将导致另一

部分人可用土地减少，出让的国有土地具有明显的公共财产资源特性。我国土地公有制与资源的公共属性决定了土地资源配置必须考虑全体社会成员的利益，公平是国有建设用地配置必须满足的基本要义。不过，土地名义上的全民所有，绝不是全体社会成员共用土地资源，否则就会导致土地资源快速退化和枯竭，带来“公地悲剧”的严重后果（哈丁，1968），终致全体社会成员一无所有，意味着无效率的制度安排无法实现真正的公平。因此，土地出让既要与公有产权相适应体现公平，又不能忽略效率。为使土地出让制度能够平衡公平与效率理念，公平之于土地出让的核心含义需作必要限定，即公平应视为全体社会成员基于土地所有权“公有”对土地权利衍生之收益的“共享”，而非全体社会成员“共用”土地资源。为真正达成这一公平目标，就要求土地出让突破传统的无偿、行政命令配置方式，实行有偿、竞争的资源配置方式，在提高公共土地资源利用效率和收益水平的前提下，实现出让收益公平分配。

（二）资产专用性与效率、公平目标

资产专用性指的是用于特定用途的资产难以改作他用，因为改变用途的交易费用极高（威廉姆森，2000）。国有建设用地资源的资产专用性至少源于三方面因素：一是用途专用，建设用地物质改变为农用地要么不可能，要么投资巨大，法律属性上的改变则由于用途管制需要经过复杂的审批程序，用途转换极为困难；二是权利专属，建设用地使用权是完整的用益物权，受到法律严格保护，非因合法缘由并经合法程序不能改变土地使用权人，权利专属程度高；三是交易对象稀少，土地出让的标的物往往价值巨大，开发周期较长，一般用地者难以承受，潜在交易对象难寻。强资产专用性说明建设用地被“锁定”于特定用途和使用者，流动性和可转换能力差，通过增加土地使用权交易频率来实现资源配置效率提升是不可行的。为保护专用性资产投资者免受机会主义行为的侵害（威廉姆森，2000），土地出让应能使出让人和受让人在有限的交易次数内达到如下状态才能满足效率目标，即出让人财产交易收益最大化，为土地所有者最大限度地分享收益创造条件；受让人获得长期和稳定的土地使用权利，为其获得长期收益提供保障。这又进一步决定了将土地使用权配置给出价最高的使用人或者能够创造最大土地收益的使用人的必要性，因为只有如此才可能保障全体土地所有者享有最大化收益以及使用意向人获得土地使用权的公平机会。

（三）资源特性区分与公平、效率目标

不同资源特性所决定的土地出让公平和效率目标各有侧重，同时每种资源特性仍可进一步区分，公平和效率目标需与之相应调整。按照来源差异，出让土地

可分为农地转用而来的新增建设用地，以及原用途为建设用地的存量建设用地。新增建设用地的可分割性、可用于发展的产业类型和交易范围、方式较存量土地显然要更为灵活，其资产专用性较存量土地要弱，实现效率具有便利条件；但新增建设用地绝大多数需通过土地征收获取，土地所有权需从集体所有转变为国家所有，涉及利益主体较多，土地收益分配公平目标更为复杂。按照用途差异，商业、工业、教育文化卫生和住宅用地等分属不同用途，商业、住宅用地往往位置较为优越，需求量大，潜在交易对象多，资产专用性约束要小一些，实现效率较为便利，当前商业和住宅用地使用权出让成交价格高、权利取得较工业用地竞争更为激烈就是很好的例证，但这也对土地使用权公平配置提出更高要求。因此，从不同维度对资源特性的进一步区分，有助于认识资源特性对权衡出让效率与公平目标的重要性。

上文表明，公共资源属性决定土地出让公平目标的“收益共享”内涵，为提升资源配置效率排除资源共用的传统障碍；资产专用性决定实现土地出让效率目标的“收益最大化”路径，这也是公平保护土地所有人和使用人权益的需要。资源特性及其区分决定土地出让效率和公平目标的区分与调整，是土地出让制度安排的基础约束条件，背离资源特性的制度安排需要高成本维护，难以持续。因此，资源特性决定土地出让效率与公平目标分割，并要求出让制度安排与之相匹配，构成土地出让与效率、公平的第一层逻辑关系。

二、法律制度安排与效率、公平体现

制度安排是管束特定行动模型和关系的一套行为规则（林毅夫，1968），是支配经济单位之间可能合作和竞争的方式的一种安排（戴维斯、诺斯，1994）。土地出让是《中华人民共和国物权法》和土地管理法律法规规定的资源配置手段，出让规划与计划、产权让渡和收入分配的法定行为规则构成土地出让政府管制和市场交易的依据，具有权威性和稳定性。

（一）规划计划与资源配置效率、公平

规划和计划是纠正公共资源市场配置失灵缺陷的重要工具。按照现行法律法规，出让土地的规模、用途、区位、年限以及可供给的建设用地总量均由土地利用总体规划、土地利用年度计划和城市规划管制，土地出让具体方案也由市、县人民政府土地管理部门会同城市规划和建设管理部门、房产管理部门共同拟定，建立了由地方政府占支配地位的资源配置机制。通过规划和计划，一定时期内的土地出让规模、范围和时序基本上被确定，形成土地资源的代际分配格局；同时

土地出让的具体方案确立了出让地块面积、边界、建筑密度等条件，实质上界定了出让土地资源的产权状况，构成资源当期配置的外部环境。理论上看，政府通过规划和计划工具干预土地资源供给并设置产权条件，既可以避免市场失灵导致的公共资源配置的负外部性问题，又能够给予潜在土地使用者参加土地使用权取得竞争的权衡依据，促使其理性参与土地市场竞争，形成资源配置的代际内和代际间均衡格局。当然，规划本身也具有效率和公平问题，并不能自动增加公共物品供给，还可能会因为寻租的存在而损害公平（王小映，2003），意味着出让规划和计划方案只能是土地市场出让的基础依据，是提升资源配置效率和公平的前提，而不是用于替代市场机制。

（二）产权让渡与资源配置效率最大化

产权让渡是土地出让的核心环节，即国家按照土地所有权与使用权分离的原则，依照土地出让方案，将有限年期的国有土地使用权有偿交予土地使用者的过程。产权让渡的直接结果是，土地所有者以不直接占有土地的方式享有土地权益，获得性质上属于一次性收取的若干年地租之和的出让金；土地使用者缴纳出让金后获得用益物权性质的建设用地使用权。研究表明，不同的产权让渡方式如协议出让、招拍挂出让具有不同的资源配置效率，地方政府会根据出让土地属性和经济社会状况选择不同的出让方式（王乔、王丽娟，2014；杨其静等，2014；赵文哲、杨继东，2015），最为突出的是协议出让可创造长期稳定的税收收益，但短期回报低；“招拍挂”出让对短期出让金收入有显著正向影响，但长期效果不明显（刘乃铭等，2014）。总体上，为使产权让渡能够带来资源配置效率的改善，土地出让过程中采取了以市场价格竞争为核心特征的竞争机制。其中市场竞争体现在“招拍挂”制度，《中华人民共和国物权法》明确要求工业、商业、旅游、娱乐和商品住宅等经营性用地以及同一土地有两个以上意向用地者的情形下应采取招标、拍卖等公开竞价的方式出让；价格竞争则以“价高者得”为主要体现，土地使用者获得土地使用权必须支付最高对价，包括货币化的价格，也包含以物化形式支付的对价。毋庸置疑，土地出让价格竞争既能体现土地价值，也符合公平原则，毕竟除了价格上的公平竞争，其他途径很难保证产权让渡不存在腐败或者寻租行为。从土地所有者角度看，其在出让年限内不能再从土地上获得地租收入，故土地出让以市场价格最大化为目标，是保障全体社会成员能够分享资源收益的需要。排除某些非正常因素的影响，土地出让价格越高，意味着土地被最有竞争力的用地者获得，土地能够发挥最大效用。因此，以土地出让市场上的价格竞争实现产权让渡，有助于资源配置效率最大化，并且效率最大化也会增加可被用于分配的出让收益规模，一定程度上有利于公平的实现。

（三）收入分配与出让收益全民共享

国家所有不等于全民共享（刘尚希、吉富星，2014），全民共享不等于人人有份，出让收益共享有赖于分配规则的调节。本质上，土地出让金是国家对地租的收取（贾康，2014），但实践中土地出让收益是土地使用权出让合同价款扣除补偿性成本和开发性成本之后的收入，属于地方政府的非税性质收入，易受宏观经济形势影响（张志宏，2013）。加之政治集权和经济分权体制下，各种经济和政治因素会影响地方政府税收收入、土地出让收入以及居民收入，等等，从而改变整个经济的收入分配格局（王贤彬等，2014）。另外，我国土地出让收益分配过程中存在中央政府、地方政府及农民之间的博弈（匡家在，2009；李涛、王晓青，2012），特别是土地财政可能带来逆向收入再分配，不利于全民收益共享（范方志、汤玉刚，2013）。因此，出让收益分配需依据经济社会发展态势相机采取不同调节措施保增长、促均等（张凤林，2012），建立体现不同共享水平的分配规则。

不过，我国土地出让收入分配规则一度是非常模糊的制度安排，《中华人民共和国城镇国有土地使用权出让和转让暂行条例》仅规定“依照本条例收取的土地使用权出让金列入财政预算，作为专项基金管理，主要用于城市建设和土地开发”，这种“取之于农，用之于城”的分配方式，剥夺了农民对土地出让收入的受益权，有违公平原则（谭术魁，2012）。当然，模糊的收入分配规则为地方政府获得和支配土地出让收益带来天然优势，长期以来大部分出让收益被县、市级地方政府享有，该收益又以用于城市建设为主。从资金使用效率角度来看，将出让收益用于城市建设对于促进地方经济发展和提高城市公共服务设施水平具有积极作用。问题是，土地出让收益是政府财政收入构成部分，按照财政收入的公共属性逻辑，其支配也应该以全体社会成员共享为主。尽管2006年《国有土地使用权出让收支管理办法》进一步规定“土地出让收入使用范围包括征地和拆迁补偿支出、土地开发支出、支农支出、城市建设支出以及其他支出”，但其将补偿性成本、开发性成本与政府可支配财力相混同，难以保证土地出让收入流向公共领域。因此，个人收入分配的平等机会和全体社会成员公共福利的增长，是土地出让收益分配规则的核心目标，促使出让收益流向公共服务和民生项目等公益性支出则是出让收益共享的有效途径（唐鹏、石晓平，2012）。

综上所述，当前土地出让的法定制度安排具有以土地规划和计划实现资源代际配置，以价高者得的市场竞争机制实现收益最大化的特征。尽管现有法律制度中的收益分配规则尚不完善，但规划计划、产权让渡和收益分配所构成的核心规则体系，体现了现行制度安排对效率和公平的需求，决定了资源配置效率和收益分配公平结构。因此，法定规则约束之下，土地出让法律制度安排下的市场交易与政府管制所能体现的资源配置效率和收益分配公平状况，构成了土地出让与效率、公平关系的第二层次逻辑。

三、出让交易合约与效率、公平实现

法律强制的正式制度安排下，土地出让交易和土地使用权行使均需遵守合约。合约就是制度，合约选择是制度选择（张五常，2015）。相对法律制度而言，合约基本上是自愿的，其变革的阻力也最小（盛洪，2014），具有较大自由度。接下来将从自愿交易、自由契约——合约的角度，探讨土地出让与效率、公平的关系。

（一）出让合约性质与效率、公平

土地出让合约（合同）由市、县人民政府土地管理部门与土地使用者签订，是双方权利享有和义务履行的依据。尽管现有文献对土地出让合约是民事合约还是行政合约存在争议，但这一合约的显著特点是在契约的法律形式下蕴藏着浓烈的行政色彩，法律上充分体现出行政性或权力因素（张瑚等，2006），土地出让方对合约订立、履行、变更和解除享有监督权、管理权、制裁权、单方面解除合约权（张启珍等，2004），因而有较多的行政合同成分。由于出让方是行使行政职权的市、县人民政府土地管理部门，合约双方的法律地位并不完全平等。按照平等、自愿、有偿原则签订的合约，能够协商的其实局限于出让价款、付款方式等内容，土地用途、出让年限、建筑密度、容积率和其他使用条件并无协商空间，因为合约内容多数为不可变更格式条款。这一合约中的契约自由，主要体现在受让方自愿接受出让条件，合约签订不受出让方的强迫。从这一方面看，土地出让合约实质上由地方政府占主导地位，受让方并无充分选择空间和讨价还价的权利。具有行政合同性质的出让合约，为政府干预土地市场提供了手段，政府可以根据资源状况和经济发展需求灵活设置合约内容，而不需要变更法律，变革成本较小。因此，鉴于土地出让合约具有的行政管理职能，合约签订必须坚定贯彻平等原则。同时，出让合约一经生效，双方均需严格遵守，自愿交易达成的合约不能任意变更，以便使权利人享有稳定权利，提升资源配置效率。

（二）出让合约类型与效率、公平

大部分的土地出让合约类似于固定租合约，即受让方一次性缴纳土地出让金后，获得若干年期的国有建设用地使用权；也有一部分合约类似于分成合约，即地方政府将土地使用权以很低的价格甚至零地价交予受让方，通过让利行为吸引投资（吴次芳，2010），促进经济发展并获得税收。不论是固定租合约还是分成合约，受让方获得的都是国有建设用地使用权，享有占有、使用和收益等用益物权权能，能够物尽其用。虽然现有文献认为固定租合约和分成合约所暗含的资源配置都是相同的，因为在人们可以自由选择的条件下，没有谁会选择效率较低的合约形式（张五常，1968），但不能否认不同合约带来的资源配置和收益分配结果确实会有差异。固定租合约中，受让方需要支付高额地价，相当于增加企业经营成本，但成本最终要由消费者承担，这一合约在最大化出让收入的同时，可能会减损消费者福利。分成合约中，受让方成本减少，相应地出让方收益也减少，如果企业经营未能取得良好效益，出让方通过让利以促进经济发展和增加税收的目标就很难实现。由于分成合约并未改变建设用地的用益物权属性，受让方纵使经营不善仍可以低成本占有土地，不利于提高土地利用效率。由此可见，固定租合约和分成合约具有不同的受众和利益分配结构。特别是土地交易过程中，出让人被受让人的寻租或腐败行为所俘获，或者为了追求财政租值最大化（白彦锋等，2013）及受区域竞争、政绩考核体制的影响（陶然等，2007），扭曲土地出让行为，设置纯粹自利的交易合约，社会公众利益会受到极大损害。

相较于法律制度的不可改变，自愿交易、契约自由的合约为调节资源配置和收益分配提供了便利。但合约生效之后双方必须严格遵守，既不能不受约束地变更，也不能随意解约。特别是土地出让合约期限长，也可能被利益俘获，一旦合约设置不当，难免造成效率和公平损失且短期内难以改善，出让合约选择务必谨慎。因此，自愿交易、契约自由的土地出让合约公平性要求，以及合约生效之后严格执行所体现的效率要求，构成土地出让与效率、公平的第三层逻辑关系。

四、土地出让与效率、公平价值关系：理论框架总结

上述分析表明，出让价格竞争有利于土地出让收益最大化，出让收益最大化则是收益分配公平的资金基础，不能将社会公平领域的问题简单归因于土地出让制度。为此，进一步围绕资源、法律和合约，以及效率和公平之间的相互关系，按照“要素—格局—维度”的思路，将土地出让与效率、公平三个层次的逻辑整合到同一体系，形成土地出让制度价值关系的整体框架如图 8－1 所示。

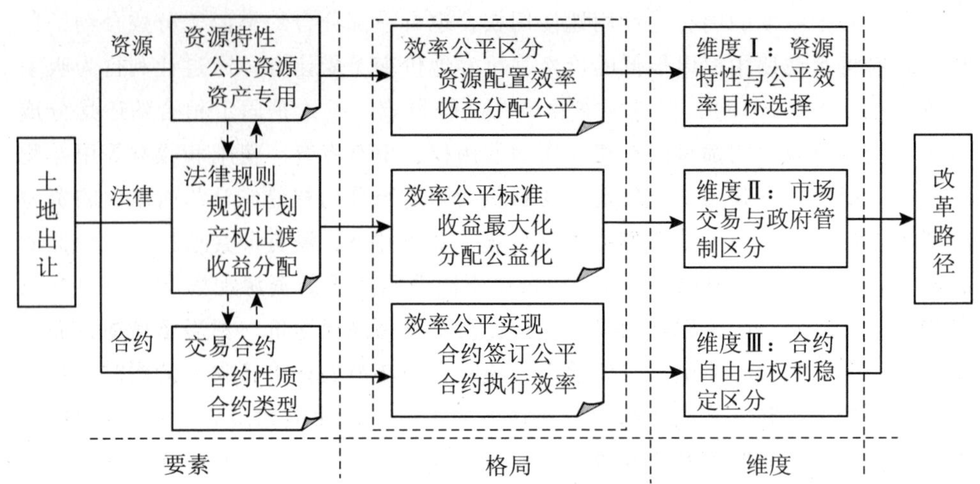

图 8-1 土地出让制度效率公平价值关系整体框架

图 8-1 揭示了资源特性、法律规则和交易合约影响土地出让效率和公平结果的路径，也为土地出让制度改革提供一般化分析框架。由图 8-1 可知，资源特性是土地出让制度的基础，决定出让法律规则，并在此前提下进行合约选择，从而为实现出让市场自由交易和权利稳定提供保障。资源特性、法律规则和交易合约对应于效率与公平的不同结果，构成土地出让利益基本格局。因此，出让制度效率与公平价值的实现实际上就是依据资源特性对公平效率目标以及法律制度和交易合约的选择。由此归纳处理土地出让制度改革效率与公平关系的三个基本维度：

价值关系维度Ⅰ：资源特性与公平效率目标选择。从资源配置角度，土地出让体现公共资源配置方式，应着重提高土地利用效率；从收益分配角度，土地出让体现公共资源价值的分配手段，应促进全民共享公共资源增值收益。因此，在资源配置领域提升效率、在收益分配领域增进公平，是处理土地出让制度公平与效率关系的首要维度。

价值关系维度Ⅱ：市场交易与政府管制区分。市场交易和政府管制法规构成土地出让的强制性约束条件。按照市场交易与政府管制相区分原则，以市场交易实现出让收益最大化和土地使用者公平竞争；以政府管制实现资源代际公平配置和收益公平分配；通过市场与政府工具的选择实现效率与公平目标，是处理土地出让制度改革价值关系的第二个维度。

价值关系维度Ⅲ：合约自由与权利稳定区分。交易合约的自愿性和契约自由能够弥补法定规则难以变更的缺陷，为效率和公平的实现提供便利条件。但合约灵活性并非随便变更合约，而是合约签订自由，合约生效后需要严格执行以便稳定权利，提升效率。因此，以协议自由签订促进公平、以协议稳定执行促进效率，是处理出让制度价值关系的第三个维度。

第三节　出让改革方案选择：效率与公平变化及权衡要求

基于上述理论框架，结合土地年租制、“招拍挂”改革以及集体土地出让等典型探索，剖析不同改革方案之于资源特性、法律规则和交易合约等层次的改变，以及由此导致的效率与公平变化，并进一步提出增进效率和公平的出让制度改革要求。

一、土地年租制：交易合约改变与效率、公平变化

土地年租制的核心思想是将一次性收取的土地使用权出让金改为分年收取，即在土地使用期限内每年（或每几年）收取一次地租。注意土地年租制与国有土地租赁的区别，国有土地租赁是国有土地有偿使用的一种方式，与土地出让同属于土地一级市场；土地年租制主要是改革出让金收取方式，并非以国有土地租赁制度取代土地出让制度。土地年租制与土地使用权出让本质上都是国家对地租的收取，只是两者收入方式不同而已（贾康，2014）。从土地年租制的核心定义出发，按年收取地租使得原本在出让年限内保持不变的出让收益分配合约更容易改变，出让人和受让人的权利和义务被重新分配，主要体现在：（1）以房地产转让为目的的土地受让人不必承担高额的土地使用权出让金，出让合约签订人为取得土地开发权利纵使承诺高溢价条件也不会面临高额财务压力和风险；（2）以直接生产经营为目的的土地受让人或者房地产的最终产权人不必一次性支付全部土地出让金，但固定租合约可能会变成租金不断上涨的可变合约；（3）土地出让人在合约设置上的主导地位得到进一步强化，出让人享有了在出让期限内适时调整合约的机会。依据前文理论框架，交易合约的上述改变会影响出让效率和公平结果，据此进一步评估土地年租制的效果及交易合约改进的条件保障。

由于土地年租制仅从交易合约上改变地租收取方式，国有建设用地使用权配置的法律管制和市场规则维持不变，“价高者得”的交易竞争机制仍然有效。据此，交易合约的改变可能会带来以下效果：（1）房地产开发进入的资金门槛降低，竞拍人相应地增加，加之竞拍人不必承担高额的土地使用权出让金成本，融资顾虑降低，竞拍出高价的可能性大增；（2）土地受让人或者房地产产权人按年

缴纳地租而非一次性缴纳出让金，近期内财务压力减小，但这并不能减少地租总额，其承担的财务压力从长期来看也不会减低，如果年地租不断上涨，其承担的财务压力只会增加不会减少；（3）土地出让人不能一次性收取土地出让金，本届政府财政收入来源减少，但土地出让期限内各届政府能够分享土地出让收入；（4）土地权利人获得的土地使用权收益权能更加不完善，因为土地权利人获得土地增值收益的预期降低，大量增值收益会被政府获取。进一步结合土地出让的效率和公平目标需求，可见土地年租制在效率维度上仍然维持了出让收益最大化和财政收入最大化的目标，公平维度则在出让收益的代际共享上得到改善，竞拍人参与土地市场交易竞争的机会增加，但年租制并不能降低房地产购买者的总支出水平，土地权利人难以分享土地增值收益，也就缺少最大化土地利用效率的经济激励。这一结果表明，在效率优先的土地出让法律框架下，交易合约的边际改善并不能降低总地租水平，寄希望于通过土地年租制降低房价的改革方案只是转移了高房价的当期压力，并未从根本上减少房地产购买者的经济压力。

按照上文逻辑，土地年租制在土地出让收益分配合约上的改变，无疑会优化出让收益的代际分配公平，形成有别于一次收取全部地租的资源配置长期利益结构。但土地年租制并没有特别针对资源特性作出制度设计上的改进，也没有改变政府对公共资源出让收益的支配方式，反而会强化土地使用者在交易合约中的相对弱势地位以及出让人在年租合约变更上的便利性，合约的行政管理职能加强，因此这一改革方案不可能突破整体制度设计所面临的公平缺失困境。如果进一步考虑土地年租制面临的实际操作问题，如年地租征收的工作量与成本，年地租的确定和土地使用权人违约风险，等等（马清欣等，2012），土地年租制所能实现的效率与公平效果将更会成为疑问。由此可见，交易合约层面的改革尽管容易实施且制度变革成本较小，但合约的灵活性也易导致公平与效率结构的不稳定。如果不能从资源特性匹配和法律约束规则上对土地年租制进行优化设计，其效率和公平结果的改进将缺乏远期的资源基础和制度保障。

二、“招拍挂”改革：市场竞价改变与效率、公平变化

土地使用权招标、拍卖和挂牌出让（土地“招拍挂”）以市场公开竞价为典型特征，是土地出让法律制度安排的重要构成。现有实践探索中，土地“招拍挂”改革主要采取“限房价竞地价”“限地价竞政策性住房面积”“限地价竞房价”“综合条件最优者得”“商品房用地配建政策性住房”等措施，抑制“招拍挂”对地价和房价快速上涨的推动作用，并非重回土地资源行政配置的计划体制。从法定出让规则构成要素看，“招拍挂”属于产权让渡的市场竞价机制层次，

其改革即为纠正市场失灵的固有弊端而采取的应对手段，一定程度上是政府干预替代自由市场。这一改革方案框架下，土地使用权出让的市场价格竞争转变为价格主导下的综合竞争，纯粹“价高者得”的成交机制受到一定程度制约，土地出让的效率和公平效果发生变化。

首先，土地“招拍挂”改革不论采用限地价还是限房价抑或综合评价方法，都相当于为出让地块成交价格设置上限，土地出让溢价空间被压缩，显然不利于实现土地所有权人的收益最大化和地方政府的财政收入最大化目标。这方面的效率损失难免会损害公平，例如，出让收益不能最大化会影响全体社会成员能够共享的出让收益数量，财政收入不能最大化会影响全体社会成员能够享有的公共服务水平。其次，土地出让价格的上限也不会减少土地使用权竞争者的成本支出，因为土地使用权人需在土地价格之外进行竞争，房价受限情况下，用地者需要以利润减少为代价，获益水平降低。并且价格之外的其他因素如综合实力的认定，具有较大的主观性，透明度降低，难及出价最高所决定的意向用地者能够参与的市场交易公平竞争机会。不过，土地“招拍挂”改革在收益效率上的损失，并非毫无受益。一方面，由于用地者已经过筛选符合资质要求，具备按期、按质、按量开发建设的能力，且其需要在房地产转让价格受限的情况下追求利益最大化，对于提高出让地块利用效率是有益的；另一方面，从房地产购买者角度而言，限地价或者限房价会减少其房产消费支出，减轻短期内经济负担，增加消费者福利。当然，用地者近期获益并非毫无代价，以限价为工具的土地“招拍挂”改革实践，往往为防止土地增值收益流失而对房地产产权处分权能加以合约上的限制，此时的建设用地使用权与无限价情形相比存在明显差别，土地使用权人难以分享远期的土地增值收益。由此可见，现行土地“招拍挂”改革以出让收益上的效率损失换取房地产消费者的福利增加，效率和公平呈现此消彼长的关系。

上述分析表明，现行法定出让规则确立的效率优先框架下，土地“招拍挂”改革以行政手段干预产权让渡的市场竞争规则，对于解决市场失灵导致的土地收益分配不公具有正面作用。问题是，土地出让的效率与公平状况绝非仅取决于市场竞争规则，纵使只考虑法定规则层面，土地规划和出让计划、出让收益分配规则的作用不能忽略。如果缺乏土地出让的合理规划和计划，土地出让供给和需求状况没有根本性改变，单纯依靠政府干预市场很难发挥作用。有研究表明，中央政府土地政策对地方土地出让合约的管制，是扭曲地方政府土地出让行为，引发土地财政的重要原因（白彦锋，刘畅，2013）。更何况政府垄断的土地出让市场，难以被视为纯粹的自由市场，政府干预缺乏理论正当性。如果政府通过扭曲市场交易导致房地产价格畸高，那么问题的症结显然不在土地“招拍挂”制度，行政限价手段并非对症下药。因为资产专用性决定了土地“招拍挂”的合理性，土地出让价格所体现的效率最大化不能因为房价快速上涨而被全盘否定，现有研究动则将房价快速上涨和土地“招拍挂”挂钩的论调显然更多的是一种忽略现实的偏见。另外，以行政命令限制土地出让价格，由此导致的低价出让不能充分体现公共资源收益，损害出让收益共享的基础收入来源。因此，仅仅以降房价为目的的土地“招拍挂”改革难以满足公共资源特性所要求的出让收益全民共享需求，也与法定出让规则的效率和公平设计相冲突，以效率损失换取财富分配公平可能导致更深层次的分配不公，土地“招拍挂”必须从其机制设计的内在问题进行改革，而不是盲目屈从于外部目标的需要。

三、集体土地出让：资源特性匹配与效率、公平变化

集体土地出让是指集体所有的土地不经征收程序直接进入建设用地市场交易，其中以集体经营性建设用地使用权出让最为典型和呼声热烈。集体土地具有的公共资源特性和资产专用性，以及当前城乡统一建设用地市场建设的改革目标，要求将集体土地纳入土地出让制度框架。在我国集体所有土地只有通过征收转变为国有土地，然后才能进入市场交易的制度安排下，集体土地出让在法律制度和交易合约上带来的改变是显而易见的：一是集体土地出让突破了《中华人民共和国土地管理法》中“农民集体所有的土地的使用权不得出让、转让或者出租用于非农业建设”的规定，土地出让范围由传统的国有建设用地使用权扩大到集体建设用地使用权，土地出让仅限于国有土地使用权的法律制度框架出现松动；二是土地交易合约缔结主体发生变化，集体经济组织作为集体建设用地所有权人行使合约签订权利，打破了长期以来土地出让合约由用地单位与县、市政府土地行政管理部门签订的规则，出让合约的行政管理职能弱化，逐步回归合约的交易安全保障功能。

按照前文框架，集体土地出让带来的制度和合约改变将影响效率和公平。与集体土地征收相比，集体土地出让使集体经济组织参与土地市场交易获得地租，分享土地增值收益，改变了集体经济组织及其成员只能获得土地征收补偿和安置补助费的传统收益分配格局，集体建设用地所有权在经济上得到实现。与此相对应的是，由于集体建设用地使用权出让金由集体所有、集体支配，土地出让收益分配的合约不再为政府垄断，地方政府从土地出让中获得的财政收入减少。同时，集体土地出让打破了土地出让市场的政府垄断地位，建设用地使用权供给呈现集体和国家双重主体，市场竞争会使土地出让价格回归均衡水平，相比此前的垄断市场而言，政府能够获得的超额利润会减少。不过，集体土地有偿使用显化了土地经济价值，有助于减少土地无偿使用导致的资源浪费或者低价征收规模，

提高集体建设用地利用效率，为土地资源的代际配置公平奠定基础。由此可见，集体土地出让在收益分配公平和土地利用效率上的改进，与政府出让收益损失并存，政府财政收入最大化目标被制约。但从集体建设用地所有权保障角度而言，政府通过土地征收追求土地财政收入最大化损害集体收益，有违公平原则。地方政府出让收益的减损只不过是土地资源配置回归本位，有助于土地市场长远发展，集体土地出让对国有土地市场的冲击不应成为否定这一改革方案的理由。

相较于土地年租制和土地“招拍挂”改革，集体土地出让显然不只是交易合约或者市场竞价规则的简单修补，而是从资源特性出发对土地有偿使用制度的基础性改变，形成促进资源配置效率和收益分配公平的土地利益配置结构。不论是相比于土地征收制度还是国有土地出让制度下的收益分配，集体土地出让给集体经济组织带来收益增长是毫无疑问的。需要注意的是，集体土地出让必将遵循土地出让制度的法定规则和逻辑，那么土地出让规划和计划上的落实，以及集体经济组织所获出让收益的分配，仍然是实现资源配置效率和收益分配公平面临的严重困扰（龙开胜，2009）；交易合约行政管理职能的弱化则要求政府承担更多的土地开发利用监管职责，政府收益减少和监管责任增加的对比会削弱其推动这一方案的动力。实践还表明，集体土地出让并未如预期的推进顺利，原因在于以出让方式获得的集体与国有建设用地使用权在收益和处分权利上存在实际上的不平等，用地者使用集体建设用地没有受到激励，说明如果缺乏完整的集体建设用地使用权权能，土地使用权人利益得不到有效保障，资源配置的效率和公平目标同样无法实现。因此，与土地资源特性相匹配的集体土地出让方案，还需要基础性制度如土地用途管制、土地利用年度计划和土地权利制度等的保障。

四、既有改革方案的总结：增进效率与公平的权衡要求

土地年租制、“招拍挂”改革以及集体土地出让等实践探索，体现了土地出让从变革阻力较小的交易合约到与资源特性相匹配的基础性制度安排的改革方案设计。结合理论框架和改革方案剖析结果，致力于增进效率和公平的土地出让制度选择应注重以下权衡要求。

（一）交易合约改革：短期效率或公平调整

交易合约具有灵活性，能够被快速实施，对于优化非基础性制度安排，如土地出让时期长短、出让金缴纳方式、合约执行条件和违约责任等，具有时间和效果上的优势。在法定规则难以改变的情形下，交易合约改变应被优先考虑。但是，由于交易合约须遵守法定规则安排，难以从根本上改变法定制度的整体效率

和公平效果，如土地年租制只是改变了出让金收取在时期上的分配，并没有减少出让金规模。并且交易合约的灵活性和便利性也使其面临容易被滥用的风险，不利于合约的长期有效执行和权利人利益保护。因此，交易合约改革的优先方向是满足资源近期配置的迫切需求，对不易改变的法律规则和基础性制度做边际补充，弥补制度缺陷而非替代基本制度。

（二）法定规则修改：克服出让制度缺陷

土地出让法定规则从政府管制和市场交易的维度构建了出让效率和公平的内在逻辑，但政府和市场机制不可避免地存在缺陷。因此，法定规则修改应该着力于解决出让制度安排的内在缺陷，即政府失灵和市场失灵导致的资源配置低效和公平缺失。如果为了应对资源配置的短期状况而不断变更法定规则，既有损土地出让正式制度安排的严肃性，也不利于形成公共资源使用权配置效率和公平的稳定预期。以降房价为目的的土地“招拍挂”改革就表明，市场竞争规则改变带来的效率损失代价，未必能增进收益分配上的公平。在制度本身缺陷和短期状况应对上，法定规则应注重前者，后者完全可以从交易合约层面加以改善，法定规则改变必须非常谨慎。

（三）土地出让制度改革的基础性保障

资源特性是土地出让制度改革的基础条件。随着经济社会发展，资源特性会被不断挖掘和细分，出让制度应根据资源特性发展变化适时调整。特别是城乡一体化发展趋势下，农村土地的资源和资产功能需要被充分释放，土地要素城乡流动尤为迫切。但集体土地出让的经验表明，如果新的制度设计给原有制度安排带来冲击，纵使符合资源特性匹配需求的改革方案也未必能够得到顺利实施，难以真正发挥提升资源配置效率和公平的作用。因此，除关注公共资源和资产专用性之外，土地出让制度改革必须重视产权制度、政府管制和市场交易变化等新情势。

第四节　土地出让及收益共享改革选择：市场、政府及配套措施

通过前面三节的分析，本书阐明的一个基本逻辑关系是，土地出让市场交易是我国土地公共资源配置的重要机制，对于实现公共资源收益最大化具有重要作

用，出让收益分配领域面临的问题并非土地出让市场交易导致的结果，出让效率和分配公平需要清晰界定，不能混为一谈。同时本书也将土地出让及其收益分配中的公平和效率关系做了一个基本分割，即土地出让市场交易体现资源配置效率，以价高者得提高土地收益水平；收益分配则体现公平理念，使全民共享公共资源增值收益。下文详细提出今后我国土地出让及收益共享的制度保障和政策设计的具体框架和建议。

一、土地出让及收益共享改革的基本思路和框架

围绕土地出让制度构成及出让收益最大化和全民收益共享两大核心目标，按照“使市场在资源配置中起决定性作用和更好发挥政府作用”的基本原则，针对当前土地出让制度面临的效率和公平权衡问题，提出今后我国土地出让及收益共享改革的思路：一是以合约自由的市场交易，提高建设用地配置效率，实现土地增值收益最大化；二是通过土地出让的政府管制，保护权利人利益，增进收益分配公平程度，最终实现土地出让收益全民共享。基于这一改革思路，以土地资源特性为基本出发点，从土地出让市场机制、政府机制和制度保障等三个方面构建土地出让及收益共享改革的总体框架，如图 8－2 所示。

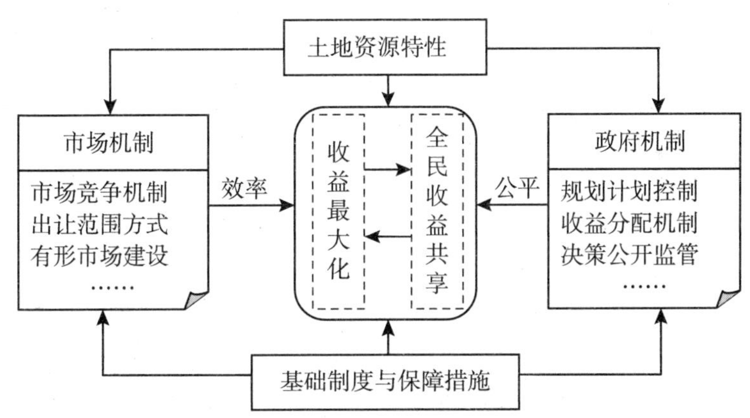

图 8－2　土地出让及收益共享总体制度框架

由图 8－2 可以看出，今后我国土地出让及收益共享制度改革主要包含三个层面内容：第一个层面是土地出让制度安排与土地资源特性的匹配。即土地出让制度改革目标、内容必须符合土地资源特性要求，这是出让制度安排的基础。第二个层面是土地出让市场和政府管控机制的改革。主要包括以收益最大化为目标的出让市场机制改革，与以出让收益全民共享为目标的政府管制机制改革。第三

个层面则是促进效率与公平的基础制度和保障措施改革，主要包括产权制度、征收制度、财政税收制度以及技术性保障措施等。

二、以出让收益最大化为目标的土地出让市场机制改革建议

作为实现资源价值的重要手段，土地出让的核心是发挥市场机制的作用提高资源配置效率，保障收益最大化，促进土地所有权在经济上的实现。从效率和公平关系的角度看，效率提升是公平分配的基础，市场层面的效率优先也意味着公平有保障。完善土地出让市场主要从市场竞争机制、市场化出让范围和市场参与者等方面加以改进。

（一）坚持"价高者得"的土地使用权取得机制

尽管纯粹的"价高者得"竞争机制不利于土地正常市场价格的形成，但对于纳入出让范围的建设用地使用权，不论是从土地价值还是用地者公平竞争的角度，"价高者得"具有独特的竞争识别优势。因此，按照土地出让的效率原则，建设用地使用权的"价高者得"机制必须坚持，不容否定。当然，为避免唯"价高者得"的负面效应，贯彻这一竞争机制可按以下原则具体操作：一是出让方案制订过程中，应将"价高者得"作为出让竞争的首选方式；二是在出让方案确定的底价和溢价范围之内，价格是土地使用者取得建设用地使用权的唯一衡量标准；三是达到出让方案规定的最高溢价标准之后，土地使用权竞争参与者愿意支付的物化对价（如配建公共服务设施等）作为取得建设用地使用权的衡量标准。

（二）适度扩大建设用地使用权出让范围

以出让方式设立建设用地使用权具有合约自由、市场竞争和权利稳定等多重特征，是实现土地收益最大化的重要方式。《中华人民共和国物权法》规定，"设立建设用地使用权，可以采取出让或者划拨等方式"，"严格限制以划拨方式设立建设用地使用权"，明确了以出让方式为主设立国有建设用地使用权的法律地位。因此，扩大建设用地使用权出让范围首先是扩大国有土地出让范围，即除法律明确规定可以采取划拨方式供地的用地项目之外，均可以采取出让方式供地。同时，我国现行土地管理法律法规仅将国有建设用地使用权作为出让客体，忽略了集体建设用地在资源特性上与国有土地的同质性，不利于集体建设用地经济价值的实现，更谈不上土地收益的最大化。今后，有必要按照国有土地和集体

土地权利平等及城乡建设用地市场一体化原则，将符合土地利用总体规划和用途管制要求的集体经营性建设用地纳入出让范围，体现集体土地配置的效率要求。从权利平等和程序一致的角度看，集体经营性建设用地出让具体操作办法比照国有土地出让即可，但我国当前农村集体经营性建设用地出让试点采取了较为谨慎的态度，设置了复杂的交易程序，需要适时总结加以改进。

（三）明确纳入“招拍挂”出让的建设用地范围

“招拍挂”出让是“价高者得”竞争机制的实现方式。当前“招拍挂”改革将限制“价高者得”作为主要调控目标显然忽视了土地市场化出让机制的核心意义，只会使出让过程变得不透明，增加损害公平竞争的风险。本书认为“招拍挂”改革的重点是明确采用“招拍挂”方式的用地范围，避免市场竞争机制的滥用。现行《中华人民共和国物权法》规定“工业、商业、旅游、娱乐和商品住宅等经营性用地以及同一土地有两个以上意向用地者的”应当采取“招拍挂”方式出让。但1999年国土资源部颁布的《关于进一步推行招标拍卖出让国有土地使用权的通知》则规定“商业、旅游、娱乐和豪华住宅等经营性用地，有条件的，都必须招标、拍卖出让国有土地使用权”，可见工业用地和商品住宅用地并非一成不变地被纳入“招拍挂”范围。实践也表明，工业用地受到工业企业产业（生命）周期影响（郑庆杰，2014；丁红军，2015），商品住宅用地具有民生保障功能，与商业、旅游和娱乐用地具有明显区别，不能简单地归类为经营性用地。因此，笼统地将工业、商业、旅游、娱乐和商品住宅用地纳入“招拍挂”出让范围忽视了不同用途土地的属性差异，并不恰当。今后，有必要建立以土地的资源特性为基础的“招拍挂”出让范围划定体系，根据建设项目用地性质和功能、生产经营类型、民生保障功能和意向用地者竞争等因素，确定是否纳入“招拍挂”范围，以弥补当前仅按照用途分类的不足。

（四）科学选择土地出让方式和合约类型

紧接上文论述，纳入“招拍挂”范围的建设用地使用权需要具体选择招标、拍卖、挂牌等代表不同市场化程度的出让方式，没有纳入这一范围的建设用地使用权则需要选择其他的合理方式。对于商业、旅游、娱乐和豪华住宅等典型的经营性建设用地而言，利益最大化目标决定了必然要采取价高者得的“招拍挂”方式，同时要按照固定租合约一次性付清出让价款。对于工业用地而言，由于并非典型的经营性用地，应根据工业项目特点分类制定招标拍卖挂牌具体方式（刘戒骄，2015），或者采取弹性出让办法，灵活选择出让年限（郑庆杰，2014），尽可能减少工业企业发展的土地成本，但合约选择上应采用土地所有权人可以分享企业经营收益的分成合约比较恰当，否则难以实现公共资源收益最大化目标。当然，对于有竞争需求的工业用地，则应采取公开竞价的招标、拍卖和挂牌方式，最大程度地实现工业用地价值，这也是当前工业用地配置的基本要求。对于商品房用地，则应考虑商品房用地的民生保障功能，在“招拍挂”基础上进行综合竞争，或者采用年租制将一次性收取的土地出让金转化为房屋购买者的年租金，减轻购房人的当期付款压力。最后，不论何种土地出让，都应根据项目性质首先选择竞价方式，不宜采取限价手段，因为限价会损害土地价值，自然难以为公共资源出让收益全民共享奠定基础。只有对于不具有潜在竞争需求的非经营性建设用地，才可采取协议出让方式，但仍需公开进行。

（五）优化土地出让有形市场及市场准入规则

我国已经建立了比较完善的国有土地出让有形市场，但按照城乡建设用地市场一体化的要求，集体经营性建设用地纳入出让市场之后，土地有形市场需要在城乡融合、信息公开、交易程序、权利保障等方面加以改进，确保集体经营性建设用地出让与国有土地出让交易程序相一致，促进要素流动和交易合约达成，形成集体建设用地出让的市场价值体系。从市场健康发展的角度而言，特别是为消除对具有一定民生保障功能的经营性建设用地的“招拍挂”出让带来高地价等负面效应的担忧，需要建立有效的市场竞争者准入机制。出让市场准入的目的是建立可持续的土地发展机制，确保项目用地得到高效开发和利用，形成土地市场的有效供给，最大限度地实现公共资源的经济价值。准入规则的关键是对市场参与者即意向用地者的资质认定，应将意向用地者的资信能力、开发计划等纳入评估范畴，避免不符条件的意向者进入竞争行列扭曲土地市场价值，使出让竞争回归正常。要强调的是，意向用地者资质条件设置和认定应由专业技术人员、职能部门管理人员等广泛组成的专业审查委员会公开进行，避免政府职能部门以资质审核为名设置不合理门槛，从而内定土地使用权人产生的寻租与腐败。

三、以出让收益全民共享为目标的政府管制机制改革建议

公共资源配置在追求经济价值的同时，应当追求包括生态价值在内的社会价值，其中最大的社会价值就是公平公正（陈宪，2007）。我国土地公有制决定了公平之于土地出让的要义体现在土地所有权人共享土地发展成果，而非共用土地资源或者人人有份、不多不少的平均主义。为实现公平价值，土地出让制度建设需要政府机制发挥作用，但由于国家政策能够对地方政府土地出让行为和出让收入产生较大影响（朱丽娜、石晓平，2010），政府管制必须适度。本书认为政府

机制应在如下领域发挥调节功能，一是强化土地资源管制和出让过程管制，建立公开透明的市场交易制度；二是完善出让收益分配机制，合理分配出让收益，建立收益支出调控机制，加强土地出让金支出的管理，促进土地出让收益的全民共享；三是构建生态补偿制度，通过土地收益管理机制创新促进良好生态环境这一纯粹公共物品的供给。具体改革措施如下：

（一）科学编制土地出让规划与计划

土地出让年限的长期性使得出让规划与计划具有资源代际配置的功能，因为当期出让的土地数量多，未来可出让的土地就会减少。为使用地意向者能够充分了解土地供应状况，理性参与出让市场竞争，政府职能部门应结合经济发展趋势、产业结构特征、土地利用总体规划、城市规划和建设用地需求预测等因素，科学编制长期出让规划和近期出让计划，明确出让规模和结构，强化土地供给的有序管制，形成可持续的土地供给机制，避免短期土地供给失衡和价格扭曲。土地出让规划应致力于解决长期出让规模问题，可以5年为一个规划周期，结合土地利用总体规划、农地转用指标、土地储备规模等制定，是土地出让年度计划的依据；土地出让计划以年度为单位，根据《国有建设用地供应计划编制规范（试行）》的要求，制定并公布年度土地出让规模和用途、空间布局与宗地条件等，促进形成稳定市场预期，避免"饥渴式"供地对出让市场的冲击。制定国有存量建设用地和集体存量建设用地供给规划，充分发挥市场在资源配置中的决定性作用。在集体经营性建设用地纳入出让市场之后，集体和国有土地应统筹考虑，农村建设用地指标需纳入土地利用总体规划和年度计划，唯如此才能真正保障集体经营性建设用地在土地出让规划和计划编制中不被偏废，使土地出让规划与计划能够为集体经营性建设用地出让提供依据。

（二）建立以产权为主、要素贡献为辅的出让收益初次分配机制

初次分配主要包括土地出让收益在不同层级政府之间，以及政府与原土地所有（使用）者之间的分配（胡家勇，2012），反映的是出让增值收益的分配关系。从收益来源看，出让收益属于土地产权收益，产权收益分配和使用状况应反映所有者的意图和目标，体现全民共享程度（刘尚希、樊轶侠，2015）。同时，出让收益属于增值收益范畴，不同产权主体对增值有不同程度的贡献，其要素投入贡献也是收益分配的重要依据。问题是经济社会发展过程中，土地增值是一个复杂的过程，要素贡献测算难度大。因此本书提出以土地产权为主建立出让收益的初次分配机制，即出让收益首先应归土地所有权人所有。对于国有土地出让，土地所有权归国家，出让收益归履行出让方职责的地方政府享有是一种简单易行

的方法，因为出让过程中地方政府实际上代表了土地所有权人，且鉴于我国分税制的现实，这一收益归地方政府所有也符合其作为事权主体的地位。对于集体土地出让，按照所有权归属，出让收益归集体经济组织所有；然后考虑地方政府在土地增值中的贡献，提取一定比例收益归地方政府所有，提取比例参照土地增值税征收比例即可，体现政府对公共资源收益的调节功能。另外，不论是国有还是集体土地出让，原土地使用者获益情况也是已有研究关注的重点。但本书认为，原土地使用者不宜成为土地出让收益初次分配的主要获益者，原因在于一旦原土地使用者所获补偿性收入与出让收益挂钩，必将导致原土地使用者因出让个案差异而出现收益水平不均，不利于土地征收征用补偿的健康持续发展以及公共资源收益的全民共享，原土地使用者所获补偿性收入应在征地制度和土地二级市场改革中加以解决，不宜不加区分地统统纳入出让制度改革中。

（三）建立公共服务支出占主导地位的出让收益二次分配机制

出让收益二次分配是对政府或者集体经济组织所获收益的使用，是初次分配基础上的收益再分配。就收益再分配的一般理论而言，这部分收益理当归其所有权人支配。但出让收益属于公共资源收益，政府和集体经济组织只是收益所有权人的代表，自然不能任意支配这部分收益。我国现行出让金管理办法规定了城乡基础设施建设、农业土地开发、城镇廉租住房建设、农田水利建设与教育资金投入等广泛支出范围，但实际上一定社会历史时期的公共服务均等化的具体内容和水平须与当时的经济发展水平相适应，具有选择性（丁华宗，2015）。基于出让收益的公共属性和公共资源出让收益全民共享的要求，应调整和完善现有的土地出让金征收制度，同时，政府和集体经济组织所获出让收益应以公共服务支出为主要使用方向，但需要有计划、有选择地提供社会公共设施和服务将公共资源出让收益还之于民。首先，考虑地方政府和集体经济组织代表群体的差异，各自收益的具体支出上应有所差别。今后，地方政府所获土地出让收益应主要用于支农支出、科教文卫、社会保障和环境保护等支出，体现收益分配的全民性；集体经济组织出让收入则主要用于农村公共设施建设、农地开发、农民社会保障和医疗支出、失地农民生活保障等方面，使集体成员共享土地资源出让收益。其次，不同时期的公共服务支出也会有所侧重，就当前而言，支农支出、教育支出等有助于缩小城乡差距的支出需加大力度，长远则应注重全民医疗卫生、社会保障和环境保护等方面的支出。从代际的角度看，土地出让收益不能仅用于当期公共服务项目，还必须投入公共服务设施的长远建设，确保用未来的钱办未来的事情（靳相木等，2010）。

（四）健全土地出让决策公众参与、信息公开和出让监管机制

为使土地出让制度实现资源配置和收益分配的公平目标，政府对资源的管制和收益的调节还需从以下方面加以强化：一是完善出让过程中的公众参与和信息公开机制。这是确保各利益相关者参与和监督权利，维护出让公平的重要措施，应该覆盖出让全过程。包括进一步规范土地出让规划计划编制的公众参与机制、出让决策的公众参与、出让地块公告制度，以及建立公开透明的出让收益资金预算和支出公示制度，等等。二是健全出让监管机制。土地出让市场交易的合约自由并非意味着毫无制约，出让市场监管是政府部门的重要职责。土地出让监管范围包括出让过程中违法违规行为，出让后合约执行和收益分配、支出情况等重要领域。对监管发现的出让腐败、寻租等违法行为必须严厉追责，违反刑法的行为要追究刑事责任。

四、促进效率和公平的土地出让基础制度和配套措施改革建议

出让效率和公平目标的实现，除了上述市场和政府机制的作用之外，其他相关基础制度和配套措施的保障同样重要。结合公平效率目标及其权衡要求，提出以下路径选择。

（一）完善建设用地使用权权利体系和内容

全面深化改革中统一效率与公平的核心是有效保护产权（魏杰、施成杰，2014）。土地出让是我国建设用地使用权设定的主要方式，保护由此设定的产权的前提是要有完善的建设用地权利体系。现行《中华人民共和国物权法》关于建设用地使用权的规定主要针对国有土地，权利体系和内容均需进一步完善。首先从短期来看，为促进集体经营性建设用地出让，《中华人民共和国物权法》关于国有建设用地使用权的规定应适用于集体土地，核心是健全集体建设用地的收益和担保权能，建立集体和国有土地相平等的建设用地权利体系。特别是对于农村集体经营性建设用地转让和抵押，需要在总结现有实践经验基础上，制定更高层次的法规进行规范，否则仅依靠《国土资源部关于印发农村土地征收、集体经营性建设用地入市和宅基地制度改革试点实施细则的通知》《农村集体经营性建设用地使用权抵押贷款管理暂行办法》等规范性文件很难确立农村集体经营性建设用地使用权的物权法律地位。其次从长远来看，要构建与公共资源收益共享相适

应的公共资源产权制度（刘尚希等，2014）。我国土地公有制并不能保证出让收益的全民共享。为达到这一目标，建设用地使用权需要深入结构化，即在国家和集体所有权基础上，充分发挥用益物权的占有、使用和收益权能，建立国家和集体拥有最终控制权，土地使用权人拥有完善的使用、收益和转让等权利的产权体系，形成公共资源产权明晰、权利自由交易、价格反映资源价值的产权制度。

（二）严格实施公益性土地征收制度

土地征收制度是我国地方政府得以大量圈地并低价出让的一个制度基础（陶然等，2007），当然也是土地高价出让的基础。不过，土地出让主要为了经营性用途，这与土地征收的公共利益目的不符。为控制出让国有土地的来源，促进存量土地再开发和集体建设用地市场配置，亟须改革土地征收制度，严格控制土地征收范围，缩小征地规模。控制土地征收范围的核心是严格按照公共利益目的征地，前提则是科学界定公益性用地范围。在理论层面，公益性用地和经营性用地是两个对立概念。目前，《中华人民共和国物权法》已将工业、商业、旅游、娱乐和商品住宅用地等认定为经营性用地，但前文已经指出，这种分类忽略了某些工业用地的经营性功能不足和商品住宅用地的民生保障功能，仅从公益性和经营性用地对立的层面难以通过认定一类用地去界定另一类用地。也正是某些用地兼具经营性和公益性目的，使公益性用地的完全清晰界定存在一定困难。为此，本书认为可采取分别制定公益性用地目录和经营性用地目录的办法，明确纯粹的公益性用地和经营性用地，对于兼具公益和经营功能的用地，则采取个案认定的方式予以评估，从而尽可能地保证土地征收的公共利益目的，破解地方政府大量征收土地用于出让的制度基础。另外，土地征收还必须进行公平合理补偿，建立以市场化价值为基础的土地征收补偿体系尤为必要，这方面论述已汗牛充栋，本书不再赘述。

（三）深化中央与地方政府财政和税收体制改革

土地出让直接影响政府财政和税收状况，如果财政和税收体制不完善，缺乏有效的税种与出让金相补充，出让制度改革就难以取得政府支持。财政和税收体制改革的首要问题是理顺中央与地方的财权和事权配置关系，使各级政府财力与其事权相匹配，才能使各级政府都能提供本层级上应提供的公共产品和公共服务（贾康，2007）。具体途径上，首先通过事权上移（将科学、教育、医疗卫生和社会保障等公共产品和服务领域事权上收至较高层级政府）和财力下移（建立规范的中央财政转移支付制度）实现中央与地方责任分担（陈恒，2013），确保民生支出在财政直接支付和转移支付中占有重要地位。其次是要建立以土地税收为主体的政府土地财政形成机制。税收具有依法设置、分期收取的特点，能为政府带来长期可持续的财政收入，与一次性收取的土地出让金具有明显区别。不过，现行计税标准增强了地方政府粗放利用土地、依靠增量环节增加土地财政的激励（金媛、王世尧，2015）。土地税收改革可从增设土地保有环节税种、撤并重复征收税种、提高土地增值税税率等方面着手解决，并且要强化税收征收环节监管，保证土地税收及时、足额征收（龙开胜，2013），达到通过税收增加土地财政收入的目的，改变以土地出让金为主的财政形成机制。

（四）探索多样化的建设用地开发利用方式

以出让方式设定建设用地使用权固然有利于提升效率，但这并不是唯一的方式，且原土地使用者被排除出让交易之外，获益水平有限。因此，有必要探索建设用地使用权租赁、入股、合作以及存量建设用地再开发、闲置低效用地收回等多样化的建设用地开发利用方式，促进资源配置效率和收益分配公平的协调，为实现土地增值、增加土地权利人收益奠定基础。具体开发利用方式上，可以根据工业企业的生命周期性，探索工业用地租赁制度或者厂房租赁制度，工业用地租赁年限按照工业项目生产特点、技术创新等综合确定，厂房租赁则由供需双方协议具体年限，避免土地批租对企业发展的经济压力以及出让后企业难以生存时占用土地导致的土地闲置；根据城市存量建设用地利用现状，通过城市更新、综合整治、企业置换与入股等方式，形成政府推动、市场参与土地二次开发，原土地使用者直接分享土地收益的创新模式，增加利益相关者收益。对于增量建设用地，探索农村集体建设用地合作开发、入股开发、留地安置、自主建设经营等创新方式，使集体经济组织及其成员直接分享土地增值收益，而不仅仅是获得土地征收补偿。这些创新方式的一个显著特点，就是原土地使用者可以直接参与建设用地开发过程，直接分享土地增值收益，这有助于建立公平的收益分配制度，无疑是建设用地出让方式的重要补充。

（五）加强土地出让的技术性保障措施建设

一是推进不动产权利统一登记。不动产权利登记具有保障效率和公平的双重功能（陈利根等，2015），土地出让产权让渡、合约执行和收益分配等均需以合法登记的土地权利为依据，全面、规范、高效的不动产登记技术体系必不可少。二是发展土地出让项目的全程评价技术。土地出让项目涉及方案设计、出让交易和项目用地后评价等不同环节，每一环节均需建立科学的技术指标评价体系，确保土地配置符合预期目标。指标体系应从经济、社会和生态等多层面设置，注重全过程评价而不是仅关注项目用地出让后的开发利用效果。三是不动产估价技术。土地出让底价的确定离不开不动产估价技术的支撑，特别是集体经营性建设用地纳入出让体系之后，不动产估价技术亟须不断改进才能满足土地市场发展的需求。与此同时，批量估价技术在征税依据中的运用需要加快攻关步伐，建立技术规范。四是土地开发利用监测技术。出让地块规划条件设定、建设项目用地开发状况评价等均需科学数据采集的支撑，建立在3S技术基础上的土地开发利用监测技术对于土地出让制度的高效运行无疑极为重要。五是企业信用评价体系建设。良好的企业信用体系是出让竞争健康有序进行的基础，建立银行、工商等部门为主体，土地、房产等部门参与的用地单位信用评价体系，有助于土地出让制度高效运行。

参考文献

[1]《人民日报》评论员．不要再“一任市长一张蓝图”[J]．领导文萃，2014（2下）：23－24.

[2] 阿尔钦．产权：一个经典注释[A]//财产权利与制度变迁．上海：上海三联书店，1991：166.

[3] 埃莉诺·奥斯特罗姆，拉里·施罗德，苏珊·温．制度激励与可持续发展：基础设施政策透视[M]．上海：上海三联书店，2000.

[4] 安徽省财政厅课题组，黄然，阮文彪，朱丽夏．基于产权经济学视角的土地出让金研究[J]．经济研究参考，2006（94）：10－17.

[5] 安体富，窦欣．我国土地出让金：现状、问题及政策建议[J]．南京大学学报（哲学·人文科学·社会科学版），2011（1）：21－29.

[6] 奥利弗·E. 威廉姆森．治理机制[M]．王健，方世建，等译．北京：中国社会科学出版社，2001.

[7] 巴泽尔．产权的经济分析[M]．上海：上海三联出版社，1997.

[8] 白彦峰．土地出让金与我国的物业税改革[J]．财贸经济，2007（4）：24－30.

[9] 白彦锋，刘畅．中央政府土地政策及其对地方政府土地出让行为的影响——对“土地财政”现象成因的一个假说[J]．财贸经济，2013（7）：29－37.

[10] 白宇飞．我国土地出让金规范化管理研究[J]．海南大学学报（人文社会科学版），2011，29（1）：76－79.

[11] 包宗华．政府在住房问题上应大有作为[J]．房地产导刊，2007（8）：6－7.

[12] 鲍海君．城乡征地增值收益分配：农民的反应与均衡路径[J]．中国土地科学，2009（7）：34－38.

[13] 卜鹏飞，倪鹏飞．低收入住区土地运作模式研究——基于辽宁棚户区

改造土地运作的经验 [J]. 经济社会体制比较, 2012 (5): 80-92.

[14] 蔡栋梁, 何翠香, 方行明. 住房及房价预期对家庭创业的影响 [J]. 财经科学, 2015 (6): 108-118.

[15] 蔡继明. 必须给被征地农民以合理补偿 [J]. 中国审计, 2004 (8): 18.

[16] 蔡银莺, 张安录. 耕地资源流失与经济发展的关系分析 [J]. 中国人口资源与环境, 2005, 15 (5): 52-57.

[17] 曾国钧. 市地重划与城市文化之塑造——以台中市为例 [A]//节约集约用地及城乡统筹发展——2009年海峡两岸土地学术研讨会论文集 [C]. 2009.

[18] 常红晓. 重分"土地出让金" [J]. 财经, 2006 (6).

[19] 常新. 台湾地区房屋土地保有环节税收情况 [J]. 国际税收, 2007 (1): 46-48.

[20] 陈柏峰. 农村宅基地限制交易的正当性 [J]. 中国土地科学, 2007 (4): 44-49.

[21] 陈辞, 马永坤. 土地管理制度改革下的农民权益保障研究——统筹城乡背景下的成都经验 [J]. 经济问题探索, 2011 (8): 185-188.

[22] 陈恒. 财权要与事权匹配 [N]. 光明日报, 2013-8-27 (16).

[23] 陈抗, AryeL. Hillman, 顾清扬. 财政集权与地方政府行为变化——从援助之手到攫取之手 [J]. 经济学 (季刊), 2002, 2 (1): 111-130.

[24] 陈利根, 黄金升, 李宁. 土地登记与用途管制的制度关联性分析: 一个系统论的视角 [J]. 中国土地科学, 2015, 29 (10): 42-48.

[25] 陈利根, 龙开胜. 耕地资源数量与经济发展关系的计量分析 [J]. 中国土地科学, 2007, 21 (4): 4-10.

[26] 陈前虎, 吴一洲. 农村宅基地制度变迁及其流转模式 [J]. 江苏农村经济, 2010 (5): 66-68.

[27] 陈顺清. 城市增长与土地增值的综合理论研究 [J]. 地理信息科学, 1999 (1): 12-18.

[28] 陈宪. 公共资源配置的效率与公平——陈宪教授在上海社会科学院的讲演 [N]. 文汇报, 2007-8-26 (6).

[29] 陈小君. 农村集体土地征收的法理反思与制度重构 [J]. 中国法学, 2012 (1): 35-46.

[30] 陈莹, 王瑞芹. 基于农民福利视角的征地补偿安置政策绩效评价 [J]. 华中科技大学学报 (社会科学版), 2015, 29 (5): 71-79.

[31] 陈玉光, 邓子部. 我国城市土地出让制度的缺陷分析及其完善 [J].

北京行政学院学报，2012（2）：77－82.

［32］陈泽环．关于东部地区留用地安置等问题的调研报告［J］．河南国土资源，2003（4）：25－27.

［33］陈志刚，黄贤金，赵成胜．集体建设用地使用权流转的制度创新经验［J］．城市发展研究，2012，19（10）：21－25.

［34］程雪阳．土地发展权与土地增值收益的分配［J］．法学研究，2014（5）：76－94.

［35］程雪阳．再论土地制度改革焦点分歧［EB/OL］．凤凰财经网，2014－10－24. http：//finance. ifeng. com/a/20141024/13215602_0. shtml.

［36］道格拉斯·C. 诺思．经济史中的结构与变迁［M］．陈郁，罗华平，译．上海：上海三联书店，1994.

［37］道格拉斯·C. 诺斯．制度、交易成本和经济增长［A］//萨缪尔森，诺斯，弗里德曼，等．西方经济学经典选读［C］．深圳：海天出版社，2002.

［38］丁红军．工业用地出让应考虑企业发展周期［J］．中国土地，2015（8）：56－57.

［39］丁华宗．公平与效率：公共服务的双重逻辑研究［J］．中南民族大学学报（人文社会科学版），2015，35（1）：102－107.

［40］董礼洁．地方政府土地管理权［M］．北京：法律出版社，2009.

［41］杜新波，杜习稳．城市土地增值原理与收益分配分析［J］．中国房地产，2003（8）：38－41.

［42］杜雪君，吴次芳，黄忠华．台湾土地税制及其对大陆的借鉴［J］．台湾研究，2008（5）：42－47.

［43］杜雪君，黄忠华．以地谋发展：土地出让与经济增长的实证研究［J］．中国土地科学，2015，29（7）：40－47.

［44］樊帆．集体经营性建设用地流转收益分配问题研究［D］．武汉：华中师范大学，2015b.

［45］樊帆．影响集体经营性建设用地流转收益分配方式的主要因素——基于微观主体农户的调查［J］．理论与改革，2015a（5）：92－95.

［46］范方志，汤玉刚．土地财政与收入分配［J］．宁夏社会科学，2013（5）：38－41.

［47］方建国，梁瑞明．美国财产税的征收办法对我国物业税的借鉴［J］．税务研究，2006（11）：92－94.

［48］冯开文．合作制度变迁与创新研究［M］．北京：中国农业出版社，2003.

[49] 弗鲁博顿，芮切特. 新制度经济学——一个交易费用分析范式 [M]. 上海：上海三联书店，上海人民出版社，2006：59.

[50] 傅晨. 农村社区型股份合作制研究：一个制度分析方法的阐释和运用 [M]. 北京：中国经济出版社，2003.

[51] 傅晨. 农地股份合作制的制度创新 [J]. 经济学家，1996 (5)：99－108.

[52] 傅勇，张晏. 中国式分权与财政支出结构偏向：为增长而竞争的代价 [J]. 管理世界，2007 (3)：10－18.

[53] 干玲，段修峰. 对我国国有土地出让金收益分配和管理机制的思考 [J]. 国土资源科管理，2007 (6)：147－150.

[54] 高波，陈健，邹琳华. 区域房价差异、劳动力流动与产业升级 [J]. 经济研究，2012 (1)：66－78.

[55] 高珊，徐元明. 江苏省农村土地征用与收益分配研究 [J]. 中国人口. 资源与环境，2004 (2)：55－59.

[56] 高圣平，刘守英. 集体建设用地进入市场：现实与法律困境 [J]. 管理世界，2007 (3)：62－72.

[57] 高雅. 从要素角度论农转非土地增值收益分配 [J]. 前沿，2010 (10)：76－78.

[58] 高谊. 代理制·法人型·契约化——对国有土地出让权的再思考及规范模式 [J]. 中国土地科学，1994 (4)：11－15.

[59] 龚春霞. 中国式征地拆迁的合理性辨析——兼评《还权赋能——成都土地制度改革探索的调查研究》[J]. 南京农业大学学报（社会科学版），2013 (2)：85－91.

[60] 关江华. 不同生计资产配置的农户宅基地流转家庭福利变化研究 [J]. 中国人口·资源与环境，2014，24 (10)：135－142.

[61] 郭建军. 我国城乡统筹发展的现状、问题和政策建议 [J]. 经济研究参考，2007 (1)：24－44.

[62] 郭杰，李涛. 中国地方政府间税收竞争研究 [J]. 管理世界，2009 (11)：54－64.

[63] 郭守前. 资源特性与制度安排：一个理论框架及其应用 [M]. 北京：中国经济出版社，2004：45.

[64] 郭铁民，林善浪. 农地股份合作制问题探讨 [J]. 当代经济研究，2001 (12)：30－33，37－72.

[65] 郭勇. 城镇化背景下的农村宅基地流转研究 [D]. 昆明：云南财经大

学，2014.

［66］郭振杰．“地票”的创新价值及制度突破［J］．重庆社会科学，2009（4）：73－77.

［67］国土资源部．征地争议的研究报告［R］．北京：中国大地出版社，2003.

［68］国彦兵．新制度经济学［M］．上海：立信会计出版社，2006.

［69］韩俊．中国农村土地问题调查［M］．上海：上海远东出版社，2009：233－235.

［70］韩世远．宅基地的立法问题——兼析物权法草案第十三章“宅基地使用权”［J］．政治与法律，2005（5）：30－36.

［71］何程．土地财政中的地方政府经济行为分析［D］．成都：西南财经大学，2012.

［72］何庆．台湾之“市地重划”［J］．中外房地产导报，2001（4）：49－49.

［73］何玉婷．流转：农村宅基地的改革路向［J］．法制与社会，2007（3）：417－418.

［74］贺雪峰．城市化的中国道路［M］．北京：东方出版社，2014.

［75］贺雪峰．地权的逻辑Ⅱ：地权变革的真相与谬误［M］．北京：东方出版社2013年版．

［76］亨利·乔治．进步与贫困［M］．北京：商务印书馆，1995.

［77］侯大伟，杨玉华．土地过度开发挑战承载极限成各级城市普遍现象［N］．经济参考报，2010年1月11日．

［78］侯江华．城镇化进程中被征地农民的权益损害与征地纠纷——基于全国31省被征地农户的调查［J］．西北农林科技大学学报（社会科学版），2015，15（3）：1－8.

［79］侯杨杨．城乡统筹视角下农村集体经营性建设用地入市机制研究［D］．郑州：郑州大学，2015.

［80］胡朝晖．建立适应我国城镇化发展要求的地方公债制度［J］．宏观经济管理，2011（7）：24－26.

［81］胡家勇．地方政府“土地财政”依赖与利益分配格局——基于东部地区Z镇调研数据的分析与思考［J］．财贸经济，2012（5）：27－36.

［82］华生．城市化转型与土地陷阱［M］．北京：东方出版社，2013.

［83］华生．论土地制度改革的六大焦点分歧——兼答天则经济研究所课题组的商榷［EB/OL］．爱思想网，2014－5－21. http：//www.aisixiang.com/data/

74941. html.

[84] 华生．土地涨价归谁 [EB/OL]. 经济观察网，2014－8－29. http：//www. eeo. com. cn/2014/0829/265674. shtml.

[85] 华生．与周其仁商榷西方“建筑不自由”与土地规划 [N]. 经济观察报（观察家版46版），2014年4月19日．

[86] 黄河：代表出招抑制地方政府征地出让金收中央财政 [EB/OL/]. http：//www. cctv. com/news/financial/inland/20060314/100184. shtml，2006年3月14日．

[87] 黄庆杰，王新．农村集体建设用地流转的现状、问题与对策 [J]. 中国农村经济，2007（1）：58－64.

[88] 黄贤金，陈志刚，於冉，李璐璐．20世纪80年代以来中国土地出让制度的绩效分析及对策建议 [J]. 现代城市研究，2013（9）：15－21，26.

[89] 黄小虎．建立城乡统一的建设用地市场 [J]. 经济导刊，2015（10）：58－64.

[90] 黄小虎．征地制度改革和集体建设用地流转 [J]. 经济研究参考，2008（31）：13－16.

[91] 黄小虎．中国土地使用制度改革的成功经验、存在问题与未来趋势 [J]. 国土资源情报，2010（5）：36－39.

[92] 黄亚云，金晓斌，魏西云．征地留用地安置模式适用范围的定量评价与实证研究 [J]. 城市发展研究，2009（3）：68－72.

[93] 黄志华．实行留用地安置保障农民生产和生活 [J]. 浙江国土资源，2006（9）：44－45.

[94] 黄忠华，吴次芳，杜雪君．我国耕地变化与社会经济因素的实证分析 [J]. 自然资源学报，2009，24（2）：192－199.

[95] 黄卓，蒙达，张占录．基于“涨价归公”思想的大陆征地补偿模式改革——借鉴台湾市地重划与区段征收经验 [J]. 台湾农业探索，2014（3）：14－19.

[96] 黄祖辉，俞宁．失地农民培训意愿的影响因素分析及其对策研究 [J]. 浙江大学学报（人文社会科学版），2007（3）：137－144.

[97] 冀县卿，钱忠好．农地产权结构变迁与中国农业增长：一个经济解释 [J]. 管理世界，2009（1）：172－173.

[98] 冀县卿，钱忠好．农地股份合作社农地产权结构创新——基于江苏渌洋湖土地股份合作社的案例研究 [J]. 农业经济问题，2010（5）：77－83.

[99] 贾康，刘薇．“土地财政”论析——在深化财税改革中构建合理、规

范、可持续的地方"土地生财"机制 [J]. 经济学动态，2012 (1)：11 -18.

[100] 贾康. 改进和完善土地利用. 财政体制与政策方面的建议 [J]. 理论视野，2006 (4)：14 -16.

[101] 贾康. 土地出让要积极探索年租制 [J]. 经济，2014 (9)：10.

[102] 姜海，曲福田. 不同发展阶段建设用地扩张对经济增长的贡献与响应 [J]. 中国人口·资源与环境，2009 (1)：70 -75.

[103] 姜和忠，徐卫星. 农地非农化配置中的收益分配问题：基于可持续发展理论的公平原则 [J]. 中国土地科学，2011 (6)：65 -69.

[104] 蒋炳镇. 集体建设用地有偿使用与使用权流转收益分配制度研究 [J]. 南方经济，2012 (11)：9 -17.

[105] 蒋省三，刘守英，李青. 土地制度改革与国民经济成长 [J]. 管理世界，2007 (9)：1 -9.

[106] 蒋省三，刘守英. 让农民以土地权利参与工业化——解读南海模式 [J]. 政策，2003 (7)：56 -58.

[107] 蒋震. 土地财政问题再思考——"消费补贴投资"的工业化和城镇化发展模式 [J]. 经济理论与经济管理，2014 (8)：20 -30.

[108] 金媛，王世尧. "财"、"政"激励与土地出让市场分割：整合还是分化? [J]. 中央财经大学学报，2015 (6)：20 -27.

[109] 晋洪涛，史清华，俞宁. 谈判权、程序公平与征地制度改革 [J]. 中国农村经济，2010 (12)：6 -18.

[110] 靳相木，丁静. 土地出让制度改革的三个视角及其综合 [J]. 农业经济问题，2010 (10)：12 -18.

[111] 康宇雄，黄国平. 向非私有土地征收房地产税是否矛盾 [J]. 财贸经济，2005 (7)：27 -29.

[112] 科斯，阿尔钦，诺斯，等. 财产权利与制度变迁——产权学派与新制度学派译文集 [C]. 上海三联书店，上海人民出版社，1994.

[113] 匡家在. 地方政府行为的制度分析：基于土地出让收益分配制度变迁的研究 [J]. 中央财经大学学报，2009 (4)：8 -13.

[114] 匡家在. 土地出让金制度变迁与地方政府行为 [J]. 中共中央党校学报，2009，13 (2)：46 -50.

[115] 况伟大，李涛. 土地出让方式、地价与房价 [J]. 金融研究，2012 (8)：56 -69.

[116] 况伟大. 市场结构与北京市房价 [J]. 改革，2003 (3)：69 -73.

[117] 雷朝国. 浅谈土地出让金制度改革 [J]. 经济师，2009 (3)：78 -79.

[118] 雷国平，宋戈，周墨. 现阶段特殊土地征用问题探讨 [J]. 农业经济问题，2006 (12)：29－31.

[119] 雷万鹏. 新生代农民工子女教育调查与思考 [J]. 华中师范大学学报 (人文社会科学版)，2013，52 (5)：139－146.

[120] 雷潇雨，龚六堂. 基于土地出让的工业化与城镇化 [J]. 管理世界，2014 (9)：29－41.

[121] 冷宏志，朱道林. 土地资产管理理论与实务 [M]. 北京：中国财政经济出版社，2008.

[122] 李繁荣. 我国城市扩张中土地收益分配问题研究 [D]. 太原：山西财经大学，2006.

[123] 李放，张兰. 公共产品、政府职责与维护农民工权益 [J]. 公共管理学报，2004 (4)：29－33.

[124] 李凤云. 熔断机制反思 [J]. 中国金融，2016 (2)：63－64.

[125] 李钢. 农地流转与农民权益保护的制度安排 [J]. 财经科学，2009，No. 25203：85－90.

[126] 李桂花，徐宏彦. 土地征用中的留地安置——兼谈北京市留地安置试行情况 [J]. 中国土地，2011 (10)：30－32.

[127] 李红勋. 转型期农民工社会保障问题研究 [J]. 理论与改革，2016 (2)：150－153.

[128] 李华琪. 我国湿地生态补偿市场化分析——以美国湿地银行为例 [A]. 2014 年全国环境资源法学研讨会论文集 [C]. 2014.

[129] 李林. 失地农民留地安置模式探讨——以全国统筹城乡综合配套改革试验区重庆市为例 [J]. 重庆工商大学学报 (西部论坛)，2009 (6)：16－19.

[130] 李茂. 美国土地利用规划特点及其对我国的借鉴意义 [J]. 国土资源情报，2009 (3)：38－42.

[131] 李明. 美国土地管理制度考察与借鉴 [J]. 黑龙江水利科技，2010，38 (3)：24－26.

[132] 李明月，江华. 对安置留地产权归属的一点看法——兼与王如渊博士等商榷 [J]. 城市发展研究，2007 (2)：93－96，101.

[133] 李明月，江华. 失地农民留地安置方式研究 [J]. 经济体制改革，2007 (2)：104－107.

[134] 李青，李剑阁，蒋省三，韩俊. 中国土地政策改革：一个整体性行动框架 [J]. 中国发展观察，2006 (5)：4－9.

[135] 李淑梅. 失地农民社会保障制度研究 [M]. 北京：中国经济出版社，

2007.

[136] 李舜尧，曹志勇．因地制宜大胆创新回拨地返祖让村民长期收益一大亚湾推行回拨地返租促进惠民之州建设［J］．广东土地科学，2011（6）：42－45.

[137] 李松，甘金龙，苏晶晶．我国土地出让制度存在的问题及对策研究［J］．经济纵横，2010（5）：66－68.

[138] 李涛，王晓青．财政分权、收益分配与土地市场化进程［J］．江海学刊，2012（6）：73－78.

[139] 李涛，周业安．中国地方政府间支出竞争研究［J］．管理世界，2009（2）：12－22.

[140] 李学文，卢新海．经济增长背景下的土地财政与土地出让行为分析［J］．中国土地科学，2012，26（8）：42－47.

[141] 李延荣．集体土地使用权流转中几个值得注意的问题［J］．法学杂志，2007（5）：55－57.

[142] 李迎生，袁小平．新型城镇化进程中社会保障制度的因应——以农民工为例［J］．社会科学，2013（11）：76－85.

[143] 李永乐，刘建生，吴群，舒帮荣．不同类型房价对城镇化的影响研究［J］．中国土地科学，2014（4）：26－32.

[144] 李永乐，刘玉山．“三维”政府竞争分析：土地依赖视角［J］．中国行政管理，2015（11）：82－87.

[145] 李永乐，吴群．经济增长与耕地非农化的Kuznets曲线验证——来自中国省际面板数据的证据［J］．资源科学，2008，30（5）：667－672.

[146] 李永乐，吴群．中国式分权与城市扩张［J］．南京农业大学学报（社会科学版），2013，13（1）：73－79.

[147] 李元珍，杜园园．新集体主义：土地增值收益分配的新机制——以成都市大英村调查为基础［J］．贵州社会科学，2013（4）：114－119.

[148] 李志超，周世烨．市地重划模式与借鉴［J］．中国土地，2000（7）：23－24.

[149] 廖显赤．台湾土地制度及其争论［J］．资源与人居环境，1996（2）：31－35.

[150] 廖鑫彬．土地征收的公平市场价值补偿——种基于土地增值税框架的征地补偿模式［J］．农村经济，2013（7）：47－51.

[151] 林瑞瑞，朱道林，刘晶，等．土地增值产生环节及收益分配关系研究［J］．中国土地科学，2013，27（2）：3－8.

[152] 林毅夫. 关于制度变迁的经济学理论：诱致性变迁与强制变迁 [A]//R. 科斯, A. 阿尔钦, D. 诺斯, 等. 财产权利与制度变迁 [C]. 上海：上海人民出版社, 1994.

[153] 林毅夫. 制度技术与中国农业发展 [M]. 上海：上海三联书店, 1994：159-178.

[154] 林英彦. 土地经济学通论 [M]. 台北：文笙书局, 1999.

[155] 刘洁, 李文. 中国环境污染与地方政府税收竞争 [J]. 中国人口资源与环境, 2013 (4)：81-88.

[156] 刘戒骄. 工业用地出让和利用制度改革分析 [J]. 中共中央党校学报, 2015, 19 (2)：65-70.

[157] 刘乃铭, 金澎. 土地出让方式对中国地方政府财政收入的影响研究 [J]. 中国土地科学, 2014, 28 (1)：91-96.

[158] 刘尚希, 樊轶侠. 公共资源产权收益形成与分配机制研究 [J]. 中央财经大学学报, 2015 (3)：3-10.

[159] 刘尚希, 吉富星. 公共产权制度：公共资源收益全民共享的基本条件 [J]. 中共中央党校学报, 2014, 18 (5)：68-74.

[160] 刘尚希. "土地财政", 被误解的关键词 [DB/OL]. http：//sike. news. cn/statics/sike/posts/2015/05/219168846. html.

[161] 刘守英, 蒋省三. 土地融资与财政和金融风险——来自东部一个发达地区的个案 [J]. 中国土地科学, 2005, 19 (5)：3-9.

[162] 刘守英, 陶然, 等. 走出城镇化误区 [J]. 中国改革, 2013 (8)：12-26.

[163] 刘守英. 土地改革可学台湾区段征收制度 [J]. 农村工作通讯, 2013 (21)：41.

[164] 刘守英. 政府垄断土地一级市场真的一本万利吗 [J]. 中国改革, 2005 (7)：22-25.

[165] 刘守英. 城市化须确保农民权益 [J]. 农村经营管理, 2010 (7)：24.

[166] 刘守英. 中国城乡二元土地制度的特征、问题与改革 [J]. 国际经济评论, 2014 (3)：9-26.

[167] 刘守英. 改革征地制度, 让农民分享城市化成果 [DB/OL]. http：//theory. people. com. cn/n/2012/1112/.

[168] 刘书楷. 土地经济学 [M]. 北京：中国农业出版社, 1996.

[169] 刘卫柏, 贺海波. 农村宅基地流转的模式与路径研究 [J]. 经济地理, 2012 (2)：127-132.

[170] 刘向南，吕图，严思齐. 征地过程中程序性权利保障与农民满意度研究——基于辽宁省6市30村的调研 [J]. 中国土地科学，2016，30 (5)：21-28.

[171] 刘向南，曲福田，许丹艳. 江苏省征地制度与农村社会经济发展调查 [J]. 中国人口·资源与环境，2006 (4)：53-58.

[172] 刘新平，严金明，王庆日. 中国城镇低效用地再开发的现实困境与理性选择 [J]. 中国土地科学，2015，29 (1)：48-54.

[173] 刘怡，谭永忠，王庆日. 城镇存量建设用地的内涵界定与类型划分 [J]. 城市发展研究，2011，18 (12)：53-57.

[174] 刘永湘，杨继瑞，杨明洪. 农村土地所有权价格与征地制度改革 [J]. 中国软科学，2004 (4)：50-53.

[175] 刘愿. 农民从土地股份制得到什么？——以南海农村股份经济为例 [J]. 管理世界，2008 (1)：75-81.

[176] 刘志强. 留下一块土地安放美好未来—农村留地安置现状调查与政策建议 [N]. 中国国土资源报，2014-02-22.

[177] 柳德荣，柳琪. 美国财产税制度设计及其启示 [J]. 经济体制改革，2011 (6)：156-160.

[178] 柳庆刚，姚洋. 地方政府竞争与结构失衡 [J]. 世界经济，2012 (12)：3-22.

[179] 龙开胜. 农村集体建设用地流转：演变、机理与调控 [D]. 南京：南京农业大学，2009.

[180] 龙开胜. 土地财政对土地违法的影响及违法治理政策调整 [J]. 南京农业大学学报（社会科学版），2013，13 (3)：64-69.

[181] 卢现祥，朱巧玲. 新制度经济学 [M]. 北京：北京大学出版社，2007.

[182] 卢新海，卢斌. 城市化进程中土地资源可持续利用的几个问题 [J]. 中国房地产，2013 (5)：16-18.

[183] 陆冠尧，朱玉碧，潘科. 国外及中国台湾地区土地用途管制制度研究比较 [J]. 中国农学通报，2005，21 (8)：452-455.

[184] 罗必良，李尚蒲. 地方政府间竞争：土地出让及其策略选择——来自中国省级面板数据（1993~2009年）的经验证据 [J]. 学术研究，2014 (1)：67-78.

[185] 罗必良. 分税制、财政压力与政府"土地财政"偏好 [J]. 学术研究，2010 (10)：33-41.

[186] 罗敏. 地票交易研究——以农民集体土地产权为视角 [D]. 重庆: 西南政法大学硕士学位论文, 2010.

[187] 罗若愚, 张龙鹏. 承接产业转移中我国西部地方政府竞争与经济增长绩效 [J]. 中国行政管理, 2013 (7): 112-116.

[188] 罗小娟, 冯淑怡, 黄挺, 等. 测土配方施肥项目实施的环境和经济效果评价 [J]. 华中农业大学学报 (社会科学版), 2014 (1): 86-93.

[189] 罗云辉, 林洁. 苏州、昆山等地开发区招商引资中土地出让的过度竞争——对中国经济过度竞争原因分析的一项实证 [J]. 改革, 2003 (6): 101-106.

[190] 吕萍, 支晓娟. 集体建设用地流转影响效应及障碍因素分析 [J]. 农业经济问题, 2008 (2): 12-17.

[191] 吕彦彬, 王富河. 落后地区土地征用利益分配——以B县为例 [J]. 中国农村经济, 2004 (2): 50-56.

[192] 马凯. 中国城乡建设用地市场的统一趋势研究 [J]. 资源与产业, 2006 (3): 121-125.

[193] 马清欣, 何三林, 尚聪敏. 土地年租制中几个问题的探讨 [J]. 中国农业资源与区划, 2012, 23 (3): 47-48.

[194] 马贤磊, 曲福田. 经济转型期土地征收增值收益形成机理及其分配 [J]. 中国土地科学, 2006 (5): 2-6.

[195] 马小刚. 房地产土地一级市场的政府管控制度分析 [J]. 中国行政管理, 2009 (2): 32-36.

[196] 曼瑟尔·奥尔森. 集体行动的逻辑 [M]. 上海: 上海三联书店, 上海人民出版社, 1995.

[197] 孟勤国. 物权法开禁农村宅基地交易之辩 [J]. 法学评论, 2005 (4): 25-30.

[198] 缪若妮, 田信桥, 王萌. 美国缓解银行制度对我国生态补偿市场化运行的启示 [J]. 世界林业研究, 2014 (6): 65-70.

[199] 尼古拉·阿克塞拉. 经济政策原理: 价值与技术 [M]. 北京: 人民出版社, 2001.

[200] 诺斯. 制度、制度的变迁与经济绩效 [M]. 上海: 上海三联书店, 上海人民出版社, 1994: 64.

[201] 彭建辉, 杨珍惠. 集体经营性建设用地入市问题探析 [J]. 中国土地, 2014 (11): 16-19.

[202] 彭山桂, 汪应宏, 陈晨, 魏海霞, 王健, 毋晓蕾. 地方政府工业用地

低价出让行为经济合理性分析——基于广东省地级市层面的实证研究 [J]. 自然资源学报, 2015, 30 (7): 1078-1091.

[203] 彭小霞. 我国留地安置的制度困境与法律保障 [J]. 开放导报, 2014 (6): 35-40.

[204] 彭小霞. 留地安置制度困境及破解路径 [J]. 中国土地, 2015 (7): 36-37.

[205] 齐恩平, 崔晓芳. 完善留地安置制度切实保障农民权益 [J]. 农村经济, 2008 (2): 59-62.

[206] 齐峰. 泛长三角区域合作机制之探讨 [J]. 宁波经济 (三江论坛), 2009 (1): 17-20.

[207] 钱龙, 钱文荣, 郑思宁. 市民化能力、法律认知与农村宅基地流转——基于温州试验区的调查与实证 [J]. 农业经济问题, 2016 (5): 59-68.

[208] 钱忠好, 马凯. 我国城乡非农建设用地市场: 垄断、分割与整合 [J]. 管理世界, 2007 (6): 38-44.

[209] 钱忠好, 牟燕. 征地制度、土地财政与中国土地市场化改革 [J]. 农业经济问题, 2015 (8): 8-12.

[210] 钱忠好, 曲福田. 农地股份合作制的制度经济解析 [J]. 管理世界, 2006 (8): 47-55.

[211] 钱忠好. 中国农村土地制度变迁和创新研究 [M]. 北京: 中国农业出版社, 1999.

[212] 乔志敏. 论土地增值的合理分配 [J]. 中国房地产, 1994 (1): 41-46.

[213] 秦晖. 土地·公平·效率 [J]. 中国土地, 1998 (1): 14-15.

[214] 秦勇. 分配正义: "土地财政" 法律制度改革的目标 [J]. 法学论坛, 2013, 28 (5): 42-50.

[215] 曲福田, 冯淑怡, 俞红. 土地价格及分配关系与农地非农化经济机制研究—以经济发达地区为例 [J]. 中国农村经济, 2001 (12): 54-59.

[216] 曲福田, 冯淑怡, 诸培新, 等. 制度安排、价格机制与农地非农化研究 [J]. 经济学 (季刊), 2004 (4): 229-248.

[217] 曲福田, 田光明. 城乡统筹与农村集体土地产权制度改革 [J]. 管理世界, 2011 (6): 34-46.

[218] 曲福田, 吴丽梅. 经济增长与耕地非农化的库兹涅茨曲线假说及验证 [J]. 资源科学, 2004, 26 (5): 61-67.

[219] 曲凌雁. 美国现代城市更新发展进程 [J]. 现代城市研究, 1998

(3): 12 - 14.

[220] 冉郑洁. 新农村建设中的农村集体经济组织形式研究 [D]. 成都: 西南交通大学, 2007.

[221] 任辉, 吴群. 外部利润、产权界定与土地资源优化配置——成都市农村土地股份合作制改革的制度经济学解析 [J]. 地域研究与开发, 2012, 31 (3): 155 - 158.

[222] 任强. 房产税: 美国实践及借鉴 [J]. 财政研究, 2015 (1): 53 - 57.

[223] 上海市创意产业中心. 上海市"十一五"创意产业发展规划 [Z]. 2005.

[224] 邵琛霞. 湿地补偿制度: 美国的经验及借鉴 [J]. 林业资源管理, 2011 (2): 107 - 112.

[225] 邵新建, 巫和恐, 江萍薛, 熠王勇. 中国城市房价的"坚硬泡沫"——基于垄断性土地市场的研究 [J]. 金融研究, 2012 (12): 67 - 81.

[226] 沈飞, 朱道林, 毕继业. 我国土地征用制度对农村集体经济福利的影响 [J]. 农村经济, 2004 (9): 23 - 25.

[227] 沈飞, 朱道林. 政府和农村集体土地收益分配关系实证研究—以我国土地征用 - 出让过程为例 [J]. 中国国土资源经济, 2004 (8): 17 - 19.

[228] 沈开举, 程雪阳. 中国土地管理制度的改革与法治化——以十七届三中全会为背景 [J]. 行政法论丛, 2009 (8): 15 - 18.

[229] 沈乐毅. 留地安置: 一种行之有效的失地农民安置模式 [J]. 浙江国土资源, 2006 (5): 44 - 45.

[230] 盛红. 试论熔断机制在中国的"早夭" [J]. 当代经济, 2016 (12): 4 - 6.

[231] 盛洪. 合约理论是最重要贡献 [Z]. 张五常《经济解释》研讨会, 2014.

[232] 石宝峰. 房产调控与土地出让金改革 [N]. 第一财经日报, 2006 年 7 月 13 日.

[233] 石小石, 白中科. 集体经营性建设用地入市收益分配研究 [J]. 中国土地, 2016 (1): 28 - 30.

[234] 史清华, 晋洪涛, 卓建伟. 征地一定降低农民收入吗: 上海 7 村调查——兼论现行征地制度的缺陷与改革 [J]. 管理世界, 2011 (3): 85 - 90.

[235] 斯韦托扎尔·平乔维奇. 产权经济学——一种关于比较体制的理论

[M]. 蒋琳琦，译. 北京：经济科学出版社，1999.

[236] 宋伟. 构建多主体利益均衡的建设用地制度框架 [J]. 农业经济问题，2014 (2)：54-58，111.

[237] 苏耀强，戴巍巍. 土地使用权合作在上海高速公路建设中的应用 [J]. 上海建设科技，2002 (1)：3.

[238] 孙克竟. 地方土地财政转型、产业结构优化与土地出让制度变革 [J]. 经济管理，2014 (2)：10-22.

[239] 孙宇，冯向辉. 宅基地优先购买权初探 [J]. 中国农村观察，2007 (5)：44-48.

[240] 孙云奋，齐春宇. 区域性土地制度改革新思路：土地的梯次配置和土地增值收益梯次分配 [J]. 农业经济问题，2009 (4)：61-66.

[241] 谈明洪，吕昌河. 国外城市土地整理及对中国合理用地的启示 [J]. 农业工程学报，2005 (21)：154-158.

[242] 覃成林，张伟丽. 中国区域经济增长俱乐部趋同检验及因素分析——基于 CART 的区域分组和待检影响因素信息 [J]. 管理世界，2009 (3)：21-35.

[243] 谭明智. 严控与激励并存：土地增减挂钩的政策脉络及地方实施 [J]. 中国社会科学，2014 (7)：125-142.

[244] 谭术魁，陈宇，张孜仪. 土地出让收入的公共性质及其实现 [J]. 管理世界，2012 (7)：178-179.

[245] 谭术魁，齐睿. 快速城市扩张中的征地冲突 [J]. 中国土地科学，2011 (3)：28-32.

[246] 汤玉刚，陈强，满利苹. 资本化、财政激励与地方公共服务提供——基于我国 35 个大中城市的实证分析 [J]. 经济学（季刊），2015，15 (1)：217-240.

[247] 唐健. 城镇低效用地再开发政策分析 [J]. 中国土地，2013 (7)：41-43.

[248] 唐鹏，石晓平，曲福田. 地方政府竞争与土地财政策略选择 [J]. 资源科学，2014，36 (4)：702-711.

[249] 唐鹏，石晓平. 地方土地财政策略对财政支出结构的影响研究 [A]. 2012 年中国土地科学论坛——社会管理创新与土地资源管理方式转变论文集 [C]. 2012：317-327.

[250] 唐焱，张卫卫. 留地安置政策下农户的土地增值收益共享性研究——以杭州市三叉社区为例 [J]. 中国土地科学，2016，30 (8)：28-37.

[251] 陶然，陆曦，苏福兵等. 地区竞争格局演变下的中国转轨：财政激励和发展模式反思 [J]. 经济研究，2009 (7)：22 - 34.

[252] 陶然，汪晖. 新型城镇化路在何方？[DB/OL]. http：//news. hexun. com/2017 - 03 - 18/152187748. html.

[253] 陶然，袁飞，曹广忠. 区域竞争、土地出让与地方财政效应：基于1999 ~ 2003 年中国地级城市面板数据的分析 [J]. 世界经济，2007 (10)：17 - 27.

[254] 陶然，等. 城中村改造利益协调的珠三角经验 [R]. 新型城镇化系列报告，2014 (2).

[255] 田莉. 有偿使用制度下的土地增值与城市发展 [M]. 北京：中国建筑工业出版社，2008.

[256] 童伟. 完善土地出让金管理保障地方经济可持续发展 [J]. 中央财经大学学报，2008 (6)：6 - 10.

[257] 王德祥，袁建国. 美国财产税制度变革及其启示 [J]. 世界经济研究，2010 (5)：82 - 86.

[258] 王宏娟，石敏俊，谌丽. 基于利益主体视角的农村集体建设用地流转研究——以北京市为例 [J]. 资源科学，2014 (11)：2263 - 2272.

[259] 王克强，胡海生，刘红梅. 中国地方土地财政收入增长影响因素实证研究—基于 1995 ~ 2008 年中国省际面板数据的分析 [J]. 财经研究，2012 (4)：112 - 122.

[260] 王坤，倪红日. 中美财产税制度的比较及借鉴 [J]. 国际税收，2005 (6)：63 - 67.

[261] 王美涵. 土地出让金的财政学分析 [J]. 财政研究，2005 (4)：1 - 6.

[262] 王美今，林建浩，余壮雄. 中国地方政府财政竞争行为特性识别 [J]. 管理世界，2010 (3)：22 - 33.

[263] 王乔，王丽娟. 全国 70 个大中城市土地出让收入与价格的实证分析——基于土地财政的空间互动效应研究 [J]. 财贸经济，2014 (8)：13 - 23.

[264] 王如渊，孟凌. 对我国失地农民 “留地安置” 模式几个问题的思考——以深圳特区为例 [J]. 中国软科学，2005 (10)：14 - 20.

[265] 王绍光. 分权的底线 [M]. 北京：中国计划出版社，1997.

[266] 王书明，刘元胜，郭沛. 不同用途农村集体土地征收中的收益分配研究——以辽宁省辽阳市为例 [J]. 农业经济问题，2012 (10)：59 - 64.

[267] 王顺祥，吴群，黄玲. 基于农地发展权视角的征地区片地价确定研究——以江苏省南通市港闸区为例 [J]. 中国土地科学，2008 (8)：35 - 42.

[268] 王颂吉，白永秀. 分权竞争与地方政府城市偏向：一个分析框架 [J]. 天津社会科学，2014 (1)：93 - 96.

[269] 王文. 农村集体经营性建设用地使用权权益及其价值研究 [J]. 中国土地科学，2015 (7)：34 - 39.

[270] 王文春，荣昭. 房价上涨对工业企业创新的抑制影响研究 [J]. 经济学（季刊），2014 (1)：465 - 490.

[271] 王贤彬，张莉，徐现祥. 地方政府土地出让、基础设施投资与地方经济增长 [J]. 中国工业经济，2014 (7)：31 - 43.

[272] 王小映，贺明玉，高永. 我国农地转用中的土地收益分配实证研究——基于昆山、桐城、新都三地的抽样调查分析 [J]. 管理世界，2006 (5)：62 - 68.

[273] 王小映. 论土地利用规划的效率与公平 [J]. 国家行政学院学报，2003 (3)：14 - 17.

[274] 王晓阳. 重新审视土地出让金改革——一个国有产权和公共财政的框架 [J]. 当代财经，2007 (2)：34 - 38.

[275] 王永红. 我国土地有偿使用制度改革 30 年历程 [N]. 中国国土资源报，2008. 12. 19.

[276] 王永钦，张晏，章元，陈钊，陆铭. 中国的大国发展道路——论分权式改革的得失 [J]. 经济研究，2007 (1)：4 - 16.

[277] 王玉波. 土地财政推动经济与城市化作用机理及实证研究 [J]. 南京农业大学学报（社会科学版），2013，13 (3)：70 - 77.

[278] 王智波. 美国财产税制度的演化：进程、原因与启示 [J]. 广东社会科学，2009 (5)：42 - 49.

[279] 威廉姆森. 资本主义经济制度 [M]. 上海：商务印书馆，2000.

[280] 魏杰，施戍杰. 核心是有效保护产权——在全面深化改革中统一效率与公平 [M]. 社会科学研究，2014 (4)：1 - 6.

[281] 魏莉华. 美国土地用途管制制度及其借鉴 [J]. 中国土地科学，1998 (3)：42 - 46.

[282] 温华特. 留一片土地保一方生计——聚焦杭州市留用地安置制度 [J]. 浙江国土资源，2013 (11)：36 - 38.

[283] 吴次芳. 中国土地出让金制度的效率与改进 [A]. 北京大学 - 林肯研究院城市发展与土地政策研究中心"中国土地税费金改革国际研讨会" [C]. 2010.

[284] 吴群，李永乐，曹春艳. 财政分权、地方政府偏好与城市土地利用 [M]. 北京：科学出版社，2015.

[285] 吴群，李永乐．土地征收利用过程中福利与效率分析 [J]. 农村经济，2008 (1): 18-20.

[286] 吴群，李永乐．财政分权、地方政府竞争与土地财政 [J]. 财贸经济，2010 (7): 51-59.

[287] 吴晓瑜，王敏，李力行．中国的高房价是否阻碍了创业 [J]. 经济研究，2014 (9): 121-134.

[288] 伍振军，张云华，孔祥智．宅基地置换增值收益分配——基于4市的案例研究 [J]. 江汉论坛，2010 (9): 11-16.

[289] 武康平，张雪峰，倪丽洁．国有土地拍卖机制 [J]. 中国管理科学，2014 (6): 141-148.

[290] 夏方舟，严金明．农村集体建设用地直接入市流转：作用、风险与建议 [J]. 经济体制改革，2014 (3): 70-74.

[291] 夏方舟，严金明．土地储备、入市影响与集体建设用地未来路径 [J]. 改革，2015 (3): 48-55.

[292] 项继权．农民工子女教育：政策选择与制度保障——关于农民工子女教育问题的调查分析及政策建议 [J]. 华中师范大学学报（人文社会科学版），2005 (3): 2-11.

[293] 萧承勇．台湾地区土地税的地位和作用 [J]. 中外房地产导报，2000 (18): 37-39.

[294] 萧鸣政，宫经理．当前中国地方政府竞争行为分析 [J]. 中国行政管理，2011 (2): 76-80.

[295] 辛毅．实施留地安置政策的现状、法律政策环境和积极效果分析 [J]. 石家庄经济学院学报，2010 (3): 110-114.

[296] 徐汉明．农村宅基地使用权流转问题研究——基于武汉市江夏区实地调研的思考 [J]. 经济社会体制比较，2012 (6): 177-185.

[297] 徐文．集体公益性建设用地政治与经济属性平衡论 [J]. 中国土地科学，2015 (9): 81-88.

[298] 许恒周，曲福田，郭忠兴．集体建设用地流转模式绩效分析——基于SSP范式对苏州、芜湖的解释 [J]. 经济体制改革，2008 (2): 105-108.

[299] 许恒周，曲福田，郭忠兴．市场失灵、非市场价值与农地非农化过度性损失——基于中国不同区域的实证研究 [J]. 长江流域资源与环境，2011，20 (1): 68-72.

[300] 许坚．台湾的地政管理——台湾地政学术报告会综述 [J]. 中国土地科学，2006，20 (1): 62-64.

［301］许松，赖佳琴．奖励民间自办市地重划政策之检讨与建议［A］．节约集约用地及城乡统筹发展——2009 年海峡两岸土地学术研讨会论文集［C］．2009.

［302］薛东，朱青青，孙玉梅．农村经济发展留用地开发模式及相关问题的研究［J］．学理论，2010（1）：176－179.

［303］严金明，王晨．基于城乡统筹发展的土地管理制度改革创新模式评析与政策选择——以成都统筹城乡综合配套改革试验区为例［J］．中国软科学，2011（7）：1－8.

［304］严金书．我国土地出让金管理机制改革研究［D］．北京：中央民族大学，2011.

［305］颜燕，刘涛，满燕云．基于土地出让行为的地方政府竞争与经济增长［J］．城市发展研究，2013，20（3）：73－79.

［306］杨红朝．论农民公平分享土地增值收益的制度保障［J］．农村经济，2015（4）：30－34.

［307］杨继东，杨其静，刘凯．以地融资与债务增长——基于地级市面板数据的经验研究［J］．财贸经济，2018（2）：52－68.

［308］杨静．英美城市更新的主要经验及其启示［J］．中国房地产业，2004（11）：60－62.

［309］杨其静，郑楠．地方领导晋升竞争是标尺赛、锦标赛还是资格赛［J］．世界经济，2013（12）：130－156.

［310］杨其静，卓品，杨继东．工业用地出让与引资质量底线竞争——基于 2007～2011 年中国地级市面板数据的经验研究［J］．管理世界，2014（11）：24－34.

［311］杨亚楠．城乡土地要素流动中收益共享机制研究［D］．南京：南京农业大学，2014.

［312］杨一介．农村宅基地制度面临的问题［J］．中国农村观察，2007（5）：32－37.

［313］姚如青．土地要素流动非市场化下的土地产权制度创新——基于杭州市留地安置制度的案例研究［J］．浙江学刊，2009（2）：199－205.

［314］姚如青．被征地农民的土地开发权：主要做法和成效分析——基于杭州市“留地安置”模式的观察［J］．中共杭州市委党校学报，2015（6）：48－52.

［315］叶红玲．城镇化：土地征收带给农民的新变化［J］．中国土地，2014（9）：6－9.

［316］叶红玲．探索差别化的土地管理制度——关于广东“三旧”改造的调

查与思考（三）［EB/OL］. http：//www. mlr. gov. cn/xwdt/jrxw/201205/t20120525_1102913. htm，2012.

［317］叶剑平，丰雷，蒋妍，罗伊·普罗斯特曼，朱可亮.2008 年中国农村土地使用权调查研究——17 省份调查结果及政策建议［J］. 管理世界，2010（1）：64 - 73.

［318］叶剑平. 房地产经营与管理［M］. 北京：中国农业出版社，2002.

［319］叶俏汝. 土地征收留地安置合理规模确定分析［D］. 杭州：浙江大学，2012.

［320］叶少群. 台湾土地税对大陆土地税制建设的启示［J］. 发展研究，2006（11）：24 - 25.

［321］叶兴庆. 关于促进城乡协调发展的几点思考——在中国农业经济学会第七届理事会上的主题发言［J］. 农业经济问题，2004（1）：14 - 18.

［322］易宪容. 土地出让金制度改革将引发市场变盘［N］. 上海证券报，2006 年 9 月 12 日.

［323］殷琳. 土地使用权对土地增值的影响［J］. 城市开发，2003（8）：41 - 42.

［324］尤克介. 台湾地区土地税收述评［J］. 税务研究，1997（10）：57 - 60.

［325］于建嵘. 土地应真正成为农民的财产［J］. 华中师范大学学报（人文社会科学版），2008（2）：11 - 14.

［326］余纪云. 留地安置的基本模式及利弊分析［J］. 中国土地，2006（9）：31 - 32.

［327］袁崇法. 城镇化过程中城乡存量建设用地再开发相关政策研究［R］. “三农”决策要参，2014.

［328］约翰·穆勒. 政治经济学原理及其在社会哲学上的若干应用［M］. 北京：商务印书馆，1991.

［329］翟年祥，项光勤. 城市化进程中失地农民就业的制约因素及其政策支持［J］. 中国行政管理，2012（2）：50 - 53.

［330］詹云燕. 祖国大陆与台湾土地税收制度的比较［J］. 亚太经济，1997（1）：68 - 71.

［331］张斌. 美国州房产税实践比较及其借鉴［J］. 财会研究，2013（12）：18 - 21.

［332］张凤林. 分配理论的比较分析：一种新综合［J］. 学术月刊，2012，44（2）：71 - 80.

［333］张瑚，张福林．行政，民事，出让合同你属谁？——从判例看国有土地使用权出让合同的性质［J］．中国土地，2006（5）：21－23．

［334］张军，吴桂英．中国省际物质资本存量估算：1952～2000［J］．经济研究，2004（10）：35－44．

［335］张俊山．关于当前我国收入分配理论研究的若干问题思考［J］．经济学家，2012（12）：21－30．

［336］张猛，陈利根．我国土地征收立法亟待完善［J］．国土资源，2007（7）：40－42．

［337］张梦琳．农村集体建设用地流转：绩效分析及政策选择——基于苏州、芜湖、南海三地的流转实践［J］．国土资源，2008：44－46．

［338］张鸣明，朱道林．我国土地出让收益分配的代际关系分析［J］．农村经济，2005（4）：21－23．

［339］张鹏，刘春鑫．基于土地发展权与制度变迁视角的城乡土地地票交易探索［J］．经济体制改革，2010（5）：103－107．

［340］张鹏，张安录．城市边界土地增值收益之经济学分析——兼论土地征收中的农民利益保护［J］．中国人口．资源与环境，2008（2）：19－23．

［341］张启，珍潘辉．国有土地使用权出让合同性质浅析［J］．中国土地，2004（9）：24－25．

［342］张琼，齐源．农地股份合作制效用分析——以广东南海为例［J］．江西财经大学学报，2006（6）：60－63．

［343］张四梅．集体经营性建设用地流转制度建设研究——基于优化资源配置方式的视角［J］．湖南师范大学社会科学学报，2014（3）：114－119．

［344］张五常．私有产权与分成租佃［A］．载 R. 科斯，A. 阿尔钦，D. 诺斯等著．财产权利与制度变迁［C］．上海：上海人民出版社，1994．

［345］张五常．经济解释（二〇一四增订本）［M］．北京：中信出版社，2015．

［346］张向强，姚金伟，孟庆国．“双轮驱动”模式下土地出让金支出的影响研究［J］．中国经济问题，2014（5）：78－87．

［347］张晓玲．土地入股应慎重——高速公路建设用地采用农民土地使用权作价入股方式探析［J］．中国土地，2006（6）：15－17．

［348］张勇，包婷婷．我国农村土地整治中农民土地财产权保护探讨［J］．经济问题探索，2013（3）：136－141．

［349］张勇，郑燕凤，朱伟亚．低效用地认定及处置政策［J］．中国土地，2018（6）：34－35．

[350] 张玉玲，贾康：财力与事权如何相匹配 [N]. 光明日报，2007-12-12.

[351] 张蕴杰. 解决项目建设用地难题的新尝试—土地使用权合作在上海高速公路建设中的应用 [J]. 上海公路，2002 (S1).

[352] 张占录. 完善留用地安置模式的探索研究 [J]. 国家行政学院学报，2009 (2): 81-83.

[353] 张志宏. 土地出让收益分配改革研究 [J]. 现代城市研究，2013 (9): 8-14.

[354] 张治金. 土地使用权出让金应当改为土地使用税 [J]. 经济研究参考，2006 (63): 27.

[355] 张舟，吴次芳，谭荣. 城乡建设用地统一市场的构建：出发前的再审视 [J]. 西北农林科技大学学报（社会科学版），2015，15 (3): 9-15.

[356] 章波，唐健，黄贤金，等. 经济发达地区农村宅基地流转问题研究——以北京市郊区为例 [J]. 中国土地科学，2006 (1): 36-40.

[357] 赵文哲，杨继东. 地方政府财政缺口与土地出让方式——基于地方政府与国有企业互利行为的解释 [J]. 管理世界，2015 (4): 11-24.

[358] 赵燕. 国有土地出让金存在的问题及对策 [J]. 财会研究，2010 (12): 72-73.

[359] 郑东心. 国有土地使用权出让制度规制研究 [D]. 上海：华东政法大学，2011.

[360] 郑庆杰. 工业用地弹性出让与租赁问题探析 [J]. 中国土地，2014 (10): 39-40.

[361] 郑思齐，师展，吴璟. 土地出让、城市建设与房地产价格——对中国特色城市建设投融资模式的探讨 [J]. 学海，2014 (5): 157-163.

[362] 郑文娟，贾生华. "留地安置"制度冲突与管理研究 [J]. 城市，2009 (1): 58-61.

[363] 郑文娟. 城中村改造中留用地项目开发的对策 [J]. 中国房地产，2009 (3): 66-69.

[364] 中国社会科学院. 城市蓝皮书：中国城市发展报告 NO.3 [R]. 社会科学文献出版社，2010.

[365] 中国土地矿产法律事务中心调研组. 惠民多赢的助推器——广东省佛山市"三旧"改造调研报告 [J]. 国土资源通讯，2011 (4): 34-41.

[366] 周诚，毕宝德，周义根，等. 城市土地有偿使用势在必行 [J]. 经济理论与经济管理，1987 (6): 65-70.

[367] 周诚. 论土地增值及其政策取向 [J]. 经济研究, 1994 (11): 50 - 57.

[368] 周诚. 周诚自选集 [M]. 北京: 中国人民大学出版社, 2007.

[369] 周飞舟. 大兴土木: 土地财政与地方政府行为 [J]. 经济社会体制比较, 2010 (3): 77 - 89.

[370] 周飞舟. 分税制十年: 制度及其影响 [J]. 中国社会科学, 2006 (6): 100 - 115.

[371] 周飞舟. 增加中国农民家庭的财产性收入 [J]. 农村金融研究, 2009 (11): 30 - 32.

[372] 周建亮, 吕振臣, 尹建中. 我国集体土地征收制度改革的路径选择 [J]. 中国行政管理, 2012 (7): 23 - 26.

[373] 周建元. 对我国房地产实行最高限价理论分析和政策建议 [J]. 中央财经大学学报, 2011 (1): 54 - 59.

[374] 周黎安, 陈烨. 中国农村税费改革的政策效果: 基于双重差分模型的估计 [J]. 经济研究, 2005 (8): 44 - 53.

[375] 周黎安. 中国地方官员的晋升锦标赛模式研究 [J]. 经济研究, 2007 (7): 36 - 50.

[376] 周力丰. 对留用地安置过程中几个问题的探讨 [J]. 浙江国土资源, 2006 (7): 21 - 22.

[377] 周觅. 土地征收对农民生计影响的研究 [J]. 湖南社会科学, 2011 (6).

[378] 周其仁. 辨"土地配置靠规划, 不靠市场" [EB/OL]. 《经济观察报》观察家版46版, 2014年4月7日. http: //www.eeo.com.cn/2014/0409/258891.shtml.

[379] 周其仁. 农地产权与征地制度——中国城市化面临的重大选择 [J]. 经济学 (季刊), 2004, 4 (1): 193 - 210.

[380] 周其仁. 农地产权与征地制度——中国城市化面临的重大选择 [A]. 产权与制度变迁——中国改革的经验研究 (增订本) [C]. 北京大学出版社, 2004: 83 - 121.

[381] 周其仁. 同地, 同权, 同价——我对广东省农地直接入市的个人看法 [J]. 中国经济周刊, 2005 (33): 20.

[382] 周其仁. 为什么城市化离不开农地农房入市 [EB/OL]. 凤凰财经网, 2014 - 9 - 11. http: //finance.ifeng.com/a/20140911/13099784_1.shtml.

[383] 周天勇, 张弥. 中国土地制度的进一步改革和修法 [J]. 财贸经济,

2011 (2): 7 - 13.

[384] 周天勇. 维护农民土地权益的几个问题 [J]. 理论视野, 2006 (4): 16 - 17.

[385] 周毅. 美国房产税制度概述 [J]. 改革, 2011 (3): 149 - 152.

[386] 朱道林, 周鑫, 林瑞瑞. 财产性土地财政的现实问题与改革方向 [J]. 2012, 26 (10): 29 - 33.

[387] 朱道林. 我国建立土地基金的有关问题探讨 [J]. 中国房地产金融, 2002 (1): 9 - 11.

[388] 朱嘉晔, 黄朝明. 农地发展权视角下留地安置制度的完善——以杭州市为例 [J]. 生产力研究, 2014 (8): 99 - 101, 134.

[389] 朱丽春. 加强房地产宏观调控与改革土地出让金制度 [J]. 地方财政研究, 2006 (8): 14 - 15.

[390] 朱丽娜, 石晓平. 中国土地出让制度改革对地方财政收入的影响分析 [J]. 中国土地科学, 2010, 24 (7): 23 - 29.

[391] 朱秋霞. 土地税与财产税孰优——基于德国土地税和美国财产税制度的比较 [J]. 现代经济探讨, 2009 (9): 75 - 79.

[392] 朱新华, 张金明. 农村宅基地资本化及其收益分配研究 [J]. 经济体制改革, 2014 (5): 73 - 76.

[393] 朱一中, 隆容君, 王哲. 土地增值管理问题研究进展 [J]. 中国国土资源经济, 2014 (1): 29 - 33.

[394] 朱玉明, 黄然. 土地出让金管理与土地调控政策 [M]. 北京: 经济科学出版社, 2006.

[395] 诸培新, 唐鹏. 农地征收与供应中的土地增值收益分配机制创新——基于江苏省的实证分析 [J]. 南京农业大学学报 (社会科学版), 2013, 13 (1): 66 - 72.

[396] L. E. 戴维斯, D. C. 诺斯. 制度变迁的理论: 概念与原因 [A]//R. 科斯, A. 阿尔钦, D. 诺斯, 等. 财产权利与制度变迁 [C]. 上海: 上海人民出版社, 1994.

[397] RDI (美国农村发展研究所): 征地制度改革与农民土地权利 [A]. 中国农民权益保护 [C]. 北京: 中国经济出版社, 2004.

[398] Alchian, Armen: Some Economics of Property Rights, 1965, in Alchian, Economics Forces at Work [M]. Liberty Press, 1977.

[399] Alm J, Buschman R D, Sjoquist D L. Rethinking Local Government Reliance on the Property Tax [J]. Working Papers, 2012, 41 (4): 320 - 331.

[400] Bendor T, Brozovic N, Pallathucheril V G. The Social Impacts of Wetland Mitigation Policies in the United States [J]. Journal of Planning Literature, 2008, 22 (4): 341 - 357.

[401] Bendor T. A dynamic analysis of the wetland mitigation process and its effects on no net loss policy [J]. Landscape & Urban Planning, 2009 (89): 17 - 27.

[402] Bromley, D. W. Economic Interests and Institutions: The Conceptual Foundations of Public Policy [M]. New York and Oxford: Basil Blackwell, 1989.

[403] Bromley, D. W. Sufficient reason: Volitional Pragmatism and the Meaning of Economic. Princeton [M]. Princeton University Press, 2006.

[404] Bruner, K. , The Poverty of Nations, Cato Journal [J]. spring/summer 1985, 5 (1): 37 - 49.

[405] Burgin S. 'Mitigation banks' for wetland conservation: a major success or an unmitigated disaster? [J]. Wetlands Ecology & Management, 2010, 18 (1): 49 - 55.

[406] Chang L C. Urban redevelopment as a major tool to rebuild the earthquake damaged community in Taiwan [DB/OL]. 2001. http: //www. irfd. org/publications/proceedings/wf01/six/HPtheme6. pdf.

[407] CHEN Shi-cong, LI Jian-qiang. Research of Mechanism on the Impact of Local Governmental Competition on Farmland Conversion [J]. Asian Agricultural Research, 2011, 3 (1): 104 - 107, 111.

[408] David J. B. and Roy L. P. The Joint Stock Share System in China's Nanhai County [J]. RDI (Rural Develop-ment Institute) Reports on Foreign Aid and Development#103, 2000 (2).

[409] Demsetz, H. , Toward A Theory of Property Rights [J]. American Economic Review, 1967, 57 (3): 347 - 359.

[410] Dye R F, Mcguire T J. The effect of property tax limitation measures on local government fiscal behavior [J]. Journal of Public Economics, 1997, 66 (97): 469 - 487.

[411] Ekardt F, Hennig B. Chancen und Grenzen von Naturschutzrechtlichen Eingriffsregelungen und Kompensationen [J]. Nat. Recht, 2013 (35): 694 - 703.

[412] Environmental Law Institute, The Institute for Water Resources. National wetland mitigation banking study: wetland migitation banking resource document [DB/OL]. 1994. http: //citeseerx. ist. psu. edu/viewdoc/download? doi = 10. 1. 1. 179. 1702&rep = rep1&type = pdf.

[413] Epstein R A. Takings, Private Property and the Power of Eminent Domain [M]. Harvard University Press, 1985.

[414] Eric T. Freyfogle. Finding Common Ground on the Ownership of Land [J]. Beacon Press, 2007: 94.

[415] Färber G, Salm M, Hengstwerth S. Property tax reform in Germany—eternally unfinished or an instrument of a more equitable (local) tax system? [EB/OL]. 2013. http://english.oim.dk/media/514644/hengstwerth_et_all._property_tax_reforn_i_germany.pdf.

[416] Fischel, W. A., Shapiro, P. Takings, Insurance, and Michelman: Comments on Economic Interpretations of "Just Compensation" Law [J]. The Journal of Legal Studies, 1988, 17 (2): 269-293.

[417] Garrett Hardin. The Tragedy of the Commons [J]. Science, 1968 (162): 1243-1248.

[418] Henger R, Bizer K. Tradable planning permits for land-use control in Germany [J]. Land Use Policy, 2010, 27 (3): 843-852.

[419] Hermalin, B. E. An economic analysis of takings [J]. Journal of Law, Economics, & Organization, 1995, 11 (1): 64-86.

[420] Hsu J Y, Hsu Y H. State Transformation, Policy Learning, and Exclusive Displacement in the Process of Urban Redevelopment in Taiwan [J]. Urban Geography, 2013, 34 (5): 677-698.

[421] Innes R. Takings, Compensation and Equal Treatment for Owners of Developed and Undeveloped Property [J]. Journal of Law and Economics, Oct., 1997: 403-432.

[422] Karl M. The fiscal reform of land tax in Germany [EB/OL]. 2012. https://www.fig.net/pub/fig2012/papers/ts05g/TS05G_karl_5766.pdf.

[423] Kelly, P. F. Urbanization and the politics of land in the Manila region [J]. The ANNALS of the American Academy of Political and Social Science, 2003, 590 (1): 170-187.

[424] Kiemstedt H, Mönnecke M, Ott S. Methodik der Eingriffsregelung. Vorschläge zur bundeseinheitlichen Anwendung von §8 BNatSchG [J]. Naturschutz und Landschaftsplanung, 1996 (28): 261-271.

[425] Kirkpatrick L O. The Two "Logics" of Community Development: Neighborhoods, Markets, and Community Development Corporations [J]. Politics & Society, 2007 (35): 329-359.

[426] Konursay, S. Y. Land Readjustment Process in Urban Design: Project Management Approach [DB/OL]. 2004. http: //library. iyte. edu. tr/tezler/master/sehirplanlama/ T000302. pdf.

[427] Kooten G C. Land Resources Economics and Sustainable Development [M]. UBC Press, 1993.

[428] Kopka A, Greiwe A, Neuenkamp L, et al. Entwicklung eines Standards für Geodaten für das webbasierte Kompensationsflächenmanagement [J]. Angew. Geoinformatik, 2010 (22): 113 – 118.

[429] Küpfer C. The eco-account: a reasonable and functional means to compensate ecological impacts in Germany [R]. In: Arquitectura e vida. Schriftenreihe des Institut Súperior de Agronomia (ISA), Universidade Téchnica de Lisboa. 2008.

[430] Lightt M. A. Different Ideas of the City: Origins of Metropolitan Land – Use Regimes in the United States, Germany, and Switzerland [J]. The Yale Journal of International Law, 1999 (24): 577 – 611.

[431] Lin T C. Land assembly in a fragmented land market through land readjustment [J]. Land Use Policy, 2005, 22 (2): 95 – 102.

[432] Lin T C. Property tax inequity resulting from inaccurate assessment—The Taiwan experience [J]. Land Use Policy, 2010, 27 (2): 511 – 517.

[433] Mann, M. , The Tonomous Power of the State: Its Origins, Mechanism, and Results [J]. Archiv Europeennes de Sociologie, 1984 (25): 185 – 213.

[434] McGreal S, Berry J, Lloyd G, et al. Tax-based Mechanisms in Urban Regeneration: Dublin and Chicago Models [J]. Urban Studies, 2002, 39 (10), 1819 – 1831.

[435] Muller-jokel R. Land Evaluation in Urban Development Process in Germany [DB/OL]. https: //www. fig. net/pub/fig_2002/Ts8 – 2/TS8_2_mullerjokel. pdf.

[436] Muller-jokel R. Land Readjustment – A Win – Win – Strategy for Sustainable Urban Development [DB/OL]. https: //www. fig. net/pub/athens/papers/ts14/TS14_3_MullerJokel. pdf.

[437] Nozick, R. . Anarchy, State and Utopia [M]. New York: Basic Books, 1974.

[438] Prokop G. , Jobstmann H. , Schönbauer A. Overview on best practices for limiting soil sealing and mitigating its effects in EU – 27 [R]. European Commission, DG Environment, 2011.

[439] Quétier F. , Lavorel S. Assessing ecological equivalence in biodiversity offset

schemes: key issues and solutions [J]. Biological Conservation, 2011 (144): 2991 - 2999.

[440] Rawls, J.. A theory of Justice [M]. Cambridge: Harvard University Press, 1971.

[441] Richard F. Dye, Daniel P. McMillen. Teardowns and land values in the Chicago metropolitan area [J]. Journal of Urban Economics, 2007 (61): 45 - 63.

[442] Robertson M, Hayden N. Evaluation of a Market in Wetland Credits: Entrepreneurial Wetland Banking in Chicago [J]. Conservation Biology, 2008 (22): 636 - 646.

[443] Rundcrantz K, Skärbäck E. Environmental compensation in planning: a review of five different countries with major emphasis on the German system [J]. European Environment, 2003, 13 (4): 204 - 226.

[444] Schmidt S., Buehler R. The Planning Process in the US and Germany: A Comparative Analysis [J]. International Planning Studies, 2007 (12): 55 - 75.

[445] Sen, A. K. (1980b). "Description as a Choice" [J]. Oxford Economics Paper, 1980 (32): 352 - 369; repr. (1982) in A. K. Sen.

[446] Sen, A. K.. Commodities and Capabilities [M]. Amsterdam: North - Holland, 1985.

[447] Shavell, S. Eminent Domain versus Government Purchase of Land Given Imperfect Information about Owners' Valuations [J]. Journal of Law and Economics, 2010 (53): 1 - 39.

[448] Spahn, P. B. Land taxation in Germany [EB/OL]. 2003. http://www1. worldbank. org/publicsector/decentralization/June2003Seminar/Germany. pdf.

[449] Stein E D, Tabatabai F, Ambrose R F. Wetland mitigation banking: a framework for crediting and debiting [J]. Environmental Management, 2000, 26 (3): 233 - 250.

[450] Stiglitz, J.. Economic Role of the Public Sector [M]. New York: Norton & Co, 1988.

[451] Voss W. New market-value based property tax in Germany? [EB/OL]. http://www. fig. net/pub/vietnam/papers/ts02f/ts02f_voss_3604. pdf? origin = publication_detail, 2009.

[452] Ward K. "Creating a Personality for Downtown": Business Improvement Districts in Milwaukee [J]. Urban Geography, 2007, 28 (8): 781 - 808.

[453] Weems W A, Canter L W. Planning and operational guidelines for mitigation banking for wetland impacts [J]. Environmental Impact Assessment Review, 1995

(15): 197 -218.

[454] Weiss E. Replacing a combined tax on land and buildings with a simplified land value tax in the federal republic of Germany [J]. International Journal of Strategic Property Management, 2004 (8): 241 -245.

[455] Wende W., Herberg A., Herzberg A. Mitigation banking and compensation pools: Improving the effectiveness of impact mitigation regulation in project planning procedures [J]. Impact Assess. Proj. Apprais. 2005 (23): 101 -111.

[456] White S, Murdock S H. The importance of demographic analyses in state- and local-level policy evaluations: A case study analysis of property taxes in Texas, USA [J]. Population Research and Policy Review, 1998 (17): 167 -196.

[457] Wu Qun, Li Yongle, Yan Siqi. The incentives of China's urban land finance [J]. Land Use Policy, 2015 (42): 432 -442.

[458] Xianlei Ma, Justus Wesseler, Nico Heerink, Futian Qu: Land Tenure Reforms and Land Conservation Investment Incentives – A Theoretical Analysis Based on Real Option Theory [Z]. LANDCON1010 Proceedings, published by Springer, 2010 (10).

后　记

随着我国经济进入新常态，深化经济体制改革，重构发展中的利益分配关系，释放经济体系潜在的活力，促进产业转型升级，践行创新、协调、绿色、开放、共享的发展理念已经成为现实的迫切需要。土地作为最重要、最基本的生产要素之一，土地资源配置的市场化改革是我国市场经济体制改革的重要内容之一；土地出让制度作为我国土地市场制度体系的关键组成部分，如何深化市场在土地资源配置中的决定性作用，建立公共资源出让收益的合理共享机制，业已成为当前阶段城乡土地制度改革面临的重大问题。在这一背景下，教育部将“我国土地出让制度改革及收益共享机制研究”列为2013年度教育部哲学社会科学研究重大课题攻关项目。时年6月，以南京农业大学中国土地问题研究中心为申报单位，我作为首席专家，联合浙江大学谭荣教授、中科院南京地理与湖泊研究所陈江龙研究员、我在南京农业大学的同事冯淑怡教授、诸培新教授、唐焱教授等老师和部分研究生组成课题组，申报了这一研究项目。同年9月，该项目经教育部社会科学司组织专家评审中标并批准立项；12月，根据教育部的要求课题组召开开题评审会，邀请资深专家对课题设计进行了全面深化。自此，研究团队正式进入紧张和充实的课题研究和攻关阶段。

该课题研究共历时四年，课题组成员分工协作、联合攻关、创新思路，按照课题既定计划稳步实施。根据申请计划和研究需要，课题共设计了六个子课题分工落实研究计划，分别是“土地出让制度及收益分配机制的历史演变与现状特征研究”（刘向南主持）、“土地出让制度改革与收益共享机制理论研究”（诸培新主持）、“增量建设用地出让制度改革及收益共享研究”（唐焱、姜海主持）、“存量建设用地出让制度改革及收益共享研究”（冯淑怡主持）、“典型国家和地区公共土地利用与土地收益管理的经验借鉴”（谭荣主持）、“土地出让制度改革和收益共享机制的制度保障与政策设计研究”（龙开胜主持）。我作为课题首席专家，负责课题的总体设计、组织协调、研究报告和书稿的总纂，南京财经大学的李永乐副教授协助我单独开展了课题总体理论分析框架的研究工作。

在课题研究过程中，课题组多次召开会议，交流阶段研究进展、主要研究发现，集思广益、开拓思路，保证成果质量和专题间的有效协作。2015 年 12 月，课题通过教育部组织的中期检查；2018 年 2 月，课题研究成果顺利通过教育部组织的专家验收。之后，按照教育部社会科学司的要求，结合专家鉴定意见，课题组对研究成果进行了修改完善，并最终形成了该书稿。书稿各章的主要执笔者及参与撰写工作的人员如下：第一章为石晓平、刘向南（南京农业大学），唐鹏、魏子博、邹旭（南京农业大学）参与了本章撰写工作；第二章为刘向南；第三章为李永乐；第四章为诸培新，王敏和张建（南京农业大学）参与了本章撰写工作；第五章为唐焱、姜海（南京农业大学），张尤明、张卫卫、刘金莹、徐一丹、李成瑞（南京农业大学）参与了本章撰写工作；第六章为冯淑怡，郭晓丽、颜玉萍、徐青、王博、顾汉龙、上官彩霞、鲁力翡、吕沛璐、魏子博（南京农业大学）参与了本章撰写工作；第七章为谭荣，王荣宇（浙江大学）参与了本章撰写工作；第八章为龙开胜（南京农业大学）和石晓平。

我国土地出让制度改革和收益共享机制的建立目前仍在艰难地探索过程之中，各地的改革模式无论在经济社会背景、改革内容还是改革效果方面都存在很大的差异，这使本研究面临着一个突出的问题，即如何把握研究成果的一般性和普遍性，使之能够为这一领域的改革提供有效的支撑和借鉴，这本身也是教育部哲学社科研究重大攻关项目设立的重要初衷之一。课题研究一方面是从制度变迁的内在机制和规律、利益主体的竞争博弈关系、收益共享的理论内涵和实现机制方面加强了整体的理论研究，以有效把握改革的总体方向和重点领域；同时，围绕目前改革的一些典型模式，研究先后于 2014 年 7 月、2015 年 1 月、2017 年 7 月等时间在江苏、北京、浙江、重庆、广东等多地开展了多次集中专项调研，获取了大量改革的第一手资料，应用多种方法对改革案例进行量化评价和定性研究。在课题直接支撑下，培养并已毕业博士研究生 3 名，硕士研究生 8 名；在 *Land Use Policy*、*Sustainability*、《中国土地科学》《中国行政管理》《农业经济问题》《政治学研究》《资源科学》《经济地理》等国内外重要学术期刊发表 SSCI、CSSCI 论文 30 余篇；研究的部分成果被《决策参阅》《江苏国土资源智库专家建议》等内部参考资料采用，供相关省、部领导参阅，产生了积极的社会效益。

在课题研究的不同阶段，得到了张安录、王小映、钱忠好、谭术魁、张小林等教授的指导和帮助，在此表示诚挚的感谢！同时，课题的顺利实施，也离不开南京农业大学中国土地问题研究中心学术团队的有力支持，曲福田教授、欧名豪教授、吴群教授、Nico Heerink 副教授（荷兰瓦赫宁根大学）、邹伟教授、陈会广教授、马贤磊教授等都以不同形式参与了课题的讨论；还有许多研究生同学参与了课题的调研、资料整理和会务等工作。刘向南副教授作为本课题的学术秘书，在整个课题研究过程中承担了大量具体的协调和成果整理工作，并协助我进行研究报告和书稿的统稿。我的研究生李成瑞、魏子博、邹旭也在不同阶段参与了本书稿的整理、校对和相关会务工作，聂小艳老师（南京农业大学）协助我进行了经费管理和其他行政事务工作。在此对大家的辛勤工作和不同方面的有益贡献一并表示真诚的感谢！

土地出让制度的改革和收益共享机制的构建是一个复杂的系统性工程，涉及不同学科和领域。本书从土地资源管理学科的视角，对此进行了比较系统的理论和实证研究，对理解这一领域改革的内在机制和总体方向、为改革提供可能的政策方案借鉴具有积极意义。但由于本书涉及的内容庞杂、综合性强，改革本身还在不断的动态发展过程之中，加之我们的理论和政策水平有限，书中的错误和不足在所难免，希望各界同仁能提出宝贵的意见和建议，帮助我们进一步深化相关问题的研究，作出更多有价值的成果。

最后，感谢教育部社会科学司对本课题的资助，感谢经济科学出版社对本书出版所做的努力与支持！

石晓平

2018 年 7 月于南京

教育部哲学社會科学研究重大課題攻関項目
成果出版列表

序号	书　名	首席专家
1	《马克思主义基础理论若干重大问题研究》	陈先达
2	《马克思主义理论学科体系建构与建设研究》	张雷声
3	《马克思主义整体性研究》	逄锦聚
4	《改革开放以来马克思主义在中国的发展》	顾钰民
5	《新时期　新探索　新征程 ——当代资本主义国家共产党的理论与实践研究》	聂运麟
6	《坚持马克思主义在意识形态领域指导地位研究》	陈先达
7	《当代资本主义新变化的批判性解读》	唐正东
8	《当代中国人精神生活研究》	童世骏
9	《弘扬与培育民族精神研究》	杨叔子
10	《当代科学哲学的发展趋势》	郭贵春
11	《服务型政府建设规律研究》	朱光磊
12	《地方政府改革与深化行政管理体制改革研究》	沈荣华
13	《面向知识表示与推理的自然语言逻辑》	鞠实儿
14	《当代宗教冲突与对话研究》	张志刚
15	《马克思主义文艺理论中国化研究》	朱立元
16	《历史题材文学创作重大问题研究》	童庆炳
17	《现代中西高校公共艺术教育比较研究》	曾繁仁
18	《西方文论中国化与中国文论建设》	王一川
19	《中华民族音乐文化的国际传播与推广》	王耀华
20	《楚地出土戰國簡册［十四種］》	陈　伟
21	《近代中国的知识与制度转型》	桑　兵
22	《中国抗战在世界反法西斯战争中的历史地位》	胡德坤
23	《近代以来日本对华认识及其行动选择研究》	杨栋梁
24	《京津冀都市圈的崛起与中国经济发展》	周立群
25	《金融市场全球化下的中国监管体系研究》	曹凤岐
26	《中国市场经济发展研究》	刘　伟
27	《全球经济调整中的中国经济增长与宏观调控体系研究》	黄　达
28	《中国特大都市圈与世界制造业中心研究》	李廉水

序号	书　名	首席专家
29	《中国产业竞争力研究》	赵彦云
30	《东北老工业基地资源型城市发展可持续产业问题研究》	宋冬林
31	《转型时期消费需求升级与产业发展研究》	臧旭恒
32	《中国金融国际化中的风险防范与金融安全研究》	刘锡良
33	《全球新型金融危机与中国的外汇储备战略》	陈雨露
34	《全球金融危机与新常态下的中国产业发展》	段文斌
35	《中国民营经济制度创新与发展》	李维安
36	《中国现代服务经济理论与发展战略研究》	陈　宪
37	《中国转型期的社会风险及公共危机管理研究》	丁烈云
38	《人文社会科学研究成果评价体系研究》	刘大椿
39	《中国工业化、城镇化进程中的农村土地问题研究》	曲福田
40	《中国农村社区建设研究》	项继权
41	《东北老工业基地改造与振兴研究》	程　伟
42	《全面建设小康社会进程中的我国就业发展战略研究》	曾湘泉
43	《自主创新战略与国际竞争力研究》	吴贵生
44	《转轨经济中的反行政性垄断与促进竞争政策研究》	于良春
45	《面向公共服务的电子政务管理体系研究》	孙宝文
46	《产权理论比较与中国产权制度变革》	黄少安
47	《中国企业集团成长与重组研究》	蓝海林
48	《我国资源、环境、人口与经济承载能力研究》	邱　东
49	《"病有所医"——目标、路径与战略选择》	高建民
50	《税收对国民收入分配调控作用研究》	郭庆旺
51	《多党合作与中国共产党执政能力建设研究》	周淑真
52	《规范收入分配秩序研究》	杨灿明
53	《中国社会转型中的政府治理模式研究》	娄成武
54	《中国加入区域经济一体化研究》	黄卫平
55	《金融体制改革和货币问题研究》	王广谦
56	《人民币均衡汇率问题研究》	姜波克
57	《我国土地制度与社会经济协调发展研究》	黄祖辉
58	《南水北调工程与中部地区经济社会可持续发展研究》	杨云彦
59	《产业集聚与区域经济协调发展研究》	王　珺

序号	书　名	首席专家
60	《我国货币政策体系与传导机制研究》	刘　伟
61	《我国民法典体系问题研究》	王利明
62	《中国司法制度的基础理论问题研究》	陈光中
63	《多元化纠纷解决机制与和谐社会的构建》	范　愉
64	《中国和平发展的重大前沿国际法律问题研究》	曾令良
65	《中国法制现代化的理论与实践》	徐显明
66	《农村土地问题立法研究》	陈小君
67	《知识产权制度变革与发展研究》	吴汉东
68	《中国能源安全若干法律与政策问题研究》	黄　进
69	《城乡统筹视角下我国城乡双向商贸流通体系研究》	任保平
70	《产权强度、土地流转与农民权益保护》	罗必良
71	《我国建设用地总量控制与差别化管理政策研究》	欧名豪
72	《矿产资源有偿使用制度与生态补偿机制》	李国平
73	《巨灾风险管理制度创新研究》	卓　志
74	《国有资产法律保护机制研究》	李曙光
75	《中国与全球油气资源重点区域合作研究》	王　震
76	《可持续发展的中国新型农村社会养老保险制度研究》	邓大松
77	《农民工权益保护理论与实践研究》	刘林平
78	《大学生就业创业教育研究》	杨晓慧
79	《新能源与可再生能源法律与政策研究》	李艳芳
80	《中国海外投资的风险防范与管控体系研究》	陈菲琼
81	《生活质量的指标构建与现状评价》	周长城
82	《中国公民人文素质研究》	石亚军
83	《城市化进程中的重大社会问题及其对策研究》	李　强
84	《中国农村与农民问题前沿研究》	徐　勇
85	《西部开发中的人口流动与族际交往研究》	马　戎
86	《现代农业发展战略研究》	周应恒
87	《综合交通运输体系研究——认知与建构》	荣朝和
88	《中国独生子女问题研究》	风笑天
89	《我国粮食安全保障体系研究》	胡小平
90	《我国食品安全风险防控研究》	王　硕

序号	书　名	首席专家
91	《城市新移民问题及其对策研究》	周大鸣
92	《新农村建设与城镇化推进中农村教育布局调整研究》	史宁中
93	《农村公共产品供给与农村和谐社会建设》	王国华
94	《中国大城市户籍制度改革研究》	彭希哲
95	《国家惠农政策的成效评价与完善研究》	邓大才
96	《以民主促进和谐——和谐社会构建中的基层民主政治建设研究》	徐　勇
97	《城市文化与国家治理——当代中国城市建设理论内涵与发展模式建构》	皇甫晓涛
98	《中国边疆治理研究》	周　平
99	《边疆多民族地区构建社会主义和谐社会研究》	张先亮
100	《新疆民族文化、民族心理与社会长治久安》	高静文
101	《中国大众媒介的传播效果与公信力研究》	喻国明
102	《媒介素养：理念、认知、参与》	陆　晔
103	《创新型国家的知识信息服务体系研究》	胡昌平
104	《数字信息资源规划、管理与利用研究》	马费成
105	《新闻传媒发展与建构和谐社会关系研究》	罗以澄
106	《数字传播技术与媒体产业发展研究》	黄升民
107	《互联网等新媒体对社会舆论影响与利用研究》	谢新洲
108	《网络舆论监测与安全研究》	黄永林
109	《中国文化产业发展战略论》	胡惠林
110	《20世纪中国古代文化经典在域外的传播与影响研究》	张西平
111	《国际传播的理论、现状和发展趋势研究》	吴　飞
112	《教育投入、资源配置与人力资本收益》	闵维方
113	《创新人才与教育创新研究》	林崇德
114	《中国农村教育发展指标体系研究》	袁桂林
115	《高校思想政治理论课程建设研究》	顾海良
116	《网络思想政治教育研究》	张再兴
117	《高校招生考试制度改革研究》	刘海峰
118	《基础教育改革与中国教育学理论重建研究》	叶　澜
119	《我国研究生教育结构调整问题研究》	袁本涛 王传毅
120	《公共财政框架下公共教育财政制度研究》	王善迈

序号	书　名	首席专家
121	《农民工子女问题研究》	袁振国
122	《当代大学生诚信制度建设及加强大学生思想政治工作研究》	黄蓉生
123	《从失衡走向平衡：素质教育课程评价体系研究》	钟启泉 崔允漷
124	《构建城乡一体化的教育体制机制研究》	李　玲
125	《高校思想政治理论课教育教学质量监测体系研究》	张耀灿
126	《处境不利儿童的心理发展现状与教育对策研究》	申继亮
127	《学习过程与机制研究》	莫　雷
128	《青少年心理健康素质调查研究》	沈德立
129	《灾后中小学生心理疏导研究》	林崇德
130	《民族地区教育优先发展研究》	张诗亚
131	《WTO 主要成员贸易政策体系与对策研究》	张汉林
132	《中国和平发展的国际环境分析》	叶自成
133	《冷战时期美国重大外交政策案例研究》	沈志华
134	《新时期中非合作关系研究》	刘鸿武
135	《我国的地缘政治及其战略研究》	倪世雄
136	《中国海洋发展战略研究》	徐祥民
137	《深化医药卫生体制改革研究》	孟庆跃
138	《华侨华人在中国软实力建设中的作用研究》	黄　平
139	《我国地方法制建设理论与实践研究》	葛洪义
140	《城市化理论重构与城市化战略研究》	张鸿雁
141	《境外宗教渗透论》	段德智
142	《中部崛起过程中的新型工业化研究》	陈晓红
143	《农村社会保障制度研究》	赵　曼
144	《中国艺术学学科体系建设研究》	黄会林
145	《人工耳蜗术后儿童康复教育的原理与方法》	黄昭鸣
146	《我国少数民族音乐资源的保护与开发研究》	樊祖荫
147	《中国道德文化的传统理念与现代践行研究》	李建华
148	《低碳经济转型下的中国排放权交易体系》	齐绍洲
149	《中国东北亚战略与政策研究》	刘清才
150	《促进经济发展方式转变的地方财税体制改革研究》	钟晓敏
151	《中国—东盟区域经济一体化》	范祚军

序号	书　名	首席专家
152	《非传统安全合作与中俄关系》	冯绍雷
153	《外资并购与我国产业安全研究》	李善民
154	《近代汉字术语的生成演变与中西日文化互动研究》	冯天瑜
155	《新时期加强社会组织建设研究》	李友梅
156	《民办学校分类管理政策研究》	周海涛
157	《我国城市住房制度改革研究》	高　波
158	《新媒体环境下的危机传播及舆论引导研究》	喻国明
159	《法治国家建设中的司法判例制度研究》	何家弘
160	《中国女性高层次人才发展规律及发展对策研究》	佟　新
161	《国际金融中心法制环境研究》	周仲飞
162	《居民收入占国民收入比重统计指标体系研究》	刘　扬
163	《中国历代边疆治理研究》	程妮娜
164	《性别视角下的中国文学与文化》	乔以钢
165	《我国公共财政风险评估及其防范对策研究》	吴俊培
166	《中国历代民歌史论》	陈书录
167	《大学生村官成长成才机制研究》	马抗美
168	《完善学校突发事件应急管理机制研究》	马怀德
169	《秦简牍整理与研究》	陈　伟
170	《出土简帛与古史再建》	李学勤
171	《民间借贷与非法集资风险防范的法律机制研究》	岳彩申
172	《新时期社会治安防控体系建设研究》	宫志刚
173	《加快发展我国生产服务业研究》	李江帆
174	《基本公共服务均等化研究》	张贤明
175	《职业教育质量评价体系研究》	周志刚
176	《中国大学校长管理专业化研究》	宣　勇
177	《“两型社会”建设标准及指标体系研究》	陈晓红
178	《中国与中亚地区国家关系研究》	潘志平
179	《保障我国海上通道安全研究》	吕　靖
180	《世界主要国家安全体制机制研究》	刘胜湘
181	《中国流动人口的城市逐梦》	杨菊华
182	《建设人口均衡型社会研究》	刘渝琳
183	《农产品流通体系建设的机制创新与政策体系研究》	夏春玉

序号	书　名	首席专家
184	《区域经济一体化中府际合作的法律问题研究》	石佑启
185	《城乡劳动力平等就业研究》	姚先国
186	《20 世纪朱子学研究精华集成——从学术思想史的视角》	乐爱国
187	《拔尖创新人才成长规律与培养模式研究》	林崇德
188	《生态文明制度建设研究》	陈晓红
189	《我国城镇住房保障体系及运行机制研究》	虞晓芬
190	《中国战略性新兴产业国际化战略研究》	汪　涛
191	《证据科学论纲》	张保生
192	《要素成本上升背景下我国外贸中长期发展趋势研究》	黄建忠
193	《中国历代长城研究》	段清波
194	《当代技术哲学的发展趋势研究》	吴国林
195	《20 世纪中国社会思潮研究》	高瑞泉
196	《中国社会保障制度整合与体系完善重大问题研究》	丁建定
197	《民族地区特殊类型贫困与反贫困研究》	李俊杰
198	《扩大消费需求的长效机制研究》	臧旭恒
199	《我国土地出让制度改革及收益共享机制研究》	石晓平
	……